BALTIC SEA
Königsberg
Danzig
POMERANIA
EAST PRUSSIA
(OSTPREUSSEN)
POLISH CORRIDOR
Free City
WEST PRUSSIA
Vistula R.
Warsaw
Oder R.
POLAND
Jane Crosen, Mapmaker

James Charles Roy

»… es war einmal ein Königreich …«

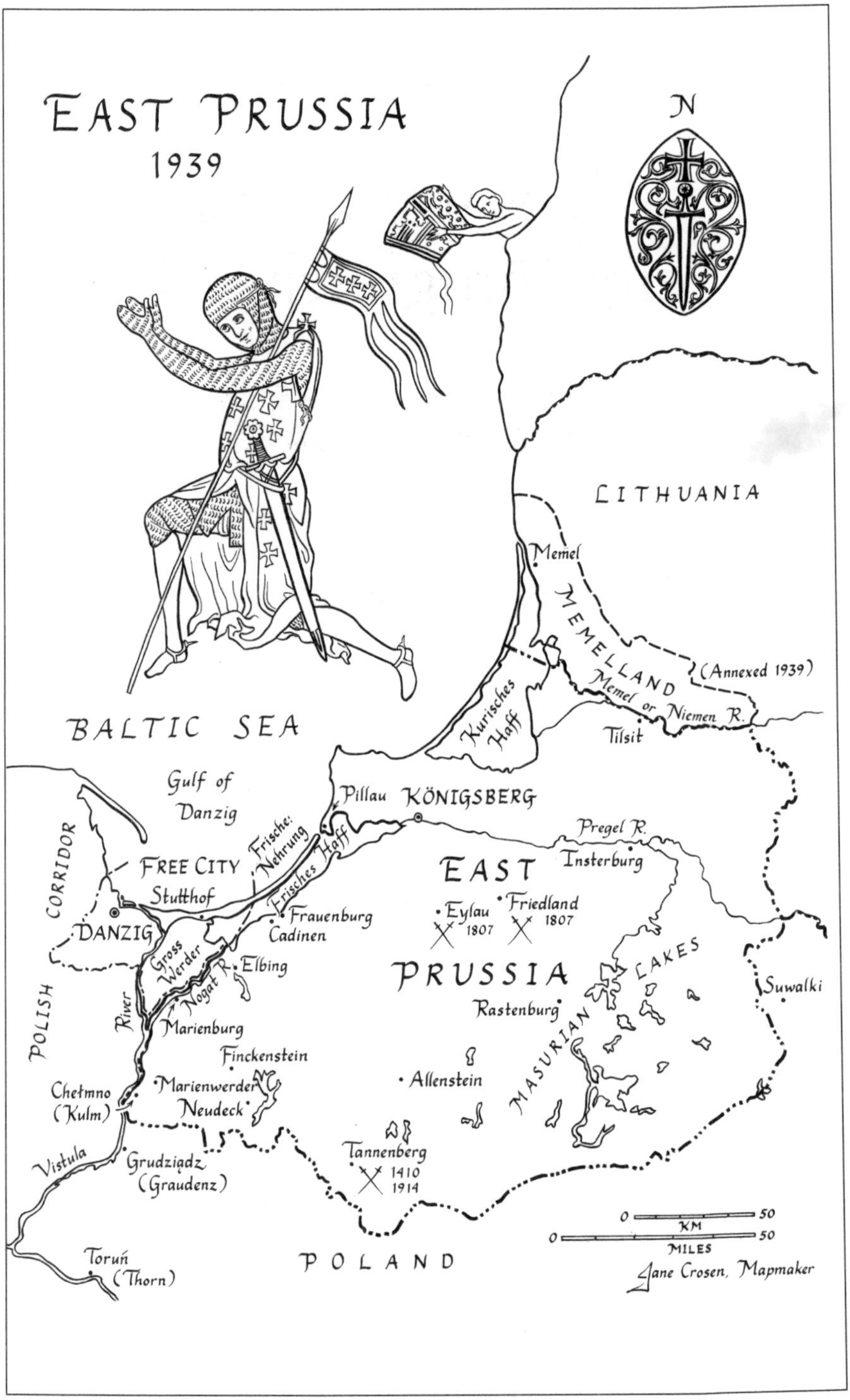
EAST PRUSSIA
1939
N
BALTIC SEA
LITHUANIA
Memel
MEMELLAND
(Annexed 1939)
Memel or Niemen R.
Kurisches Haff
Tilsit
Gulf of Danzig
Pillau
KÖNIGSBERG
Pregel R.
Insterburg
POLISH CORRIDOR
FREE CITY
Frische Nehrung
Frisches Haff
Stutthof
DANZIG
Frauenburg
Cadinen
EAST
Eylau 1807
Friedland 1807
Gross Werder
Nogat R.
Elbing
PRUSSIA
LAKES
MASURIAN
Suwalki
Rastenburg
River
Marienburg
Finckenstein
Allenstein
Chełmno (Kulm)
Marienwerder
Neudeck
Vistula
Grudziądz (Graudenz)
Tannenberg 1410 1914
0 KM 50
0 MILES 50
Toruń (Thorn)
POLAND
Jane Crosen, Mapmaker

James Charles Roy

»… es war einmal ein Königreich …«

Ein Amerikaner auf den Spuren der Geschichte Preußens

Übersetzt von Ursula Pesch und Hans Freundl

Langen Müller

Zum Gedenken an
Klaus von Holleben
(1945–1999),
einen wahren Freund

Titel der amerikanischen Originalausgabe:
The Vanished Kingdom. Travels Through the History of Prussia
Westview Press 1999

Besuchen Sie uns im Internet unter:
http://www.herbig.net

Schutzumschlag: Wolfgang Heinzel
Umschlagmotiv: Archiv für Kunst und Geschichte, Berlin
Herstellung und Satz: VerlagsService Dr. Helmut Neuberger
& Karl Schaumann GmbH, Heimstetten
Gesetzt aus der 11/14 Punkt Minion
Druck und Binden: GGP Media, Pößneck
Printed in Germany
ISBN 3-7844-2820-7

Leichte Lebensbedingungen sind der Kultur feindlich.

Arnold Toynbee[1]

Deutsch sein und Charakter haben sind ohne Zweifel gleichbedeutend.

Erich Ludendorff[2]

Der Spiegel:
Nur Ihr Kollege Martin Walser wird durch das Thema Deutschland um den Schlaf gebracht. Da kommt er dann mächtig ins Grübeln: »Wenn mir Königsberg einfällt, gerate ich in einen Geschichtswirbel, der mich dreht und hinunterschlingt.«
Günter Grass:
Das ist zuviel Gefühl und zu wenig Bewußtsein.[3]

Ich war eine Zeit lang in Amerika und nahm nach dem Gottesdienst an einer Bibelstunde teil. Ich fragte jeden: »Was meinen Sie, wo Ostpreußen liegt?« Sie tippten auf Schleswig-Holstein, sie tippten auf die Nähe von Hamburg, vermuteten es am Rhein oder in Dänemark, überall – aber keiner hatte es oben an der Ostsee vor Augen. Sie wissen nichts über Preußen, aber das sollten sie. Wir Deutsche schwanken nie in unserer Liebe zu Preußen.

Deutscher Kriegsveteran,
Zweiter Weltkrieg

Inhalt

Teil I

Anfänge
Die Deutschritter

Zeittafel

1189–1192	*Dritter Kreuzzug*
1190	*Gründung des Deutschen Ordens (Diener der Heiligen Maria des Deutschen Hauses) in Akkon*
1226	*Orden trifft Übereinkunft mit polnischem Herzog Konrad von Masowien, Preußen zu erobern*
1231–1240	*Orden erobert Westufer der Weichsel*
1242	*Orden schlägt Aufstand der Pruzzen nieder. 1260 führt ein weiterer Aufstand praktisch zur Vernichtung der Ureinwohner Preußens*
1245	*Papst Innozenz IV. gewährt allen in Preußen kämpfenden Soldaten Sündenablass*
1254–1308	*Orden dringt nach Samland, Semgalen, Livland und Litauen vor. Einnahme Danzigs*
1291	*Akkon fällt; Sitz des Hochmeisters nach Venedig verlegt*
1307	*König Philipp der Schöne von Frankreich lässt Templer verhaften; es folgen Schauprozesse und Hinrichtungen*
1309	*Hochmeister verlässt Venedig; nimmt seine Residenz auf der Marienburg*
1364	*Krieg mit Litauen*
1385	*Vereinigung von Polen und Litauen unter Jagiełło*
1390 und 1392	*Herzog von Bolingbroke auf Kreuzzug in Preußen*
1410, 15. Juli	*Verheerende Niederlage in der Schlacht bei Tannenberg*
1454–1466	*Orden führt Krieg gegen Polen; Aufstände preußischer Städte*
1466	*Niederlage des Ordens; tritt die Hälfte Preußens an Polen ab; Residenz nach Königsberg verlegt*
1525	*Säkularisierung des Deutschen Ordens unter Hochmeister Albrecht. Hohenzollern erhalten Ostpreußen als Lehen der polnischen Krone*

1. Kapitel

Altpreußen

1275–1995

Spurensuche

Mit baltischen Familien habe ich vielfach Schwierigkeiten gehabt. Sie haben so etwas Negatives und grundsätzlich Überlegenes, wie ich das in meinem Leben sonst nicht kennengelernt habe, vor allem die Fähigkeit, alles zu können. ... Aber, infolge der langen, langen Jahrhunderte, in denen sie über ein unterlegenes Volk regierten, hat sich bei ihnen eine Mentalität herausgebildet, als bestehe die Menschheit nur aus Leuten, die wie Letten geführt werden müßten.

Adolf Hitler[4]

Frühlingsanfang am Rhein. Ich habe mir ein Zimmer im Weinort Rüdesheim genommen, eine Autostunde vom Frankfurter Flughafen entfernt. Die erste Überraschung, die Deutschland für mich bereithält, sind die Preise und die Schwierigkeit, eine Unterkunft zu finden. Ausstellungen, Konferenzzentren und Messen riesigen Ausmaßes (das moderne Äquivalent zu Frankfurts mittelalterlichen Märkten, wie ich annehme) sorgen dafür, dass in dieser Region nicht nur Hotels, sondern auch einfache Pensionen belegt sind, und ich mich in einer Mansarde mit Blick auf den großen Fluss wieder finde, für die ich über 200 DM bezahlen muss. Für jemanden wie mich, der eher wie ein Zigeuner herumreist und am Straßenrand in einem Zelt oder im Auto übernachtet, für den der Gedanke an ein Spesenkonto nur mehr eine vage Erinnerung an eine feste Anstellung heraufbeschwört, ist dies eine beträchtliche Summe. Aber ich kann froh sein, überhaupt eine Unterkunft gefunden zu haben. Müde und durch den Zeitunterschied völlig aus dem Rhythmus gekommen, schlafe ich mich heute erst mal aus.

Rüdesheim fehlt, wie ich am Abend bei einem Spaziergang feststelle, der Charme, den sich so viele andere Dörfer am Rhein erhalten haben. Protzige Hotels mit unverwechselbar »kontinentalem« Charakter, die, wie man sagt, vor allem den britischen Besucher ansprechen sollen, säumen die Hauptstraße, wo auch unzählige Lokale im Sommer die Kunden mit der deutschen Mark in der Tasche aggressiv umwerben. Aber die Hauptsaison ist noch weit entfernt, und das Restaurant, in dem ich esse, ist leer.

An diesem windigen, kühlen Abend erscheint dem Romantiker in mir der wunderschöne, in Nebel gehüllte Rhein mit den riesigen Lastkähnen, die sich im eiskalten Wasser flussaufwärts kämpfen, fast majestätisch. Während ich am Ufer entlangspaziere, gehen mir, Wagner im Hinterkopf, Ausschnitte aus *Rheingold* und der *Walküre* durch den Sinn. Alle fünf Minuten fahren Züge vorbei, selbst spät am Abend. Signalhörner wetteifern mit dem Geläut der rotweiß gestreiften Schranken, die sich öffnen und schließen, und dem Dröhnen der Dieselmotoren der vor den Schranken wartenden Lastwagen, festlich beleuchtet von Signallichtern, die unzählige Gleiswechsel ankündigen – die vom Handel beherrschte Infrastruktur des modernen Deutschland.

Am nächsten Morgen ist es grau, trübe und regnerisch. Ich fahre mit einer Gondelbahn über Weinberge und Schlosstürme zum hoch über Rüdesheim thronenden Niederwalddenkmal, dem Kolossalstandbild der *Germania*, das von einem triumphierenden Volk zur Feier seines Sieges im Deutsch-Französischen Krieg von 1870/71 errichtet wurde. Das riesige, mythologisch überladene Monument strotzt vor »Blut-und-Eisen«-Symbolen – Trompeten, Waffen, Trommeln, Helmen, Kronen, Lorbeerkränzen und fast allen militärischen Insignien, die der Mensch erfunden hat. Die amazonenhafte Göttin Deutschlands umfasst mit einer Hand den Schwertknauf und streckt die andere, in der sie die Reichskrone hält – ein archaisches Symbol der Macht, das heute kaum noch jemand kennt –, gen Himmel. Ein älterer britischer Tourist wendet sich an seine Frau und gibt die wohl häufigste Fehlinterpretation von sich. »Sieh dir nur den verdammten Hunnen an. Schwenkt Köpfe in der Luft herum. Die sind doch alle Barbaren.«

Bevor ich das Rheinufer verlasse und ins Landesinnere zu meiner Verabredung fahre, geht es stromabwärts bis zur Loreley. Der beeindruckende, steil aufragende Schieferfelsen fällt an einer tückischen, reißenden Biegung des Rheins über einhundert Meter mehr oder weniger senkrecht zum Flussufer hin ab. An diesem angeblich von Nixen und bösen Geistern bewohnten Ort kam in alten Zeiten bei Nebel oder Sturm so manch ein Kahn zu Schaden, wobei die Sirenenrufe zwielichtiger Jungfern den Steuermännern, die zu betrunken oder zu müde waren, um geradeaus zu steuern, eine bequeme Ausrede lieferten. Heute ist die Unfallgefahr jedoch eher auf Habgier als auf Begierde zurückzuführen. Eine der merkwürdigsten audiovisuellen Erfahrungen, die Deutschland zu bieten hat, ist das Sommerspektakel, wenn sich unterhalb der bedrohlichen Loreley überfüllte Ausflugsdampfer drängeln, während die ganze Zeit über Silchers berühmtes Lied gleichen Namens (eine Vertonung von Heines Gedicht *Die Loreley*) erschallt.[5] »Von hier oben ist es ein unheimliches Schauspiel«, sagte ein Reiseleiter zu mir, als wir auf der Felsspitze auf dem mit Münzferngläsern ausgestatteten Aussichtsplateau stehen. »Manchmal kann ich von Karajan und Furtwängler unterscheiden, und Ihre Chicagoer Symphoniker sind unverwechselbar. Aber wenn sie alle dort unten versammelt sind und die vielen Boote sich gegenseitig zu rammen drohen, dann klingt das Ganze wie ein symphonischer Turm zu Babel. Die Touristen lieben es.«

Ein Stück weiter halte ich bei einem Weingut am Straßenrand, um ein Glas Kabinett zu trinken. Ohne die polnischen Arbeiter würde es, erzählt mir die Wirtin, überhaupt keinen Wein geben. »Müssten wir deutsche Löhne bezahlen, würden wir nichts verdienen. Und die Polen kommen gut zurecht. Sie verdienen hier viel, viel mehr als in ihrem eigenen Land. Über ihren Unterhalt hinaus bleibt ihnen noch genug Geld, um Litauer oder im Grenzland lebende Russen dafür zu bezahlen, dass sie ihre Höfe daheim in Polen bewirtschaften. Außerdem arbeiten sie unserer Ansicht nach viel härter als unsere Einheimischen. Das Problem ist nur, dass sie leicht missmutig werden und Heimweh kriegen.«

Am späten Nachmittag klärt mich ein älterer, etwa achtzigjähriger Herr in seinem modernen Bungalow in der Vorstadtsiedlung einer historisch eher unbedeutenden pfälzischen Stadt darüber auf, was seiner Ansicht nach Heimweh bedeutet: »Mit dem Land verwurzelt zu sein; zu wissen, dass es dir gehört und dass die so sorgfältig bestellten Felder und die wunderschönen Wälder nur deswegen so sind wie sie sind, weil deine Familie dafür gesorgt hat – das ist meine Vorstellung von Heimat. Und damit meine ich nicht, dass dein Vater oder sogar dein Großvater ein paar Männer eingestellt hat, die mit ein paar Ochsen oder einem Traktor das Land vorbereitet haben, das du dann bestellt hast. Ich meine Vorfahren, von denen du nie etwas wusstest, die vor Hunderten von Jahren zunächst um das Land kämpfen und seine Bewohner christianisieren mussten, es vielleicht wieder verloren haben und dann, wer weiß wie oft, zurückerobern mussten, bevor sie es wirklich ihr eigen nennen konnten. Immer bereit, dafür zu sterben! Das ist es, was Preußen für mich bedeutet. Das Land dort war für meine Familie wie ein Schwamm. Es saugte unseren Schweiß und unser Blut auf und blühte wie eine Oase in der Wüste. Ich bin jetzt alt genug, um zu begreifen, dass ich es nie wieder im rechtlichen Sinn als meinen Besitz betrachten kann. Deswegen werde ich nicht dorthin zu Besuch fahren, obwohl ich das jetzt könnte. Es wäre zu schmerzlich. Ich glaube nicht, dass ich es mir verkneifen könnte zu brüllen: ›Verschwindet von meinem Grund und Boden!‹«

»Wann haben Sie es das letzte Mal gesehen?«

»1944. Ich werde diese Luft nie wieder atmen.«

Bei Einbruch der Dunkelheit erreiche ich Marburg. Die Fahrt war chaotisch. Alle Straßen, ob Landstraßen oder Autobahnen waren verstopft, verschwimmende Lichtstreifen von Mercedes, BMWs und Audis. Ich bin froh, als ich endlich bei der Elisabethkirche ankomme.

Die meisten Leute besuchen Marburg wegen des Elisabethschreins aus dem 13. Jahrhundert, einem imposanten Goldschmiedewerk, das früher einmal die Gebeine einer beliebten Heiligen barg. Seine Vollkommenheit rechtfertigt einen Eintrittspreis, doch käme man zum Beten hierher, eine für die heutige Zeit neuartige Idee, dürfte man sicherlich umsonst hinein. Der Kartenverkäufer sagt, dass mir noch zehn Minuten bleiben, bevor die Kirche geschlossen wird.

Das Grab Paul von Hindenburgs, das ich hier besichtigen will, liegt unauffällig in einer Ecke. Adolf Hitler nahm Hindenburgs Tod zum Anlass, die Begräbnisfeiern in Ostpreußen, dem Schauplatz, an dem der alte Feldmarschall während des Ersten Weltkrieges in der Schlacht bei Tannenberg seinen größten Sieg erzielte, im pompösen Stil des Nürnberger Reichsparteitags auszurichten. »Toter Feldherr! Kehre nun ein in Walhall!«, soll Hitler, froh wie er war, diesen großen, senilen Klotz endlich los zu sein, mit gespieltem Bedauern intoniert haben.[6] Zur gleichen Metaphorik griff er bei der Gedenkfeier für Erich von Ludendorff, einen weiteren, nicht länger erwünschten Dinosaurier aus der Wilhelminischen Ära. Doch in Walhall landete Hindenburg nicht, zumindest seine sterblichen Überreste nicht. Als die Panzer der Roten Armee im Winter 1945 Preußen überrollten, gruben die deutschen Truppen den Feldmarschall und seine Frau aus und zerstörten dann das Tannenberger Mausoleum. Schließlich kam Hindenburg nach verschiedenen nächtlichen Eskapaden, der Lagerung in Kellergewölben und nicht zuletzt dank der Tatsache, dass seine Bewacher ihn dort »vergessen« hatten, hier nach Marburg. Dieses »Vergessen« hielten die Deutschen für notwendig, als sie begriffen, dass die Alliierten Leute wie Feldmarschall Alfred Jodl und Feldmarschall Wilhelm Keitel kremierten und anschließend die Asche verstreuten. Da Gräber für die Deutschen, wie die Alliierten dachten, besondere Kultstätten waren, wollte man verhindern, dass alte Nazi- und Preußengräber zu Wallfahrtsorten der Rechtsgesinnten wurden. Als einige Zeit verstrichen war und die Gemüter sich bis zu einem gewissen Grad beruhigt hatten, wurde Hindenburg in aller Stille in der Elisabethkirche erneut bestattet, weit entfernt von der Stätte, an der er eigentlich sein wollte.

Der Küster kommt und klimpert mit den Schlüsseln. »Das ist Hindenburg«, erklärt er mir. »Der Schrein ist dort drüben im Querschiff. Ich zeige es Ihnen.«

»Nein, ist schon in Ordnung«, antworte ich, »aber gibt es hier Licht? Ich sehe überhaupt nichts.«

»Ja, ja natürlich«, und zwei trübe Kronleuchter werfen einen düsteren Glanz auf den harten, rötlichbraunen Sandstein von Wänden und Totenschrein. Das einzig Bemerkenswerte ist der Stammbaum des alten Feldmarschalls, endlose Reihen winziger Wappen – insgesamt 107, aufgemalt auf kleine Holztafeln –, die die Generationen der von Hindenburgs aufführen, die im Osten gekämpft haben.

»Nur wenige Leute wissen, dass er hier begraben ist«, sagt der Küster. »Fünf oder sechs Mal im Jahr schalte ich für Gedenkfeiern das Licht an, aber das ist alles. Häufig werden Kränze geliefert, doch die meisten Touristen haben noch nie von ihm gehört.« Ich kann das kaum begreifen und äußere mein Unverständnis.

»Ob Sie es glauben oder nicht. Dies ist ein neues Zeitalter für Deutschland. Früher waren alle von der Vergangenheit besessen, aber heute nicht mehr so viele, vor allem die jungen Leute nicht. Sie haben übrigens den Elisabethschrein nicht gesehen. Kommen Sie morgen wieder.«

Später spaziere ich durch Marburgs Universitätsviertel und trinke ein Glas Bier, bevor ich nach Berlin weiterfahre. Während ich auf die Altstadt hinabblicke, geht mir unweigerlich die metaphorische Bedeutung von Hindenburgs ärmlichem Sarg durch den Sinn, in den Nachwehen der verheerendsten Niederlage dieses Landes schimpflich hierhin und dorthin geschleppt. Hindenburg, ein selbst erklärter »Altpreuße«, in dessen Geburtsort heute niemand seines Geschlechts mehr lebt.[7] Ein Soldat, dessen Lebenswerk die Möglichkeit ausschloss, eine siebenhundert Jahre alte Grenze aufzugeben. Ein Junker, der auf dem heiligen Boden seiner Vorfahren erst zu Grundbesitz kam, als er schon fast zu alt war, ihn zu genießen, für den die Vorstellung von Land jedoch ein Wundmal in der Seele war, eine Last, fast zu heilig, um sie zu tragen.

Selbst Hindenburg, dem allzeit grimmigen, stoischen Soldaten, dessen Schwerfälligkeit oft als Dummheit karikiert wurde, wäre es wahrscheinlich schwer gefallen, genau zu definieren, was Preußen war. Das Herrscherhaus Hohenzollern oder die Ideale und das Erbe von Landbesitzern, die zwar arm waren, aber einen Stammbaum besaßen? Ein Staatsgebiet oder eine Idee? Ein Königreich oder ein Splitter genetischer Erinnerung? Ein Stück Land oder ein germanischer Heiliger Gral? In gewissem Sinne war es – und bleibt es – all dies, und ein Verständnis des vergangenen wie des gegenwärtigen Deutschlands ist nur möglich, wenn man sich mit Preußen auseinander setzt.

Das einfache Wort »Preußen« beschwört bei den meisten Leuten natürlich sofort das schaurige Bild endloser Kriege herauf – Pickelhaube, Schaftstiefel, Stechschritt, Adler, Blut und Zerstörung. Ein Deutscher der alten Schule würde vielleicht das Wort »Ruhm« hinzufügen, doch als Franzose oder Brite, vor allem aber als Russe oder Pole, wäre man wohl geneigt, dieses durch »Elend« zu ersetzen. Ich selbst bevorzuge, möglicherweise etwas voreilig, das Wort »erbarmungslos«. Doch wie auch immer, wie genau kann eines dieser Wörter sein? Die Geschichte Preußens und seiner Beziehung zu all den anderen Ländern im Deutschen Reich, die dieses sonderbare, aber zersplitterte Volk geschaffen hat, schließt Teile vieler und sich scheinbar widersprechender Elemente mit ein, und das Bild, das sich uns schließlich bietet, wird viele im Westen auch weiterhin vor ein Rätsel stellen. Die Erklärung hierfür liegt in der Geografie. »Wo ist Deutschland?«, schrieb Schiller.[8] Das gleiche könnte man in Bezug auf Preußen fragen.

Preußen existiert nicht mehr. Das ist eine Tatsache. Deutschland existiert, aber nicht Preußen, ein Gebiet, das 1945 zerstückelt und unter Polen, Russen und Litauern aufgeteilt wurde. Vielen Deutschen mag das gleichgültig sein, vor allem im katholischen Süden. Mit so majestätischen Grenzen wie dem Rhein und den Bayerischen Alpen lässt sich von ihrer Warte aus das Herz Deutschlands leicht definieren, ein Kernland, so historisch wie die alten Städte Hessens, Thüringens und Niedersachsens, und mit einer Grenze, so definitiv wie die Nordsee als Teil des sich von dort erstreckenden kalten Atlantiks. Selbst Berlin mag zuweilen unwichtig erscheinen.

Um Preußen zu verstehen, müssen wir jedoch diese südliche Perspektive vermeiden und stattdessen an den römischen Gott Janus denken, die doppelgesichtige Gottheit, die gleichzeitig in die Vergangenheit und in die Zukunft schaut, oder in diesem Fall sowohl nach Osten als auch nach Westen. Deutschlands Schicksal oder Fluch lag auf beiden Seiten.

Sehr spät am Abend gerate ich in das vielleicht größte Verkehrschaos meines Lebens. Nördlich von Marburg hatte ich bei Braunschweig die wichtigste Ost-West-Autobahn gekreuzt, und schlagartig änderte sich der Charakter meiner Mitreisenden wie durch Zauberei. Verschwunden sind die schweren Limousinen, ausgefallenen Sportwagen und glänzenden Lkws des gesättigten Bürgertums der Bundesrepublik. Stattdessen habe ich es jetzt mit einer dahinzockelnden Karawane rußender Umweltverschmutzer aus dem Gebiet jenseits des alten Eisernen Vorhangs zu tun. Litauische Lastwagenfahrer, Trabbis aus der ehemaligen Deutschen Demokratischen Republik (DDR), polnische Gebrauchtwagen- und Schrotthändler, die den unerwünschten Trödel und Abfall der Wohlstandsgesellschaft nach Hause transportieren, um ihn dort zu versilbern, verstopfen die Straßen und bringen den Verkehr zum Erliegen. Als ich auf einem Parkplatz anhalte, um frische Luft zu schnappen, frage ich einen Polen, was in aller Welt er mit einem völlig zu Schrott gefahrenen 91er-BMW vorhat. In zwei Wochen, erzählt er mir in perfektem Englisch, wird dieser Wagen mit einem etwa fünfzigjährigen, freudig erregten ehemaligen Kommunisten hinter dem Steuer gemächlich ins Zentrum von Warschau rollen, und er selbst rund 2000 DM verdient haben. »Die Deutschen haben sehr wenig Geduld«, sagt er. »Das Ding hat einen Kratzer, und schon schmeißen sie es weg.«

»Das hier sieht nach ein bisschen mehr als einem Kratzer aus«, entgegne ich.

»Das kommt auf die Perspektive an. Als Pole betrachte ich das Auto oder das, was von ihm übrig ist, als Chance. Die Deutschen betrachten es als ärgerlichen Versicherungsfall.« Später erwähnt er, dass wahrscheinlich 15 bis 20 Prozent aller Wracks, die nach Osten transportiert werden, gestohlen sind. »Ich habe mitgekriegt, dass Leute einen Unfall hatten, ins Krankenhaus gebracht wurden und ihr Auto verschwunden war, als sie zurückkamen, um es abschleppen zu lassen. Ich muss zugeben, dass ich letztens selbst eins gestohlen habe. Ich hatte einen VW auf dem Abschleppwagen und als ich am Straßenrand einen kaputten Mercedes entdeckte und weit und breit keine Polizei sah, hab ich die Gelegenheit genutzt und die Autos ausgetauscht.«

Gegen zwei Uhr nachts habe ich bei Magdeburg keine Lust mehr weiterzufahren. Auf der Autobahn geht es fast nur noch im Schneckentempo vorwärts, ein endloser Strom von Bremslichtern, der sich, so weit das Auge reicht, bis nach Berlin erstreckt. Ich verlasse die Autobahn und tauche ein in Ostdeutschlands triste Unterwelt mit ihren holprigen, schlecht in Stand gehaltenen Straßen, den abgewirtschafteten Bussen, die leer durch die Nacht rumpeln, und den typischen, gigantischen Wohnblocks, die nun zum Klischee des kommunistischen Fortschritts geworden sind. Ich parke in einer Seitenstraße, klappe den Beifahrersitz zurück und schlüpfe in meinen Schlafsack. Zwangsläufig frage ich mich, wie sicher es ist, hier zu übernachten und nehme mir vor, wenn ich nach Hause komme, noch einmal ein paar von John le Carrés Romanen zu lesen, um zu sehen, ob er das Melodrama richtig eingefangen hat. Doch unter dem schmuddeligen Schein gelber Straßenlaternen weicht die Besorgnis der Müdigkeit, und ich schlafe sofort ein.

Einige Stunden später bricht auf dieser engen, heruntergekommenen, totenstillen Straße der Dritte Weltkrieg aus, als etwa zweihundert Meter entfernt ein Biergarten durch zwei Explosionen in Schutt gelegt wird. Sofort wimmelt es in dem Viertel von alten Feuerwehr- und Polizeiautos. Die Luft ist erfüllt von Sirenengeheul, Blaulicht und lauten Zurufen. Ich krieche so tief wie nur möglich in meinen Schlafsack und hoffe, dass niemand diesen neuen, farbenfroh lackierten Mietwagen von Avis bemerkt.

*

Magdeburg ist, wie sich herausstellt, ein guter Ort, um die Lage zu sondieren, obwohl ich am nächsten Tag bei einem Rundgang entdecke, dass die Stadt selbst trotz einer langen und oft romantischen Vergangenheit verfallen ist. Kaum etwas scheint von den ruhmreichen Zeiten Ottos des Großen oder Albrechts des Bären übrig geblieben zu sein, großen sächsischen Kriegern, die ihre slawischen Nachbarn vertrieben, um mehr Lebensraum in den weiten Wäldern des Ostens zu gewinnen; und eigentlich auch nichts von dem goldeneren Zeitalter der Hanse, als die Handelsstadt Magdeburg hübsch von ihrer Lage an der Elbe profitierte. Schwer vorstellbar ist auch, dass Martin Luther hier als Kind in den Straßen Weihnachtslieder sang, um ein paar Münzen zu erbetteln. Selbst die Elbe wirkt schmutzig und verbraucht, was angesichts der riesigen Mengen an Giftstoffen, die in den vergangenen fünfzig Jahren in diesen Fluss geleitet wurden, nicht verwundert. Doch als Bezugspunkt ist Magdeburg noch immer von Bedeutung.

Um das Jahr 1000 erstreckte sich ein christianisiertes Grenzgebiet von der Hansestadt Lübeck an der Ostsee via Elbe und Magdeburg Richtung Süden bis zu den Ausläufern des Böhmerwalds. Diese Grenze konnte jederzeit von heidnischen Slawenstämmen, die ihrem üblichen, blutdürstigen Geschäft, nämlich Sklavenjagd und Plünderung, nachgingen, ganz oder teilweise durchbrochen werden. Doch angeheizt wurde der Konflikt vor allem von ihren Gegnern, den christlichen Stammesfürsten Deutschlands, deren Hunger nach der gleichen Beute und den gleichen Sklaven unermesslich war. Von persönlichem Ehrgeiz sowie dem Wunsch nach neuem Landbesitz und neuen Einkommensquellen getrieben, angeblich jedoch um der Missionierung willen, kämpften sich deutsche Herrscher und Duodezfürsten durch Wälder und Marschen, vertrieben die Slawen, die ihnen im Weg standen, gründeten Städte und Dörfer und besiedelten sie mit Landsleuten oder Zisterziensermönchen aus der Heimat. Mitte des Jahrhunderts erreichte man eine zweite große Wasserscheide, die Oder, und 1157 wurde Brandenburg als Zentrum dieses Grenzgebietes von einer sächsischen Dynastie kolonialisiert. Brandenburg, und später seine Hauptstadt Berlin, sollten dann das Königreich Preußen symbolisieren.

Tatsächlich lag das Herzstück Preußens, sein Hauptziel, noch weiter östlich, ein Herrschaftsgebiet, das später als Ostpreußen bekannt wurde und dessen Kernland die Deutschritter mitten im Zentrum heidnischer Gebiete angesiedelt hatten. Wieder bildet das Wasser eine praktische, natürliche Grenze, in diesem Fall die Weichsel, an deren Ufern die Kreuzritter Festungen von unermesslicher Größe und Komplexität errichteten, um ihre Feinde einzuschüchtern und den Ackerbau treibenden Gemeinden, die sich in ihrem Schatten gegründet hatten, ein Gefühl der Sicherheit zu bieten.

1260 besaßen die Ritter ein im Großen und Ganzen rechteckiges Gebiet, das sich von Kulm und Thorn am Ostufer der Weichsel entlang in Richtung Ostsee erstreckte. Von hier aus kam das, was Heinrich von Treitschke, der große Propagandist des 19. Jahrhunderts, den »Drang nach Osten« nannte[9], so richtig in Schwung, als die Ritter entlang der gesamten Ostseeküste bis zum Finnischen Meerbusen vordrangen und zu einem bestimmten Zeitpunkt (ca. im späten 14. Jahrhundert) ein Gebiet kontrollierten, das sich vom heutigen Polen über Königsberg und über Litauen und Lettland bis hin nach Estland erstreckte. All dies erreichten sie durch unfassbare Kühnheit und unglaublichen Mut, ein Sendungsbewusstsein und einen Geschäftssinn jenseits jeden Standards an Tüchtigkeit, Eigenschaften, die eine für ihre Zeit einzigartige Kombination darstellten. Die unterschiedlichen ethnischen Gruppen angehörenden Gegner der Ritter – vor allem Balten und Slawen – waren jedoch gleichermaßen selbstherrlich und räuberisch, wenn auch weniger zielstrebig und diszipliniert.

Wie ihre bekannteren Zeitgenossen normannischer Herkunft, die sich von Frankreich aus ins gesamte Westeuropa und ins Heilige Land vorgewagt hatten, kannten die Deutschritter keine Furcht und griffen an, ungeachtet ihrer Gewinnchancen. Sie suchten die Gelegenheit, dem Tod ins Auge zu sehen.

Das Land, das sie mühevoll durchzogen, war nicht das beste – Sandboden auf sanften Hügeln, zum großen Teil Flachland, das sich sichelförmig an den Südufern der Ostsee entlangzog. Diesem waldbedeckten und mit Sümpfen übersäten Gebiet fehlte es an natürlichen Grenzen. Selbst die großen Flüsse, die dem Land das Wasser entzogen – Oder, Weichsel, Memel und Dwina – waren, wenngleich entscheidende Transportwege, für Verteidigungszwecke von nur geringem Wert. Unterholz, Sumpfland, ein Morast aus Dickicht und weglosem Gestrüpp waren die zwar weniger spektakulären, aber umso mächtigeren Hindernisse, denen sich Heere und Siedler gegenübersahen. Somit ließen sich die Grenzen nie genau festlegen und nur schwer skizzieren.

Eine Konstante, die man bei der Beurteilung der Geschichte Preußens nicht aus den Augen verlieren darf, ist der Zustand des Abgetrennt- und Isoliertseins, eine Gefahr, die untrennbar mit Grenzgebieten oder mit Grenzmarken, wie man sie im Mittelalter nannte, verbunden ist. So war Ostpreußen im Verlauf seiner Geschichte sehr lange vom übrigen Deutschland getrennt, eine isolierte Bastion germanischer Sprache und Kultur, auf allen Seiten von Feinden umgeben, die wahrscheinlich gleichermaßen auf Rache und Zerstörung sannen. Was römische Legionäre empfanden, als sie in England auf dem Hadrianswall patrouillierten, was Kreuzritter dachten, als sie auf den Schutzwällen ihrer einsamen Burgen in Syrien und Judäa Wache hielten, das müssen auch die Deutschen empfunden und gedacht haben, als sie ihren Blick über die gerade angelegten Felder oder trockengelegten Weiden bis hin zum Horizont gleiten ließen. Wer lauerte in den nahe gelegenen Wäldern? Welche Gefahr drohte bei Einbruch der Nacht von den Dornensträuchern auf der anderen Seite des wenige Hundert Meter entfernten Flusses? Vorstellungen und Verhalten solcher Art formen den Charakter.

»Ihr hattet euren Wilden Westen, eure Cowboys und Indianer«, sagte mir ein alter Freund aus Deutschland. »Dafür hatten wir den Wilden Osten. Aber ich glaube, es gab einen entscheidenden Unterschied. Ihr habt das Land mit Gewehren und Kugeln, mit Eisenbahnlinien, Technologie und einer fortgeschrittenen Zivilisation gewonnen. Preußen hingegen wurde mit dem Schwert und der Streitaxt erobert. Unsere Ritter badeten in Blut. Es war ein sehr persönlicher, unmittelbarer Sieg. Wohl niemand aus einem zivilisierten Land, vor allem, wenn er kein Anhänger des Jagdsports ist, kann sich noch vorstellen, wie es ist, ein anderes menschliches Wesen mit einem Schwert aufzuspießen oder ihm den Schädel bis hin zum Nacken mit einer Axt zu spalten. Wenn du einen derartigen Kampf und damit ein Stück Land gewinnst – ein Gut und damit eine Zukunft –, empfindest du eine unbeschreiblich intensive Verbundenheit mit diesem Land. Du hast es nicht mit Geld oder einer Kreditkarte gekauft. Du hast dafür getötet und den, den du getötet hast, aus nächster Nähe gesehen. Und häufig wurdest du selbst aus dem gleichen Grund an einem anderen Ort, zu einer anderen Zeit getötet, und es war wohl sicher ein grauenhafter Tod. Glaub mir, es starben viele Deutsche! Das erklärt meiner Ansicht nach die Hingabe, mit der wir Deutschen die Idee Preußen schon immer betrachtet haben. Preußen verkörpert unsere Vorstellung von Zielgerichtetheit, Ergebenheit, Standhaftigkeit und Pflichtgefühl sowohl gegenüber unserem Volk als auch unserem Land. Auch gegenüber der Idee der Beständigkeit. So sagte mein Großvater mir, die Memel sei eine Grenze, die nie fallen werde. Unnötig zu erwähnen, dass er das vor der Katastrophe von 1945 sagte.«

Von der Memel, die durch das heutige Litauen zur Ostsee fließt, hatte ich noch nie etwas gehört. Sie kennzeichnet das historische Schrumpfen Ostpreußens, als der Deutsche Orden im 15. Jahrhundert als militärische Macht auseinander fiel, Land an Polen, Litauer, Russen und sogar Schweden verlor und aus dieser Talfahrt als Besitzer eines Gebietes hervorging, das mehr oder weniger den Grenzen des neunzehnten Jahrhunderts entspricht oder dem, was die Deutschen seit jeher als das traditionelle Reich betrachten.

»Hier siehst du das wirkliche Deutschland«, sagte mir ein ehemaliger Mitschüler, der für VW in Wolfsburg arbeitet, in seinem Wohnzimmer und zeigte eine eingerahmte Karte. »Beachte die Inschrift unten – ›Karte des Deutschen Reiches mit allen Staaten, die dieser Name einschließt‹. Du musst bedenken, dass Polen 1796, dem Datum auf dieser Karte, praktisch nicht mehr existierte. Es gab dort natürlich noch eine katholische, Polnisch sprechende Bevölkerung, aber kein Polen mehr. Das hatten sich seine Nachbarn einverleibt. Jedenfalls hier an der Memel ist unsere Nordostgrenze, bis zum Zweiten Weltkrieg Europas älteste dauerhafte Grenze. Alles jenseits dieser Grenze hatten die Ritter verloren. Im Osten trennte uns ein wildes, zerklüftetes Land voller Seen und Wälder von unseren Feinden. Das war eine Art Niemandsland. Im Süden waldlose Flächen und Ebenen, ein Schlachtfeld, auf dem wir ständig gegen Slawen, ob Polen oder Russen hängt vom Jahrhundert ab, kämpften. Und im Westen eine normale Grenze zu den deutschen Provinzen Pommern und Brandenburg, dem Gebiet, das wir Westpreußen nennen. Im 14. Jahrhundert, auf dem Höhepunkt seiner Macht, vereinte der Deutsche Orden Westpreußen mit Ostpreußen, aber als die Deutschritter dem Untergang geweiht waren, eroberte Polen einen Großteil dieses Gebietes. Danzig war jahrhundertelang in polnischer Hand! Doch Friedrich der Große gewann dann während der verschiedenen Teilungen Polens in den letzten Jahrzehnten des 18. Jahrhunderts dieses Gebiet zurück und noch weiteres Land hinzu. So blieb es im Wesentlichen bis zum Ersten Weltkrieg, als die Polen erneut das Gebiet in Besitz nahmen, das damals

›der Korridor‹ genannt wurde. Danzig war an seinem Kopfende, eine Freie Stadt an der Ostsee, und Ostpreußen war erneut ein Satellit, vom Vaterland durch Gebiete voller katholischer Polen getrennt. Wenn irgendetwas Hitlers Hass auf die Slawen schürte, dann war es das. Ein Krebsgeschwür, eine Bedrohung der geografischen Integrität Deutschlands, Polen zwischen uns und Königsberg! Nach dem Zweiten Weltkrieg war dann natürlich alles vorbei. Ostpreußen verschwindet und ist somit heute, fünfzig Jahre später, nichts weiter als ein Traum. Eigentlich ist es jetzt kein Traum mehr. Es ist eine Erinnerung.«

Eine Erinnerung, wahrhaftig, denke ich bei mir, aber welch eine mächtige Erinnerung? Worin unterscheiden sich hier Politik und Geschichte, Realität und Mythologie, das Mögliche und das Unmögliche? Seit fast einem halben Jahrhundert ist Ostpreußen schon das geistige Reich einer nun aussterbenden Generation – der preußischen Diaspora –, derjenigen, die in jenem eisigen Winter 1945 bei der vielleicht größten Vertreibung während des gesamten Zweiten Weltkriegs alles zurückließen. Einige wenige hatten Glück und erwischten einen Zug, die meisten brachen mit Traktoren, Pferdewagen, Autos oder zu Fuß auf. Sie schleppten Koffer und Rucksäcke und häufig verloren sie diese unterwegs. Eine unvorstellbar große Zahl schaffte es nicht weit genug nach Westen, um den Russen zu entkommen, die sie bei ihrem schnellen Vormarsch mit unterschiedlichem und oft schrecklichem Ergebnis überrollten. Von den zwei Millionen Deutschen, die ihren Häusern und Bauernhöfen entflohen, starb möglichweise die Hälfte auf der Straße. Von denen, die überlebten (gefolgt von weiteren eineinhalb Millionen, die später von den Polen und Russen vertrieben wurden), begriffen die meisten innerhalb weniger Jahre, dass es keine Rückkehr geben würde. Für diese Menschen wurde Ostpreußen zu einem Konglomerat nostalgischer Gefühle, die sie immer wieder entschlossen unterdrückten. »Um meiner Familie willen denke ich nicht ständig über die Vergangenheit nach«, höre ich immer wieder. »Man wird dann so leicht sentimental und verbittert schließlich.«

Ironischerweise zerbricht nun in den letzten Tagen ihres Lebens der Eiserne Vorhang und die deutsche Grenze verlagert sich, fast über

Nacht, 280 Kilometer weiter nach Osten. Ostpreußen ist plötzlich so verlockend nah, nur wenige Autostunden entfernt, und niemand, auch kein Experte, kann voraussagen, wie die politische Zukunft wohl aussehen wird – soll heißen, in Hinblick auf Russland.

Der rechtsgerichtete russische Nationalist Wladimir Shirinowskij – in der deutschen Presse von einigen als »Russlands Hitler« bezeichnet[10] – ließ vor kurzem anklingen, dass Ostpreußen, sollte er Boris Jelzin als Präsident ersetzen, zu einem Verhandlungsgegenstand zwischen Berlin und Moskau werden würde. Diese Andeutung ist so empörend wie historisch, und zwar insofern, als Polen, das traditionell nie zu Angelegenheiten, die sein Überleben betrafen, konsultiert wurde, erneut zum Opfer der Machenschaften zwischen Ost und West würde.

»Die Polen? Ich mache mir keine Gedanken über die Polen«, sagte mir ein alter Flüchtling aus Ostpreußen. »Keiner hat das je in der Vergangenheit getan, und niemand wird es in der Zukunft tun, gleichgültig, was unsere Politiker heute sagen. Sind sie ein paranoides Volk? Natürlich sind sie das, wie sollte es auch anders sein. Kein Mensch hat je etwas aus der Geschichte gelernt, doch das, was in den vergangenen Jahrhunderten immer wieder mit Polen passiert ist, könnte heute ohne weiteres genauso passieren. Seit vier Jahrzehnten glaube ich wirklich zum ersten Mal wieder an die Möglichkeit, dass Ostpreußen erneut Teil unseres Vaterlands werden könnte. Seltsamere Dinge sind geschehen, gerade in den letzten ein oder zwei Jahren! Doch um diese Wiedervereinigung zu erreichen, müssen die jungen Leute sie wollen. Aber für die ist Ostpreußen nur ein Landstrich ohne Bedeutung, etwas, worüber alte Leute wie ich plappern, von dem die Jungen jedoch nichts wissen. Ob es möglich ist, sie politisch unter einen Hut zu bringen – und ich meine nicht den Skinhead-Pöbel –, ihnen die Bedeutung Preußens für ihr Land verständlich zu machen, weiß ich nicht.«

Marion Gräfin Dönhoff weist die Möglichkeit, Ostpreußen könne wieder in den Schoß der Gemeinde zurückkehren, weit von sich. »Niemals«, winkt sie ab. »Das kann ich nicht ernst nehmen.« Doch nicht einmal sie kann das neu erwachte Interesse an dieser alten germanischen Heimat verstehen. Ihr eigenes Buch *Bilder, die langsam verblassen* hatte die erstaunlich hohe Auflage von einer viertel Million, und die

Gräfin kann sich diesen Erfolg nicht erklären. »Niemand war überraschter als ich«, gibt sie zu.

Trotz unterschiedlicher Meinungen ist jedoch klar, dass Ostpreußen ein weiteres Teilchen im Mosaik eines in Deutschland mitunter feststellbaren Trends zur Leugnung der Geschichte darstellt, vor allem der der 30er und 40er Jahre des 20. Jahrhunderts. Gespräche über Preußen fallen zwar eher in die zahmere Stammtisch-Kategorie nicht vergessener alter Zeiten, doch unter der honigsüßen Oberfläche schlummern noch immer der Deutsche Orden, das Rittertum und die territoriale Expansion. Preußen war schon früher ein Schlachtruf und könnte es wieder sein. Es könnte aber auch auf viel wirkungsvollere Weise das nähren, was ein polnischer Schriftsteller vor kurzem in bewundernswerter Untertreibung als »die dynamische Kraft des deutschen Nationalgefühls« bezeichnete.[11]

Der Soziologe Jürgen Habermas fasste die Situation 1993, wie ich meine, richtig zusammen: »Wenn man die deutsche Elite betrachtet, kann man ein mächtiges Verlangen feststellen, Deutschland wieder in eine unabhängige Großmacht im Zentrum Europas zu verwandeln, den Blick fest gen Osten gerichtet. Das einzige Mittel gegen diesen Trend ist die politische Einheit Europas ... Maastricht ist notwendig, um Deutschland in seine Schranken zu verweisen.«[12] In ihrer kürzlich erschienenen Autobiografie räumt Margaret Thatcher zwar die Gefahr eines neuen und mächtigen Deutschlands ein, wiederholt gleichzeitig aber ihren Widerstand gegen die EU als mäßigenden Faktor: »Der Wunsch deutscher Politiker, ihre nationale Identität in einem größeren Europa aufgehen zu lassen, ist nur allzu verständlich, stellt jedoch ein Problem dar. ... Tatsächlich wollen die Deutschen, weil sie Angst haben, sich selbst zu regieren, ein europäisches System schaffen, in dem keine Nation sich selbst regieren wird. Ein solches System kann auf lange Sicht gesehen nur instabil sein, und wird aufgrund der Größe und zahlenmäßigen Überlegenheit Deutschlands zwangsläufig ungleichgewichtig sein. Die fixe Idee eines europäischen Deutschlands birgt die Gefahr eines deutschen Europas.«[13] Oder wie die polnische Zeitung *Polityka* schrieb: »Nirgendwo ist die Neigung, ›sich kleiner zu machen als man ist‹, ausgeprägter als bei den Deutschen. Sie sagen: ›Wir sind so unbedeutend, so friedfertig, so harmlos, dass wir kaum wirklich etwas tun können.‹«[14]

Als Habermas von einem anderen polnischen Journalisten gefragt wurde, »Sollten wir Deutschland fürchten?«[15], antwortete er: »Das frage ich mich auch.« Der jüdische Schriftsteller Ben Hecht war noch emphatischer. »Die Deutschen haben sich nicht geändert«, schrieb er. »Sie machen nur eine Pause.«[16]

*

Von Magdeburg aus fahre ich über kleine Nebenstraßen nach Berlin. Die Landschaft der ehemaligen DDR erscheint mir, ob in meiner Vorstellung oder weil der Winter noch nicht lange vorbei ist, ausgelaugt, müde, unerholt. Ich halte in Schönhausen an, wo Otto von Bismarcks Vorfahren ihren Landbesitz, meilenweit flaches, eintöniges Land, hatten. Ein ansehnliches Monument aus dem Deutsch-Französischen Krieg, das den Dorfplatz dominiert, scheint in gutem Zustand zu sein. Ein sowjetisches Denkmal zum Gedenken an diejenigen, die 1945 hier fielen, ein Haufen zerbröckelnden Betons, wartet auf die Bulldozer. Ich mache einen Spaziergang durch die Parkanlage vor Bismarcks ehemaligem Herrenhaus, in dessen Wohnzimmer seine Lieblingsnichte sich eine Kugel durch den Kopf schoss, als russische Truppen das Gelände stürmten.[17] Als ich einen Arbeiter frage, wo genau das ehemalige Herrenhaus gestanden habe, antwortet er: »Bismarck? Kaputt, kaputt.«

In jeder schmutzigen Stadt, durch die ich fahre, ragen zwei, drei, manchmal fünf oder sechs Fabriken verlassen und einsam in einen ruhigen Himmel: zugemacht, mit einem Vorhängeschloss versehen, die riesigen Schornsteine ohne Rauch – glücklicherweise, es sei denn, man gehört zu den zwölf Prozent Deutschen, die arbeitslos sind.[18]

In Potsdam finde ich kein Restaurant. Wie ausgestorben ist die riesige Parkanlage um Sanssouci, den Traumpalast Friedrichs des Großen, in dem der vornehmste aller Krieger seine Feldzüge plante und mit Voltaire scherzte. Ein paar Arbeiter bringen Statuen in ein eingezäuntes Areal. Ein Schild verkündet: »Restaurierungsarbeiten.« »Wenn ihr mal Geld habt«, denke ich. Das Schloss selbst ist trostlos, meine Führerin wenig begeistert von ihrer Dreiergruppe. Keine Trinkgelder zu holen, denkt sie. Ich hatte erwartet, Sanssouci besitze den Charme, den man gewöhnlich mit einem der kleineren, vornehmeren französischen Schlösschen verbindet, doch meiner Ansicht nach fehlt diesem Gebäude jegliche Originalität, und seine Symmetrie und die berühmten geschwungenen Treppen sind so klassisch, dass sie schon wieder langweilig wirken.

In dem nahe gelegenen Fremdenverkehrsbüro, der früheren Remise, erhalten ehemalige Ostdeutsche einen Vorgeschmack dessen, was westlichen Tourismus ausmacht. Mit geschmackvollen Empfangsbereichen, sauberen Toiletten, gesandstrahltem Stein und glänzenden Messinglampen, zahllosen Hochglanzbroschüren und Postkarten, großen Pendeltüren und schick ausstaffierten Angestellten mit modisch schwarz geschminkten Lippen ist dieser glänzende Anbau an Sansscouci für ganze Busladungen von Touristen gewappnet. Und ich komme mit meiner alten Karte daher und frage, wo früher Potsdams Garnisonkirche stand. Niemand hat von ihr gehört.

Die Garnisonkirche war der Altar der namhaften preußischen Armee, der Ort, an dem sie sich für ihre Angriffskriege den Segen der Kirche holte, an dem Prediger und Geistliche (alle protestantisch) deutsche Waffen segneten; ein Brauchtum ganz in der Tradition der Deutschritter (alle katholisch), die die Kommunion empfingen, bevor sie aufbrachen, um ihre Feinde abzuschlachten. Könige, Fürsten und Feldmarschälle waren hier begraben; von den Deckenverstrebungen hingen Regimentsfahnen herab; unzählige Gedenktafeln für gefallene Krieger schmückten die Wände. Vom Glockenturm läuteten die berühmten Potsdamer Glocken, jede nach einem gefeierten General oder einer bestimmten Schlacht benannt. Hier eröffnete der neu ernannte Kanzler Adolf Hitler am 21. März 1933 offiziell den neu gewählten Reichstag mit einem gleichermaßen feierlichen wie zynischen Gottesdienst. Nur wenige Ereignisse in Hitlers Karriere legitimierten seinen alle Grundsätze der Demokratie missachtenden Aufstieg zur Macht so sehr wie dieses. Die Inszenierung lohnte sich schon deshalb, weil Hindenburg in der Kluft eines preußischen Feldmarschalls dem Gefreiten die Hand schüttelte, eine Szene, die Goebbels' Fotografenschar für die

Ewigkeit festhielt. Nur zwölf Jahre später, am 14. und 15. April, bezahlte die Wehrmacht für den unerschütterlichen Glauben, diesen Irren kontrollieren zu können, einen hohen Preis. Als das Reich taumelte, am Boden lag, praktisch schutzlos war, zerstörten britische Bomber die Garnisonkirche und ganze um sie herumliegende Wohnblocks. Die »Trümmerfrauen« der Wiederaufbauära fanden in den Trümmern außer den Glocken so gut wie nichts.[19]

Nachdem ich mich noch einige Male nach den Glocken erkundigt habe, erfahre ich, dass sie noch existieren und hier in Potsdam an der mehr oder weniger anonymen Stätte der einst berühmten Kirche die Stunde schlagen. Hier wird es gewiss kein preußisches Säbelrasseln mehr geben, und kein Mekka ist in Sicht für angehende Nazis, Monarchisten oder Militaristen jeglichen Schlags. Vom neuen Glockenturm, einem Gerüst aus schäbigen Aluminiumstangen, ertönen Kinder- und Kirchenlieder, und die Glocken blicken hinab auf einen weiteren hässlichen Park in einer weiteren hässlichen Stadt, die sich überall hinter dem ehemaligen Eisernen Vorhang befinden könnte – in Polen, Ungarn, der Tschechischen Republik. Dies wird nicht die Stätte einer Massenkundgebung sein, gleichgültig wie geheiligt der Boden ist.

An jenem Abend erreiche ich die polnische Grenze, wo mich ein beträchtliches Chaos erwartet. Mit westlichen Leihwagen sollte man nicht über die Oder fahren. Sobald man diese alte Wasserscheide mit einem blinkenden neuen Auto überquert hat, ist der Diebstahl so unausweichlich wie der Tod und der Steuerbescheid. Unternehmer, habsüchtig wirkende Vertreter, hohe Tiere unterschiedlicher Couleur stehen hier Schlange, um auf den vermeintlich fruchtbaren neuen Märkten jenseits dieser Grenze ein Vermögen zu machen. Es ist schwer, all das nicht als einen mehr oder weniger unaufhörlichen Kreislauf in der menschlichen Geschichte zu betrachten, als etwas, das nie aufhören wird. Statt der Wehrmacht sind jetzt allerdings Mark und Dollar unterwegs nach Osten; statt der Deutschritter ein mit Fernsehern beladener Laster.

Das ist kein Anblick, der zu Krieg oder Rückeroberung von Territorium inspiriert. Träume vom Osten, so glaube ich, leben im Geiste wieder auf, ob in einem Sessel sitzend oder bei einem Spaziergang spielt kaum eine Rolle. Melodien, Briefe und Tagebücher, Tagträume von längst verstorbenen Vätern, Müttern, Tanten und Onkeln, alle begraben in der sandigen Erde Ostpreußens, ihre Gräber unbekannt, geschändet, zerstört – in früheren Zeiten hätten diese Dinge ausgereicht, um einen latent vorhandenen emotionalen Funken zu entfachen. Ob das heute noch der Fall wäre, ist schwer zu sagen. Die Habgier, die die Deutschen überall um sich herum sehen, hat etwas Unwürdiges an sich. »Kaum hat die eine Ideologie ihren Griff lockern, dann aufgeben müssen, da greift die andere Ideologie wie altgewohnt zu«, schreibt Günter Grass. »Notfalls zeigt man die marktwirtschaftlichen Folterinstrumente.«[20] Das mag ausreichen, um ein Bankkonto zu füllen, aber nicht, um das Blut zum Kochen zu bringen. Die emotionale Vergangenheit liegt jenseits der Grenze und ironischerweise auch die Zukunft. Vielleicht ist es eine ruhige, vorhersagbare, kapitalistische, sichere Zukunft – das sagen zumindest alle –, doch dafür gibt es keine Garantie.

2. Kapitel

Marienburg

1275

Kreuzzüge und die Geburt Preußens

Sie raubten und legten Brand und kamen in ansehnlicher Schar.

Livländische Reimchronik, 13. Jahrhundert[21]

Als ich im heutigen Polen an der Weichsel entlang durch die Kornkammer des alten Ostpreußen fahre, kommt es mir so vor, als habe ich das alles schon einmal gesehen. Zuweilen weiß ich nicht genau, wo ich bin. Ich komme an einem typisch slawischen Landgut nach dem anderen vorbei – verfallenen Herrenhäusern eindeutig patrizischen Ursprungs, doch nun gezeichnet von zerbrochenen Fensterscheiben, fehlenden Dachschindeln und schief hängenden Fensterläden, und umgeben von baufälligen Holzzäunen, für die man Abfallholz oder Palettenkisten verwendet hat. Hühner laufen frei herum, alte Pflüge und Mauerreste sind auf dem Hof verstreut, drei oder vier kleine Strolche torkeln glücklich umher und ein düster dreinblickender polnischer Bauer kommt nach der Arbeit auf einem alten, von einem kräftigen Gaul gezogenen, zusammengeschusterten Karren nach Hause. Der Widerspruch liegt in den perfekt gepflegten Feldern und den langen, von alten Bäumen gesäumten Landstraßen, die sich über verlassene Ebenen ziehen, sowie den riesigen und zuweilen sehr baufälligen Stallungen aus rotem Backstein, Zeugen eines Ordnungssinns und Stolzes, der über die Verwahrlosung derer hinwegtäuscht, die jetzt hier leben.

Es ist ein unauffälliger Landstrich. Ohne üppige Vegetation und weder überwältigend schön noch anheimelnd oder konventionell malerisch, strahlt er dennoch eine eindeutig europäische Atmosphäre aus, eine landwirtschaftliche »Architektur«, zu der die Polen ein zwiespältiges Verhältnis zu haben scheinen. Hinter jeder Biegung erhascht man einen Blick von Deutschland. Eine mit Brettern vernagelte Kirche, eine verlassene Fabrik, ein baufälliges Kraftwerk, alle aus dem unverwechselbaren Backstein gebaut. An vielen Gebäuden prangt ein Datum: »1889«, »1912«, »1937«. In den unbenutzten Schornsteinaufsätzen haben sich unzählige Störche ihre Nester gebaut.

Vor allem die Ställe sind unverwechselbar und imponierend. Einige sind lang und im Fachwerkstil gebaut, andere drei Stockwerke hoch und mit Zinnen bestückt, die Fassaden gotisch verziert. Erbost scheucht mich ein Bauer weg, als ich sein beeindruckendes Exemplar fotografieren will. Er knurrt mich auf Polnisch an und fuchtelt mit der rechten Hand in der Luft herum, eine Mistgabel in der linken. Seiner Körpersprache entnehme ich, was er sagt: »Ihr Deutschen kommt hierher, um Fotos zu machen. Ich weiß, was ihr euren reichen Freunden zu Hause erzählen werdet – ›Seht euch den blöden Polacken an, der Kuhscheiße mit der Hand schaufelt. Habt ihr jemals etwas so Dummes gesehen?‹« Er ist empört, als ich versuche ihm zu erklären, wie sehr ich seinen Stall bewundere. Verächtlich winkt er ab. Er ist keinen Pfifferling wert. Die Deutschen haben ihn gebaut. Ich mache das Foto trotzdem – meine schlechten Manieren gegen seine.

Die größten Überraschungen halten in diesem flachen Land die vereinzelten Städte und Dörfer bereit, von denen die meisten im Zweiten Weltkrieg dem Erdboden gleichgemacht wurden. In vielen Fällen ist nichts Altes erhalten, aber an einigen Orten findet man noch die Grundmauern oder den künstlichen Erdwall eines Burgfundamentes aus der Zeit, als die Deutschritter dieses Land beherrschten, und manchmal taucht auf wunderbare Weise eine riesige Burgruine auf. Der Anblick ist fast immer umwerfend.

Ich habe selten so unromantische Burgen wie diese gesehen. Vielleicht liegt es an der allgegenwärtigen Backsteinkonstruktion, ein Material, das die Ritter ursprünglich aus Deutschland importierten und für alle größeren Bauten verwendeten; vielleicht an der wenig eindrucksvollen Umgebung, in der es weder Felsen, Klippen, versunkene und in Nebel gehüllte Täler noch Gipfel gibt, über denen Habichte oder Geier kreisen. Ein König Arthur wäre von der wenig fürstlichen Kulisse dieser Landschaft enttäuscht, ganz zu schweigen von einem Regisseur aus Hollywood auf der Suche nach einer geeigneten dramatischen Kulisse für ein mittelalterliches Epos.

Die Ritter hatten aber doch ein Auge für das Terrain. Sie bauten ihre Burgen an Flussläufen und Bächen, auf leichten Anhöhen an einer strategischen Gabelung von Waldwegen oder Durchgangsstraßen, ja überall dort, wo geografische Eigenheiten in einer ansonsten kaum Verteidigungsmöglichkeiten bietenden Landschaft einen gewissen Schutz versprachen. Im Gegensatz zu ihren Zeitgenossen im Rheinland, die aufgrund des rauen »defensiven« Terrains bei der Kunst des Burgenbaus nicht so viel Einfallsreichtum zeigen mussten, bauten die Deutschritter mit einem enormen Aufwand an Arbeit und Kosten riesige Anlagen.

Die ersten Festungen des Ordens, in der Regel einfache, auf künstlichen Erdwällen errichtete, manchmal von einem Graben umgebene Palisaden, gehörten ursprünglich den auf dem Schlachtfeld besiegten Feinden. Im Verlauf der Zeit entstanden in Perioden relativer Stabilität die riesigen Bauten, so wie wir sie heute sehen. Sie sind von langen Mauern umgeben, die mehrere Morgen Land einschließen und in Zeiten feindlicher Überfälle, Plünderungen oder Aufstände Flüchtlingen aus den umliegenden Gebieten Zuflucht boten. In den letzten Tagen des Zweiten Weltkriegs, als das Dritte Reich zerfiel, leisteten zerlumpte Einheiten der Wehrmacht hier inmitten der eingestürzten Ruinen auf selbstmörderische Weise Widerstand, wobei die Entscheidung, im Kampf zu sterben, unmittelbar auf die Traditionen ihrer zähen Vorfahren, der Deutschritter, zurückging.

Das Gebiet, das als erstes die Aufmerksamkeit des Ordens auf sich zog, war die weitestgehend unerforschte Wildnis östlich der Weichsel, in der ein baltischer Volksstamm lebte, den wir heute als die Preußen oder Pruzzen kennen. Das seit jeher isolierte, heidnische Volk verehrte seine Götter in heiligen Hainen und Quellen, lebte im Wesentlichen vom ausschließlich für den Eigenbedarf betriebenen Ackerbau sowie der Jagd und hinterließ rund 1200 »Pruzzenwörter«, aber keinerlei schriftliche Aufzeichnungen.[22] Zeitgenössischen Quellen zufolge war es kein offenkundig raubgieriges Volk, begrüßte aber weder das Interesse einzelner christlicher Missionare, die es oft ermordete, noch die bedrohlichere Habsucht seiner litauischen und polnischen Nachbarn. So gut wie keine nennenswerten gesellschaftlichen Errungenschaften haben dieses Volk überlebt. Gelegentlich findet man in einem verfallenen Museum auf dem Lande eine grotesk wirkende Statue preußischen Ursprungs, doch eigentlich ist kein kulturelles Vermächtnis vorhanden. Das Schicksal der Preußen, die in der historischen Überlieferung diejenigen waren, die anderen im Wege standen, war die Assimilierung, im Extremfall Tod oder Exil.

Ihre Peiniger waren die Diener der Heiligen Maria des Deutschen Hauses, heutzutage besser bekannt als der Deutsche Orden, einer von mehreren geistlichen Ritterorden, die jene verheerenden Begeisterungstaumel der mittelalterlichen europäischen Geschichte hervorbrachten, die Kreuzzüge.

*

Im Allgemeinen stellen wir uns diese militärischen Expeditionen ins Heilige Land als gut organisierte und (so weit die Zeiten das erlaubten) geschlossene Unternehmungen vor. Ordentlich unter Oberbegriffen zusammengefasst und als der Erste, der Zweite, der Dritte Kreuzzug und so weiter bis zum Siebten bekannt, erstreckten sie sich von 1096 über einen Zeitraum von rund 300 Jahren. Es überrascht jedoch nicht, dass diese Unterfangen, zu denen äußerst unterschiedliche Päpste mit mehr oder weniger Nachdruck aufriefen und die dann planlos in allen Reichen Westeuropas verkündet wurden, sich in ihrem Charakter, ihren Zielen, der nationalen Führung, ja sogar der Leidenschaftlichkeit, mit der sie durchgeführt wurden, unterschieden. So war es möglich, dass zu jedem beliebigen Zeitpunkt in diesen Jahren kleinere oder größere Kriegerscharen nach Judäa aufbrachen, wo sie vor den Mauern irgendeiner Wüstenstadt überrascht auf andere Kreuzritterheere stießen. Einige standen unter der Leitung des französischen Ritterstands, andere der englischen Lords, wieder andere einzelner Könige oder ständischer Parlamente. Zuweilen handelte es sich nicht um Kreuzritter, sondern um eine Horde verrückter Pilger (eine bestand ausschließlich aus Kindern), die von Mönchen oder Einsiedlern in den Tod geschickt wurden.

Zu vielen Kreuzzügen wurde zwar aufgerufen – zwischen 1157 und 1187 predigten drei verschiedene Päpste sieben Kreuzzüge –, doch wurden sie nie gestartet. Einige tatsächlich durchgeführte Kreuzzüge wurden von wichtigen Teilen des europäischen Adels ignoriert. Als zum Beispiel der Zweite Kreuzzug in einer Niederlage zu enden drohte, setzten die beiden Deutschen Heinrich der Löwe und Albrecht der Bär gerade getrennt voneinander ihr gesamtes Potenzial gegen ihre traditionellen Feinde östlich der Elbe, dem Kernland der slawischen Stämme, ein und nicht gegen die Heere der Sarazenen in Palästina. Doch allen gemein war der Glaube, dass ihnen für den Kampf gegen die Ungläubigen Ablass für alle begangenen Sünden gewährt werde.

Aus philosophischer Sicht bedeutete dies eine Abkehr von den Lehren Christi im Neuen Testament, deren Grundton pazifistisch ist und die darauf abzielen, Blutbäder zu vermeiden und nicht, sie zu billigen. Vertretern der Kirche war dieses moralische Dilemma von Anfang an bewusst. Doch befanden sie, dass es eines gewissen praktischen Reizes nicht entbehre, Europa, um der Einnahme Jerusalems willen, von seinem Überschuss an schlachthungrigen Kriegern zu befreien, und dass sich somit die Sophisterei, die eine Rechtfertigung dieses Unternehmens erforderte, lohne. Als sie das ergiebigere Alte Testament durchforsteten, fanden sie jede Menge Beispiele für unchristliches Verhalten. Jeremia 48:10 war eine gern zitierte Stelle: »Verflucht sei, wer sein Schwert reinhält vom Blut.«[23] Und Bernhard von Clairvaux, wohl der intelligenteste, redegewandteste und unerbittlichste Befürworter des Kreuzzugseifers, stellte seine heidnischen Gegner wiederholt vor die Wahl: »Bekehrt euch oder ihr werdet ausgerottet.«[24]

Was das europäische Rittertum anbelangt, so wurde es kaum von moralischen Skrupeln geplagt. Selbst einige Päpste hatten erkannt, dass die meisten Krieger, die das Kreuz nahmen, noch »vor einer Weile Räuber« gewesen waren.[25] In der Mehrzahl handelte es sich um ungebildete, kampfeslustige Männer, die über ihre Wünsche und Bedürfnisse nicht nachdachten und deren verrohter Lebenswandel sie gegen jegliche moralische Entrüstung über Blutvergießen und mutwillige Zerstörung abgehärtet hatte. Der Grundsatz, um den es im Heiligen Land ging, war so simpel, dass auch der Dümmste keine Schwierigkeiten hatte, ihn zu verstehen. Die Ungläubigen hatten die heiligen Orte, an denen Jesus gelebt und gelehrt hatte, und den Ort, an dem er gestorben war, entweiht. Da konnte man, wie selbst Frankreichs heiliger König Ludwig IX. sich klarmachte, sein Schwert »so weit es hineingeht« direkt in den Bauch eines jeden Sarazenen stoßen, auf den man traf.[26]

Es verwundert nicht, dass der erfolgreiche Erste Kreuzzug, bei dem die heilige Stadt und beträchtliche Teile des umliegenden Landes erobert wurden, notwendigerweise weitere Kreuzzüge nach sich zog, denn der muslimische Feind war gleichermaßen verschlagen und erfindungsreich, niemals gewillt, eine Niederlage zu akzeptieren, und durch religiösen Eifer gestählt weiter zu kämpfen, egal wie die Gewinnchancen standen. Als das militärische Glück schwankte, wurde vielen Führern der Christenheit klar, dass die Anwesenheit mehr oder weniger ständiger Heeresverbände in Judäa erforderlich sei, vor allem, um die oft riesigen Festungen zu besetzen, die verschiedene europäische Könige und Fürsten in Auftrag gegeben und gebaut hatten. Das Ergebnis waren die zwei berühmtesten geistlichen Ritterorden, die Johanniter und die Templer. Ursprünglich widmeten sie sich vor allem dem Schutz der Pilger, der Krankenpflege und in vorderster Front der Verteidigung heiliger Stätten, doch beide Organisationen gelangten schon bald dank wertvoller Schenkungen des westeuropäischen Adels, der auch für einen steten Strom neuer Mitglieder sorgte, zu einem alle Erwartungen übertreffenden Wohlstand. Mit bewundernswerter Selbstbeherrschung legten sich viele der neuen Mitglieder bereitwillig die Fesseln von Armut, Keuschheit und absolutem Gehorsam gegenüber ihren Vorgesetzten an, den so genannten Hochmeistern, die sie im Kampf wie im Leben leiteten.

Die internationale Ausrichtung dieser Orden fand schnell Beachtung, und sie wurden vor allem von den Königen und adeligen Herrn beneidet, die Kreuzzüge von Europa aus führten, wenn besonders schwierige Bedingungen die Gegenwart einer bedeutenderen Streitmacht erforderten. Einmal dort, fanden sie, ob es ihnen gefiel oder nicht, einen Hochmeister an ihrer Seite, der die eitlen Herren mit Ratschlägen und gezielt ausgespieltem Insider-Wissen reizte. Mit den Hochmeistern war jedoch nicht zu spaßen; dafür waren sie zu sehr in jeden Königshof von Portugal bis Deutschland verstrickt, ob aufgrund ihres Großgrundbesitzes, der Pflege der Beziehungen zu den Frommen (König, Königin oder einflussreicher Berater) oder vor allem ihres Reichtums. Die Orden, deren Finanzkraft sich mit der mehrerer Königshäuser messen konnte, gehörten zu den ersten internationalen Bankiers des Mittelalters, hoch geschätzt wegen ihrer Kreditbriefe und finanziellen Hilfeleistungen, die alle Grenzen überwanden. Besonders im Heiligen Land sahen sich verschiedene Monarchen zeitweilig gezwungen, die Mönche, die im Einklang mit ihren kriegerischen Missionen weder sanftmütig noch unterwürfig waren, um Barvorschüsse oder Lösegelder zu ersuchen. Wenn die Mönche sich, aus welchem Grund auch immer, quer stellten, gab es gewöhnlich heftige Auseinandersetzungen, bei denen man sich nicht mit Drohungen und gegenseitigen Beschuldigungen begnügte, sondern bei denen auch Blut floss. Der Keim des Misstrauens und des Neids, der hier gelegt wurde, sollte schließlich den größten Orden, den der Templer, zerstören.

Im Schatten dieser Behemothen des Heiligen Landes sprossen, häufig auf nationaler oder regionaler Ebene, dutzende kleinere Ritterverbände und Scharen von Bewaffneten aus dem Boden. Einige lösten sich im Auf und Ab der Kreuzzugshysterie in nichts auf; andere wurden von größeren Gemeinschaften integriert; ein paar blieben auf dem Schlachtfeld, als sich die militärischen Rückschläge häuften. 1194 besuchten Kaufleute aus Lübeck – einem wachsenden deutschen Handelsposten an der Ostsee – die Stadt Akkon, wo sie die Kreuzfahrerarmeen mit Vorräten belieferten.[27] Entsetzt darüber, dass ihre Landsleute im heiligen Kampf verletzt, aber von niemandem versorgt wurden, gründeten sie im Herzen der alten Stadt, ausschließlich zur Pflege deutscher Verwundeter, das Hospital der Heiligen Maria. Es gibt keine historischen Aufzeichnungen, die uns Auskunft über die Umwandlung dieses vornehmlich karitativen Unternehmens in eine militärische Kraft geben, die sich dem Dienst an der Waffe verschrieben hatte. Eine wahrscheinliche Erklärung könnte jedoch sein, dass einige ehemalige Patienten nach ihrer Genesung an diesem Ort verweilten, bei der Pflege ihrer Landsleute halfen und eine Art Bruderschaft bildeten. Es gehörte zur täglichen Routine, dass man um Schenkungen bat und solche erhielt, Stiftungsgelder organisierte und investierte, und mit Ehrgeiz daran ging, mit den Errungenschaften anderer halbkaritativer, halbmilitärischer Organisationen mithalten zu können. Quellen zufolge gab es zaghaften Widerstand, als der Deutsche Orden es anderen gleichtat und eine Kreuzfahrerburg baute oder sich in einen Kampf im Umland stürzte. Schließlich erkannte der Papst ihn als geistlichen Orden an, der sich bestimmten Regeln unterwerfen musste, und gewährte ihm einige unbedeutende Privilegien. Als der Johanniterorden, auf die Anwesenheit des Deutschen Ordens aufmerksam geworden, ihn zu übernehmen versuchte, widersetzten sich die Ritter erfolgreich, um den deutschen Charakter ihrer Gemeinschaft zu erhalten.

Die Johanniter nahmen die feindliche Übernahme vermutlich nicht sehr entschlossen in Angriff, denn zu keiner Zeit waren die Deutschritter mehr als ein unbedeutendes Anhängsel jener Schar gefeierter und wichtigtuerischer Persönlichkeiten, die die Kreuzzüge hervorbrachte. Richard Löwenherz, Philipp der Schöne, Friedrich Barbarossa und Kaiser Friedrich II. sind die Namen, die man gewöhnlich mit diesen extravaganten Expeditionen nach Jerusalem in Verbindung bringt.

Das Auffälligste an diesen glorreichen Kreuzzügen war natürlich, dass sie sich zunehmend als Fehlschläge erwiesen, ja schmählich scheiterten. Das vornehmlich von Habsucht und Hochmut geprägte Ziel, die Heiligen Stätten zu erobern und dann die dort entstehenden Stadtstaaten europäischen Stils aufrechtzuerhalten, hatte man 1270, dem Datum des unrühmlichen Achten (und letzten) Kreuzzugs, endgültig verfehlt. Ironischerweise waren die weniger bedeutenden, heute fast unbekannten Kreuzzüge – der erste nach Spanien und Portugal, der zweite ins östlich von Deutschland gelegene Preußen und die Gegenden jenseits davon – weitaus erfolgreicher.

Der entsetzlich blutige Kampf um die Kontrolle der Iberischen Halbinsel dauerte beispielsweise fünf Jahrhunderte, doch schließlich wurden die Mauren vertrieben, und Spanien und Portugal entwickelten sich zu eigenständigen politischen Einheiten. Von den unzähligen Schlachten, Gefechten, Belagerungen und Eskapaden sind – selbst in Spanien und Portugal, den Ländern, in denen sie stattfanden – nur wenige Einzelheiten dokumentiert. Das gleiche gilt für die Kreuzzüge gen Osten, bei denen man im Verlauf von zweihundert Jahren das Gebiet germanischer Hegemonie und Kultur fast verdoppelte. Die Deutschritter, die im politischen Geschehen in Kleinasien lediglich eine Nebenrolle spielten, waren die Hauptdarsteller auf diesem so genannten Nebenschauplatz.

Der Drang, von der Oder nach Osten vorzustoßen, war nichts Neues. Als der Deutsche Orden 1198 in einen Ritterorden umgewandelt wurde, blickten die Deutschen bereits auf zwei Jahrhunderte der Kolonisierung slawischer Gebiete zurück. Und obwohl man den Initiativen verschiedener deutscher Fürsten einen christlichen Anstrich verliehen hatte, war das Hauptmotiv nach wie vor der Wunsch nach neuen Ländern und Königreichen.

Im Jahr 1200 gab es jedoch entlang der Ostsee deutliche Anzeichen für den Wunsch nach organisierten Kreuzzügen. Von entlegenen Missionsstationen, im Allgemeinen von wahrscheinlich in Angst und Schrecken lebenden Deutschen geleitet (ob es sich dabei um Mönche, Wanderprediger, Sondergesandte oder wen auch immer handelte, es war gewiss die altehrwürdige Mischung aus Leidenschaft und Torheit), kamen ständig Hilferufe, wenn ihre Existenz von den räuberischen Heiden bedroht wurde. Päpste riefen mehr oder weniger ununterbrochen zur Rettung ihrer treuen Diener auf, und obwohl dabei das Heilige Land noch immer im Mittelpunkt stand, wurde denen, die allsonntäglich irgendwo in Westeuropa den Gottesdienst besuchten, allmählich klar, dass sich ihnen auch zahlreiche andere Möglichkeiten boten, diesen Aufrufen nachzukommen. So mancher deutsche Ritter erkannte, dass für die Vergebung aller Sünden keine lange, beschwerliche Reise nach Jerusalem mehr erforderlich war – die Grenzgebiete im Osten lagen viel näher und der Lohn des Himmels war ebenso segensreich. Nimmt man die wirtschaftlichen Vorteile hinzu, dann war die Sache sehr verlockend. Wer wollte ein Reich inmitten von Wüste, Sand und brennender Sonne, wenn Ackerland und große Wälder zum Greifen nahe waren? »Die Heiden sind der Abschaum«, soll ein Ritter gesagt haben, »aber ihr Land ist das beste.«[28]

Einzelne bewaffnete Trupps, oft in Gruppen von fünf oder zehn, tauchten allmählich (und anonym) weit hinter den Linien in den entlegensten Winkeln des slawischen Territoriums auf. Sie hatten die Ostgrenzen Deutschlands entweder per Schiff entlang der Ostseeküste oder durch einsame Märsche durch das Niemandsland feindlicher Wildnis hinter sich gelassen. Deutsche Ritter ließen sich von derart großen Herausforderungen nicht abschrecken, egal, wie tollkühn oder extrem diese waren.

Um das Jahr 1228 trat ein polnischer Herzog mit einem klassisch römischen Angebot an den Hochmeister des Deutschen Ordens heran. Da er seine verschiedenen Feldzüge gegen die Polen und Litauer im Osten fortsetzen wollte, sich gleichzeitig aber der Verwundbarkeit seiner mit ebenso wilden, heidnischen Preußen, oder Pruzzen, bevölkerten Nordflanke bewusst war, schlug er vor, die Ritter als schützende Kraft zwischen sich und dem Baltikum zu postieren. Lass Barbaren den Barbaren gegenübertreten, wird er sich gesagt haben, denn die Deutschen, obwohl zumindest Christen, waren auch nur »Hundsköpfe«.[29] Der Hochmeister, der sich schon an früheren Missionen die Finger verbrannt hatte, stritt um die Bedingungen. Der Orden würde diese Aufgabe nur übernehmen, wenn man ihm freie Hand lasse, entgegnete er. Alle Gebiete, die sie eroberten, würden sie behalten, ohne jegliche Verpflichtung gegenüber Polen. Nur dem Papst gegenüber seien sie verantwortlich, denn ihm allein schuldeten sie Lehnstreue. Wie oft schon hat sich die Geschichte bei solch schlechtem Handel gegen diejenigen gewandt, die es der Schlange erlauben, sich im eigenen Nest niederzulassen. Polen hatte keinen Grund zum Feiern, als der Herzog diesen Vertrag schloss.

Die Ritter starteten in Kulm am Westufer der Weichsel, völlig isoliert von Deutschland und ohne verlässliche Verbündete. 1231 überquerten sie den Fluss und rückten in weitgehend unbekanntes Gebiet vor.

Im Verlauf von fünfundsiebzig Jahren, in denen sie zunächst entlang der Weichsel nach Norden vordrangen und sich dann östlich bis nach Königsberg (1254) und zur Memel durchkämpften, gelang es ihnen nicht nur, die unbeugsamen Preußen samt und sonders auszurotten, sondern auch, einen etwa zwanzig bis zweiundzwanzig Quadratkilometer großen Ordensstaat zu errichten. Sie gründeten 54 Städte, jede mit einer Festung und einer Klosteranlage, 890 Dörfer und 19 000 Gutshöfe mit Bauern als Pächtern, schufen Straßenverbindungen und, wo möglich, Seewege sowie ein groß angelegtes Netz von Deichen, Dämmen, Schleusen und Entwässerungsgräben.[30] Ihre Strategie drehte sich vollständig um die Burg, darum, zunächst inmitten des feindlichen Gebiets das Krebsgeschwür ihrer Präsenz einzupflanzen, dann den in ihrer Nähe angesiedelten, fest zusammengewachsenen bäuerlichen Gemeinschaften (vorrangig deutschen und flämischen Siedlern) Schutz zu bieten und schließlich als Verwaltungszentrum zu fungieren, von dem eine Rechtsordnung ausgehen konnte – der berühmte Ordensstaat.[31]

Bei der Umsetzung ihres Plans gab es zahlreiche Fehlschläge, von denen viele sehr schmerzlich waren. Aufstände der einheimischen Pruzzen waren eine grauenerregende Angelegenheit. Wie Archivmaterialien belegen, wurden die Ritter in vielen Fällen bis auf den letzten Mann ausgelöscht, die Burgen von Flammen verschlungen und ein Hochmeister bei lebendigem Leib auf dem Scheiterhaufen verbrannt. Die Quellen zeugen aber auch vom unaufhaltsamen Vormarsch der Ordensritter, davon, dass sie ihre Feinde abschlachteten und ihr Siegesmahl auf Freudenfeuern zubereiteten, die sie aus klein gehackten Götzenbildern entzündeten. 1283 verwüstete der letzte unabhängige Pruzzenstamm die ihm noch verbliebenen Städte und Felder und floh dann nach Osten. Zu dieser Zeit waren die Ritter weit nach Norden bis hin zum Finnischen Meerbusen vorgedrungen.

Einige kirchliche Beobachter des Ordens waren zwar glücklich über diese Verschiebung der christlichen Grenzen und dankten Gott im Namen der Ritter dafür, dass er »ruhmreich ihre Feinde bekehrt hatte«[32], zweifelten aber dennoch daran, ob es richtig sei, himmlischen Lohn für etwas zu versprechen, das im Grunde genommen ein weltlichen Zielen dienender, blutiger Feldzug war. Die Preußen und Balten, so ließ sich argumentieren, hatten niemals Bethlehem, Jerusalem oder einen anderen heiligen Ort besessen, an dem Jesus geweilt hatte; tatächlich bewohnten sie Gebiete, »in die nie ein Apostel gekommen war«.[33] Auch waren sie nie in kriegerischer Absicht in christliche Gebiete eingedrungen. Zudem schien die Art und Weise, in der die Deutschritter die Bekehrung zum Christentum handhabten, vollkommen unangemessen, denn sie boten den Heiden (soweit sie welche gefangen genommen hatten) die nicht gerade verlockende Wahl, zu sterben oder das Kreuz zu nehmen, und sich, indem sie das Kreuz nahmen, in die Sklaverei zu begeben. Worin lag hier die moralische Überzeugungskraft oder Nächstenliebe?

Leere Worte. Denn obwohl fast alle Ordensmitglieder des Schreibens und Lesens unkundig waren, erwiesen sich die Ritter als tüchtige Diplomaten. Der Hochmeister hatte einen ständigen Vertreter in Rom, der sich dort um die Geschäfte des Ordens kümmerte, und angefangen mit dem hinterlistigen Friedrich II. entlohnten die deutschen Könige und Fürsten den Orden überaus großzügig. Im selben Zeitraum, in dem den Deutschrittern der Sieg über Preußen gelang, kamen sie in den Besitz von so viel Ackerland im Deutschen Reich, dass sie hundert ihrer Mitglieder als Gutsverwalter einsetzen mussten, die den ständigen Fluss von Bargeld und Rekruten in die Kriegsgebiete sicherten. Schätzungen zufolge gehörten dem Orden im Jahr 1300 über 2000 Ritter an. Hinzu kamen 3000 weitere Hilfskräfte – Schreiber, Priester, Berater, Krankenschwestern, Agrarexperten, Waffenmeister und so weiter. Sie alle waren in ein strenges bürokratisches Gebilde eingebunden, das stets das produzierte, was die jeweilige Notlage erforderte, einschließlich der erforderlichen Propaganda, die die Aktivitäten der Ritter rechtfertigen sollte: Dilatio et defensio, die berühmte Ansicht, Angriff sei die beste Verteidigung.[34] Diese vordergründige Art, sich zu rechtfertigen, ist nicht unbedingt eine ausschließlich deutsche Eigenschaft. Tatsache ist jedoch, dass es in der langen Geschichte Deutschlands ähnliche Versuche gegeben hat, aggressives Verhalten zu begründen, vor allem natürlich während der beiden Weltkriege des 20. Jahrhunderts. »Wegen seiner zentralen Lage«, schrieb Bismarck, »ist Preußen gezwungen, in jedem Krieg in die Offensive zu gehen.«[35] Zur Ehrenrettung der Deutschen sei gesagt, dass die meisten von ihnen, die zu solchen Argumenten griffen, an das, was sie sagten, aus tiefstem Herzen glaubten.

*

Von Kulm aus lasse ich mich, so wie damals die Ritter, am Weichselufer entlang Richtung Norden treiben. In jeder Stadt, an der ich vorbeikomme, sind noch Relikte der damaligen Zeit erhalten. Burgruinen, einstürzende Burgen, restaurierte Burgen, ignorierte Burgen, Burghotels, Burggefängnisse, leere, verlassene Burgen. Die Gegend ist ziemlich flach, das Land anscheinend fruchtbar und gut bestellt, wenn auch seltsam trostlos und leer. In Rehden, wo eine der größten Ordensburgen Preußens steht, fühle ich mich fast einsam, als ich bei Einbruch der Dunkelheit in dem riesigen Vorhof herumspaziere und später dann hinunter ins gleichermaßen verödete Stadtzentrum bummele, in dem es kein Restaurant, keine Kneipe und niemanden gibt, mit dem ich mich unterhalten könnte. Alle Läden sind schon geschlossen, und nur wenige Lichter heißen heimkommende Bewohner in den trübseligen Wohnblocks willkommen. Wenn dies Westeuropa wäre, würden die Leute hierher strömen, um die Sehenswürdigkeiten zu besichtigen und sich an der Pseudoromantik mittelalterlicher Ritter sowie deren mutmaßlichem Prunk zu erfreuen. Aber es ist nicht Westeuropa, sondern nur eine Seitenstraße in Polen, einem Land, das noch zu arm ist, um sich eine der zahlreichen Naturschönheiten oder historischen Attraktionen zu Nutze zu machen. Die Tatsache, dass die Deutschen all dies bauten, trägt nicht gerade dazu bei, die Begeisterung darüber zu fördern.

In Marienwerder, einer frühen und wichtigen Festung des Deutschen Ordens, wimmelt es im Dom von Schulkindern, die von einem Dominikanermönch im Gesang und im Lesen des Katechismus unterwiesen werden. Als Katholik bin ich von all diesem jugendlichen Überschwang beeindruckt – eine Seltenheit in den wohlhabenderen Ländern, in denen der Katholizismus eher ein leeres, unbedeutendes Ritual als ein wahrer Glaube zu sein scheint. Später erfahre ich jedoch, dass all die kernigen Lieder, die dort einstudiert werden, aggressive Lobgesänge auf das mächtige Polen sind. Das nationalistische Element des polnischen Katholizismus wurde schon häufiger herausgestellt. Ich erinnere mich an die Ruhestätte von Kardinal Wyszyński in Warschau; auf dem Grabstein findet man kein bekanntes Bibelzitat, sondern die Worte: »Polen immer treu ergeben.« Als die Teenager aus dem Dom herausmarschieren, bemerke ich, dass einige von ihnen vor einem Bild von Maximilian

Kolbe, der in Auschwitz umkam, ein Gebet sprechen. »Viele Juden starben, aber auch sehr viele Katholiken«, sagt ein Mädchen in sehr passablem Englisch.

»Wie viele Katholiken im Verhältnis zu Juden?«, frage ich.

»Viel mehr, als die Juden zugeben«, antwortet sie. Eine Nonne scheucht die Kinder weg.

Weiter flussabwärts liegt Graudenz, dessen Altstadt teilweise noch erhalten ist und Sicht auf die von Wildschwänen bevölkerte Weichsel bietet. In dieser Stadt zeugt noch vieles von den Quellen des Reichtums der Deutschritter: lange Reihen mehrstöckiger Lagerhäuser für das Getreide, mit dem man dann Deutschland und sogar weiter entfernte Märkte belieferte. Neben Bernstein, Fisch und Holz war Getreide wie Roggen, Weizen, Gerste und Malz das wichtigste Wirtschaftsgut des Ordens. Es wurde gewöhnlich auf der berühmten Kogge verschifft, einem breit gebauten, klobig wirkenden Schiff mit einer Nutzlast von etwa 200 Tonnen, das jahrhundertelang als Transportschiff für den Ostseehandel diente.[36] Die Ritter, die schnell die größeren wirtschaftlichen Möglichkeiten erkannten, waren auch schon früh Verfechter der Hanse, eines Zusammenschlusses unabhängiger Städte, der weitgehend von Lübeck dominiert wurde, dem ursprünglichen Förderer des Ordens.

Die Hochmeister waren als knallharte Handelspartner bekannt. Sie förderten die Entwicklung des Stadtlebens, boten Kaufleuten, die gewillt waren, sich in der häufig unsicheren Umgebung ihrer neuen Territorien anzusiedeln, anständige Bedingungen, machten aber dennoch ungern Zugeständnisse. Die Ritter waren, was ihre Geschäftsverhandlungen betraf, weder dem Adel noch irgendeinem Königshaus verpflichtet. Dazu waren sie zu weit von den Zentren der Macht, der unmittelbaren Einflusssphäre von Königen oder mächtigen Handelsverbänden entfernt. Sie schlossen Geschäfte mit Siedlern, Händlern, Bürgern und Kaufleuten ab, die auf dem einfachen Prinzip von Gewinn und Verlust basierten und bei denen es die für diesen Kuhhandel üblichen Streite und Spannungen gab. Die spätere Geschichte des Ordens, die Zeit des Niedergangs, zeigt, dass die Handelsinteressen unter den Einschränkungen litten, die der Hochmeister auferlegte, doch spielten die Ritter in den Anfangsjahren der Eroberungen die Hauptrolle. Die

Geschäftspartner wussten sehr genau, dass ihr Leben von diesen Rittern und ihren harten Schwertern abhing und dass ihnen kaum etwas anderes übrig blieb, als die Bedingungen zu akzeptieren, die man ihnen vorlegte. So ist das Leben in den Grenzgebieten.

An diesem Abend zelte ich an der Weichsel bei Gniew, einer ausgesprochen düsteren Ordensstadt voller Trümmer, die die übliche Atmosphäre der Hoffnungslosigkeit ausstrahlt. Das Einzige, was heute noch auf diesem majestätischen Fluss verkehrt, sind Giftstoffe, die von zahllosen baufälligen Fabriken eingeleitet werden– die Latrinenwirtschaft des stalinistischen Erbes Polens. In dieses Wasser würde ich nicht einmal den Finger stecken, aus Angst, er könnte sich durch all den Schwefel in nichts auflösen. Am Ufer werfen fünf Fischer ihre Angeln aus, aber nichts, was aus diesem Fluss kommt, wäre wirklich essbar. Nicht ein einziges Boot ist hier zu sehen, kein Schleppkahn, keine Fähre, kein Skiff. Und das auf der Weichsel, die vor Jahrhunderten von Handelsschiffen so stark befahren war.

Der nächste Tag entschädigt für all diese düsteren Eindrücke, denn am Horizont zeichnet sich die prachtvoll restaurierte, an der Nogat, einem Nebenfluss der Weichsel, gelegene Marienburg ab. Der erste Eindruck von dieser Festungsstadt, einem mehrschichtigen monströsen Burgkomplex, ist wahrlich überwältigend. Obwohl einige der großen Türme an den Eingangstoren am Flussufer von Graffiti verunstaltet sind und offensichtlich wichtige Nebengebäude in der umliegenden Stadt noch auf die Restaurierung warten, versetzt schon allein der Umfang der bis dato durchgeführten Arbeiten in Erstaunen. Zweifellos haben die Polen hier eine außerordentlich große restauratorische Leistung vollbracht, denn eine Fülle von Fotos aus dem Jahr 1945 beweist, in welchem Ausmaß die Marienburg damals zerstört war. Die Frage ist nur, woher sie die Mittel nahmen? Nachdem ich an einer Führung teilgenommen habe, liegt die Antwort klar auf der Hand. Es war keine Frage von Geld. Es ging um das Selbstbewusstsein. Kulturelle Unterlegenheitsgefühle und ja, Vergeltung, waren die Hauptmotive. Der Inbegriff deutscher Wehrhaftigkeit, die Hochburg deutscher Arroganz, das Herzstück des Preußentums: Wie ironisch und passend, dass die Burg von patriotischen Polen wieder aufgebaut werden sollte.

Man kann davon ausgehen, dass diese geballten und, wenn man so will, ostentativen Anstrengungen mehr oder weniger historisch motiviert sind. Im 15. Jahrhundert bröckelte die Macht der Ritter, und als sie dann, vornehmlich unter dem Druck der Polen und Litauer, den Rückzug antraten, verloren sie die Marienburg und Hunderte von Quadratkilometern ringsum. Dreihundert Jahre lang nannten polnische Könige und Fürsten die Marienburg ihr eigen.

Ich schließe mich also der Führung an und lese die herumgereichte Literatur. Wir marschieren brav durch Höfe, Kapellen, den Kreuzgang und Werkstätten und bewundern die Schatzkammer, die Bäckerei, das Waffenlager und die obligatorische Folterkammer. Das höchste Gebäude von allen ist die Toilette der Mönche, ein riesiger, ›danzker‹ genannter Turm, dessen Schächte sowie die unansehnlichen Sitzgelegenheiten sich mehrere Hundert Fuß über dem Boden befinden. Die Deutschen unter uns schütteln entsetzt den Kopf, aber die Polen und ich staunen über die fantastische Einfachheit des Konzepts und das Vertrauen, das nötig ist, um so hoch über dem Abgrund zu hocken und keine Angst zu haben, dass ein zusammenbrechender Balken oder Toilettensitz einen im freien Fall nach unten schickt.

Bis 1918 war die Burg eine der offiziellen Residenzen des Kaisers. Wilhelm II. soll über fünfzig Mal hier gewesen sein. In einer viel zitierten Rede, die er hier am 5. Mai 1902 hielt, bezeichnete er die Marienburg als Deutschlands »alte Bastion im Osten … ein Monument, das von Deutschlands Aufgabe [hier] zeugt: Wieder einmal beleidigt die Unverschämtheit der Polen Deutschland, und ich bin gezwungen, die Nation dazu aufzurufen, ihr nationales Erbe zu schützen.«[37] In dem höchst interessanten Museum neben dem doppelgeschossigen Kreuzgang sind alte Fotos des Kaisers zu sehen, eines eitlen, dummen Menschen, in zahlreichen wichtigtuerischen Posen – »un poseur ridicule«.[38] Eine besonders komische Bildfolge zeigt preußische Wachtposten, die sich anlässlich eines in diesen Hallen stattfindenden Wagnerkonzertes als Deutschritter verkleidet haben, und den bekannten, einst deutsche Flure und Bauernhäuser zierenden Kupferstich von Wilhelm, auf dem der Kaiser im mittelalterlichen Gewand mit Helm, Schwert und Schild zu sehen ist und über seinem Kopf die Inschrift »Pax« prangt. Nach dem

Blutbad von Verdun und anderen Massakern an der Westfront kam dieses massenhaft verkaufte Bild selbst bei denen, die der Monarchie noch immer die Treue hielten, aus der Mode.

Ich fürchte nicht weniger grotesk ist die Bildfolge, die mir durch den Kopf schwirrt, als ich um den riesigen Mauerring schlendere, ein Spaziergang von einer dreiviertel Stunde, aber irgendwie kann ich sie nicht loswerden. Man kann diese massiven, finsteren Wachtürme mit den fast erdrückenden Überhängen nicht betrachten, ohne an *Alexander Newskij*, den Monumentalfilm des russischen Regisseurs Sergej Eisenstein, erinnert zu werden, diese gleichermaßen düstere Darstellung der deutschen Ritterschaft. In diesem Film, den Eisenstein 1938 drehte, als Deutschland in Russland einzufallen drohte, und der im Russland des 13. Jahrhunderts spielt, heben sich Newskijs Soldaten, diese heiteren, freundlichen Slawen mit den offenen Gesichtern, milde gesagt vorteilhaft von den in schwerfälliger Anonymität verharrenden Deutschrittern ab. Diese kriegerischen Bestien stecken in schweren, mit Hörnern besetzten Eisenhelmen, haben die Faust geballt und sind mit anderen grotesken oder hunnischen Insignien ausgestattet. Wer könnte die Szenen vergessen, in denen die Mönche slawische Babys taufen und sie dann ins Feuer werfen, unzählige patriotische, russische Soldaten auf dem Scheiterhaufen verbrennen und die Körper gefangener Feinde von den Schutzwällen herunterhängen lassen? Der Gesamteindruck, den dieser Film (meiner Meinung nach von dem irischen Kritiker Desmond Shawe-Taylor zu Unrecht als blosse »Plakatkunst« kritisiert) beim heutigen Zuschauer hinterlässt, könnte, noch verstärkt durch Prokofjews zutiefst bewegende Musik, nicht grausiger sein. Das ist ein Grund, weshalb ich mir *Alexander Newskij* nicht noch einmal angeschaut habe, bevor ich hierher kam (und ebenso wenig, wenn auch aus anderen Gründen, *Schindlers Liste*), doch diese berühmten Bilder kann man, wenn man sie einmal gesehen hat, unmöglich vergessen.[39]

Letztlich stellt sich die Frage: Wie nah kommen diese Bilder jemals der Wahrheit? Welche Persönlichkeit besaß ein typischer zeitgenössischer Deutschritter, und wie sah die Kriegführung der Ritter tatsächlich aus? Hat Eisenstein sich zum Beispiel an irgendeiner Stelle der Realität genähert? Die auffallenden Kostüme, das eindimensionale Porträt des Ordens als der leibhaftige Satan, gleichgültig gegenüber jeder Art von Grausamkeit und Blutvergießen – hat der berühmte Filmdirektor diese stereotype Niederträchtigkeit, durch keinerlei historische Wahrheit gestützt, ganz einfach aus der Luft gegriffen?

Es ist gut möglich, dass Eisenstein darüber nicht allzu viel nachgedacht hat. Es heißt, er sei davon ausgegangen, das 13. Jahrhundert sei dem heutigen Zuschauer so fremd, dass er die Ritter so darstellen könne, wie es ihm gefalle oder wie es die Dramaturgie der Geschichte erfordere. Und so waren sie in diesem Fall nichts weiter als eine Schablone für seinen Helden, den Krieger (und späteren Heiligen) Alexander Newskij. Wir sind, vor allem heute, so sehr daran gewöhnt, über das nichtssagende Leben von Kleinverbrechern und sogar Massenmördern zu lesen, dass wir uns fragen, ob die Ritter sich in irgendeiner Weise positiv von ihnen unterschieden oder ob sie auch nur Kopfjäger waren, für die der Akt des Tötens und Niedermetzelns sich in nichts von dem Einnehmen einer Mahlzeit unterschied.

Sie waren sicherlich rohe Menschen und die entsetzlichen Umstände, die ihr Gewerbe mit sich brachte, würden wahrscheinlich bei jedem von uns, der mithilfe einer Zeitreise einen gewöhnlichen Tag auf dem Schlachtfeld jedes x-beliebigen Feldzugs miterleben könnte, Übelkeit erregen.[40] Doch gibt es Umstände, die natürlich alle religiös begründet sind, die bis zu einem gewissen Grad das Aussehen und Verhalten der Ritter erklären.

Die frühen Ritter waren Mönche, in der Mehrzahl Laienbrüder, die, wenn sie im Kloster waren, die alten Mönchsregeln des Gebets, der Nachtwache, der Kasteiung und der Selbstverleugnung befolgten. Ihre Kleidung war schlicht. Neue Ordensmitglieder erhielten ein paar Hemden, ein raues Gewand, Bettzeug, einen Löffel und ein Gebetbuch. Es war ihnen nicht gestattet, Schilde und Pferdedecken mit persönlichen Wappen zu schmücken, die von den ritterlichen Leistungen ihrer Träger kündeten. Ihre Tracht war ein weißer Mantel mit schwarzem Kreuz. Verboten waren auch die üblichen Vorrechte des Ritterstandes – das Jagdvergnügen, die Werbung um eine Frau und die ehrenvolle Teilnahme an Turnieren. Sie ernährten sich in der Hauptsache von Eiern und hartem Brot und aßen nur wenig Fleisch. Im Kampf wurden sie von ihren Herren schikaniert und verflucht, oft mit Keulen und Peitschen geschlagen, damit sie nicht aus der Reihe tanzten, und des Ruhms beraubt, sich im Einzelkampf hervorzutun. Da man von ihnen erwartete, nach den höchsten Zielen des Rittertums zu streben, ihnen gleichzeitig aber fast jedes Gut vorenthielt, mit dem die ritterlichen Leistungen ansonsten belohnt wurden, ordneten sie ihren persönlichen Ehrgeiz den höheren Zielen des Ordens unter. Durch geheime Rituale gestärkt, die Ehrfurcht einflößende Macht der Eucharistie genährt und das für Extremsituationen typische Band der Kameradschaft getragen, zogen sich die Deutschritter im Verlauf der Zeit den Ruf zu, arrogant und eingebildet zu sein.

Über die wachsende Habsucht der Ritter, ihre Gier nach Land, Reichtum, neuen Gütern und Gebieten, die sie ausbeuten konnten, ist viel gesagt und geschrieben worden. Die Ausgabenrechnungen des Ordens wurden eingehend auf Eintragungen untersucht, die seiner Mission zuwiderliefen, und zeugen von einer Maßlosigkeit, die niemand bestreiten kann: »4 Mark (etwa 700 g Silber) an 2 Knechte, die dem König von England Falken brachten, mit denen unser Hochmeister den König beschenkt hatte; 3 Mark für eine Weltkarte auf Pergament; 1 Mark des Hochmeisters Narren gegeben; 3 Mark weniger 8 Skot für goldene Borten zu dem Zobelüberkleid; 18 Mark für 4 Fass Wein aus Italien in unseres Hochmeisters Keller; 12 Mark 8 Skot für Welsch-Wein«, und so weiter.[41] Ebenso wenig lassen sich ihre hart erkämpften Errungenschaften ignorieren oder leugnen.

Den vielleicht schonungslosesten Einblick in die Mentalität dieser Männer gibt die *Livländische Reimchronik* aus dem 13. Jahrhundert, verfasst von einem Deutschritter, der an dem mehr oder weniger ununterbrochenen Krieg gegen die Heiden aus Livland teilnahm. Es war ein Kampf, in dem ein Menschenleben keinerlei Bedeutung hatte: Gefangene wurden selten gemacht, Frauen und Kinder gedankenlos geopfert und Folter gehörte zum Alltag. Die meisten Kämpfe fanden unter den unwirtlichen Bedingungen des Winters statt, wenn »unbeirrbare Helden eines schrecklichen Todes sterben und der Schnee von ihrem Blut getränkt ist«.[42] Hier finden die Ritter ihren Gott im blutigen Kampf

– eine groteske Verzerrung all dessen, wofür Jesus, wie man glaubt, gestanden hat. Nur im Wirbel der klaffenden Schädel und abgehackten Arme und Beine des Feindes kann das Wesen des geistigen Lebens gefunden werden. Maria, die Himmelskönigin und Schutzpatronin des Ordens, trägt Züge einer heidnischen Kriegsgöttin, die von ihren Dienern die erbarmungslose, beharrliche Suche von Gefahren fordert.[43] Nicht der Triumph der Waffen ist Ziel dieser Mönche, sondern die Entdeckung des Todes. Sie sind nicht auf der Suche nach dem Heiligen Gral, sondern dem Märtyrertum. Daher die fantastischen Abenteuer, der bereitwillige Gehorsam, das Befolgen von Befehlen, seien sie auch noch so verabscheuenswürdig, der Wunsch anzugreifen, wie immer die Chancen auch stehen, das oft sinnlose Opfer des eigenen Lebens. Dies war kein unaufrichtiges oder selbstverherrlichendes Rittertum wie in Frankreich oder England mit seiner höfischen Etikette und dem vor aller Welt zur Schau gestellten, theatralischen Pflichteifer. Hier handelte es sich um ein elementares, in seiner rauen germanischen Einfachheit heidnisches Bedürfnis, das oft durch ein armseliges Scharmützel in der Einsamkeit eines Sumpfes oder Waldes befriedigt werden konnte. Nietzsche gibt zu diesem Thema eine seiner übertriebensten Entstellungen von sich, wenn er sich über diese »jubelnden Monster, prächtigen, blonden Bestien …, die auf den Stand eines Raubtiers zurückfallen«, und so weiter, auslässt, doch seine fanatische Ablehnung des Christentums macht ihn blind für die heiligen Zwischentöne, die, zumindest ursprünglich, im Glaubenskern dieser oft berserkerhaften Ritterschaft enthalten waren.[44] Gott wurde nicht problematisiert. Er hatte entweder Recht oder Unrecht. Für den Menschen des Mittelalters war es einfach zu erkennen, was davon zutraf.

Das Ethos Preußens wurde von den Deutschrittern im Alleingang geschaffen. Hunderte später hier geborener und aufgewachsener Generationen hatten diese Normen verinnerlicht; sie prägten ihr Verhalten und ihre Einstellungen, gleichgültig wie fern die Heldentaten ihrer Vorgänger gerückt waren. Der deutsche Generalstab des 20. Jahrhunderts war, wie man vielleicht sagen könnte, von seiner Haltung her ein direkter Nachfahre der Deutschritter, obwohl Versuche, die Ritter mit den SA-Männern gleichzusetzen – etwa seitens Heinrich Himmlers, oder seitens links gerichteter Historiker –, die gröberen Ähnlichkeiten zwischen ihnen übertreibt.[45] Viele deutsche Soldaten wussten nichts über die Deutschritter, waren aber vielleicht mit deren Instinkten auf die Welt gekommen, ein Gedanke, dem William James 1902 in seinem wichtigen Buch *The Varieties of Religious Experience* nachgeht: »Das Ideal des besitzlosen, aus vornehmer Familie stammenden Mannes«, so James, »beherrscht gefühlsmäßig noch immer die Weltsicht des Militärs und der Aristokratie. Wir glorifizieren den Soldaten als einen durch keinerlei Besitz belasteten Menschen, dem nichts gehört als sein nacktes Leben, und der bereit ist, es jederzeit, wenn die Sache dies erfordert, aufs Spiel zu setzen. Er ist der Vertreter einer eingeschränkten Freiheit im Sinne des Ideals.«[46] Für den gewöhnlichen Betrachter war der von Feuer und Verhängnis begleitete Vormarsch des Deutschen Ordens in Preußen mitnichten »ideal«. Doch die Ritter waren auf Bewunderung nicht angewiesen. Sie konnten sich die düstere Genugtuung ihres eigenen Ordenschronisten zu Herzen nehmen: »Betrachtet mein Werk, ihr Mächtigen, und verzweifelt.«[47]

*

Die Restaurierung der Marienburg ist noch nicht abgeschlossen, und ich beobachte, wie Elektriker vom zentralen Platz vor dem Haupttor Kabel in die Burg verlegen. Mangels Presslufthammer, Kompressoren oder anderer moderner Werkzeuge arbeiten sie mit Spitzhacke und Schaufel. Drei oder vier Männer stehen im Graben und teilen sich eine einzige Breithacke. Wenn einer von ihnen nach fünf oder sechs Minuten ununterbrochenen Hackens müde ist, reicht er sie dem Nächsten weiter, der dann das Seine tut, und so fort. Ich frage mich, ob nicht gar in der Dritten Welt höhere Effektivitätsstandards an der Tagesordnung sind. Andererseits ist an dem Endergebnis wenig auszusetzen, besonders wenn man es aus größerer Entfernung, einem kleinen Parkplatz auf der anderen Seite der Nogat aus betrachtet, an dem eine Hand voll Händler polnische Würstchen verkauft. Die immense Schichtung von Mauern, Türmen und Brückentoren ist wahrscheinlich die beeindruckendste Sehenswürdigkeit in ganz Polen.

Dass die Marienburg geradezu fürstlich verziert wurde, ist das direkte Ergebnis zweier Katastrophen, die das Wohlergehen des Ordens ernsthaft bedrohten. Die erste war der Fall Akkons im Jahr 1291 nach einer mehrere Monate andauernden Belagerung, womit das Ende aller Missionen besiegelt war, die die Ritter dem Heiligen Land noch zu schulden glaubten. Die zweite und weit ernstere Gefährdung war die Zerstörung des Templerordens 1305 durch den habsüchtigen französischen König, Philipp den Schönen.

Der zynische König, der in einem Zeitalter, in dem man das Konzept einer regulierten Besteuerung noch nicht kannte, dringend seine leeren Kassen auffüllen musste, wandte sich in verräterischer Weise gegen einen Mann, den er früher als Freund betrachtet hatte – den Großmeister der Templer (und Paten seiner Tochter), Jacques de Molay. Die Hetzkampagne, die Philipp der Schöne gegen den wohlhabendsten aller Ritterorden inszenierte, nahm hysterieähnliche Züge an. Indem er die wildesten Anschuldigungen gegen die Leiter des Ordens erfand, Schauprozesse plante und die Ritter auf dem Platz vor Notre-Dame öffentlich demütigen und hinrichten ließ, lenkte er davon ab, dass er sich das gesamte Vermögen der Templer aneignete.[48]

Dem Deutschen Orden entging das Schicksal seiner Zeitgenossen nicht, dieser Prozeß, der sich über sieben Jahre hinzog. Der Traum, irgendwann wieder ins Heilige Land zurückzukehren, verflüchtigte sich angesichts dieser gefährlichen Kunde, und so gab der Orden sein provisorisches Hauptquartier in Venedig auf, jenem Hafen, von dem aus die Kreuzfahrerheere traditionell nach Jerusalem aufbrachen. Der Hochmeister sollte nicht in einem kostspieligen Palast, weit von der Basis seiner Macht entfernt, überrascht werden. 1309 nahm er seine Residenz auf der Marienburg, gerade rechtzeitig, um zu erfahren, dass Jacques de Molay zugegeben hatte, das Kreuz bespuckt zu haben, und dass ein päpstlicher Erlaß ergehen sollte, alle Ritterorden zu exkommunizieren.

Im Unterschied zu den Templern besaßen die Deutschritter jedoch ein eigenes Reich. Als ausschließlich germanische Bruderschaft besaßen sie einen Staat, dessen Armee ihre Armee war und dessen Burgen ihre Burgen waren. Es gab in ihrer Mitte keine rivalisierenden Könige wie Philipp den Schönen, die ihnen den wachsenden Vorrat an Gold, Weizen und Bernstein neideten. Sie duckten sich in dem entlegenen preußischen Herrschaftsgebiet und blieben dort vom schmählichen Schicksal der Templer verschont – gefolterter Templer, auf dem Scheiterhaufen verbrannter Templer, Selbstmord begehender Templer, in alle Winde zerstreuter Templer. Die Deutschritter gingen ihrem Geschäft nach, warteten auf den alljährlichen Frost und Schnee und begaben sich dann, waffenstrotzend und in Pelze gehüllt, auf Raubzüge gen Osten.

3. Kapitel

Danzig

1375

Drang nach Osten

Bis endlich fern im Nord von Saum zu Saum
Ein feuriges Gefilde sich erhob.
Sie nahten sich und sahen es weithin
Von Krieg erglänzen, von dem starren Strahl
Zahlloser Lanzen, Helm' und bunter Schilde,
Mit Wappenbildern prahlerisch bemalt.
Satans vereinte Kriegsmacht brauste dort
In Sturmwinds Eil heran.

John Milton, *Das verlorene Paradies*[49]

Ich betrachte mich gerne als literarischen Reisenden, dem jedes Dorf, jede Stadt, jede Provinz und jedes Land einen willkommenen Anlass bietet, ein besonders geeignetes Buch aus dem Regal zu ziehen, das ich vielleicht ansonsten nie lesen würde oder seit meiner Schulzeit nicht mehr in der Hand gehabt habe. England, zum Beispiel, ist ein guter Anreiz, Dickens zu Ende zu lesen, denn Jane Austen hat bei weitem zu wenig geschrieben, um für mehrere Besuche zu reichen. In Dublin lese ich gewöhnlich meine Lieblingsstellen aus dem *Ulysses*, und als ich das letzte Mal in Spanien war, habe ich es endlich geschafft, *Don Quixote* auszulesen. In Danzig fällt die Wahl noch leichter. Ich packe ein antiquarisches Exemplar der *Blechtrommel* aus.

Es mag merkwürdig erscheinen, doch Günter Grass und James Joyce haben etwas gemein. Wie *Ulysses* ist *Die Blechtrommel* buchstäblich ein Spaziergang durch die Stadt. Wenn der nicht eingeweihte Leser es schafft, sich durch die verwirrenden Handlungsstränge und die meist bizarren Wortspiele zu beißen, die vielleicht nur ein Dubliner oder ein Danziger zu schätzen vermag, stößt er unweigerlich auf bestimmte Straßen, bestimmte historische Ereignisse und Sehenswürdigkeiten, die die normalerweise sterilen Beschreibungen eines Baedekers oder eines Michelin-Führers erhellen. Ich wollte unbedingt die alte polnische Post finden, den Schauplatz der eindringlichsten Szene in Grass' Roman, in der er die erste Belagerung im Zweiten Weltkrieg beschreibt und Oskar in einem Wäschekorb voller Briefe schläft, während sein leiblicher Vater, der schüchterne Jan Bronski, während eines Maschinengewehrfeuers Skat spielt.

Historisch betrachtet trotzt Danzig jeder Beschreibung. Nur wenige Städte der Welt weisen eine derartige Mischung ethnischer Widersprüche auf (deren Vielschichtigkeit sich wohl am ehesten mit der Jerusalems vergleichen lässt). Über die Gründer Danzigs ist nichts bekannt, aber die Lage der Stadt an der Mündung der Weichsel in die Ostsee verlieh ihr eine Bedeutung, die Slawen wie Deutsche sofort erkannten. In den dauernd aufflackernden Konflikten zwischen den Völkern war Danzig stets die Trophäe, die jeder erringen wollte. Man kämpfte um diese Stadt, belagerte und plünderte sie und hungerte sie aus, wobei jede Seite die andere mit allen Mitteln um die Schätze bringen wollte, die in diesem bedeutenden Hafen überwacht und kontrolliert wurden.

In vielen Phasen der langen Geschichte dieser Stadt war Europa ihr fast auf Gedeih und Verderb ausgeliefert. Als der Westen das dunkle Zeitalter der Subsistenzwirtschaft hinter sich gelassen hatte, kurbelte das billige Getreide aus dem osteuropäischen Kernland die Wirtschaft Großbritanniens und des Kontinents an, und da Danzig praktisch ein Monopol auf den Export hatte, konnte ein zugefrorener Hafen zu Brotaufständen in Paris, London oder Amsterdam führen. Auch Bauholz, getrockneter Fisch, Bernstein und andere Waren wurden aus Danzigs Hafen verschifft. Die Bedeutung dieser Stadt für Preußens rudimentäres Handelsleben kann nicht genug hervorgehoben werden. Im Vergleich war Warschau, wie ein polnischer Historiker bemerkte, lediglich ein Dorf.

Alle polnischen Exportgüter wurden auf der berühmten Weichsel nach Norden zur Ostsee und in die Kontore Danzigs gebracht. In Friedenszeiten trieben Slawen und Deutsche neben- und miteinander Tauschhandel und schlossen Geschäfte ab, doch die Deutschen besaßen einen schärferen Geschäftssinn, der nicht nur Danzig, sondern ganz Europa mit einbezog. Die Polen wurden zu Lieferanten billiger Rohstoffe und die Deutschen, die die Ware an der berühmten Grünen Brücke auf Schiffe verluden, gelangten zu Reichtum.

So entwickelte sich in Danzig eine enge Wechselbeziehung zwischen den beiden Völkern, obwohl wir in Bezug auf das Mittelalter noch nicht von »Nationalstaaten« oder »Nationalitäten« sprechen können. Polen existierte nicht als ein Land des 20. Jahrhunderts, ebenso wenig Deutschland. Danziger waren zum Beispiel in erster Linie Danziger und keine Deutschen, was sie jedoch nicht an ihrer Ablehnung der Slawen hinderte. Allerdings half ihnen das Vergnügen, Verträge auszuhandeln und Profit zu machen, sich über diesen tief sitzenden Widerwillen hinwegzusetzen.

Die Beziehungen zwischen den Völkern hier in Danzig waren oft keineswegs harmonisch und wurden zudem im 16. Jahrhundert noch durch unterschiedliche Religionszugehörigkeiten erschwert, doch wurde die Geschichte Mittel- und Osteuropas durch erbittertere Auseinandersetzungen geprägt. Die Eigenheiten, die die slawischen und deutschen Bewohner Danzigs aufgrund des jahrhundertelangen, häufig etwas angespannten Zusammenlebens entwickelten, boten das reiche Material, aus dem Günter Grass 1959 schöpfen konnte.[50]

Wie jede Stadt an der von Deutschen besiedelten Ostseeküste wurde Danzig 1945 dem Erdboden gleichgemacht, inzwischen aber, so wie auch die Marienburg, sorgfältig restauriert. Doch es bleibt viel zu tun, denn überall stößt man noch auf Baulücken, Trümmerhaufen und aufgerissene Straßen. Betrachtet man die alten hanseatischen Handelshäuser, die von dem zu Beginn des 15. Jahrhunderts einsetzenden großen Zustrom holländischer Händler zeugen, glaubt man sich in das alte Amsterdam versetzt. In den vielen Schmuckgeschäften, die man heute in Danzig findet, herrscht lebhafter Betrieb. Im Mittelpunkt stehen die Produkte aus Bernstein – ob Halsketten, Armbänder, Ohrringe, Schachspiele oder gar Pfeifenhälse –, diesem sonderbaren, oft durchsichtigen Stein, dessen Handel der Deutsche Orden monopolisierte, als er

Danzig 1308 in Besitz nahm und, oft zum Ärger der Kaufmannszunft, 158 Jahre lang regierte. Die Ritter investierten ein Vermögen in diese Stadt und errichteten gewaltige Umfassungsmauern mit sechzehn Toren und zwanzig Türmen. Sie bauten eine Werft, eine Burg, eine große, ihrer Schutzpatronin Maria geweihte Kirche und zahlreiche städtische Gebäude, die ihr Profitstreben und ihre Entschlossenheit, auf Dauer in dieser Stadt zu bleiben, versinnbildlichten. Heute wirkt diese altehrwürdige Stadt, oder das, was nach der Katastrophe von 1945 noch von ihr erhalten ist, eher tot. Danzig muss noch daran arbeiten, wieder Lebendigkeit auszustrahlen. Das wurde mir bewusst, als Matrosen eines französischen Kriegsschiffs in ihren farbenfreudigen Uniformen und den Hüten mit den roten Pompons durch die Stadt schlenderten. Mit einem Mal wurden die tristen alten Straßen lebendig.

Auf der Hauptstraße des alten Danzig, die für den Verkehr gesperrt ist, zeugt ein geschäftiges Treiben von den Segnungen, die gewöhnlich mit der Demokratie assoziiert werden. Jede Menge Straßenverkäufer, Musiker, Pantomimen und Akrobaten bieten das übliche Sortiment von Gürtelschnallen, billigen Souvenirs, Postkarten, Töpferwaren und Unterhaltung an, das der moderne Tourismus verlangt. Ungepflegt aussehende Kunststudenten hängen ihre Arbeiten, die oft überraschend gut sind, an Wäscheleinen. Ich interessiere mich für eine sehr professionelle Radierung mit Danzigs alter Skyline und ihren Turmspitzen und mittelalterlichen Türmen. Am Preis, rund 15 Mark, gibt es nichts herumzufeilschen. Dann beobachte ich, wie ein Verkäufer in zwanzig Minuten neun Videos mit dem Titel »Danzig in den 20er-Jahren – Archivbilder« an ältere deutsche Touristen verkauft. Das Geschäft mit der Nostalgie scheint zu laufen.

Danzigs Marienkirche, die eine bewegte Geschichte hinter sich hat, ist der älteste Backsteinbau der Welt. Sie wurde von den Rittern als katholische Stätte des Gebets erbaut, während der Reformation, als Norddeutschland weitgehend lutherisch wurde, jedoch von den Protestanten beschlagnahmt. Nun ist sie polnisch und der jetzt vorherrschenden Religion der Stadt entsprechend römisch-katholisch. Das Kircheninnere ist höhlenartig und lässt einen frösteln. Einige polnische Kriegsveteranen aus dem Zweiten Weltkrieg haben gerade zum Gedenken an ihr Regiment ein Denkmal enthüllt, dessen rote Marmortafel von einem Priester mit Weihwasser besprenkelt wird. Entlang der Wand hängen diese alten Soldaten ihre Fotos auf und ergötzen einander mit großspurigen Geschichten. Einer deutet auf ein Bild, das ihn zu Pferd zeigt. »Wir keine Kommunisten!«, sagt er mir, was heißen soll, dass er Mitglied der Armia Krajowa (AK) oder Heimwehr war, über die ich später von polnischen Juden Horrorgeschichten höre. Am Nachmittag spaziere ich zu den berühmten Docks hinüber, der Geburtsstätte der Solidarność, und schaue mir all die Kräne und Werften an, die derzeit unzureichend genutzt werden und unter einer bedrohlichen Flaute leiden.[51] Das Wasser ist, wie die alte Stadt selbst, trübe und schmutzig.

*

In diesen Hafen segelten am 9. August 1390 drei Schiffe aus England, an Bord 200 Männer, von denen man die Hälfte als Berufssoldaten bezeichnen könnte. Sie waren das Gefolge des Herzogs von Bolingbroke, eines »wutentflammten Herrn«, wie Shakespeare ihn nannte[52], der nach Preußen gekommen war, um am alljährlichen Winterkriegszug, damals »reyse« genannt, nach Litauen teilzunehmen.

»Reyse«, ein mittelenglisches Wort, ist auch den meisten Englisch sprechenden nicht mehr vertraut. Chaucergelehrte sind wahrscheinlich die Einzigen, die seine Bedeutung kennen, aus den *Canterbury-Geschichten*, wo es im Zusammenhang mit der berühmten Beschreibung des Ritters verwendet wird:

> *Höchst angesehn in seines Fürsten Heer,*
> *hat er gekämpft weit in der Welt umher …*
> *Und über allen Landsmannschaften saß*
> *Er auf dem Ehrenplatz bei Tisch in Preußen;*
> *Es war gereist in Littauen und Reußen*
> *So oft kein Christenmann von seinem Stand.*[53]

Die Wissenschaftler streiten sich noch heute darüber, wer Chaucer hier als Vorbild diente. Uneinigkeit herrscht auch darüber, wann einzelne

Teile der *Canterbury-Geschichten* entstanden sind. Die Entstehungsdaten aber stützen oder verwerfen die verschiedenen Identifikationstheorien. Es scheint jedoch genug Anhaltspunkte dafür zu geben, dass der Ritter sehr viele Züge des jungen Bolingbroke trägt, dem auch Shakespeare in *Richard II.* und *Heinrich IV.*, dem König, der er später werden sollte, literarischen Ruhm verlieh.

Bolingbroke war 1390 ein junger Mann von fünfundzwanzig Jahren, doch bereits Vater dreier Kinder, die einer zwölf Jahre zuvor arrangierten Ehe entstammten. Als Erbe des wohlhabenden Hauses Lancaster gehörte Heinrich zweifellos zu Englands führenden jungen Lords. Sein Vater war der berühmte John of Gaunt (so genannt, weil er aus Gent stammte), dessen von Abenteuern, unaufhörlichem Drama und Verschwendungssucht geprägte Karriere auch heute noch sprachlos macht. Für seinen Verzicht auf den kastilischen Thron, einen Anspruch, den er nicht mit dem Schwert durchsetzen konnte, wurde John of Gaunt so reichlich entschädigt, dass er vierzig Packesel brauchte, um all die Schätze nach England transportieren zu können. Mit einem Großteil seines Vermögens unterstützte er die ritterlichen Impulse seines Sohnes, darunter zwei Expeditionen zu jenem Schauplatz, an dem der Deutsche Orden mit unverminderter Feindseligkeit im längsten ununterbrochenen Krieg Europas gegen die slawischen Völker Litauens und Polens kämpfte.

Seit 1283 war kein einziges Jahr vergangen, ohne dass zwischen den beiden Parteien militärische Auseinandersetzungen von der Kategorie der verbrannten Erde stattfanden, und zwar fast alle in einer Zone, die nun allgemein als grobe Grenzlinie oder als Grenzgebiet entlang der Memel angesehen wird. Im Verlauf des 14. Jahrhunderts hatten die Ritter Pommern erobert, Danzig eingenommen und Estland käuflich erworben, letzteres ein Finanzgeschäft, das nur allzu deutlich vom Reichtum des Ordens zeugt. Damit hatten sie einen langen, ungeteilten Streifen der Ostseeküste unter ihrer Kontrolle, aber nur einen ausgesprochen engen Einfallsweg ins Binnenland, die Memelmündung. Nur wenige Kilometer flussaufwärts erschwerten undurchdringliche Wälder, Sümpfe, Hecken und Sträucher den Zugang zum Landesinneren. Durch dieses Ödland führten unzählige, nur Führern und Fallenstellern bekannte Fährten und Pfade von einer Waldlichtung zur nächsten, die teils von lettischen Siedlern bevölkert, teils durch Erdwälle gesichert waren. Es war ein Gebiet, das in erster Linie der Kontaktaufnahme diente, der Ausgangspunkt eines verwickelten, blutigen, schmutzigen und jeden Ehrgefühls und jeder Ritterlichkeit entbehrenden bewaffneten Konflikts, der die Kraft und Ausdauer aller Beteiligten bis aufs Äußerste beanspruchte.

Caesar berichtete von den Germanen: »Es gilt als höchster Ruhm für die Stämme, möglichst weite Landstriche in ihrem Umkreis zu verwüsten und dort Ödland zu haben.«[54] Darauf war auch die militärische Strategie der Deutschritter ausgerichtet. Bei ihren Kriegszügen im Winter schickten sie gewöhnlich kleine Plündertrupps von manchmal nur einem Dutzend Rittern aus, die ein hinter ihrem Sattel befestigtes Bündel mit sich führten, das Vorräte für ein oder zwei Wochen enthielt. Diese Trupps, die oft durch dichte Wälder oder entlang vereister Bäche ritten und die schweren, »in Stahl geschirrten«[55] Pferde lenken mussten, verwüsteten Grenzdörfer und erbeuteten Sklaven und Vieh. »Mit Hundert ausgewählten Männern zieht er in die Wildnis, um die Heiden zu überfallen und auszuplündern«, berichtete ein Komtur anerkennend von den Unternehmungen eines seiner Ritter. »Sie steigen ab, essen und trinken, steigen wieder auf und überqueren die Memel, dringen in vier Dörfer ein, die vor ihrem Kommen nicht gewarnt waren, und töten alle, die sich bereits zur Nachtruhe begeben haben, mit dem Schwert – Männer, Frauen und Kinder.«[56]

Die Zusammenstöße waren eine grausame und gefährliche Angelegenheit. Oft handelte es sich um Überraschungsangriffe oder um Überfälle aus dem Hinterhalt, denn für die verhassten litauischen Heiden, diese »pestbringenden Feinde Christi«[57], war kein Schicksal zu schauerlich. Doch auch die eindringenden Ritterscharen wurden nicht von Katastrophen verschont. Im Winter konnten sie von einem Blizzard oder von tobenden Stürmen überrascht werden. Männer, die den Wald kannten, konnten sich dennoch leicht darin verirren. Vorräte und Futter konnten zur Neige gehen und Mensch und Vieh des Hungertods sterben. Der nicht minder grimmige Feind konnte seinen Verfolgertrupp verstärken oder bei einem Rachefeldzug vorpreschen und die mit

Beute beladenen Ritter an einem bekannten Fluchtweg aus dem Hinterhalt überfallen. Sehr oft trafen die Befehlshaber Entscheidungen, die uns heute in Erstaunen versetzen. Als 1311 eine Patrouille, die mehr Beute gemacht hatte, als sie bewältigen konnte, ahnte, dass die auf Rache sinnenden Verfolger schon bedrohlich nahe waren, stellte sich die Frage, was man zurücklassen sollte: die 100 Pferde, die 1000 Rinder oder die 200 Gefangenen? Da die Ritter das Vieh für wertvoller erachteten, schlachteten sie ihre menschliche Fracht ab und machten sich entschlossen auf den Heimweg.

Bei den Kriegszügen im Sommer verfolgte man gewöhnlich ehrgeizigere Pläne. Abgesehen von Stechmücken, drückender Hitze und gelegentlichen Regengüssen, war diese Jahreszeit dem Kampfgeist sicher förderlicher, und so war das Angriffsziel in der Regel eine strategisch bedeutende Festung oder Stadt. Die Ausrüstung, die man zu deren Belagerung benötigte, wurde per Kahn oder Boot flussaufwärts transportiert, was mit enormen logistischen Anstrengungen und hohen Kosten verbunden war und zudem Geduld erforderte, die so manch einem nach Ruhm dürstenden Ritter fehlte.

Diese Abenteurer kamen, als das Jahrhundert fortschritt, aus ganz Westeuropa. Der Deutsche Orden förderte inzwischen die Reise nach Deutschland, denn er hatte sein ursprüngliches Ziel erreicht, den Papst dazu zu bewegen, allgemein zum Kreuzzug in Preußen aufzurufen. Nach dem massiven Aufruf, den Papst Johannes XXII. 1325 in seiner neuen Enzyklika ergehen ließ, genossen die Kriege in Preußen das gleiche Ansehen wie die Kreuzzüge ins Heilige Land, denn der himmlische Lohn, der die Ritter für einen dreijährigen Dienst oder für Geldspenden erwartete, war der Ablass für alle begangenen Sünden. Überall verbreitet wurde der Aufruf von militanten Dominikanermönchen, eifrigen Anhängern des Ordens, die von zahllosen Kanzeln aus die Botschaft des Papstes predigten. Die Zahl der deutschen Mitglieder des Ordens – die zuerst als Akoluthen in Klöster auf deutschem Boden aufgenommen und dann in Richtung Osten nach Preußen verschifft wurden –, wuchs beträchtlicher als zu irgendeinem früheren Zeitpunkt in der Geschichte der Bruderschaft. Hinzu kam noch das »große Gefolge von Rittern«[58], die sich zum jährlichen Kriegszug meldeten, wodurch sich das

Deutschritterheer oft um ein Vierfaches vergrößerte. Den Rheinländern, Sachsen, Thüringern und Hannoveranern schlossen sich Ritter aus Frankreich, Italien, Belgien, Holland, Ungarn, Burgund, Schottland und England an, für die Heinrich, der Herzog von Bolingbroke, bis zu einem gewissen Grad ein typisches Beispiel ist.

Über Bolingbrokes zwei Reisen nach Preußen informieren uns die Geschäftsbücher seines Schatzmeisters. Sie enthalten einen detaillierten Bericht über die Reiseroute und eine genaue Aufstellung der Summen, die für die unzähligen Vorräte und die Ausrüstung bezahlt wurden, sowie der erhaltenen Geschenke und Zuschüsse. Diese Geschäftsbücher, eine an sich trockene Lektüre, sind wesentlich informativer als die verschiedenen Chroniken oder Annalen der Zeit, die entweder keinerlei Details enthalten oder sich auf übertriebene Weise in der Beschreibung von Siegen und Niederlagen ergehen. In Bolingbrokes Fall sagen uns die nackten Zahlen, welche Mühen und Kosten ein Kriegszug nach Preußen erforderte, und geben uns Aufschluss über den Wert, den wichtige Männer diesem Unternehmen beimaßen. Zudem zeugen sie natürlich auch vom Lebensstil, an den die höher gestellten Lords gewöhnt waren.

Bolingbroke verließ England 1390 von der Stadt Boston aus, dem damals zweitgrößten Seehafen des Landes, eine Tatsache, die heute wohl jeden, der den einsamen Küstenstreifen der Lincolnshire-Niedermoore besucht, überrascht. Aber Boston, Lynn und Hull waren direkt in das hanseatische Netzwerk eingebunden und schützten deutsche Kaufleute innerhalb ihrer Mauern auf die gleiche Weise wie das Bremen, Lübeck und Danzig, wo es viele englische Kontore und Gilden gab, mit englischen Kaufleuten taten. Als Bolingbroke nach drei Monaten auf See Danzig erreichte, ermächtigte er sofort Kommissionäre seiner eigenen Nationalität Vorräte zu kaufen, Geldmittel aufzutreiben, den Kauf von dreizehn Pferdewagen für den Transport unmittelbar benötigter Vorräte in Auftrag zu geben und mehrere Frachtkähne zu mieten, um schwerere Ausrüstungsgegenstände auf dem Wasserweg nach Königsberg bringen zu lassen. Er selbst hielt sich jedoch nicht länger auf. Als er hörte, dass der Kriegszug bereits begonnen hatte, schickte er den Herold des Hauses Lancaster voraus und machte sich mit seinem Trupp – ohne das höfische Leben auf der Marienburg zu genießen – auf direktem Weg zur litauischen Grenze auf, die er dann acht Tage später überschritt. Bei seiner Ankunft beim Haupttruppenverband wurde er von Musikern ins Lager begleitet und mit Geschenken überhäuft: drei Kriegspferden, mehreren Schafen, einem Ochsen und zwei Pfauen. Ob das ausreichte, um sein Gefolge mit Nahrung zu versorgen, ist unklar.

Dem Geschäftsbuch ist zu entnehmen, dass zu Bolingbrokes Gefolge achtundachtzig Männer gehörten. Elf Ritter, achtzehn Knappen (zukünftige Ritter, die sich im Kampf ihre Sporen verdienen wollten), zehn Bergmänner und Ingenieure, sieben Bogenschützen, vier Mitglieder des Bolingbrokeschen Hofstaates, fünfundzwanzig Diener und Reitknechte, sechs Spielmänner, fünf weitere Musiker, ein Herold und ein Trompeter. Die Historiker haben diese Zahl im Allgemeinen verdoppelt, denn hinzu kam der übliche Schwarm von Gefolgsleuten und Bediensteten, die man für die niederen, aber wichtigen Arbeiten des Kochens, Backens und Abwaschens benötigte (so wird zum Beispiel Lawrence »aus der Küche und Spülküche« erwähnt).[59] Die meisten dieser Männer erhielten einen regelmäßigen Lohn, einige von ihnen Winterkleidung als Weihnachtsbonus, und alle mussten untergebracht und mit dem Lebensnotwendigsten versorgt werden.

All dies kostete beträchtliche Summen Geld. Noch höher waren jedoch die Aufwendungen für Bolingbrokes eher persönlichen Bedarf: für den neuen Sattel, den er hin und wieder brauchte, das edle Ross, das ihn in der Schlacht trug, das Tuch für den Wimpel, das Essgeschirr aus Silber und den gut gefüllten Geldbeutel, mit dessen Hilfe der Herzog mit Geschenken und Sonderzuwendungen seine fürstliche Großzügigkeit zur Schau stellen konnte. Alles in allem gab Heinrich 13 000 preußische Taler aus – ein wahrlich beträchtlicher Beitrag zu den Kriegsanstrengungen der Deutschritter.

Zusammen mit seinen Heldentaten wird diese Summe seine Seele sicherlich von jeder Sünde reingewaschen haben, die er bis zu diesem Zeitpunkt in seinem jungen Leben begangen hatte. Denn obwohl der Deutsche Orden in jenem Jahr letztlich sein Ziel, die wichtige Stadt Wilna zu belagern, nicht erreichte – nur ein vorgelagertes Fort konnte eingenommen werden –, tat sich Bolingbroke bei diesem

Kriegszug dadurch hervor, dass seine Ritter, und vermutlich auch ihr Anführer, als erste die feindlichen Mauern durchbrachen und ihre Standarte pflanzten. Chroniken zufolge sollen 2000 der »gemeinen Soldaten« innerhalb der feindlichen Mauern mit dem Schwert getötet worden sein, eine Zahl, die vielleicht zu hoch angesetzt ist. Als die preußischen Truppen »verärgert« über den Mangel an Vorräten fünf Wochen später den Feldzug beendeten, wurden 3000 Gefangene über eine Entfernung von fast 200 Kilometern zurück nach Preußen getrieben.[60] Acht dieser Gefangenen, alle zum christlichen Glauben bekehrt, nahm Heinrich zusammen mit einer Ansammlung von Bären, Elchen, Hirschen, einem Eber und vor allem mehreren Falken mit zurück nach England.

Der Deutsche Orden hatte sich auf die Aufzucht dieser edlen Vögel spezialisiert, die Europas Adel als Spiegelbild der eigenen Tapferkeit so sehr schätzte. Auf der Marienburg gab es ein Aviarium, das, von Wächtern und Genealogen betreut, einige der schönsten Falken Europas hervorbrachte. Diese machte der Hochmeister routinemäßig verschiedenen gekrönten Häuptern, einschließlich Richard II. (dem Heinrich 1399, also sechs Jahre später, auf den Thron folgte), zum Geschenk, um sich ihre Gunst zu erwerben.

Die Hochmeister hatten sich inzwischen zu herausragenden Höflingen entwickelt. Bei ihren alljährlichen Kriegszügen, die ebenso ehrgeizig wie kostspielig waren, waren sie zunehmend auf den Zustrom ausländischer Mitstreiter angewiesen. Männer wie der Herzog von Bolingbroke, der gern »in fremde Wolken seinen Odem seufzte«[61], waren zur Verstärkung der Deutschritterheere unabdinglich, gleichgültig wie hochmütig und zuweilen ungebärdig sie auch waren. Aus diesem Grund wurden die Hochmeister vollendete Gastgeber. So verboten sie nicht länger unmäßiges Essen und Trinken oder die Jagdausflüge und Turniere, die die europäischen Ritter so sehr schätzten. Männer wie Bolingbroke kamen nicht nach Preußen, um dort wie Mönche zu leben. Sie kamen, um zu kämpfen, und wenn sie nicht gerade auf Raubzug waren, erwarteten sie, unterhalten zu werden. Wenn besonders wichtige Besucher einen Kriegszug verpassten, wurde, wie 1378 im Fall des Herzogs von Österreich geschehen, eigens für diesen eine Sonderexpedition arrangiert. Barbara Tuchman nannte diese Expeditionen »Jagd auf Bauern als Sport«[62], und Eric Christiansen, ein anerkannter Experte in Fragen des Deutschen Ordens, ging so weit, sie als »Safaris« zu bezeichnen.[63]

So gefühllos die Absichten des Deutschen Ordens inzwischen auch waren, so offen ging man zu Bolingbrokes Zeiten damit um. Litauens Königsfamilie hatte sich zum Christentum bekehrt und gab zu erkennen, dass man dieses zur Staatsreligion erklären wolle. Damit wurden die missionarischen Ziele der Deutschritter als weltliche entlarvt, als Wunsch nach neuem Landbesitz auf Kosten der traditionellen Feinde. Mochte Bolingbroke auch von religiösem Eifer getrieben sein, er reiste nach Preußen, um das Kriegsgeschäft um seiner selbst willen zu genießen, und der Deutsche Orden bot eine Arena, in der Feindseligkeiten jederzeit zumindest arrangiert werden konnten.

Der Orden des 14. Jahrhunderts war eine äußerst leistungsfähige, straff organisierte Wirtschaftseinheit, deren Mitglieder sich auch in scheinbar misslichen Lagen selten aus der Ruhe bringen ließen. So spielten bei der Machtübertragung innerhalb des Ordens persönlicher Ehrgeiz oder Fehden kaum eine Rolle. Wenn ein Hochmeister starb, entschied sich der bürokratische Apparat mit der für ihn typischen Effizienz für einen Nachfolger – sehr zum Verdruss der Feinde des Ordens, die stets hofften, ein Nachfolgestreit werde diese Männer von ihrer unbeirrbaren Zielgerichtetheit abbringen.

Zu dieser Stabilität trug das zölibatäre Leben der Ordensmitglieder bei. Es gab keinen Streit zwischen unversöhnlichen Geschwistern, die das Land nach einem Staatsbegräbnis in einen Bürgerkrieg stürzten, keine Beziehungen zu einheimischen Frauen und damit auch keine streitsüchtigen Bastarde, die miteinander um die Macht kämpften. Im Heiligen Land hatten die alten Feinde dieser militärischen Orden erlebt, wie sinnlos der Gebrauch ihrer speziellen »irregulären« Waffe – der »Attentäter« – war. Wenn ein Hochmeister ermordet wurde, dann setzte man, so der Kreuzfahrer Jean de Joinville, »einen anderen, ebenso guten an seine Stelle, weshalb durch seinen Tod nichts gewonnen wurde«.[64] Das verschaffte den Rittern einen gewaltigen Vorteil, als sie gegen die in Dynastiestreitigkeiten verwickelten Litauer und Polen anstürmten, denn sie selbst waren immun gegen solche Intrigen. Während Bolingbrokes Einmarsch in Litauen starb der Hochmeister plötzlich. Nach der Messe wurde die Invasion ohne Verzug fortgesetzt.

Nach seinem Kriegszug im Jahr 1391 hielt Bolingbroke sich während der Weihnachtstage und des Neujahrsfests in Königsberg auf. Er musste einen seiner Ritter begraben und versuchte, zwei weitere Männer, die man vor den Mauern von Wilna gefangen genommen hatte, durch polnische Mittelsmänner auslösen zu lassen. Einen großen Teil seiner Zeit verbrachte er jedoch damit, seine Maße für neue Pelzmäntel nehmen zu lassen und sich in das Alltagsleben eines quasi fürstlichen Hofes einzufügen. Zwei Jahre später erzählte er Chaucer, der Orden habe eine Art Ritterrunde eingeführt, die der Dichter in seinen *Canterbury-Geschichten* als »Ehrentafel« bezeichnete. Vielleicht hoffte Bolingbroke, in diesen auserwählten Kreis aufgenommen zu werden. Er war tapfer genug, elitär genug und sicherlich auch hochmütig genug, um dieser Ehre teilhaftig zu werden. So bemerkte Chaucer, dass »die Nase hochgebaut«[65] war, eine Absonderlichkeit, die 1831 bestätigt wurde, als man Heinrichs Grab öffnete und dieses besondere Organ, dessen Knorpel noch intakt war, freilegte. Doch in dieser Saison berief der Orden seine Tafelrunde nicht ein. Vielleicht war man enttäuscht über den Ausgang des Kriegszugs, vielleicht auch bestrebt, diese Ehre nicht zu einer Formsache werden zu lassen, zu einem weiteren Anlass für ein weiteres Festmahl. Im Februar kehrte Bolingbroke nach Danzig zurück und machte sich auf die Rückreise nach England.

*

Bevor ich die Stadt verlasse, esse ich in einem Fischrestaurant vor einem der mittelalterlichen Tore zu Abend. Einer der großen Reichtümer der Ostsee waren natürlich ihre riesigen Heringsschwärme, aber das Binnenmeer wurde in den vergangenen Jahrzehnten kräftig geplündert und die Ausbeute ist nun gering. Mein russischer Fahrer in Kaliningrad war früher Trawlerkapitän, und eines Nachmittags ist er mit mir zu den Docks gefahren, wo sein altes Schiff eingequetscht zwischen mehreren Dutzend anderer verrosteter und verfallener Kähne vor Anker lag.

»Kein Fisch, keine Arbeit, kein Geld«, sagte er achselzuckend. Mein Abendessen in Danzig – geräucherter Aal, zu dem ich ein oder zwei Glas des hervorragenden Biers dieser Stadt trinke – schmeckt ausgezeichnet. Der Cartoon auf dem Bierdeckel zeigt zwei vergnügte, betrunkene Deutschritter mit riesigen Maßkrügen voll schäumenden Biers, ein nicht gerade geglückter Versuch meiner ansonsten eher ernsten polnischen Gastgeber, Humor zu zeigen. Der Kellner scheint wirklich nicht gerade fröhlich zu sein, denn die gesamte Rechnung beläuft sich auf magere 7 DM.

Ich fahre zur Westerplatte hinaus, um einen Verdauungsspaziergang zu machen. Hier begann am 1. September 1939 um 4.45 Uhr der Zweite Weltkrieg, als der Panzerkreuzer *Schleswig-Holstein* das Feuer auf die polnische Garnison eröffnete. Die Westerplatte, eine Halbinsel, die die Einfahrt zum Danziger Hafen schützt, bildet eine natürliche Barriere gegen raues Wetter und militärische Angriffe. Aus diesem Grund wurden hier im Verlauf der Jahrhunderte viele Leuchttürme und Festungen errichtet. Der Ankerplatz war Zeuge mehrerer »Provokationen« zwischen den beiden Weltkriegen, die nach den Schiffsnamen der Beteiligten verschiedentlich als der *Wicher*-Vorfall, die *Leipzig*-Affäre und so weiter erwähnt werden.[66] Sie alle waren Teil des beunruhigenden Nervenkriegs, der sich um Danzig während der rund zwanzig Jahre abspielte, als Deutschland und Polen sich zu niemandes Belustigung gegenseitig provozierten.[67] Die *Schleswig-Holstein* ging jedoch nicht aus diesem Grund hier vor Anker. Angeblich besuchte sie den Hafen, um an den Feierlichkeiten zu Ehren der Toten des Ersten Weltkriegs teilzunehmen, ihre tatsächliche Mission aber war die, einige polnische Marineinfanteristen einzuschüchtern, die ein Munitionsdepot auf der Westerplatte bewachten.

Eines der beiden Gebäude dieses Garnisonspostens hat man stehen gelassen, vermutlich als Denkmal, denn Blumenbeete und Sträucher säumen den gepflasterten Fußweg, der sich daran vorbeischlängelt. Trotz dieser gartenbaulichen Bemühungen bleibt nicht verborgen, dass die Wände von Kugeln durchlöchert und große Teile des Mauerwerks zerstört sind und Schuttkrater hinterlassen sowie Stahlträger freigelegt haben. Unterirdische Bunker, in denen es höchstwahrscheinlich nach

Urin und Müll stinkt, sind ebenso erhalten wie ein Panzer jener Jahre, der still vor sich hin rostet.

Wenn die Leute überhaupt an jene ersten Kriegstage denken, dann kommt ihnen der Blitzkrieg in den Sinn, in dem die motorisierten deutschen Einheiten die polnische Armee überrollten. Man berichtete von verschiedenen Gefechten entlang des Korridors, wo polnische Kavallerieeinheiten angeblich Panzer der Wehrmacht frontal angegriffen hätten.[68] Die Geschichten entsprechen natürlich nicht der Wahrheit und basieren zum größten Teil auf zufälligen Kontakten von berittenen Soldaten, die den Rückzug angetreten hatten, mit vorrückenden Panzereinheiten, und auf einem sporadischen Schlagabtausch zwischen beiden. Die Zahl der Todesopfer spricht ebenfalls für sich: etwa 14 000 getöteten deutschen Soldaten stehen 66 000 Polen gegenüber. Die verräterischen Russen verloren bei ihrem Überraschungsangriff von Osten her nur 700 Mann. Zusammen nahmen die beiden Invasionsarmeen – die deutsche und die russische – rund 900 000 polnische Soldaten gefangen.

Weder die erfundenen Geschichten noch die Fakten geben die ganze Wahrheit wieder. Obwohl die Polen von einer zahlenmäßig und technisch überlegenen Armee vernichtet wurden, drehten sie sich niemals um und rannten davon. In zahllosen, von keinem Historiker überlieferten Gefechten kämpften sie verbissen bis zum letzten Mann. Hier auf der Westerplatte hielten die an Zahl und Ausrüstung weit unterlegenen Polen, die von Marinegeschützen bombardiert wurden und von den deutschen Soldaten eingekesselt waren, über eine Woche lang stand.

4. Kapitel

Grünfelde

1410

Der Niedergang des Rittertums

Unserem Orden wird es nicht mangeln an Geld und Gut,
sondern an Klugheit und getreuer Leute Rat.

Winrich von Kniprode, Hochmeister, 1352–1382[69]

Das Dorf Grünfelde ist lediglich ein Punkt auf der Karte, gleichgültig ob man zu Fuß, per Auto oder per Bus daran vorbeikommt. Abseits der Hauptstraße stehen ein paar Bauernhäuser, aber es gibt weder Geschäfte hier, nicht einmal eine Bäckerei oder einen Tante-Emma-Laden, noch eine Tankstelle. Nur eine etwa einen Meter hohe Gedenktafel aus Stein, auf der auf beiden Seiten ein Schwert und ein Datum eingemeißelt sind, lässt den Besucher wissen, dass er sich an einem besonderen Ort befindet. Als ich aus meinem Wagen steige, um mich hier ein wenig umzusehen, werde ich sofort von einer aus dem Nichts auftauchenden Schar von Kindern umringt. Sie sind laut und wild, bombardieren mich mit gut gemeinten Fragen und behindern meine Orientierung an diesem Ort. Als ich mich mit Hilfe eines Stapels von Kärtchen, die ein Freund vor meiner Abreise mit polnischem Vokabular beschriftet hat, nach dem berühmten Schlachtfeld erkundige, machen sie sich über meine stümperhafte Aussprache lustig. Dann wirbele ich vor ihnen herum, so, als ob ich ein Schwert schwinge, und sie biegen sich vor Lachen. Schließlich kritzele ich ein Datum in mein Notizbuch

– 1410 – und mit einem Mal verstummen sie. Sie laufen schweigend los, ziehen mich am Ärmel, weisen mir erhobenen Hauptes mit dem Finger die Richtung.

Die Jahreszahl 1410 kennt jeder hier in Polen, und sie ist so bedeutend wie für uns hier im Westen etwa die Daten 1066, 1492, 1776 und 1812. Ich wage zu behaupten, dass 1410 den meisten Leute außerhalb dieses armen, aber zweifellos stolzen Landes so gut wie gar nichts sagt, aber dennoch war dieses Jahr ein Wendepunkt in der Geschichte Osteuropas.

Die meisten Historiker stimmen darin überein, dass die Katastrophe, in die der Deutsche Orden in der Schlacht bei Tannenberg nahe Grünfelde stürzte, längst überfällig war. Nach 1410 gab es noch viele weitere Schlachten, von denen einige mit einem spektakulären Sieg endeten, aber sie zögerten nur den Tag der Abrechnung hinaus, den Grünfelde vorausgesagt hatte. Ein maßloser Ehrgeiz, eine unerträgliche Arroganz und die hartnäckige Weigerung, vor einer überwältigenden gegnerischen Übermacht zurückzuweichen, trugen zweifellos zu der verheerenden militärischen Niederlage bei. Die genaue Zahl der Opfer ist zwar nicht bekannt, doch belief sie sich mit Sicherheit auf einige Tausend. Gewiss ist, dass der Hochmeister und die ihm unterstehenden Marschälle sowie rund 200 unersetzliche Ordensritter und unzählige Fußsoldaten starben.

Es war der Zusammenschluss seiner Gegner, der den Orden zur Strecke brachte. Der katholische Großfürst von Litauen, Władisław Jagiełło (dessen Bruder starb, als er Wilna gegen Heinrich, den Herzog von Bolingbroke, verteidigte), hatte die dreizehnjährige polnische Thronerbin geheiratet und damit die Königshäuser dieser ehemaligen Gegner vereint, deren Hass auf die Deutschen weitaus größer war als ihre gegenseitige Antipathie. Die Tatsache, dass der Orden mehrere rebellische slawische Prätendenten unterstützte, vermochte diese Allianz nicht zu sprengen, und so fand im Sommer 1410 in den sandigen Ebenen Preußens ein Kriegszug in umgekehrter Richtung statt, als ein polnisch-litauisches Heer, das einigen Schätzungen zufolge 30 000 Mann stark war, durch Preußens Kernland zur Marienburg stürmte. Der Orden sammelte seine Truppen, und die beiden Heere trafen bei Grünfelde aufeinander.

Als ich mich dem Schlachtfeld nähere, ist die Schar meiner jugendlichen Führer kleiner geworden. Es ist fast fünf Uhr und vielleicht Zeit für das Abendessen oder Arbeiten auf dem Hof. Die drei Kinder, die mich immer noch begleiten, sind sichtlich enttäuscht, dass sämtliche baufälligen Kioske, die vermutlich Eis oder Süßigkeiten verkaufen, schon geschlossen haben. Bis zu einem gewissen Grad tröstet sie das schmuddelige, völlig entwertete Papiergeld, das hier in Polen als Devise dient, aber ich weiß, dass sie lieber ein paar Süßigkeiten gehabt hätten.

Ein langer Pfad führt durch eine leicht hügelige Landschaft zur Hauptsehenswürdigkeit des Ortes, einer zylindrischen Skulptur, die – natürlich – aus Gussbeton geformt ist, dem größten Beitrag des Kommunismus zur Verunstaltung der Welt. Zwei Schlitze – oder sind es Visiere? – repräsentieren vermutlich mittelalterliche Krieger in Helmen. Ähnliche Statuen habe ich bisher nur auf der Osterinsel gesehen, doch fand ich sie nicht sehr inspirierend. Über einen großen Sandkasten ist ein recht klobiges Diorama aus bunten Pflastersteinen ausgebreitet, das die Bewegungen der einzelnen Einheiten zeigt, doch tatsächlich spielte Taktik hier in Grünfelde wie bei den meisten mittelalterlichen Schlachten nur eine geringfügige Rolle. Kampfeshungrig wie seine Ritter waren, verlor der Hochmeister offensichtlich die Kontrolle über einen seiner Stoßtrupps, was leicht passieren konnte in einem Gebiet, in dem man durch nichts mehr zurückgehalten wurde, sobald man sich außerhalb der Reichweite der befehlenden Stimme befand. Der vorzeitige Angriff eines Drittels seiner Armee führte nicht zur üblichen Zurichtung des Gegners, für die die schwer bewaffnete Kavallerie der Ritter so bekannt war. Stattdessen vermochten leicht bewaffnete Reiter aus der polnischen und litauischen Steppe in die Flügel der deutschen Stellungen einzudringen, sie zu isolieren, zu bedrängen und zu erschöpfen und schließlich von der Seite oder von hinten niederzumähen. Nachfolgende Fußsoldaten trugen das ihre zu dem Gemetzel bei.

Trotz aller Übertreibungen gibt der polnische Maler Jan Matejko in seinem riesigen Gemälde der Schlacht (Polens Gegenstück zu Rembrandts *Nachtwache*), das im Warschauer Nationalmuseum hängt, die gewaltige Verwirrung, die ein Gemetzel dieser Art mit sich brachte, mehr oder weniger genau wieder. Zugegeben, den Mittelpunkt des Werkes können wir vernachlässigen – den Großfürsten Jagiełło, der eine Bahn durch das rote Meer von Rittern schneidet, Schild und Schwert hochhält und mit leicht glasigem Blick stumpf geradeaus starrt, so als stecke er in einem Verkehrsstau. Doch an der Seite sehen wir die Schurken bei ihrem blutigen Werk. Sie schlagen nach den Sprunggelenken edler Rösser, zerren an den bestickten Gewändern der Ritter, um sie zu Boden zu ziehen, werfen Seile aus, um einen Schwert führenden Arm zu fangen, und rammen unbeirrt einen Spieß durch jemandes Rücken. All dies straft jegliche Vorstellung Lügen, die ritterliche Kriegskunst sei glanzvoll gewesen. Matejko, der sich der realistisch-romantischen Historienmalerei verschrieben hatte, vollendete dieses Gemälde 1878. Möglicherweise enttäuscht, dass ihm kein exotisches Material zur Verfügung stand (Tataren, Bojaren, Kosaken, orientalische Motive), war er bei der Darstellung der Ritter um so sorgfältiger. Das gilt vor allem für den Hochmeister und seine schwer bewaffneten Leutnants, die, langsam aus ihren Sätteln gezerrt, einem sicheren, qualvollen Tod entgegensehen und dennoch keine Angst, sondern offenes Erstaunen zeigen.

Die vereinten Feinde des Ordens vertändelten die Zeit und verpassten die Chance, ihren Sieg auszubauen und die Marienburg einzunehmen, die, heldenhaft verteidigt, ihrem Angriff standhielt. Doch ihre Präsenz wie auch eine Serie von Einfällen, von denen einer von 1431 bis 1433 dauerte, waren eine schreckliche Geißel für das Land. Ein deutscher Chronist schrieb über die Polen: »Sie eroberten die Stadt, brannten sie nieder und erschlugen die Jungen und die Alten. Und ihre heidnischen Verbündeten begingen abscheuliche Morde. Und sie beschmutzten die Kirchen, schnitten jungen Mädchen und Frauen die Brüste ab, quälten sie grausam und entführten sie in die Knechtschaft.«[70] Die Landwirtschaft, der Handel, das Geschäftsleben, die Entwicklung des Stadtlebens und der Kultur – sie alle litten schwer unter dieser Situation.

Um den Verlust an Kriegsstärke wieder wettzumachen, verpflichteten die Hochmeister jetzt Söldner. Die preußischen Kreuzzüge hatten im Westen, wo Kriege zwischen den verschiedenen Mächten um sich griffen und ruhelosen Rittern zu ausreichender Beschäftigung in ihrer unmittelbaren Umgebung verhalfen, an Reiz verloren. Der edle Kriegszug gehörte der Vergangenheit an. Um die Kosten für die Verteidigung seines nun offensichtlich weltlichen Reiches bezahlen zu können, griff der Orden auf die bewährte Methode zurück, übermäßig hohe Abgaben zu fordern, womit er sich bei Stadtbewohnern wie Landadel gleichermaßen unbeliebt machte. Beide beklagten sich lautstark über »eine Vielzahl von Lasten«, die ihnen der Orden und seine Komture auferlegten.[71] Die Ritter planten Vergeltungskriege gegen Polen und Litauen. Die Bürger und Landbesitzer schlugen sich »in der Hoffnung, in den Genuss der faktischen Freiheit zu kommen, die die polnische Anarchie zu bieten schien« – so die schnurrige Phraseologie eines britischen Historikers –, auf die Seite der Polen.[72]

Der moralische Verfall innerhalb des Ordens wurde deutlich. Seit mehreren Jahrzehnten war bereits zugelassen worden, dass die Tradition, arme, aber treue Ritter ohne adeligen Stammbaum oder finanziellen Rückhalt als Mitglieder zu werben, aufgeweicht wurde. »Komture sollen nur Grafen, Barone, gute Ritter und Angehörige des Dienstadels aufnehmen«, lautete eine Anweisung, und von diesen erwartete man nun, dass sie, als Mitgift für den Orden, ihre eigenen Waffen und Rösser mitbrachten.[73] Abstammung und finanziellen Gesichtspunkten wurde eine übertriebene Bedeutung beigemessen. Einige ältere deutsche Krieger hielten das Kloster sogar für einen guten Alterssitz, einen kirchlichen Rückzugsort, an dem man sich bei einem oder auch zwei Glas Wein mit seinen adeligen Brüdern an die turbulente Jugend erinnern konnte. »Kleider aus, Kleider an, Essen, Trinken, Schlafen gahn, ist die Arbeit, so die deutschen Herren han«, so etwa spöttelte man damals gerne.[74] Diese milde Kritik wurde begleitet von Gerüchten über Entartungen, über Frauen, die Verführung von Jungfrauen, die Ermordung einschreitender Ehemänner. Der Orden bedurfte der Regeneration, doch da seine Mission zu merkantilistisch (oder, wie ein Historiker es nannte, zu »unternehmensorientiert«[75]) war, um idealistische Neulinge anzulocken, welkte er stattdessen dahin.

*

Das kleine Museum, das Aussicht auf das Schlachtfeld gewährt, ist derzeit noch geschlossen. Als ich durch die großen Fensterscheiben schiele, habe ich das Gefühl, als ob hier gerade ein bewaffneter Kampf stattfindet. Gliederpuppen in mittelalterlich anmutenden Gewändern sind zu Boden gestürzt, und überall liegen Schutt, Papiere und leere Kisten verstreut, so als seien hier ein paar Verrückte am Werk gewesen und hätten den Raum durchwühlt. Von Wand und Decke hängen einige ziemlich bedrohlich wirkende Äxte und Speere herunter. Als ich weiterspaziere, störe ich ein junges Pärchen, das sich innig umschlungen hält, und begegne einem mit Karten und Ferngläsern bewaffneten deutschen Touristenpaar älteren Jahrgangs, dessen Englisch ausgezeichnet ist.

»Nicht schlecht hier, finden Sie nicht auch? Man fühlt sich direkt ins 15. Jahrhundert versetzt. Letztes Jahr war ich auf dem Schlachtfeld bei Crécy in Frankreich. Ich hatte es seit dem Krieg nicht mehr gesehen. Die Traktoren und Autos und die Jets am Himmel stören etwas. Aber ansonsten sehen wir hier das Terrain genauso wie es früher war. Die Polen sind zu arm, um sich Traktoren zu kaufen! Reiten Sie? Nun, für einen alten Reiter wie mich gibt es keine bessere Umgebung. Mich wundert wirklich, dass meine deutschen Vorfahren damals auf diesem Feld nicht gesiegt haben, wo sie doch nach unten in den Feind hineingeritten sind. Der Zusammenprall muss schon ein Schauspiel gewesen sein.«

»Besuchen Sie oft ehemalige Schlachtfelder?«

» Seitdem die Mauer gefallen ist, bin ich noch einmal allen Stationen meines Vormarschs nach Russland gefolgt und auch den Stationen meines Rückzugs. Es ist unglaublich, wie wenig sich geändert zu haben scheint. Glücklicher war ich, das muss ich schon sagen, als ich noch einmal die, wie ich sie nennen würde, erbaulichere Runde zu den Stationen meiner französischen und belgischen Karriere gemacht habe. Aber all das ist schon lange her, und ich bedaure nichts. Ich verfalle nicht ins Grübeln, wenn ich hierher komme. Wir Deutschen haben viele Niederlagen erlebt. Der Unterschied zwischen uns und den Polen ist der, dass wir auch Siege zu verzeichnen haben. Sie greifen diese Felder als etwas Besonderes heraus, aber jedes Feld in Polen war ein Schlachtfeld. Es gibt nicht einen Millimeter hier, der nicht blutgetränkt ist.«

Wie paradox dann, über den endgültigen Niedergang der Marienburg nachzudenken, eine schmachvolle, groteske Angelegenheit, denn der Hochmeister wurde nach der gewaltlosen Einnahme der Burg unter verächtlichem Gejohle aus der Stadt getrieben.

Von niemandem betrauert zerfiel der mächtige Orden in einem Zeitraum von vierzig Jahren, zwischen der Schlacht bei Tannenberg und dem Verlust der Marienburg, und musste alles verpfänden, um seine böhmischen Söldner auszuzahlen. Inkompetenz, Unmäßigkeit und eine unbeugsame, gefühllose Geisteshaltung zerstörten für immer das Band, das den deutschen Lehnsherrn und den deutschen Pächter hier im Grenzgebiet vereint hatte. Die Junker – jene Angehörigen des Land- und Militäradels, die im Verlauf von zwei Jahrhunderten für ihren Kriegsdienst Land erhalten hatten – machten nun gemeinsame Sache mit den Kaufleuten und Händlern der preußischen Städte. Denn sie alle wurden von einem Orden unterdrückt, der durch Schulden geschwächt war – von dem Sold, den er seinem stehenden Heer schuldete bis hin zu den hohen Reparationskosten, die ihm nach Tannenberg von den siegreichen Polen aufgezwungen worden waren.

Überall fühlte sich die Bevölkerung ausgenommen und betrogen. Der Pachtzins und die Arbeitslöhne waren gestiegen, das Geld war entwertet und das Erbfolgerecht im Interesse des Ordens geändert worden. Zugunsten des Ordens manipulierte ein Deutschmeister eine Eigentumsurkunde, die zwei Unmündigen ihr Erbe verweigerte. Man steckte die Kinder in Viehställe, und eins von ihnen wurde bei lebendigem Leib von Hunden aufgefressen, das andere zur Hurerei verdammt. Der Orden »will uns zu Leibeigenen machen«, klagten die Junker.[76]

Jahre erbitterter Auseinandersetzungen folgten, gekennzeichnet von Konferenzen, Bittschriften, Drohungen, Entführungen und sogar dem Besuch eines päpstlichen Legaten aus Portugal (»Mein Herr sollte die Ungläubigen und Juden in seinem eigenen Heimatland, in dem es viele von ihnen gibt, besuchen«, klagte ein Gegner dem Orden, »und nicht dieses Land.«[77]) Dann brach auf dem Land Gewalt aus, ein der Französischen Revolution vergleichbares Szenario, bei dem die entweder unverteidigten oder mit betrunkenen, gleichgültigen Söldnern bemannten Ordensburgen von den Städtern und Junkern der Umgebung gestürmt und besetzt wurden. Der Hochmeister selbst, der nicht einen Taler besaß, riss auf der Marienburg die Türen der Kapelle auf und lud seine ketzerische Wache, Hussiten aus Mähren, ein, alle noch vorhandenen Schätze mitzunehmen: das Kreuz, die Monstranz, die Gebetbücher, deren Einbände mit Edelsteinen geschmückt waren, den Kelch und das Weihrauchfass. Da das als Ausgleich für ihre ausstehenden Löhne nicht ausreichte, zogen diese Raufbolde ungehindert durch die Burgsäle, schlugen die Brüder nieder und stahlen ihnen alles, was Wert besaß. Der bedrohte und geschmähte Hochmeister wurde als Gefangener gehalten, bis der Orden seine Schulden bezahlt hatte. Er aß von einem Blechteller, und man servierte ihm warmes Bier. Die unverschämten Böhmen traten in Verhandlungen mit Polen und verkauften ihnen die Marienburg für einen Bruchteil des Geldes, das man ihnen noch schuldete.

1466 kapitulierte der Orden endgültig. Er unterzeichnete einen Vertrag mit dem polnischen König und trat ihm die Hälfte seines Territoriums, einschließlich Pommern und der Städte Danzig und Marienburg, ab. Der Orden behielt, riskanterweise, die andere Hälfte als Lehen der polnischen Krone. Aufeinander folgende Hochmeister sandten ihre Agenten, mit Bestechungsgeldern bewaffnet, durch die Korridore der Macht in Wien, Rom und sämtlichen deutschen Balleien, um irgendeinen diplomatischen Vorteil auszuspionieren, der ihre Machtposition wieder herstellen könnte. Doch die ruhmreichen Tage des Ordens waren vorüber.

»Dies ist die Zeit, in der sich allmählich die Junkermentalität zu entwickeln begann«, sagte mir ein deutscher Freund. »Die Junker waren die Pächter der Ritter. Sie waren nach Osten gekommen, um zu kämpfen und Ackerbau zu betreiben. Je mehr sie kämpften – oder vielleicht genauer, je mehr Söldner sie zur Verfügung stellen konnten –, desto größer war das Gut, das sie dem Orden abringen konnten, und desto besser waren auch die Bedingungen.

Zu Anfang, als der Orden noch die Oberhand besaß, handelte es sich um einfache Pachtverträge. Es war keine Frage, wem der Besitz gehörte, nämlich dem Orden. Als sich jedoch im 15. und 16. Jahrhundert dessen wirtschaftliche Situation verschlechterte, begann er, seine Güter zu verkaufen oder Pfandverträge abzuschließen. Als Folge entstand eine Grundbesitzerschicht, die sich vom Orden selbst unterschied, sich aber – so wie der Orden – zum größten Teil aus Mitgliedern des Militäradels zusammensetzte, die hoch diszipliniert und hoch motiviert waren und, anders als der Orden, sehr an ihrem Land hingen. Das scheint ein Widerspruch zu sein, ist es aber nicht.

Die Amtsträger des Ordens hatten keinen Stammbaum am Ort. Man warb die Mitglieder aus dem Deutschen Reich an, in dem ihre Familien und Freunde wohnten, und an das sie sich gebunden fühlten. Sie kamen nach Preußen, um dort ihre Pflicht zu tun, aber sie heirateten nicht, hatten keine Nachkommen und hinterließen keine dynastische Spur. Die Junker aber schlugen hier Wurzeln, Generation für Generation, weshalb sie auch im Laufe der Zeit ein solches Ressentiment gegen den Orden entwickelten. Der Orden war wie die Bundesbank: herrisch, kalt, unnahbar, autokratisch. Er hatte die Macht und zog die Schrauben an, ließ sich jedoch nie dazu herab, diese Macht zu teilen. Das ist ein Grund, warum die Junker sich gegen ihn wandten. Sie zogen es vor, sich mit den gelassenen Polen zu verbünden, die sie meistens in Ruhe ließen, was das Unabhängigkeitsstreben der Junker und, wie im 19. Jahrhundert parodiert, ihre halsstarrige Arroganz verstärkte. Du weißt schon, das Ludendorff-Syndrom.

Insbesondere die Amerikaner verwechseln die Preußen mit den Nazis. Sie glauben, die Preußen seien im Stechschritt direkt hinter Hitler in den Kampf marschiert. Das stimmt so überhaupt nicht. Die Preußen waren fraglos Militaristen erster Ordnung, womit ich meine, dass sie ausgezeichnete Soldaten waren, die Befehle gaben und Befehlen gehorchten. Aber sie waren provinzlerisch und eifersüchtig besorgt um die Rechte und Privilegien in ihrer Provinz. Seit jeher misstrauten sie Königen, Herrscherhäusern, Diktatoren und Persönlichkeiten wie Bismarck, weil diese Leute bei dem Versuch, die deutschen Interessen zu einen, gewöhnlich lokale Privilegien antasteten. Hitler war totalitär, ein Gräuel für einen Junker auf seinem Landgut, der sich nichts vorschreiben lassen wollte. Die wahren Preußen hassten auch Bismarck, wahrscheinlich sogar noch mehr als Hitler, weil Bismarck einer von ihnen war, ein Junker, der um der Einigung Deutschlands willen seine Klasse verriet.«

Marion Gräfin Dönhoffs *Ostpreußische Erinnerungen* bestätigen viele dieser Einzelheiten. »Und zwar verlangte der Orden für jeweils vierzig Hufen (eine Hufe gleich siebzehn Hektar) einen schweren Reiterdienst, das heißt, wer vierzig Hufen hatte, musste vollgepanzert mit schweren Waffen und ›einem bedeckten, der Rüstung angemessenen Rosse, begleitet von zwei anderen Reitern‹, Dienst leisten«.[78]

*

Was sich aus diesem bescheiden klingenden Handel im Laufe der Zeit entwickeln konnte, sah ich am Beispiel des Grafen von der Schulenburg in der VW-Stadt Wolfsburg, direkt an der ehemaligen Grenze zur DDR in Niedersachsen. (»Wenn der Dritte Weltkrieg begonnen hätte«, sagte mir ein VW-Angestellter, »hätten wir die ersten Panzer vor dem Frühstück gesehen.«)

Der Stammbaum dieser hoheitsvollen Familie und die unzähligen Ränge und Machtpositionen ihrer zahlreichen illustren Vorfahren versetzt selbst die eigenen Mitglieder zeitweise in Erstaunen. Allein im militärischen Bereich hat die Familie rund fünfunddreißig Generäle und drei Feldmarschälle aufzuweisen. »So viele?«, meinte Graf von der Schulenberg. »Nicht einmal ich wusste das.«

Wolfsburg gehörte früher einmal den Schulenburgs etwa so, wie Ihnen oder mir ein Tisch gehört. Das damalige Dorf lebte vorrangig von der Landwirtschaft, als Hitler es in den dreißiger Jahren des 20. Jahrhunderts beschlagnahmte und dort das Volkswagenwerk ansiedelte. Bei der Führung durch den Industriekomplex zeigt man mir auch das Landhaus von Dr. Porsche, idyllisch gelegen in einem städtischen Naturpark voller Lehrpfade und Spazierwege, die alle Sicht auf das weltweit größte Automobilwerk bieten, eine riesige Ansammlung von Fabriken, Fertigungsstraßen und Kraftwerken (VW beheizt ganz Wolfsburg mit seinem raffinierten System wieder aufbereiteter Energie). Daneben findet man hier sogar den größten Würstchenhersteller Norddeutschlands, der in der Mittagspause die ausgehungerte Belegschaft versorgt. Ich habe ein paar davon probiert, als ich mittags über den »Schweinemarkt« spazierte, der einmal im Monat auf dem Werksgelände stattfindet. Hierbei handelt es sich um einen kleinen Basar, auf dem die VW-Angestellten ihre ein oder zwei Jahre alten Modelle weit unter dem Marktwert verkaufen, sich dann umdrehen und sich für einen günstigen Preis ein anderes Auto kaufen. Ich erzähle meinem Werksführer, einem VW-Manager, der sich im Durchschnitt ein bis zwei neue Wagen pro Jahr kauft, dass ich seit dreizehn Jahren die gleiche Klapperkiste fahre. »Das wäre hier undenkbar. Die würden Sie für verrückt halten. Aber ein VW kann so lange halten. Sie sind sicher froh, dass Sie einen gekauft haben.«

»Na ja, es ist ein Toyota. Die sind in den USA viel billiger als ein VW.«

»Wie groß der Preisunterschied auch sein mag, er wird mehr als ausgeglichen durch die deutsche Technik«, antwortet er steif.

Die Schulenburgs regierten diesen Grundbesitz von ihrem prachtvollen Schloss aus, einem mehrstöckigen Bau, den die Familie nach Hitlers berühmtem Reich der Stadt Wolfsburg überließ. Während des Wiederaufbaubooms nach dem Zweiten Weltkrieg gab die Stadt fürstliche Summen für die Instandhaltung des Schlosses aus. Da jetzt aber auch VW stark von der Rezession betroffen ist, hat man anstehende Arbeiten wie die Reparatur der Dächer und die Erneuerung von Rohren und elektrischen Leitungen, die einige Millionen kosten würden, verschoben. Dennoch ist dieses fantastische Gebäude nach wie vor ein beliebter Schauplatz für Hochzeiten, Vernissagen und offizielle Anlässe. Besondere Beachtung findet immer der Bestand knorriger Laubbäume neben dem prachtvollen Eingang, denn hier saßen Generationen von Schulenburgs und urteilten über Bittschriften oder über Rechtsstreite innerhalb des Dorfes.

Obwohl die Familie das Eigentum in Wolfsburg nicht verlieren wollte, hat dieser Verlust ihr nicht besonders viel ausgemacht, wie man mir erzählte. Von der Entschädigung baute sie ein großes, neues Landgut auf einem ihrer nahe gelegenen Grundstücke. »Dritte-Reich-Architektur«, wie ein Bekannter von mir meinte, was ich nur bestätigen kann, als wir das Gut besichtigen. Heute ist es ein ziemlich schäbiges Altersheim in der ehemaligen DDR. 1945 verloren die Schulenburgs dieses Gut sowie zweiundzwanzig weitere ihrer Besitztümer.

»Meine Familie kommt aus Preußen«, erzählt mir der Graf in seinem eleganten Salon, »das heißt aus der Mark, der Altmark, die früher Preußen ausmachte. Unter meinen Vorfahren waren viele *condottieri*. Das ist das italienische Wort für Söldnerführer, die Soldaten anwarben, Wehrmaterial, Vorräte und alles andere organisierten und für jede Krone kämpften, die sie bezahlte. Sie kümmerten sich um alles Erforderliche. Der Bekannteste meiner Familie wurde während des spanischen Erbfolgekriegs berühmt. Danach war er Söldnerführer für die Republik Venedig und verteidigte Korfu gegen die Türken. Er stand bis an sein Lebensende auf der Gehaltsliste Venedigs. Und auf der Insel Korfu, wo, wie Sie vielleicht wissen, Kaiser Wilhelm ein Schloss hatte, hat man ihm ein Denkmal errichtet. Der Kaiser war entrüstet, dass die Familie nicht die kaputte Nase der Statue unseres Vorfahren restaurieren ließ. Es war zu teuer. »Was!«, sagte der Kaiser, »ihr habt 264 000 Morgen Land in Deutschland, mehr als die Krone, die nur etwa 224 000 besitzt, und ihr könnt euch das nicht leisten!« Der Graf, ein erfolgreicher Geschäftsmann, lacht über sich selbst.

»Der andere berühmte Vorfahre war Tutor Friedrichs des Großen, ein Generalleutnant unter dem Soldatenkönig. Er gehörte zur Kavallerie und fiel während des Schlesischen Kriegs 1741 in der Schlacht bei Mollwitz. Friedrich der Große kümmerte sich um seinen Sohn, arrangierte dessen Ehe und bezahlte für die Hochzeit einer seiner Töchter. Es gibt also eine Verbindung zwischen unserer Familie und dem preußischen König, und die beeinflusste – daran gibt es gar keinen Zweifel – unser Schicksal.

Es ging um das Geldverdienen, und neben der Forst- und Landwirtschaft konnte man das am besten beim Militär. Man erhielt für seine Dienste entweder ein Stück Land oder Geld, wobei einem der Grund lange Zeit nicht gehörte, sondern ein Lehen war; das ist so ähnlich, wie wenn man heute ein Auto least. Die Krone oder der Herzog, der Fürst oder Hochmeister gab einem einige Morgen Land – Ackerland, Waldland, einschließlich Dörfer und so weiter – und der Lehnsmann erklärte sich damit einverstanden, ihm dafür ein Zehntel seines Einkommens zu bezahlen. Er besaß also das Land nicht, er hatte es einfach nur, und das Lehen wurde verlängert, solange er gute Arbeit verrichtete. Er musste für die Sicherheit der Leute sorgen, sich um die Heere kümmern, war verantwortlich für die Armenfürsorge und musste die Abgaben eintreiben, wie ein kleiner König. Es war ›sein Königreich‹, und meine Vorfahren waren sehr erfolgreich. Oft lieh der Lehnsherr – der König oder wer auch immer – von diesen Lehnsmännern Geld, und wenn er es nicht zurückzahlen konnte, erhielten die Lehnsmänner dafür einen Teil des Lehens. Auf diese Weise entstanden diese großen Güter. Zu Eigentum zu kommen, bedeutete für meine Familie immer, entweder im Krieg oder im Geschäftsleben erfolgreich zu sein.

Eigentum zu besitzen kann jedoch, wie wir in Deutschland sagen, eine ›goldene Schlinge‹ sein. Es hat großen Wert, bringt aber wenig Einkünfte. Deswegen waren wir immer Soldaten, Diplomaten, Minister und Ähnliches, um das nötige Kleingeld zu verdienen. Das Besondere für uns ist jedoch, dass keinem Einzelnen von uns der Grundbesitz ›gehörte‹. Man erbte ihn und musste ihn an die nächste Generation weitergeben. Man durfte ihn nicht verkleinern oder verkaufen. Er gehörte der Familie und durfte nicht aufgeteilt werden, vor allem in Preußen nicht. In Süddeutschland wurde er jedes Mal unter den Kindern aufgeteilt, deswegen gibt es dort kleinen Grundbesitz. In Preußen aber hieß das Ziel, mehr Land zu kaufen, wenn man konnte, es zu erben oder durch Heirat zu erwerben. Man hielt am Grundbesitz fest, tauschte sein Land nicht gegen besseres Land ein. Es war Teil des eigenen Selbst. Mein Vater sagte uns immer ›Das Land, das wir haben, würdet ihr nicht pachten und auch nicht kaufen, solltet ihr nicht pachten und auch nicht kaufen, aber es gehört uns seit 800 Jahren. Also, Kinder, kümmert euch darum!‹

Wir hatten noch einen anderen Spruch: Ihr könnt unsere Frauen haben, aber nicht unser Land!«

5. Kapitel

Frauenburg

1543

Einfall in Polen

Und neue Philosophie zieht alles in Zweifel,
Das ewige Feuer ist beinah' erloschen;
Sonn' und Erde verloren, und keines Menschen Weisheit
Kann zeigen, wo danach zu suchen sei.

John Donne, *Eine Anatomie der Welt*[79]

Das Frische Haff, auf Polnisch Zalew Wiślany, ist eine fast ganz vom Meer abgetrennte Lagune, die sich von der Weichsel- und der Nogatmündung Richtung Osten in mehr oder weniger rechteckiger Form bis nach Kaliningrad erstreckt. Sie ist etwa 70 km lang und an keiner Stelle breiter als 18 km. Bei Baltijsk ist eine kleine Öffnung zur Ostsee erhalten geblieben, ein Schlupfloch für Überfälle der russischen Marine, deren verworrener Haufen von Kriegsschiffen und U-Booten heute eine Macht ohne Mission, ohne Feind oder Moral darstellt. Die sandige, weitgehend unerschlossene, seeseitige Landzunge ist mit ihren Kiefernwäldern und dem Blick auf die offene Ostsee im Sommer ein Mekka für Sonnenhungrige. In deren Rücken liegt träge und leblos das Frische Haff, einst so berühmt für seine Aale. Heute ist nichts mehr zu sehen von dem Wirrwarr von kleinen Skiffs und flachen Schleppkähnen, die dieses Gewässer einst durchfuhren und Küstenhandel trieben.

Als ich im Hafen von Frauenburg auf dem Festland stehe, komme ich gar nicht darüber hinweg, welch tote Atmosphäre hier herrscht. Die Fischereiflotte, die, wie ich annehme, durch diese verrotteten und an morschen Pfählen vertäuten Stahlboote repräsentiert werden soll, ist eine Karikatur der wirtschaftlichen Hoffnungslosigkeit. Wären diese Boote in jüngster Zeit noch auf See gewesen, hätten wir sicherlich darüber gelesen: »Fischerboot aus Frauenburg bricht beim Auslaufen aus dem Hafen auseinander – Aufsichtsbehörde vollkommen überrascht.« Eine solche Überschrift wäre unserer werten Aufmerksamkeit wohl kaum entgangen. Ich vermute, die hiesigen Fischer gehen einer anderen Beschäftigung nach.

Von dem verfallenen Pier aus, dessen Leuchtfeuer ins Haff zu fallen droht, hat man einen herrlichen Blick auf den majestätischen Dom, für den Frauenburg zu Recht bekannt ist, und nicht nur deshalb, weil Nikolaus Kopernikus dort begraben ist. Diese verwaiste, düstere und vernachlässigte Stadt wird nur mit Hilfe von Travellerschecks und der stabilen Deutschen Mark ausländischer Besucher überleben. Die wenigen niedergeschlagenen Tagesausflügler aus Danzig, die auf ihren Zug nach Hause warten, als ich an ihnen vorbeikomme, haben kaum mehr als das Geld für die Fahrkarte in den sonst leeren Taschen.

Jedes arme Land träumt von den Verlockungen des Tourismusgeschäfts. Doch müssen erst einige kulturelle Animositäten überwunden werden, bevor man in diesem lukrativen Industriezweig Fortschritte machen kann. Als ich mit meinem leuchtend roten Auto zum Dom hochfahre, läuft ein vielleicht 13-jähriger Junge so schnell er kann die alte Befestigungsmauer herunter, hält dann kurz inne und spuckt durch das geöffnete Fenster. Wäre mir dies in Detroit oder Chicago passiert, wäre ich weitergefahren. Hier aber werfe ich den Rückwärtsgang ein, jage hinter dem Übeltäter her und folge ihm in den nahe gelegenen Hinterhof eines Wohnhauses, wo ich ihn in einem Labyrinth von Türen und Gängen aus den Augen verliere. Als ich dann wieder aus dem Hof hinausfahre, höre ich, wie man mich auf Polnisch vermutlich als deutschen Touristen verhöhnt.

Frauenburg gehörte zu jenem Gebiet der Deutschritter, das sie 1466 an Polen abtreten mussten. Bei der Ersten Polnischen Teilung ging es an Friedrich den Großen (1772), doch gewannen die Polen es zwei Jahrhunderte später in den Nachwehen des Zweiten Weltkriegs wieder zurück. Damals war von der gesamten Unterstadt nichts als ein qualmender Schutthaufen übrig geblieben, ohne jegliche materielle Bedeutung, aber unermesslich wertvoll für das nationale Ehrgefühl. Wie im gesamten übrigen Ostpreußen löschten die polnischen Bulldozer alle Spuren des Deutschtums aus, wobei sie mit der Bevölkerung begannen. George Kennan schätzte die Zahl derjenigen, die von Ostpreußen in den Westen flohen, auf 1,75 Millionen.[80] Die meisten flüchteten im Winter 1945, als die Rote Armee in einer Stimmungslage, die man untertrieben als boshaft beschreiben könnte, nach Berlin vorstieß. Doch viele Ostpreußen, die zu alt, zu krank oder zu verängstigt für eine Flucht waren, versteckten sich in den nahen Wäldern oder in der weiteren Umgebung, um dort auf den geeigneten Moment zur Rückkehr zu warten. Bis 1950 hatte man all diese Menschen aufgespürt und – wenn sie Glück hatten – in die DDR deportiert, ansonsten nach Sibirien oder in ein anderes gottverlassenes Gebiet der Sowjetunion. Inzwischen hatte sich ihre geliebte Heimat unwiderruflich verändert.

Im Norden Polens findet man nicht ein einziges Denkmal oder Vergissmeinnicht aus der Zeit der deutschen Besiedlung. Kein Obelisk erinnert an die Soldaten, die in den vielen Kriegen ums Leben gekommen sind. Weder alte Kanonen noch andere Memorabilien aus dem Deutsch-Französischen Krieg schmücken die Rathäuser oder Plätze, ganz zu schweigen von einer Gedenktafel mit den Namen der Männer, die 1914 gegen die russischen Invasoren kämpften, oder den Namen der vermissten Soldaten aus dem Ersten Weltkrieg. Grabsteine wurden zerschlagen, Friedhöfe eingeebnet, Kirchen zerstört oder als polnische Kirchen neu geweiht, Schulbücher umgeschrieben, um die deutsche Herrschaft zu verschleiern, außer natürlich solchen Ereignissen, die sie entehrten – ja, man ging entschlossen und gründlich vor. Alle Ortsnamen, ob von Städten oder Dörfern, Straßen oder Gassen, Flüssen oder Strömen, wurden geändert. Für den Reisenden von heute ist das ein Albtraum, da er nicht weiß, an welchem historischen Ort er sich gerade befindet, ohne einen Baedeker zu befragen. Im Museum von Frauenburg erklärt eine kurze Notiz, dass die Stadt und deren Umgebung »schon immer polnisch waren«, eine, milde ausgedrückt, lächerliche Behauptung, die aber angesichts der demographischen Gegebenheiten unanfechtbar ist.

Selbstverständlich haben auch deutsche Historiker zuweilen die Wahrheit geschönt. Von Treitschke, selbst ernannter Wegbereiter preußischer Mythologie, behauptete, Kopernikus sei »ein deutscher Domherr« gewesen.[81] Wie sonst ließe sich ein solches Phänomen wie Kopernikus erklären, wenn nicht als Produkt der deutschen Erbmasse? Beurkundet ist jedoch etwas anderes: Mikolaj Kopernik war zweifelsfrei Pole.

Seine Karriere – in dieser Region überall gewürdigt in Museen, Broschüren, Schulbüchern und auf Postern – war sehr facettenreich und erreichte ihren stillen Zenit in Frauenburg. Von etwa 1510 bis zu seinem Tod im Jahr 1543 gehörte Kopernikus dem Domkapitel an und entwarf und vervollkommnete seine heliozentrische Theorie des Universums. Sie untermauerte im Wesentlichen die Vorstellung, dass alle Planeten unseres Sonnensystems um die Sonne und nicht, wie Aristoteles aus der Beobachtung annahm, um die Erde kreisen. Verschiedene Türme im nahen Dom sollen Kopernikus als Arbeitsplatz gedient haben. Am Kartenschalter werden unzählige Postkarten mit Matejkos heroischen Gemälden verkauft. Sie zeigen Kopernikus auf einem Turmdach mit wild wehendem Haar, die Arme in die Hüften gestemmt, von astronomischem Nippes umgeben, exakt in dem Moment, in dem sich in seinem Kopf alles zu einer Theorie zusammenfügt.[82] Doch wie dem auch sei, über Details sollte man großzügig hinwegsehen: Kopernikus schien meistens zu Hause, außerhalb der Mauern zu arbeiten.

Kopernikus' Spuren sind hier in Frauenburg nicht zu übersehen. Eine riesige Statue, vom Warschauer Bildhauer Mieczysław Welter geschaffen, blickt auf den heruntergekommenen unteren Marktplatz hinab. Ich stelle erleichtert fest, dass zumindest in diesem Fall die kommunistisch inspirierte Verehrung ihre Wirkung nicht verfehlt. Die Statue hat zweifelsohne Überzeugungskraft. Auch ist gegen die Qualität der von der Regierung überall in der Stadt aufgestellten Ausstellungsstücke nichts einzuwenden. Sie zeigen den bemerkenswert vielseitigen Mann in der Rolle des Naturwissenschaftlers, Mathematikers, Finanzfachmanns, Medizingelehrten, Administrators, Politikers, Soldaten und natürlich vor allem des Astronomen.

Ganz in Übereinstimmung mit Kopernikus' Rolle als Vertreter der Renaissance ist es nur angemessen, dass die besten Ausstellungsstücke jetzt im ehemaligen Bischofspalast untergebracht sind, der sich innerhalb der Domanlage befindet. Die polnischen Prälaten des 15. Jahrhunderts, oft niedergeschlagen, wenn sie ihre neue Domäne in der Nähe der düsteren deutschen Burgen bezogen, ließen häufig einen mittelalterlichen Flügel oder Turm abreißen, um ihn dann durch eine offenere, angenehmere Version, wie sie damals in Frankreich oder Italien bevorzugt wurde, zu ersetzen. Das hübsche Gebäude wurde von einer Folge von Bischöfen errichtet, doch war der Optimismus, der dieser kulturellen Ausdrucksform zugrunde lag, untertrieben ausgedrückt, verfrüht. Marodierende schwedische Truppen brannten alles nieder, ebenso die Sowjets 1945. Einige der Bischofspaläste liegen noch in Trümmern; andere, wie dieser, wurden (nach einer 20-jährigen Wartezeit) wieder aufgebaut.

Die Exponate selbst sind technischer Natur. Kopernikus war kein General, und die verschiedenen Ausgaben von *De revolutionibus orbium coelestium* (*Über die Kreisbewegungen der Weltkörper*) haben nicht unbedingt die Anziehungskraft von Schwertern und Kanonen. Aber man gibt sich mit dem zufrieden, was man hat. Ich habe selten so viele Sextanten, Gestirne, Karten, Astrolabien oder andere Utensilien gesehen, über die ich nichts weiß, und ebenso selten eine so große Anhäufung von gelehrten Schriften, meistens in Latein, in denen von tausend Besuchern wahrscheinlich kaum einer zwölf Wörter entziffern könnte. »Mathematik«, bemerkte Kopernikus, »wird für Mathematiker niedergeschrieben.«[83] Eine solche Fülle entlegenen Materials verlässt man ziemlich unberührt. Das ist das Problem, wenn man versucht, die Entwicklung (und das Leben) eines Intellektuellen darzustellen. Es ist kein leichtes Unterfangen, die stillen Betrachtungen, die Kopernikus während einer sternklaren Nacht in der Einsamkeit seines Arbeitszimmers oder auf dem Dach seines Hauses anstellte, anschaulich zu vermitteln. Das mag auch der Grund dafür sein, dass man Kopernikus' Biografie kaum Beachtung schenkt. Galileo, der die Kopernikanischen Theorien 90 Jahre später mit Hilfe des Teleskops bestätigte, wurde wenigstens für seine Arbeit von der Kirche verurteilt und lief Gefahr, auf dem Scheiterhaufen verbrannt oder zu Tode gefoltert zu werden. Kopernikus hingegen starb friedlich in seinem Bett, bis zum Ende darauf bedacht, nicht zu streitlustig an klerikale Empfindsamkeiten zu rühren.

Er lebte jedoch in einer turbulenten Zeit, und es ist interessant zu sehen, wie sich die Spuren so vieler grundverschiedener Persönlichkeiten in preußischen Städten und Dörfern kreuzen. Viele Fußspuren gehörten Polen, die sich (wie Kopernikus) in Regionen mit vornehmlich deutschem Charakter niederließen. Einige wurden von Wandermönchen oder Predigern hinterlassen, die die Argumente und Gegenargumente der Reformation immer wieder zur Debatte stellten. Andere (eher Hufabdrücke, da diese Männer selten zu Fuß gingen) gehörten Junkern und sogar Fürsten, die sich nicht mehr darüber im Klaren waren, wem sie den Treueid geschworen hatten und wem sie die Huldigung und die Abgaben schuldeten. Martin Luther hingegen hinterließ keinerlei Fußspuren, aber alles, was er sagte oder tat, wog trotzdem schwer in diesem Land.

In diesem düsteren Rahmen bewegte sich Albrecht, ein unwilliger, grollender und verschlagener Vasall des Königs von Polen und der 37. und letzte Hochmeister des Deutschen Ordens mit Sitz in Königsberg. Der Orden hatte sich auf einen Bruchteil seiner früheren Größe dezimiert. Die Niederlassungen in Livland (dem heutigen Lettland) hatten sich abgespalten, weil sie es verabscheuten, Polen zu huldigen, die deutschen Balleien, weil sie die Reichspolitik vorzogen, für die das weit entfernte Preußen von nur geringem Interesse war. Nicht einmal das Amt des Hochmeisters war noch attraktiv. Zu dieser Zeit wählte der Orden nicht mehr einen geeigneten Kandidaten, der im Orden selbst ausgebildet worden war, sondern im Allgemeinen einen Mann niederen Adels, weil man hoffte, damit ein Druckmittel zu haben, um weiterhin Unterstützung und finanzielle Hilfe von westeuropäischen Königshäusern zu erhalten. Im Februar 1510 wurde der dritte und eindeutig unbedeutendste Sohn des Hohenzollernprinzen aus Ansbach in Bayern, der 21 Jahre alt war und eine kirchliche Laufbahn einschlagen sollte, für das Amt des Hochmeisters vorgeschlagen. Es konnte nicht schaden, dass seine Mutter eine Tochter des polnischen Königs war.

Eine Statue des Markgrafen Albrecht befindet sich im äußeren Hof der Marienburg, einem Ort, an dem er vermutlich nie war. Seine rechte Brust ist von einer russischen Kugel durchlöchert, ein freundlicheres Schicksal als dasjenige, welches anderen, ebenfalls in Bronze verewigten Berühmtheiten des Ordens widerfuhr, als die Sowjets 1945 den Platz stürmten. Hermann von Salza wurde von mehreren Kugeln in die Hüfte getroffen, Siegfried von Feuchtwangen eine Hand weggeschossen und Winrich von Kniprode, dem bedeutendsten Hochmeister von allen, der untere Teil des Brustkorbs durchbohrt. Trotz der Verstümmelung strahlt Albrecht Macht und Entschlossenheit aus, was schlecht zu einer Karriere passt, in deren Verlauf er in gerissener und hinterhältiger Manier von einer Krise in die andere stolperte. Was ihn anbelangt, ist die wichtigste Frage die nach seiner Motivation: Nahm er den neuen Titel an, um den Orden zu retten oder um ihn als Deckmantel für die Verfolgung seiner persönlichen Ziele zu nutzen? Vor dem Hintergrund des religiösen und politischen Chaos seiner Zeit und der damit verbundenen Gefahren wird die Wahrheit für immer im Dunkeln bleiben.

In den ersten zehn Jahren seiner Amtszeit gab es keine Anzeichen dafür, dass Albrecht den Orden spirituell neu belebte, denn er verfolgte die äußerst fruchtlosen Strategien der Verschwörung, des Krieges, des Waffenstillstands und der Bettelarmut, die die preußische Landschaft seit Grünfelde in solch tiefes Elend gestürzt hatten (Kopernikus hatte 1512 während eines der destruktiven Kriegszüge des Ordens durch seine früheren Territorien den Oberbefehl bei der Verteidigung von Allenstein). 1522 wurde Albrecht jedoch während einer weiteren endlosen Bittstellermission am Hof von Kaiser Karl V. auf einen Anhänger Luthers, einen gewissen Andreas Osiander, aufmerksam. Osiander, ein ehemaliger Augustiner, meinte später, eine Einleitung zur ersten Ausgabe von Kopernikus' *De revolutionibus* schreiben zu müssen, in der er dessen abweichende Theorien abschwächend als »hypothetisch« im Gegensatz zu »den Tatsachen entsprechend« bezeichnete.[84] (So versuchte ein deutscher Ketzer den Einfluss eines gläubigen polnischen Katholiken zu mindern, dessen Arbeit den jahrhundertealten päpstlichen Glauben an die Vorrangstellung des Menschen im Universum hinwegfegte; ein bizarres, aber dennoch für das Jahrhundert typisches Ereignis.)[85]

Albrecht war schließlich vollends eingenommen vom großen Martin Luther, der sich nach den tumultartigen Ereignissen des Vorjahres heimlich in Wittenberg aufhielt, aber in ganz Deutschland unbestritten der Mann der Stunde war. Luther ließ keine moralischen Einwände Albrechts gelten. Schwöre dem Orden ab, riet er ihm, brich deinen Schwur, nimm dir eine Frau, zeuge einen Erben, beanspruche Preußen für dich und deine Nachkommen und vor allem, verbreite den neuen Glauben. In fast jedem Punkt befolgte Albrecht diesen Rat.[86]

Selbst wenn man zugesteht, dass die damalige Zeit nicht gerade für subtile Vorgehens- oder Verhaltensweisen bekannt war, muss dieser Griff nach Macht und Reichtum (eher nach dem letzteren) dem modernen Betrachter als krass und unverfroren erscheinen. Heinrich VIII. von England könnte sich Albrecht, sollte er je von ihm gehört haben, sehr wohl zum Vorbild genommen haben, denn 32 Jahre später beschritt er haargenau den gleichen Weg: Er säkularisierte sein Königreich und machte Beute bei Äbten und Bischöfen.

Der Schatz, den es in Ostpreußen zu stehlen gab, war Gegenstand so mancher Gelehrtendebatte, doch scheint in einem Punkt Übereinstimmung zu herrschen: Er war nicht besonders groß. Preußen war ein armes, zu oft durch Kriege verwüstetes und wirtschaftlich zu instabiles Land, in dem häufig nur Tauschhandel betrieben werden konnte. Entsetzte Ordensritter vertrieben Albrecht aus Amt und Würden. Doch besaßen sie keine Macht und erhielten nur wenig Unterstützung von den gleichermaßen habgierigen Junkern, die den neuen Prätendenten unterstützten, um ihre eigene Handlungsfreiheit abzusichern. Der Deutsche Orden zerfiel. Im Februar 1525, nur drei Jahre nachdem er Luther kennen gelernt hatte, kniete Albrecht vor dem König von Polen in der Königsstadt Krakau nieder und schwor dieser slawischen Monarchie die Lehnstreue, eine Heuchelei, die 150 Jahre andauern sollte.

Der Osten sollte sich als heterogenes Sammelbecken von Völkern erweisen. Protestantische deutsche Söldner aus Ostpreußen dienten den katholischen Königen Polens ebenso wie den orthodoxen Zaren Russlands. Deutsche und Polen arbeiteten über mehrere Generationen auf den gleichen Feldern, Bauernhöfen und Gütern; der eine als Herr, der andere als sein Untergebener, beide mehr oder weniger misstrauisch. In diesen Jahrzehnten entstand bei den beiden gleichermaßen hochmütigen Völkern die Überzeugung, dass Ostpreußen ihnen gehöre.

Nichts sonst verband sie, und gewiss nicht die Religion. Albrecht verbreitete in seinem Herrschaftsgebiet energisch das Luthertum, obwohl die Tatsache, dass er Osianders Variante dieser Glaubensrichtung unterstützte, ihn zu einem späteren Zeitpunkt in ernsthafte Schwierigkeiten bringen sollte. Osiander verwickelte die neu gegründete Universität von Königsberg (errichtet von Albrecht unter der Schirmherrschaft Sigismunds, des Königs von Polen, und nicht, wie ihre jüngere Geschichte vermuten lassen könnte, eines deutschen Monarchen) in die theologische Kontroverse. Zum Glück starb dieser abtrünnige Mönch, bevor die Dinge außer Kontrolle gerieten. Sein ebenso streitsüchtiger Schwiegersohn wurde auf dem Scheiterhaufen verbrannt. Albrecht verbrachte die letzten zwei Jahre seiner Regentschaft unter Hausarrest, doch die Hohenzollernlinie wurde durch seinen Sohn fortgeführt.

Teil II

Konsolidierung
Die Hohenzollern-Dynastie

Zeittafel

1594	*Kurfürst von Brandenburg heiratet Tochter des Herzogs von Preußen. 1618 werden Brandenburg und das Herzogtum Preußen unter einem Herrscher vereint*
1621–1629	*Gustav II. Adolf unternimmt Feldzüge in Preußen während der Kriege Schwedens mit Polen*
1618–1648	*Dreißigjähriger Krieg*
1630–1635	*Schwedische Phase des Dreißigjährigen Kriegs*
1632	*Gustav II. Adolf fällt in der Schlacht bei Lützen*
1640–1688	*Herrschaft des Großen Kurfürsten*
1701	*Sohn des Großen Kurfürsten krönt sich in Königsberg zum »König in Preußen«*
1756–1763	*Siebenjähriger Krieg*
1772	*Erste Teilung Polens. Ostpreußen wird geografisch mit Brandenburg und Berlin vereint*
1793, 1795	*Zweite und Dritte Teilung Polens*
1804–1814	*Napoleon I., Kaiser von Frankreich*
1805, 2. Dezember	*Schlacht bei Austerlitz; Napoleon besiegt österreichische und russische Armee*
1806, 14. Oktober	*Doppelschlacht bei Jena und Auerstedt. Napoleon schlägt die Preußen in die Flucht*
1806, 27. Oktober	*Französische Truppen besetzen Berlin*
1806, 7. November	*Blücher und Scharnhorst ergeben sich mit ihren Heeresgruppen*
1807, 7./8. Februar	*Schlacht bei Preußisch Eylau*
1807, 14. Juni	*Schlacht von Friedland*
1807, 7. und 9. Juli	*Im Vertrag von Tilsit schließt Napoleon als Sieger Frieden mit Preußen und Russland. Das preußische Gebiet wird halbiert*
1812, 22. Juni	*Franzosen marschieren in Russland ein*
1812, November	*Rückzug aus Russland. Preußen wendet sich gegen Napoleon*
1813, 3. Februar	*Beginn der Befreiungskriege*
1814, 31. März	*Die Verbündeten besetzen Paris*
1815	*Napoleons Hundert Tage und Waterloo*

6. Kapitel

Die Weichsel-Marschen

1660

Der Große Kurfürst

Wir halten Preußen wie einen Aal am Schwanz.

Hohenzollern-Offizier

Meine Reiseführer hatten mir Besseres versprochen. Ich habe für die Nacht an einem herrlichen Streifen feuchter Moorlandschaft in der Nähe der Nogat geparkt, aber mein Abendessen besteht aus Dosenfisch unbekannter Herkunft, geschmacklosem Brot, ein wenig Gebäck, das zu trocken ist, um es zu essen, und einer Flasche lauwarmen Biers. Das war alles, was mir das planlos zusammengestellte Warensortiment des Lebensmittelgeschäfts außerhalb der Stadt Elbing zu bieten hatte. Eigentlich hatte ich erwartet, in Polen gutes Essen zu bekommen, und gehofft, die berühmten Wildgerichte probieren zu können. Hochsitze und Tarnungen gibt es überall, und es vergeht kein Tag, an dem ich nicht am Straßenrand einen Jäger sehe, beladen mit erlegten Tieren, die bald im Kochtopf landen werden. Aber hier draußen auf dem Land gibt es, wie vorauszusehen war, weder Gaststätten noch Übernachtungsmöglichkeiten. Die Einheimischen empfangen Fremde nicht gerade mit offenen Armen. Mehr als einmal habe ich bei einem Bauernhaus angehalten und mich mit meinem Wörterbuch und den Vokabelkarten bewaffnet – und natürlich mit ein paar Zlotys gut sichtbar in der Hand – nach einer warmen Mahlzeit oder einem Zeltplatz erkundigt. Doch nach einer Weile hatte ich genug von dem Argwohn, dem Misstrauen und den eindeutig bösen Blicken und habe wehmütig akzeptiert, dass es kein Naturgesetz gibt, das von den Polen verlangt, sich als gastfreundliche Iren auszugeben.

Die Weichselmarschen sind wahrscheinlich Preußens fruchtbarstes Stück Land. Sie sind wie ein Dreieck geformt, an dessen Seiten die Weichsel, die Nogat und die Ostsee angrenzen, und wie beim Nil standen auch hier die Felder oft unter Wasser und wurden im Frühjahr durch Überschwemmungen reichhaltig mit Nährstoffen versorgt. Jedes Fleckchen wird seit eh und je landwirtschaftlich genutzt, doch sind längst nicht alle Bauern gleich wohlhabend. Die Bessergestellten besitzen Traktoren und relativ moderne Geräte: eine Ansammlung von Hacken, Eggen, Miststreuern, Ballenpressen und so weiter. Die weniger Begüterten haben vielleicht eins dieser Geräte, höchstwahrscheinlich einen Traktor, der jedoch einen alten Holzkarren, die für alle slawischen Länder so typische ›bryczka‹, hinter sich herzieht. Die Armen haben ein Pferd und einen Leiterwagen, und da hört es dann auch schon auf. Ein Bauer, der hinter seinem Pferd herschreitet und pflügt und dann mit der Hand die Saat aussät, ist ein typischer, idyllisch anmutender Anblick im alten, ländlichen Preußen. Dass es ein hartes, mühevolles Leben ist, versteht sich von selbst.

Die Archäologen glauben, dass die Weichsel-Marschen seit vorchristlicher Zeit bewohnt sind. Ich scheue mich, den altehrwürdigen Ausdruck »ununterbrochen bewohnt« zu verwenden, sei es auch nur, weil wenige Orte auf der Erde häufiger umkämpft waren und geplündert wurden. Diese Felder verleihen Aussagen Substanz, auf die wir immer wieder in Geschichtsbüchern stoßen. Die einfachste Variante lautet: »Die Felder wurden verwüstet.« Eine andere: »Die Truppen füllten auf dem Lande ihre schwindenden Vorräte wieder auf.« Eine dritte könnte heißen: »Das Königreich war durch Kriege ausgelaugt.« Eine weitere: »Durchziehende Truppen brachten Fleckfieber, Skorbut und Pocken mit und stahlen alles, während die Bauern verhungerten und Wölfe die herumliegenden Leichen fraßen.«

Das zerbrechliche Band zwischen Leben und Tod, Wohlstand und Armut, Glück und Verzweiflung ist in vielerlei Hinsicht das Vermächtnis dieser flachen und (zumindest heute Abend) feuchten Weiden. Hier gibt es nichts besonders Auffälliges; weder der Boden noch das Wasser, weder Bäume, Sträucher, Kuhherden noch Schweine verraten uns etwas von den Ereignissen oder Persönlichkeiten aus der turbulenten Vergangenheit. Um es mit anderen Worten zu sagen, es macht keinen Unterschied, ob das hier gepflanzte Korn oder der Weizen von Pferden oder Panzern, von Polen oder Deutschen, vor sechs Jahrhunderten oder erst gestern niedergetrampelt oder niedergewalzt wurde. Eine Missernte ist Besorgnis erregend, gleichgültig, wodurch sie verursacht wurde. Wenn die Ernte jedoch Jahr für Jahr, Saison für Saison, Jahrzehnt für Jahrzehnt ausbleibt, führt das zu Elend und Desorientierung sowie zur Verödung der Felder. Es bedarf keiner zerfallenen Burg, keines verrosteten Säbels, keiner korrodierten Kanone und auch keiner Granaten, um die Aura der Verwüstung wieder heraufzubeschwören. Das tut die Natur in jedem Frühling, wenn Regen und Fluten das Land in einen düsteren Morast verwandeln. Diese Feuchtwiesen waren der einzige Reichtum, den Preußen je hatte – landwirtschaftliches Potenzial, das zu leicht verwüstet und zerstört werden konnte, sich aber, den nötigen menschlichen Einsatz vorausgesetzt, immer wieder regenerierte. Eigentlich ist es eine einfache Geschichte, und wie kompliziert die Persönlichkeiten und Ereignisse auch sein mögen, das Ergebnis ist fast immer das Gleiche. Die Nahrungsmittel verfaulen auf den Feldern, während die Menschen, ohne einen Pfennig in der Tasche, um ihr Leben rennen.

Dies sind Felder des Krieges, der völlig unzutreffend Dreißigjähriger Krieg genannt wird. In weiten Teilen Europas tobten heftige Kämpfe auch vor 1618, dem Datum, das traditionell den Beginn der Feindseligkeiten kennzeichnet, und auch der Westfälische Friede von 1648 setzte den Auseinandersetzungen kein Ende. Da Kriege zwischen den gekrönten Häuptern Europas an der Tagesordnung waren, haben die Historiker der Einfachheit halber die deutsche Phase als mehr oder weniger getrennte Einheit betrachtet – eine gut gemeinte, aber irreführende Unterscheidung. Obwohl die Schlachten, die hier in den Weichsel-Marschen zwischen 1621 und 1629 zwischen Polen und Schweden erbittert geführt wurden, wichtig waren und mit Gustav Adolf eine der führenden Persönlichkeiten der Zeit an ihnen beteiligt war, werden sie im Allgemeinen als unbedeutend abgetan und selten erwähnt. Doch waren sie Teil all jener militärischen Auseinandersetzungen, die wir genau genommen als den Ersten Europäischen Weltkrieg bezeichnen müssten.

Deutschland befand sich nicht nur 1918 und 1945 am Abgrund. Betrachtet man das frühe 17. Jahrhundert, sieht man sich mit einer Feuersbrunst konfrontiert, deren Schrecken zahlreiche zeitgenössische Beobachter mit dem Weltuntergang gleichsetzten. Viele Persönlichkeiten dieser Zeit galten bis zum 19. Jahrhundert als die Mächtigsten, die es bis dato in Europa gegeben hatte – die Feldherren Tilly, Pappenheim, von Arnim, Wallenstein, von Mansfeld und Turenne; die Monarchen Ferdinand von Habsburg, Christian von Dänemark und der Schwedische Löwe, Gustav Adolf; die Staatsmänner Richelieu und Oxenstierna; die Kurfürsten von Maximilian von Bayern bis zum Winterkönig, dem Mitleid erregenden Friedrich V. von der Pfalz. Es war ein aristokratischer »Ameisenhaufen«, so der britische Historiker C. V. Wedgwood, eine von religiösen, dynastischen und persönlichen Ambitionen getriebene Ansammlung von Individuen, deren Launen und Kriegslisten selbst die gegenwärtigen Geschehnisse in Südosteuropa wie ein Kinderspiel erscheinen lassen.[87]

Der Kampf fand damals also zwischen Königshäusern und nicht zwischen Nationen statt, zumindest nicht in dem Sinne, wie wir diesen Begriff heute verstehen. Deutschland, das heißt die deutschen Länder innerhalb der Grenzen des Heiligen Römischen Reichs Deutscher Nation, bestand aus mehr als 300 Fürstentümern. Viele von ihnen wurden von den mehr oder weniger glücklosen Familien heruntergekommener Ritter regiert, die hofften, sich durch Zölle, Erpressung und Diebstahl ein Einkommen zusammenzukratzen. Andere waren prunkvoller; zu ihnen gehörte das Herzogtum Bayern, dessen Hof fast so fürstlich war wie der des Kaisers. Der religiöse Konflikt, der immer wieder zwischen Katholiken und Lutheranern aufflammte, war insbesondere durch Calvin und seine Lehre, die für weitere Verwirrung in Bezug auf Loyalitäts- und Gewissensfragen sorgte, noch komplizierter geworden.

Die Auseinandersetzungen innerhalb des deutschen Kerngebietes zogen vor allem die Aufmerksamkeit der Herrscherhäuser Frankreichs, Dänemarks und Schwedens auf sich, die durch Bestechung, Geheimverträge und Krieg die Macht des habsburgischen Kaisers untergraben wollten. Zu den politischen Aktivitäten, die aus diesem Bestreben resultierten, gehörten so seltsame Schauspiele wie das des katholischen Königs von Frankreich. Dieser bezahlte die protestantischen Schweden dafür, entgegen dem Wunsch der meisten protestantischen Herrscher auf deutschem Boden als Retter des Protestantismus aufzutreten, um den in Wien residierenden katholischen Kaiser zu schwächen. Derlei bizarre Widersprüchlichkeiten wurden kaum in Frage gestellt.

Die Geschichte ist lang, brutal, unmoralisch, tragisch, erbärmlich und schließlich auch faszinierend. Einige gingen ruhmreich aus den großen Schlachten hervor, die überall von Schleswig-Holstein und Danzig im Norden bis hin nach Bayern und Böhmen im Süden geschlagen wurden. Für viele andere gab es Kisten voll Gold und Silber, in deren Besitz sie durch Plünderung, Bestechung oder als Entlohnung gekommen waren. Es war ein Gemetzel sondergleichen. Ganze Heere waren völlig außer Kontrolle und verwüsteten Städte und Dörfer. Für viele versinnbildlicht vor allem die Plünderung Magdeburgs 1631 die Schrecken dieser Kriege, ein Ereignis, das in Deutschland jahrhundertelang als Inbegriff der Blutrünstigkeit galt. Vereinfacht gesagt, einige gingen als Gewinner aus diesen turbulenten Zeiten hervor, die überwältigende Mehrheit jedoch als Verlierer.

Die Hohenzollern waren von beiden Seiten eingekeilt und bedroht, und ihr Los wurde unnötigerweise noch dadurch verkompliziert, dass einer ihrer Leute 1613 zum Calvinismus übertrat. Albrecht von Hohenzollern, Herzog in Preußen – einem unabhängigen, vom Heiligen Römischen Reich Deutscher Nation durch ein polnisches Hoheitsgebiet getrenntes Herzogtum – war 1568 gestorben. Sein Sohn, der wie der gesamte degenerierte Adel ein Faible für Ehen zwischen Blutsverwandten hatte, arrangierte (wie im folgenden Familienstammbaum gezeigt) die Heirat seiner Tochter mit Johann Sigismund, dem Erben des Kurfürsten von Brandenburg, des wohl ärmsten Kurfürstentums mit den ärmsten Ländern im gesamten Reich.

1618 wurden Brandenburg und Preußen nach dem frühzeitigen Tod Albrecht Friedrichs wie zuvor vereinbart unter einem Hohenzollern,

Union Ostpreußens und Brandenburgs unter einem Hohenzollern, 1618

Für dieses Buch relevante Persönlichkeiten sind in schräger Schrift gesetzt.
Daten geben Zeiträume ihrer Aktivitäten oder Regentschaft an.

Markgraf Albrecht
Letzter Hochmeister des Deutschen Ordens
Erster Herzog in Preußen
1525–1568

sein Sohn
Albrecht Friedrich
1566–1618
(diese Linie stirbt aus)

Tochter Anna

Johann Sigismund
1608–1619
Kurfürst von Brandenburg, 1608
außerdem
zweiter Herzog in Preußen, 1618,
durch Heirat mit Tochter Anna

deren Sohn
Georg Wilhelm
1619–1640

sein Sohn
Friedrich Wilhelm
der Große Kurfürst
1640–1688

sein Sohn
Friedrich I.
»König in Preußen«
1688–1713

sein Sohn
Friedrich Wilhelm I.
(Gründer der »Preußischen« Armee)
1713–1740

sein Sohn
Friedrich II. der Große
1740–1786

dem oben genannten Johann Sigismund, vereint. Johann Sigismund wurde damit zugleich Kurfürst und Herzog, Vasall des Kaisers des Heiligen Römischen Reiches Deutscher Nation wie auch des Königs von Polen und stolzer Herrscher nicht nur eines rückständigen, unterentwickelten Gebietes, sondern zweier. Berlin, die Hauptstadt Brandenburgs mit etwa 8000 Einwohnern, bestand hauptsächlich aus Holzhütten und lockte königliche Besucher auf ihren Reisen durch Europa wohl kaum an. Das weit entfernte Königsberg war ein wenig prachtvoller, denn dort gab es ein Schloss und eine Kirche aus Stein, doch lag es rund 560 km weiter östlich. Dennoch wurde Berlin für den Kurfürsten zu einem willkommenen Zufluchtsort, als seine beiden Herrschaftsgebiete von Kriegen heimgesucht wurden.

Gustav Adolf sorgte als erster für ein blutiges Schauspiel. Sein Eingreifen in den deutschen Konflikt 1630 ist ausgiebig dokumentiert, und sein Elan, sein übergroßer Ehrgeiz und sein erstaunlicher Erfolg machen den Leser sprachlos. Der kühne General, klar denkende Diplomat und aufrichtige Protestant, dessen Tod in der Schlacht bei Lützen 1632 sogar seine Feinde mit Trauer erfüllte, ist wahrscheinlich die schillerndste Persönlichkeit dieses Krieges. Doch sollte man nicht vergessen, dass die Feldzüge in Deutschland, die den Höhepunkt seiner Karriere darstellten, nur zwei Jahre dauerten. Gustav Adolf verdiente sich seine Sporen lange vor 1632, als er mühevoll die Weichsel-Marschen durchquerte, in der Wildnis Livlands kämpfte und sein Augenmerk auf die Finnen, Russen, Litauer, Polen und Preußen richtete. Die meisten Geschichtsbücher ignorieren diese Litanei von Kämpfen im Osten. Wie bei früher und später dort stattfindenden Schlachten handelt es sich hier um »vergessene Kriege«, die wenig glanzvoll und für die Politik Westeuropas scheinbar unwichtig waren, tatsächlich jedoch damals eine große Bedeutung hatten und selbst heute noch haben.

Schwedens Interesse an der Vorherrschaft in den Gebieten um die Ostsee währte beinahe ein Jahrhundert lang. Das lag nicht zuletzt an seinen unglaublich energischen Kriegerkönigen, von Gustav Adolf bis hin zu Karl XII. Dass ein so dünn besiedeltes und von der Natur so wenig mit Reichtümern gesegnetes Land wie Schweden einen so großen Einfluss auf die europäische Geschichte hatte, ist kaum vorstellbar.

Zu diesem Zeitpunkt war Polen tonangebend in Mitteleuropa, ja vielleicht auf dem Höhepunkt seiner Macht und seines Einflusses. Seine Grenzen erstreckten sich im Süden bis nach Siebenbürgen, zum Kaukasus und dem Schwarzen Meer und im Osten fast bis nach Moskau, der unbedeutenden Hauptstadt der Zaren. Im Norden war der ehemalige Ordensstaat auf die kleine Enklave Ostpreußen reduziert und auf beiden Seiten von Polen eingekeilt worden: zum einen von Danzig, zum anderen von Riga in Livland, zwei Zugängen zur Ostsee, auf die Gustav Adolf ein Auge geworfen hatte. 1621 trat Schweden in den Krieg ein und eroberte beide Städte.

Der Krieg, in den die gesamte Ostküste des Ostseeraums verwickelt war, dauerte acht Jahre. Es war ein erbitterter, unbarmherziger Kampf, der enorme Ressourcen verschlang und beide Länder auslaugte. Auf dem Land herrschte, wie nicht anders zu erwarten, große Not. Gustav Adolf – mochte er auch ein gläubiger Mensch und eine beeindruckende Persönlichkeit sein – war blind gegenüber dem Gemetzel des Krieges und dem Leid derer, in deren Gebiet seine Armeen einfielen. Er vertrat in erster Linie die Interessen seines Standes, durch Krieg zu Ruhm zu gelangen. Hier auf den preußischen Schlachtfeldern perfektionierte er seine Kriegskunst – die Kampfführung mittels geschickter Aufstellung von Truppen und die effektive Verwendung von Kanonen auf Lafetten, die er später mit verheerenden Folgen in Deutschland einsetzte. Da er so oft verwundet worden war, dass ihm das Tragen eines Brustharnischs (oder Kürasses) aus Stahl zu große Schmerzen bereitete, entledigte er sich seiner Rüstung und ritt mit Ledermantel und Hut in den Kampf. Eine Feder und eine prächtige Schärpe ließen Freund wie Feind wissen, dass es sich um den König handelte. Wie auch seine Nachfolger aß er mit seinen Männern, schlief bei ihnen auf dem Feld und zögerte nie, selbst einen Angriff zu leiten. 1629 hatte er Livland der Kontrolle der Polen entrissen und den größten Teil des westlichen Korridors bis hin zu den Toren Danzigs eingenommen. Die Weichsel-Marschen waren verwüstetes, leeres Gebiet, in dem es keine Schweine, Pferde, Schafe oder Kühe mehr gab und in dem auch keine Bauern (ob frei oder unfrei machte kaum einen Unterschied) mehr lebten, die Getreide aussäten oder ernteten. Krankheiten, allen voran die Pest, vervollständigten das riesige Breughelsche Rundgemälde. »Ich höre nichts als Wehklagen und sehe weit und breit nur Leichen«, schrieb ein englischer Diplomat verzweifelt nach Hause.[88]

Diese Siege waren für Georg Wilhelm, den damaligen Kurfürsten von Brandenburg und Sohn von Johann Sigismund beunruhigend. Der junge Mann, ein, wie man sagt, liebenswürdiger und auf extravagante Weise eleganter, aber unentschlossener Zeitgenosse ohne kriegerische Neigungen, hatte das Pech, der Schwager von Gustav Adolf zu sein. Die Blutbäder in Preußen stürzten ihn in »düstere Verwirrung«, doch als Gustav mit 13 000 Männern in Brandenburg einmarschierte, geriet er völlig in Panik.[89] Der katholische König forderte seine Loyalität; das Gleiche tat der lutheranische Schwede. Georg Wilhelm wusste nicht, auf welche Seite er sich schlagen sollte und hängte sein Mäntelchen nach dem Winde. Zu einem bestimmten Zeitpunkt überzeugte ihn Gustavs Kanone, die auf den armseligen Palast der Hohenzollern in Berlin gerichtet war, die Schweden zu unterstützen. Als sich die Gelegenheit bot, die Fronten zu wechseln, tat er dies bereitwillig.

Sein Sohn Friedrich Wilhelm, mit dem der Kurfürst wenig gemein hatte, verfolgte nach seinem Machtantritt 1640 die gleiche Politik der Ausweichmanöver, ging dabei jedoch völlig anders vor. Der geistig träge Vater hatte, meistens aus Angst, auf Ereignisse reagiert. Im Gegensatz dazu setzte sein sehr viel verwegenerer Sohn kaltblütig Ereignisse in Gang, und zwar oft genau dann, wenn die Gegner seine Einmischung am wenigsten gebrauchen konnten. Seine Position der Schwäche vermochte der Große Kurfürst, wie man ihn später nannte, in territorialer Hinsicht wie auch in Bezug auf seinen Ruf zu seinem Vorteil zu nutzen. Preußen war noch immer ein armes, rückständiges Land, das in erster Linie von der Agrarwirtschaft lebte. Doch dieser amoralische Herrscher schuf die Voraussetzung zur Regeneration Preußens – den Frieden. Er tat dies nicht um der historischen Vorstellung eines Landes »Preußen« oder »Brandenburg« willen. Ebenso wenig ging es ihm um das Wohlergehen der Menschen, die er regierte. Er wollte den Frieden, um seine Hohenzollern-Dynastie vor dem Untergang zu retten. Krieg bedeutete

Armut, besonders, wenn dabei um Güter und Bauernhöfe gekämpft wurde, deren Pachtzins und Steuern man benötigte. Die Einkünfte des Großen Kurfürsten lagen 80 Prozent unter denen seines Vaters, als dieser ängstliche Herr 1619 die Macht übernommen hatte. Wenn Kriege geführt werden mussten, dann vorzugsweise im Herrschaftsgebiet eines anderen. Die Diplomatie des Großen Kurfürsten war ganz darauf ausgerichtet, sein Land vor Verwüstungen zu schützen. Und die gingen, wie er zu seiner Beschämung feststellen musste, nicht nur auf das Konto gegnerischer Heere, sondern auch auf sein Heer, eine ebenso habgierige Meute von Freibeutern.

Während seiner 48-jährigen Regentschaft gelang es dem Großen Kurfürsten, all diese chaotischen Elemente unter Kontrolle zu bringen, ja den Unterbau zu schaffen, auf dem sich später ein riesiger europäischer Staat entwickeln konnte. Er und die nachfolgenden Hohenzollernherrscher waren Menschen ohne Prinzipien. Für sie war der Krieg eines anderen die Gelegenheit, Gewinne zu machen. Schweden, Polen und später auch Russland, das habsburgische Österreich sowie Frankreich fanden in Preußen einen schwankenden Verbündeten und hinterhältigen Feind, der nicht abgeneigt war, die Flucht zu ergreifen, wenn eine Sache verloren schien, oder die Niederlage eines schwachen Nachbarn voll auszukosten. Mit einem solch leidenschaftslosen Handel macht man sich wenig Freunde. Doch »Politik und Schurkerei sind«, wie Friedrich der Große bemerkte, »fast synonyme Begriffe.«[90]

*

Es ist zuweilen schwierig, in diesem scheinbaren Chaos eine Ordnung zu entdecken. Wenn Geschichtsbücher und Chronologien eine Schlacht nach der anderen, einen Feldzug nach dem anderen und eine Verwüstung nach der anderen aufzählen, kann man in gewissem Sinne verstehen, dass der heutige Leser erschreckt die Hände über dem Kopf zusammenschlägt und schreit: »Das reicht! Was um Himmels willen hat all das zu bedeuten?« Und es gibt tatsächlich eine ganze Reihe wissenschaftlicher Arbeiten, die grundsätzlich darin übereinstimmen, dass das andauernde Chaos des 17. und 18. Jahrhunderts ganz einfach auf die Verderbtheit der Menschen zurückzuführen ist. In bestimmten Epochen der Menschheitsgeschichte nimmt der Impuls zu kopflosem Verhalten seinen eigenen blutigen Verlauf. Dies geschieht aus keinem anderen Grund als aus Gewohnheit und Langeweile, eine besonders brisante Mischung, wenn dynastische Ambitionen, religiöse Skrupel und materialistische Habgier eine Rolle spielen. Aber die deutschen Historiker (die es schließlich am besten wissen sollten) konzentrieren sich zu Recht auf die 48-jährige Regierungszeit des Großen Kurfürsten als einer entscheidenden Phase in der Entwicklung Preußens und seiner Herausbildung als wichtige europäische Macht.

Gewiss ist die Union Ostpreußens und Brandenburgs, die zur Schaffung »Preußens« führte, für unsere Geschichte von Bedeutung, aber in vielerlei Hinsicht war die Konsolidierung eine Sache des Zufalls. Die Angehörigen des europäischen Adels, passionierte Genealogen, studierten stundenlang Stammbäume und verglichen Blutlinien, um herauszufinden, ob ihre Familie nicht noch Anteile an irgendeinem unbedeutenden Fürstentum, Lehen, Erbe oder gar einem kleinen Bauernhof habe. Das Arrangieren von Ehen war für diese Leute, wie wir uns erinnern müssen, ein wichtiger Geschäftszweig. Dabei ging es in erster Linie um den Erwerb von Rechtsansprüchen und Land, deren tatächlicher Geldwert oft eine Nebenrolle spielte. Für einige hatte die Eitelkeit Vorrang vor dem Reichtum. Als es Johann Sigismund gelang, sowohl Kurfürst von Brandenburg als auch Herzog in Preußen zu werden, strebte er vielleicht nur danach, sein Herrschergeschlecht aufzuwerten. Sein Geldbeutel hat gewiss nicht sonderlich davon profitiert.

Der Große Kurfürst verfolgte jedoch ein ganz anderes Ziel. Er war ein überaus eitler Mensch, der vor allem darauf erpicht war, seine Familie ins Zentrum der europäischen Machtpolitik zu rücken. Um das zu erreichen, musste er zunächst seine Herrschaftsgebiete aus dem Zustand der Anarchie befreien und dann die Aufmerksamkeit und Achtung benachbarter Herrscher gewinnen, die in der Regel mächtiger waren als er. Dabei legte er die Wachsamkeit, Vorsicht und Klugheit eines Geiers an den Tag. Noch heute ist er bei deutschen Studenten und Akademikern ein äußerst beliebtes Studienobjekt.

Ostpreußen schien für den nach Ruhm strebenden Großen Kurfürsten eine Nebenrolle zu spielen. Wenn die Franzosen oder Österreicher »Preußen« betrachteten, dann sahen sie Berlin und Brandenburg, aber Ostpreußen, dieses seltsame Gebilde im Osten, war ein integraler Bestandteil der Mischung. Ostpreußen würde dem Ganzen, wenn es an der Zeit ist, Härte hinzufügen.

7. Kapitel

Neudeck

1760

Friedrich der Große

Im Allgemeinen sind meine Untertanen unerschrocken und kühn, wenig neugierig, was das Essen angeht, jedoch recht trinkfreudig. Sie sind Tyrannen auf ihren Gütern und Sklaven in meinem Dienst; geistlose Liebhaber und verdrießliche Ehemänner; seltsam kühl und phlegmatisch, was ich im Grunde für ausgesprochene Dummheit halte. Sie sind gute Bürger, müßige Philosophen und schlechte Redner; sie bevorzugen einfache Kleidung, wähnen sich aber nach bestem Geschmack gekleidet. Was die Frauen betrifft, so sind sie fast ausnahmslos stattlich und sehr gebärfreudig.

Friedrich der Große[91]

In einem Fremdenverkehrsbüro erkundige ich mich nach Neudeck, dem Familiengut Paul von Hindenburgs, doch meine Frage ist den polnischen Angestellten, die antworten, beide Namen noch nie gehört zu haben, sichtlich unangenehm. Ich frage mich, ob es an diesem Namen liegt, dass die Polen so gereizt reagieren, oder ob sie einfach jeden Fremden mit Argwohn betrachten. Mehrere telefonische Anfragen in der Stadt sprechen jedoch dafür, dass eine allgemeine Unwissenheit die wahrscheinlichere Erklärung ist. Man kann es sich kaum vorstellen, doch von Hindenburg scheint hier noch nie jemand etwas gehört zu haben.

Als ich später durch das Stadtzentrum schlendere, halte ich Ausschau nach Wagen mit einem deutschen Nummernschild, die für gewöhnlich neu sind. Wenn die Insassen meiner Meinung nach älter als fünfzig sind, spreche ich sie an. Beim dritten Versuch bekomme ich, was ich brauche. »Wir waren gerade dort und werden Ihnen alles erzählen«, sagt man mir. »Aber viel gibt es da nicht zu sehen.«

Die Wegbeschreibung ist ziemlich exakt, und als die Straße in einen durch Weideland führenden Feldweg übergeht, fahre ich unbeirrt weiter, denn ich bin sicher, dass dies der richtige Weg zum Gut Neudeck ist. Ich komme durch einen slawischen Weiler mit einfachen Betonhäusern, einem Dorfbrunnen, vielen frei herumlaufenden Hühnern sowie Frauen und Kindern in schmutziger Arbeitskleidung. Hinter einem kleinen Hügel entdecke ich mehrere große Wirtschaftsgebäude, die anscheinend noch genutzt werden, und dann wird mir aus deren Anordnung klar, dass das Herrenhaus einst auf diesem kleinen Hügel gestanden haben muss. Als ich dort genauer hinschaue, finde ich kleine Überreste des Fundaments.

Ich frage einen jungen Mann nach dem Familienfriedhof und er deutet seitlich nach unten. Dort ist heute die Müllkippe der Bauernkooperative, auf der man Abfall verbrennt. Ein paar alte, schmiedeeiserne Kreuze und Teile des Tors und Zauns sind noch erhalten, doch ansonsten ist von diesem Friedhof nichts mehr übrig. Irgendwo sind hier Hindenburgs Eltern und andere seiner Vorfahren begraben.[92]

Wenn wir eine Bestandsaufnahme machen, was finden wir dann vor? Eine weitere Ansammlung leerer Felder, etwas so Alltägliches wie ein Weizenfeld, auf dem im Frühjahr die Keime aus dem Boden herauskommen und für unsere Augen kaum wahrnehmbar wachsen, dann sprießen und sich entfalten und nach einem nicht besonders ereignisreichen langen Sommer reif für die Ernte sind. Ein weiteres zerstörtes Gut, von dem in diesem Fall keine Spur mehr zu sehen ist. Die riesigen Stallungen hinter dem Hügel sind das Einzige, was noch an dieses einst so prächtige Anwesen erinnert. Mit anderen Worten, es ist nichts geblieben, nicht einmal ein trauriger Trümmerhaufen, der zumindest an die trostlose Aura eines untergegangenen Adelsstandes und seine inzwischen zerronnenen Ideale erinnert oder uns seiner mit einer gewissen Nostalgie gedenken lässt. Der Besucher, der nichts über Preußens lange Geschichte weiß, kommt wegen der Beschaulichkeit und der langen, an Waldparzellen oder Wegen endenden Erdfurchen hierher. Vielleicht sind aber gerade diese der Schlüssel zu Preußen, etwas nüchtern und wenig glanzvoll, aber dennoch direkt und aufschlussreich.

Preußens Ethos war das des niederen Landadels, der Junker, die sich, was ihre isolierte Lage, ihre Ignoranz, ihre Ambitionen und ihren Mut anbelangte, von ihren Zeitgenossen im ländlichen Irland, England, Frankreich, Spanien oder andernorts in Westeuropa kaum unterschieden. Sie waren konservativ und gläubig, sorgten sich um ihre örtlichen Privilegien, huldigten dem Sport, hingen an ihren Ehrenkodizes, fühlten sich eng der Natur und dem Land verbunden, das sie bebauten, und fanden großen Gefallen an der Geschichte des Familienbesitzes, die ihnen im Winter unter anderem Stoff für stundenlanges Geschichtenerzählen am Herdfeuer bot.

Ihre alles überragende Verbundenheit mit dem ländlichen Leben schuf ein eng geknüpftes soziales Gefüge, das alle in einem bestimmten Umkreis Lebenden in einem gemeinsamen Wertesystem einte. Dieses beinhaltete kein sonderlich ausgeprägtes Interesse an intellektuellen Dingen. Die Junker waren in erster Linie Soldaten. Im Unterschied zu den Anglo-Iren oder den Normannen blieben sie während ihrer langen Geschichte leidenschaftliche Militaristen. Keine Irische See und kein Ärmelkanal schirmte sie von ihren Feinden, wirklichen oder eingebildeten, ab. Nichts dergleichen schützte sie davor, in die unzähligen großen Unruhen verwickelt zu werden, die überall im deutschen Kerngebiet um sich griffen. Im Einklang mit ihrem Ethos als Siedler lebten sie in Gemeinschaft mit Menschen anderer ethnischer Herkunft und bewahrten sich gleichzeitig das Gefühl der Überlegenheit. Das war nicht so kompliziert wie es klingt. Sie waren Eroberer und somit die Herren.

Das harte Leben als Soldat und Gutsherr erforderte Disziplin, eine weitere Eigenschaft, die in diesem Landstrich möglicherweise schon mit der Muttermilch aufgenommen wurde, theoretisch jedoch eher dem anhaltenden Ostkrieg zuzuschreiben ist. Diese Art von Disziplin lernte man nicht als Schuljunge oder beim Studium irgendwelcher Bücher. Sie wurde oft mit dem Stock oder Schwert weitergegeben, vom

Vater an den Sohn, vom Feldwebel an den Gefreiten, vom Oberbefehlshaber an alle, die in Hörweite waren – »Kadavergehorsam«, instinktiver Gehorsam, wenn so befohlen, bis in den Tod.

Viele Deutsche des 17. und 18. Jahrhunderts wussten genauso wenig über ihre eigene Kriegsgeschichte wie über Angelegenheiten der höfischen Etikette im weit entfernten Versailles. Friedrich der Große hatte zum Beispiel geringe Kenntnisse von (und noch weniger Interesse an) den Deutschrittern und dem, was sie in der Wildnis Ostpreußens geschaffen hatten, dem *Ordensstaat*, den er selbst zu etablieren trachtete.[93] Doch Friedrich brauchte kein Buch, das ihm sagte, was er in seinem Inneren spürte; sie war einfach da, diese undefinierbare Kraft, die man nicht ignorieren und über die man sich auch nicht hinwegsetzen konnte.

»Das ist jetzt alles Vergangenheit«, erklärte mir ein Freund aus Deutschland. »Erstaunlich ist – und das gilt auch für viele andere Phänomene –, wie lange sich dieser Kadavergehorsam gehalten hat und wie schnell er dann verschwunden ist. Daran gibt man jetzt gerne den Drogen, der Rockmusik und einer unmoralischen Kultur die Schuld, aber in Wirklichkeit waren es drei andere Faktoren, die mit diesen antiquierten Vorstellungen Schluss machten: Freiheit, Erziehung und der Untergang Ostpeußens. Heute würde kein Deutscher mehr für irgendeine Sache sein Leben opfern.«

Mit den Junkern verbindet man die Vorstellung, dass sie jedem Hohenzollern, der nach 1640 den Oberbefehl hatte, bereitwillig Gehorsam leisteten. Hindenburgs schwerfällige Memoiren trugen mehr als jedes andere Dokument dazu bei, dieses Klischee zu verfestigen. In diesen Memoiren wird der letzte Kaiser, ein Mann, den am Ende weder der betagte Feldmarschall noch sein Generalstabschef Ludendorff retten konnten, mit unzähligen servilen Bonmots wie »Mein Allerhöchster Kriegsherr« bedacht.[94] Natürlich gehorchten die Junker den Hohenzollern, vor allem, wenn zum Kampf gerufen wurde, doch heißt das nicht, dass sie es gerne taten.

*

Ostpreußen hatte, sehr zum Verdruss des Großen Kurfürsten und seiner Nachkommen, eine Sonderstellung im wachsenden Hohenzollernreich. Das Gebiet im Osten tanzte schon lange nicht mehr nach der Pfeife mittelloser Monarchen. Der Landadel genoss außergewöhnliche Privilegien, die man ihm nicht einfach wegnehmen konnte. So wichtig für die Junker die Ehre war, Geld spielte eine nicht minder bedeutende Rolle. Der Deutsche Orden hatte ihnen Vorrechte gewährt, die Könige Polens hatten in der Zeit ihrer Oberhoheit über das Land diese wirtschaftlichen Privilegien bestätigt und die verzweifelten Hohenzollern, die versuchten, sich ihren Anspruch auf Ostpreußen zu sichern, hatten sie umworben. Die Junker konnten also bereits auf einige hart errungene Siege zurückblicken, und dabei spielte es keine Rolle, wer ihnen die Zugeständnisse gemacht hatte. 1660 waren sie völlig von der Steuer befreit. Der Große Kurfürst, der eine moderne Armee aufbauen wollte, die den anderen Großmächten Europas Respekt einflößte (oder, wie er selbst sagte, »mir Beachtung verschafft«[95]), schröpfte die Städte und brachte die Bauernschaft mit hohen Zöllen und Steuern an den Bettelstab. Er zögerte nicht, den niederen Adel Brandenburgs und Pommerns auszuplündern. Doch in Ostpreußen stieß er auf enorme Probleme, die erst nach jahrelangen Kämpfen gelöst werden konnten.

Die Junker Ostpreußens waren ein verarmter Adel. Ihre Güter waren zwar oft groß, in der Regel jedoch unsicher, und ihr Geldfluss dürftig. Die meisten großen Höfe produzierten alles, was sie zur Versorgung brauchten, selbst; es gab genug zu essen und Pferde zum Reiten, doch ein Luxus, wie er auf Gütern in England und Frankreich vorherrschte, war selten. Der Dienst für den Staat und den Herrn wurde als ausreichender Beitrag zum Gemeinwohl betrachtet. Generationen von Junkersöhnen verbrachten ihr Leben in vornehmer Armut und marschierten im Takt der Trommeln oder verwalteten die immer effizienter arbeitende Bürokratie der Hohenzollern. Was sie jedoch innerhalb der Grenzen ihres eigenen Gutes taten, war eine völlig andere Sache. Sie behandelten das unfreie Gesinde nach ihrem Gutdünken und regelten ihre Privatangelegenheiten so, wie es ihnen gefiel. Ihre miserable finanzielle Situation war ihre Privatsache. Zwei Jahrhunderte später beklagte sich Bismarck genau wie die Hohenzollern über die knauserigen Junker. Seine und ihre Prioritäten waren einfach nicht miteinander vereinbar. In einer absolutistischen Monarchie ist ein unabhängiger Adel unerwünscht.

Friedrich der Große verachtete die Junker. Sie waren seine »Maschinen«.[96] Wie alle Hohenzollern saugte er sie bis aufs Blut aus. »Krieg ist ein Handel« schrieb er, denn er benötigte das Fleisch und Blut der Junker (das sie ihm in der Regel willig gaben), um seine Armee zu bemannen, und ihr Geld (das sie ihm in der Regel nur widerwillig gaben), um diese zu finanzieren – und all das zur Vermehrung »seiner Macht und seines Ruhms«.[97]

*

Nur wenige Kilometer nördlich von Neudeck fahre ich durch den kleinen Ort Finckenstein und bekomme eine Vorstellung von der Glorie, zu der die Hohenzollern ihren Kriegern verhalfen. Hier sind zu meiner großen Überraschung auf einem Landsitz der Familie Finckenstein, die diesem Ort seinen Namen gab, noch die alten Überreste eines prächtigen Herrenhauses zu sehen. Wie in Neudeck werden die Wirtschaftsgebäude mit den vielen Scheunen und Ställen, die symmetrisch zu beiden Seiten des immer noch verkohlten, 1945 geplünderten und in Brand gesteckten Herrenhauses angeordnet sind, auch heute noch genutzt. Vor allem der von einem Storchennest gekrönte Portikus des Herrenhauses erregt meine Aufmerksamkeit, denn sein fächerartiger Fries bildet eindrucksvoll die ganze Palette kriegerischer Pracht ab – Kanone und Kugel, Speer und Pike, Fahne und Tschako, Muskete und Bajonett. Der Vater Friedrichs des Großen ließ den französischen Garten seines Schlosses in Berlin zu einem Exerzierplatz umfunktionieren. Ich frage mich, ob das Feld vor diesem Herrenhaus auch auf diese Weise genutzt wurde.

Man liest immer wieder, Preußen sei eine Armee gewesen, die auf einen Staat wartete, der ihr die Richtung wies. Das trifft mit Sicherheit auf das gesamte 18. Jahrhundert zu. Die Hohenzollern hatten inzwischen dank der Eitelkeit eines ihrer Despoten für Preußen den Status eines Königreichs erworben. Friedrich I. war nicht länger nur ein Kurfürst oder Herzog, sondern »König in Preußen«, eine Aufwertung, die seine Familie beinahe in den Bankrott getrieben hätte. Der in hohem Maße vom Prunk seines Zeitgenossen, Ludwigs XIV., beeinflusste Friedrich I. brach mit einem Gefolge von über 1000 Wagen zu seiner Krönungsfeier nach Königsberg auf, ein, wie ein Historiker schrieb, durch »aufgeblasene Vornehmheit« gekennzeichnetes Ereignis.[98] Aber die lange Reise war für die Selbstachtung der Hohenzollern unerlässlich. Ganz Europa sollte den »König in Preußen« als mächtigen, unabhängigen Herrscher sehen, dessen Reich, zumindest Teile davon, außerhalb des Machtbereichs des Kaisers und der Grenzen des Heiligen Römischen Reiches Deutscher Nation lag.[99] Dass Ostpreußen der wertloseste Besitz der Hohenzollern war, musste man ja nicht ausdrücklich betonen (sieben Jahre später raffte die Pest ein weiteres Viertel der Bevölkerung des bereits dünn besiedelten Preußens dahin). Als Friedrich der Große 39 Jahre später die gleiche Reise unternahm, bestand seine Entourage aus nur einer Pferdekutsche.

Die Extravaganz Friedrichs I. fand in jenem Jahrhundert selten ihresgleichen.[100] Preußens tatkräftigste Herrscher, Friedrich Wilhelm I. und sein Sohn Friedrich der Große, zwei sehr eigenwillige Persönlichkeiten, trugen wenig dazu bei, dieses menschenfeindliche Image abzuschwächen, dessen Ursprung tatsächlich in aufrichtiger Selbstverleugnung lag.[101]

Friedrich Wilhelm I. schuf die Armee und füllte die Staatskasse mit Reichtümern, die sein Sohn dann später vergeudete, »um der Welt zu zeigen, wer er war«.[102] Der Vater war nicht nur ein ungehobelter Zeitgenosse; entsetzliche körperliche Qualen verzerrten seine Wahrnehmung und führten dazu, dass er oft völlig die Kontrolle über sich verlor. In medizinischen Fachkreisen scheint man davon auszugehen, dass er unter Porphyrie litt, einer ererbten Stoffwechselerkrankung, die auch heute noch schwierig zu diagnostizieren ist, obwohl eines ihrer Symptome, der rote Urin, Aufschluss geben sollte. Alan Bennetts jüngstes Theaterstück über Georg III., den Kurfürsten von Hannover und König von England, der anscheinend an der gleichen seltenen Krankheit litt, bringt dem modernen Zuschauer die Stimmungsschwankungen und fürchterlichen körperlichen Schmerzen des Betroffenen auf anschauliche Weise nahe. Um welche Krankheit es sich auch handelte, eins ist gewiss: Sie beeinträchtigte Friedrich Wilhelms Urteilsvermögen. In einem Moment zählte der König sein Geld oder inspizierte seine Truppen; im nächsten schlug er auf der Straße mit dem Stock auf einen armen Fußgänger ein. Sein ungesunder Lebenswandel und seine Spielleidenschaft verstärkten noch die irrationalen Ausbrüche des Königs, der selbst in seinen besten Zeiten kaum von Vernunft gesteuert handeln konnte. Seine berühmten Zechgelage mit Freunden, die bis in die Morgenstunden dauerten, endeten oft in Schlägereien und sadomasochistischen Tätlichkeiten übelster Art. Einmal ließ er sich nur mit Schwierigkeiten davon abhalten, seinen eigenen Thronerben hinzurichten. Stattdessen zwang er ihn dann, der Enthauptung seines Freundes beizuwohnen, mit dem er einen Fluchtversuch unternommen hatte. Friedrich Wilhelms Hobby war es, sich mit seinen »langen Kerls« zu umgeben, die er dann mit prächtigen Wachtpostenuniformen ausstaffierte und ununterbrochen unter den Fenstern seiner Amtszimmer auf- und abmarschieren ließ.

War Friedrich Wilhelm bei klarem Verstand, war er sozusagen ein Genie. Sein Ziel war eine mächtige preußische Armee, die von demjenigen Königreich ausgerüstet, ausgebildet und finanziert wurde, dem sie diente. Sie sollte weder auf ausländische Söldner angewiesen sein, noch sollten diese sie unterwandern und die völlige Unterwerfung unter die Wünsche des Königs behindern. Die Armee wurde zur *raison d'être* des Hohenzollernstaates. Achtzig Prozent der Staatseinnahmen, die eine Armee anderer Art, die preußische Bürokratie, einzog, flossen in den Militärhaushalt. Über die restlichen zwanzig Prozent wachte Friedrich Wilhelm mit einem, wie behauptet wird, fast wahnhaften Geiz. Als er 1740 starb, hatte sich die Anzahl der Soldaten von 40 000 auf 80 000 verdoppelt, und die Staatskasse war reichlich mit Geld gefüllt. Sieben Millionen Taler pro Jahr waren angesichts Preußens rudimentärer Wirtschaft und seiner geringen Bevölkerungsdichte »eine kolossale Leistung«.[103]

Friedrich Wilhelm betete seine Armee an, auch wenn er ihren Einsatz in kriegerischen Auseinandersetzungen ängstlich zu vermeiden suchte. Die Armee war sehr nützlich, wenn es darum ging, in diesem Flickenteppich von Territorien die Autorität des Monarchen geltend zu machen und, wenn nötig, Proteste einzelner Provinzen zu unterdrücken oder den jährlichen Beitrag bei aufsässigen Steuerzahlern einzutreiben. Das Leben der Soldaten Friedrich Wilhelms bestand im militärischen Drill, in der Durchführung groß angelegter Manöver auf dem Feld, in strenger Disziplin und harten Strafen. Doch Abenteuer im Ausland wurden auf ein Minimum begrenzt. In diesen Jahren relativer Ruhe wurde die wachsende Armee nicht so sehr wegen ihrer tatsächlichen Leistung gefürchtet, sondern wegen der Bedrohung, die sie darstellte.

Friedrich Wilhelm machte es sich zur Gewohnheit, tagein, tagaus eine Soldatenuniform zu tragen. Unter ihm wurde der Offiziersdienst zum Privileg der Junker. Dem gemeinen Mann stand allein die Artillerie offen, eine sich erst entwickelnde Heeresgattung. (An dieser Stelle sollte man wohl erwähnen, dass Napoleon in seiner Jugend Leutnant der Artillerie war.) Trotz der relativ friedlichen Zeiten befand sich Preußen also praktisch in einem ständigen Kriegszustand, mit einem König an der Spitze, der in seinem Alltagsleben und durch die Würde seines Amtes die Interessen des Staates mit denen der Armee vermischte. »Ich bin der König des preußischen Feldmarschalls«, soll er gesagt haben, eine Bemerkung, die glücklicherweise für die Nachwelt notiert wurde.[104] Als Soldat legte der König wenig Wert auf Bildung.

Sein Sohn, Friedrich der Große, der 1740 den Thron bestieg, hatte, wie das bei Vater und Sohn oft der Fall ist, ganz andere Wertvorstellungen. Gelehrsamkeit bedeutete ihm sehr viel, vor allem die durch den Einfluss Voltaires in Mode gekommene französische Variante. Aus diesem Grund besuchte Friedrich selten sein Ostpreußen, das er als Brutstätte der Barbarei und des schlechten Benehmens verachtete.

Friedrich ahmte das intellektuelle Leben des Hofs von Versailles nach. Mit seinem engen Kreis von Vertrauten, geistreichen Köpfen und deren Anhang sprach er Französisch; er war ein Kunstliebhaber und gewissenhafter Kunstsammler, spielte Flöte und komponierte selbst mehrere Stücke – Bemühungen, die frankophile Zeitgenossen eher belächelten und als zweitklassig verspotteten.[105] Was jedoch seine Kriegskunst betraf, suchte er seinesgleichen.

Es gibt wohl niemanden, der einen größeren Einfluss auf die Mentalität der Deutschen hatte als Friedrich der Große. Sein Beispiel, seine Karriere, seine Unverwüstlichkeit und sein außerordentlicher Pflichteifer wurden zwei Jahrhunderte lang als das Ideal soldatischen Verhaltens betrachtet. Carl von Clausewitz, der Theoretiker des preußischen Militärgeistes, nannte Friedrich einfach »den König«, wobei dann jeder wusste, von wem er sprach.[106] Generationen von Schülern, Kadetten, Obersten, Stabsoffizieren, Feldmarschällen und sogar Kaisern studierten jede Facette seiner Feldzüge, denn sie hofften, die erfindungsreiche Kriegslist, mit der Friedrich seine gewöhnlich überlegenen Feinde überlistete, werde ihnen von Nutzen sein, wenn sie einmal an der Reihe waren, die Truppen zu führen. Selbst Adolf Hitler, dessen Abscheu vor der Aristokratie und vor Erbmonarchien berühmt-berüchtigt war, gewann Kraft aus Friedrichs Weigerung, eine Niederlage zu akzeptieren, wie ausweglos die Situation auch sein mochte. Als die Ostfront 1944 zusammenbrach, las Joseph Goebbels dem nervlich stark angegriffenen Führer zur Beruhigung aus den Memoiren des Königs vor, in denen dieser immer wieder seine Stärke und Entschlossenheit zum Ausdruck brachte: »Angesichts von Sturm und drohendem Schiffbruch, muss ich wie ein König denken, leben und sterben!«[107] Dass Friedrich seine Generäle verachtete und nie ihrem Rat folgte, machte ihn bei Hitler sicherlich noch beliebter, obwohl unklar ist, ob der Führer je wusste, dass Friedrich homosexuell war.

Von Clausewitz bewunderte jede Facette der Kriegskunst Friedrichs des Großen. In seinem berühmten Werk *Vom Kriege* schwärmt er von Friedrichs Kühnheit, einer »schöpferischen Kraft«, an der sich selbst dann, wenn sie durch leichtsinnige Manöver missbraucht wurde (zu denen Friedrich der Große aufgrund widriger Umstände häufig Zuflucht nehmen musste), nichts aussetzen ließ. Selbst wenn etwas schief ging, handelte es sich immer noch um einen »schönen Fehler«. Als Beispiel für Friedrichs Kühnheit führt von Clausewitz die Feindseligkeiten an, zu denen der König 1756 den Anstoß gegeben hatte. Der Konflikt, später als der Siebenjährige Krieg bekannt, hätte das Königreich fast zerstört, wäre da nicht ein verrückter russischer Zar gewesen. Da Friedrich fürchtete, schon bald von verbündeten Feinden angegriffen zu werden, verzichtete er darauf, den Krieg zu erklären und schlug ohne Vorwarnung als erster zu – eine deutsche Taktik ganz in der Tradition der Deutschritter, zu der man auch im 20. Jahrhundert zwei Mal griff. Friedrich, der in dieser Hinsicht keinerlei Skrupel kannte, nahm lediglich das natürliche Vorrecht eines überlegenen militärischen Geistes in Anspruch. Als er das politische Terrain betrachtete, erkannte er, dass er »seinem Untergang nur entgehen konnte, wenn er seinen Feinden zuvorkam«. Die Kriegskunst ist schließlich von Clausewitz' berühmtestem Postulat zufolge »nur ein Teil des politischen Verkehrs, also durchaus nichts Selbständiges«.

Im Mittelpunkt der von Friedrich perfektionierten Kriegskunst stand das Manöver. Die jeweilige Taktik wurde genau geplant und oft fast mechanisch durchgespielt. Auf einem beliebigen Terrain versuchten gegnerische Armeen, die günstigsten Positionen einzunehmen. Misslang das, kam es häufig nicht zur Schlacht, was dem deutschen Grundsatz entsprach, dass es einem Sieg gleichkommt, wenn man keine Niederlage erleidet. Die Armeen mussten mechanisch funktionieren. Ihre Aufstellung im tatsächlichen Schlachtgetöse sollte mit ihren Aktionen bei den jährlichen Manövern identisch sein. Damals war es noch möglich, dass ein Oberbefehlshaber mehr oder weniger seine gesamte Front kontrollierte und von einem geeigneten Aussichtspunkt aus den Kampf überblickte. Obwohl die Armeen größer und die Schlachten komplizierter waren als im Dreißigjährigen Krieg, konnte der Befehl eines Einzelnen dem Geschehen noch immer eine Wende geben. Mit anderen Worten, ein Angriff im rechten Moment konnte den Sieg bedeuten.

Friedrich wagte es, gegen den Strom zu schwimmen. Begnadet in seiner Einschätzung des Terrains und ein Meister »unerwarteter Winkelzüge«, vermochte er seine Gegner durch unorthodoxe taktische Finten und Täuschungsmanover zu verblüffen. So stürzte er sich auf den stärksten Punkt der Angriffslinien oder tauchte plötzlich in großer Stärke völlig unerwartet dort auf, wo man es am wenigsten erwartete. Seine Generäle waren regelmäßig entgeistert und zahlten oft die Zeche dafür, dass sie seinen vielen willkürlichen Entscheidungen gehorcht hatten. Unter Friedrichs Oberbefehl fielen 120 Generäle, weit mehr als in jeder anderen europäischen Armee. Wenn er nach Befehlen gefragt wurde, antwortete er häufig: »Macht es wie ich. Greift an.« Sein Mut war legendär – unzählige Pferde wurden unter ihm erschossen, und seine Uniform war von Kugeln durchlöchert. Im Gegensatz zu Friedrich legte sich Napoleons jugendliche Kampfbegeisterung, für die der Angriff über die Brücke in Arcole im Jahr 1796 beispielhaft war, mit der Zeit.[108] Napoleon war nicht bereit, auf dem Schlachtfeld bei Waterloo zu sterben oder seine alte Garde bei ihrem letzten verzweifelten Angriff anzuführen. Friedrich hingegen sprang 1758 in der Schlacht bei Zorndorf von seinem Pferd, schnappte sich eine Fahne des Füsilierregiments von Bülow und schrie, während er auf den russischen Feind zuschritt, seinen Männern zu: »Ihr Racker, wollt Ihr denn ewig leben?«[109] Es ist erhebend, feststellen zu dürfen, dass derlei Schauspiele nicht immer ihre Wirkung taten. Bei Zorndorf seien seine Männer weggerannt wie die Memmen, bemerkte der König später.

Warum auch nicht? Kriege waren ein tödliches Geschäft, und die Zahl der Opfer weitaus höher als gewöhnlich. Friedrich verlor in jeder Schlacht zwischen 10 000 und 15 000 seiner Männer.[110] Die prächtige Armee, die er von seinem Vater geerbt hatte, verschwand im Laufe der Zeit. Er verfügte zwar gegen Ende seiner Karriere über eine mehr als doppelt so große Streitkraft, doch war sie mit schlecht ausgebildeten Soldaten aufgebläht. Der Krieg, schon immer ein blutiges Unternehmen, war in der Tat ein tödliches Geschäft geworden. Als Friedrich 1786 starb, lebten nur noch wenige Freunde aus seinen Kadettentagen, die um ihn hätten trauern können.

Der Siebenjährige Krieg, der für Friedrich aufgrund glücklicher Umstände und einer brillanten Taktik mit einem Sieg endete, aus dem er bei der anschließenden Friedenskonferenz zahlreiche Vorteile zog, war für Ostpreußen ein einziges Desaster. Der König, der gleichzeitig gegen Österreich, Frankreich, das Reich und Russland kämpfte, vermochte 1756, als ein russischer Trupp die Memel überquerte und alles verwüstete, seine östlichen Grenzen nicht zu schützen. Königsberg fiel, und die Bürger der Stadt schworen dem russischen Zaren Treue. Das tat wenige Monate später auch Immanuel Kant, als er sich Katharina der Großen unterwarf, die den Thron bestiegen hatte, nachdem sie ihren geisteskranken Ehemann hatte erdrosseln lassen.

Es heißt, Friedrich habe seit dieser Zeit einen Groll gegen seine weit entlegene Provinz Ostpreußen gehegt, die er nach deren Rückgewinnung von Russland nie wieder besuchte. Auch schenkte er so berühmten Intellektuellen wie Kant – der, zweifellos mit dem Segen des Königs, von Berlins Akademikern gerne geschnitten wurde – keinerlei Beachtung.[111] Friedrichs Abneigung gegen fast alles Deutsche ließ nie nach. Die Sprache war ein verachtenswürdiger Mischmasch aus regionalen Dialekten, die die Entstehung einer Nationalliteratur verhinderten. Deutsche Speisen und Getränke waren ungenießbar – bei öffentlichen Anlässen »richtet mein deutscher Koch das Essen an. Aber wenn ich es mir in meinen Privatgemächern bequem mache, habe ich einen französischen Koch, der sein Bestes tut, um meinen Gaumen zu erfreuen, was, wie ich gestehen muss, ihm überaus gut gelingt«.[112] Das Kunstinteresse und die Pflege der Künste hielt er bestenfalls für provinziell und über das Konventionelle hinaus nicht existent. Kulturell betrachtet war Deutschland »eine Wüste«.[113] Er versuchte, Shakespeare zu lesen, war sich jedoch mit Voltaire einig, dass sich die Mühe kaum lohne. Warum die Zeit damit vergeuden, durch »diesen riesigen Misthaufen«[114] zu waten, wenn Molières Werke zu weitaus erhellenderen Einsichten verhalfen?

Wie sein Vater förderte Friedrich die wirtschaftliche Entwicklung seiner Territorien und lud protestantische Flüchtlinge (die für ihre Sparsamkeit und ihren Geschäftssinn bekannt waren) ein, sich in Preußen niederzulassen, gleichgültig, von wem sie verfolgt wurden. Er baute Kanäle, förderte die Landwirtschaft, den Handel und die erwachende Industrie, reformierte das Gerichtswesen und versuchte, die Belastung der Bauern zu mildern. Doch bei all dem ging es ihm nur um eins: die Staatskasse mit Talern zu füllen, um seine militärische Macht zu vergrößern. Merkwürdigerweise landete er jedoch seinen größten Coup, ohne einen Schuss abzufeuern, was bis zu einem gewissen Grad die Prämisse der Hohenzollern bestätigte, dass man, ungeachtet der Kosten, ein Berufsheer haben müsse. »Zögere nicht, dich eines Verbrechens zu bedienen«, schrieb Friedrich einst an seinen Neffen. »Du solltest nie kläglich um etwas bitten.«[115]

*

Wenige Kilometer westlich von Neudeck und Finckenstein bildete die Weichsel die Westgrenze Ostpreußens. Jenseits des Flusses erstreckte sich ein Teil des polnischen Königreichs, das bei der Stadt Danzig endete und für das im 20. Jahrhundert die Bezeichnung »der Korridor« üblich wurde. Dieser unterstand seit 1466 polnischer Herrschaft, was nicht zu übersehen war: Es gab nur wenige nennenswerte Güter und meilenweit unbebautes Land – größtenteils Wildnis oder Sumpfgebiet –, auf dem die geknechtete Klasse der Leibeigenen arbeitete, deren Status sich von dem der Heloten in nichts unterschied. Ihre oft fast ebenso armen Herren gehörten Polens niederem Adel an, der abgesehen von seinem zweifellos weit zurückreichenden Stammbaum wenig aufzuweisen hatte. Diese hochmütigen, zu Allüren neigenden Herren, von denen es so viele gab, dass sie von den Erträgen der kleinen, verarmten Höfe nicht leben konnten, hatten Polen wirkungsvoll daran gehindert, sich zu einer bedeutenden oder modernen Gesellschaft zu entwickeln. Zudem mischten sich die dieses Land umgebenden Mächte (allen voran Russland) regelmäßig in die Ernennung von Königen und sogar Ministern ein. Mit Grenzen, die nicht zu verteidigen waren, war Polen eine leichte Beute für habgierige Nachbarn, die eine fast krankhafte Leidenschaft für Karten, Blutlinien und Bündnisverträge hegten. So äußerte sich Katharina die Große gegenüber Friedrichs Bruder sehr aufschlussreich über die Polen: »Mir scheint, dass man in Polen nichts weiter zu tun braucht, als sich zu bücken und aufzuheben, was immer einem gefällt.«[116]

1772 nutzten die drei östlichen Mächte Russland, Österreich und Preußen eine innere Krise Polens und teilten dreißig Prozent des Landes unter sich auf. Ohne Friedrichs Ansehen und Armee wäre das Fest bescheidener ausgefallen, aber niemandem in Wien oder Moskau war an einem weiteren Krieg mit Preußen gelegen.[117]

Friedrich erhielt zwar das kleinste Gebiet, doch könnte man es ohne weiteres als das Wichtigste bezeichnen. Brandenburg und Ostpreußen waren nun durch einen breiten, rechteckigen, rund 10 000 km großen Streifen Land vereint, der sich von Thorn aus Richtung Norden bis zur Ostseeküste und nach Danzig erstreckte (Thorn und Danzig blieben in polnischer Hand, fielen jedoch einundzwanzig Jahre später bei der Zweiten Polnischen Teilung an Preußen). »Eine solche Vereinigung von

Gebieten lässt sich nur mit dem Fall der Berliner Mauer vergleichen«, sagte mir ein Bekannter aus Deutschland, »und in beiden Fällen handelte es sich um unblutige Ereignisse. Aus verschiedenen Teilen wurde geografisch ein geschlossenes Ganzes gebildet. Ein zweifellos fantastisches Beispiel der Staatskunst, wie kaltblütig man auch vorging. Aber man hätte natürlich voraussehen können, dass die Polen das nie akzeptieren würden. Ihr Handel mit der Außenwelt via Danzig kam zum Beispiel zum Erliegen. Die Polen vergessen nicht so schnell das Unrecht, das ihnen widerfahren ist.«

Wenn man heute in Richtung Westen die Weichsel überquert und an Gütern vorbeifährt, die sich in nichts von denen unterscheiden, die ich gerade in Neudeck und Finckenstein besucht habe, kann man sich kaum vorstellen, dass diese Reise vor 200 Jahren ein enormer Kulturschock war. Friedrich traute seinen Augen nicht, als er dieses Gebiet im darauf folgenden Jahr bereiste. »Diese Provinzen lassen sich mit keinem europäischen Land vergleichen«, schrieb er an Voltaire. »Die einzige Parallele wäre wohl Kanada.« Erbärmlich aussehende, barfüßige Bauern, keine Schulen, keine Polizei, keine Gerichtshöfe und Krankenhäuser, kein Stadtleben und keine Industrie – seine neuen Besitztümer waren in Armut, Unwissenheit und Tyrannei versunken. »Es ist nicht akzeptabel, dass das Land, das Kopernikus hervorbrachte, in einer solchen Barbarei vor sich hinmodert.«[118]

Doch selbst Friedrich erkannte das Potenzial des Landes, das wir heute Westpreußen nennen. Neue Bauernhöfe wurden angesiedelt, neue Städte gegründet und neue Siedler ins Land gebracht, die häufig polnische Arbeiter als billige Arbeitskräfte nutzten. Während der Erntezeit schlossen sich diesen Polen oft Hunderte ihrer Landsleute aus dem Süden an. Die durch die deutsche Verwaltung erheblich verbesserten Lebensbedingungen erleichterten ihnen ihr Los unermesslich gegenüber dem, was sie zu Hause erleiden mussten. Und in den Köpfen der Deutschen setzte sich fest, dass die Polen eine minderwertige, nur für die härtesten Arbeiten geeignete Rasse seien.

Ließ sich diese Vergrößerung des preußischen Herrschaftsgebietes zumindest in gewisser Weise politisch rechtfertigen, so kann man das, was 1795 geschah und als Dritte Teilung Polens bekannt wurde, nur als

Raub bezeichnen, und es wäre gefühllos, das Unrecht, das dort geschah, nicht zuzugeben. Der Hauptinitiator dieser Teilung war das zaristische Russland, das Polens liberale Bestrebungen unterdrückte und einen anfänglich erfolgreichen Nationalaufstand niederschlug.

Rücksichtsvolles Vorgehen war nie eine russische Tugend, und nach einigen kleineren Rückschlägen vernichteten sie die polnischen Truppen und tilgten Polen von der Landkarte Europas. Preußen, ein williger und ebenso habgieriger Partner, erhielt bedeutende Teile der Restterritorien, deren Gesamtfläche weitaus größer war als die Fläche jenes Gebietes, das man sich bei der Ersten Teilung angeeignet hatte. In diesen schrecklichen Tagen der Unterdrückung begann der lange Leidensweg der Polen.

Das wieder aufgebaute Warschau erinnert den Besucher auf Schritt und Tritt an das Unrecht, das diesem unglücklichen Volk über zwei Jahrhunderte lang widerfahren ist – angefangen bei an die Ghettos gemahnenden Gedenkstätten und auf Gehsteigen angebrachten Tafeln, bis zu den Hinrichtungsstätten entlang der mittelalterlichen Mauern, auf die Blumen und Denkmäler hinweisen. Eine bedeutende, 1994 eröffnete Ausstellung im restaurierten Palais Krasiński anlässlich des 200. Jahrestages des von Tadeusz Kościuszko angeführten glücklosen Aufstands führt das Unrecht deutlich vor Augen. Das elegante, mit Barock-Statuen und kunstvollem Stuck geschmückte Foyer der Palaisbibliothek wird von einem riesigen Galgen beherrscht, dessen Schlinge in der Zugluft hin- und herbaumelt. Überall an den Wänden sind Kopien von Todesanzeigen in polnischer Sprache aufgehängt. Das Einzige, was hier fehlt, ist der von der Decke baumelnde Leichnam des Bischofs Ignacy Massalki, den die Russen für seine Rolle beim Aufstand hinrichteten. Der Fluch Polens ist seine geografische Lage, sein Eingeschlossensein zwischen zwei unglaublich arroganten Mächten. Andererseits hat die Maßlosigkeit der Polen stets gefährliche Reaktionen herausgefordert. Selbst heute wird Polen von Angst beherrscht – von der Angst vor einem vereinten Deutschland, der Angst vor einem zerfallenden Russland. Die Polen, die zuerst abgelehnt und dann mit Vorbehalten in die NATO aufgenommen wurden, die von ihrer Geschichte verfolgt werden und noch immer in tiefster Armut leben, fürchten den nächsten Schlag.

*

Friedrich der Große wird in Deutschland immer noch verehrt. Im Unterschied zu Kriegsherren der jüngeren Geschichte, deren Blutbäder hier wie auch im Ausland ein wunder Punkt bleiben, ist der Abstand zu seiner Regentschaft so groß, dass einige seiner vornehmeren Besitztümer – seine Flöte, seine Bibliothek, seine Gemälde, Sanssouci – in gewisser Weise seine selbstsüchtige, blutbefleckte Karriere in einem milderen Licht erscheinen lassen. Deutsche, mit denen ich gesprochen habe, hatten nichts an ihm auszusetzen.

Dass Friedrich Schwung in das politische Geschehen brachte, steht außer Frage. In diesem Sinne war er ein würdiger Nachfahre des Großen Kurfürsten, fähig, über seine eigenen Grenzen hinweg das große Ganze zu betrachten. Und die Schaffung eines vereinten Preußens – die Anbindung Brandenburgs an Ostpreußen – war ein logisches Ziel, das er auf souveräne Weise erreichte, wenn auch zu einem Preis, der sich, wie selbst der König argwöhnte, als zu hoch erweisen könnte.

Friedrichs Triumphe »internationalisierten« das Image Preußens und damit auch das des Königs. Dafür hatte sich der Einsatz gelohnt, mochte er auch noch so groß gewesen sein. Jeder wusste nun, wer Friedrich war, wo Berlin lag und wie couragiert Preußens Armee war. Die Europäer sind sich möglicherweise nicht darüber im Klaren, dass Friedrich ein fast bankrottes Königreich hinterließ und dass seine wahrhaft großen Siege ebenso gut schwerste Niederlagen hätten sein können, doch solcherart sind die Wechselfälle des Lebens. Preußen war auf dem Höhepunkt seiner Macht angelangt. Das erwies sich als Segen wie auch als Fluch.

Friedrich war für die Verhältnisse Preußens mit zu geringen Mitteln zu weit gegangen, doch damit führte er eine 1286 von den Deutschrittern begründete Tradition fort. Damals forderten die Ritter Kämpfe heraus, die ein so armes und relativ kleines Gebiet kaum verkraften konnte. Seit dem 18. Jahrhundert hatten die Auseinandersetzungen jedoch eine andere Dimension angenommen, und dementsprechend war auch das Risiko gestiegen. Militärische Triumphe leisten besonders dann der Vorstellung Vorschub, unbesiegbar zu sein, wenn sie sich häufen. Die Arroganz der Preußen, die viele ihrer Gegner besonders unausstehlich fanden, wurde seit 1780 zu der Eigenschaft, die man nun unauslöschlich mit dem preußischen Charakter verband. Fast fünf Jahrhunderte lang hatten preußische Soldaten anonym in Mittel- und Osteuropa gekämpft, aber Friedrichs brillante militärische Karriere hatte ihr Schattendasein plötzlich beendet. Ostpreußen brachte weiterhin am laufenden Band Offiziere und Soldaten hervor – die häufig sehr engstirnig und provinziell waren, woran auch militärische Lorbeeren wenig änderten –, doch mit einem entscheidenden Unterschied: Die Vorstellung von der eigenen Unbesiegbarkeit hatte sich in den Köpfen der Preußen breit gemacht. Man könnte behaupten, dass sich die Deutschen bei den verheerenden Zweifrontenkriegen, die sie im 20. Jahrhundert führten – Unternehmen, die rückblickend an Wahnsinn zu grenzen scheinen –, oft von der sorglosen Vorgehensweise Friedrichs des Großen inspirieren ließen. Sein strahlender Ruhm sollte viele Generationen preußischer Soldaten blenden und blind in die Gefahr laufen lassen.

8. Kapitel

Preußisch Eylau

1807

Napoleonisches Desaster

Ein Tag blutiger Erinnerungen

Französischer Offizier, Teilnehmer der Schlacht bei Preußisch Eylau[119]

Außer mir stehen noch vier weitere Reisende auf einem Bahnsteig in der alten preußischen Stadt Braunsberg, die nun zu Polen gehört und Braniewo genannt wird. An diesem Ostersonntag warten wir alle auf den Kaliningrad-Express, eine angeblich direkte Verbindung zu Russlands merkwürdigster Region, einer Provinz ohne Identität, ohne Ziel, ohne Zukunft und Nationalität.

Kaliningrad, das frühere Königsberg, beherbergt nur eine Hand voll der Leute, die tatsächlich dort leben möchten. Nur für wenige Deutsche, Polen, Litauer oder andere Ausländer ist es die Heimat. Die Stadt ist ein Außenposten für Russen, die zwangsumgesiedelt wurden, viele von ihnen unter Stalin, der mit dem für die Diktatoren des 20. Jahrhunderts üblichen Größenwahn große Teile der Bevölkerung seines Landes entwurzelte und einfach irgendwo anders hinschickte. Ob er das aus einer Laune heraus oder als Teil eines Plans tat, wagten nur wenige zu hinterfragen. Kaliningrad ist ein Vorposten, der durch Hunderte von Kilometern von Russland getrennt ist und an dem viele wichtige Entwicklungen vorbeigehen, die heute in diesem Land stattfinden. Der Zug, ein alter, vorsintflutlicher Dieseltriebwagen, fährt rumpelnd ein, und wir fünf steigen ein.

Während der Reise, die laut Plan dreieinhalb Stunden dauern soll, fährt der Zug nie schneller als 60 km/h und hält aus unerfindlichen Gründen an mehreren Knotenpunkten zehn bis fünfzehn Minuten. An der russischen Grenze werden Passagiere und Wagen durchsucht. Schwer bewaffnete Soldaten entfernen Deckenplatten und nehmen Sitze auseinander, durchwühlen das Gepäck und verwenden Spiegel, um unter die Wagen zu schauen. Hunde bellen und beschnüffeln Gepäckstücke. Eine Polizistin, die mit einem Schraubenschlüssel bewaffnet ist, mit dem man Toiletten auseinander nimmt, untersucht die Rohre. Dann befiehlt sie mir als Einzigem der Reisenden, den Zug zu verlassen.

Dies ist keine angenehme Erfahrung. Ich muss meine Tasche und meine Kameras an Bord lassen, und die Polizistin nimmt mir meinen Reisepass ab und reicht ihn jemand anderem. Ich folge ihr das mit Schlacke gefüllte Gleisbett entlang zu einer kleinen Hütte, in der mich Beamte, samt und sonders starke Raucher, auf Russisch verhören. Sie fragen nach meiner Brieftasche und zählen peinlich genau die 1000 Dollar ab, die ich in Zehn- und Zwanzigdollarscheinen mit mir führe. Ihre lebhafte Diskussion verrät mir, dass sie beeindruckt sind. Im Kaliningrad-Express sind nur selten Reisende aus dem Westen anzutreffen. Die Frau, die mich aus dem Zug gescheucht hat, ist besonders redselig und unfreundlich. Wenn Blicke töten könnten … Sie bedeutet mir, draußen zu warten. Nach zwanzig Minuten, in denen ich ihrer Unterhaltung lausche, aber kein Wort verstehe, erhalte ich meine Brieftasche zurück und werde zum Zug geleitet. Als wir weiterfahren, schließe ich mich in der Toilette ein und zähle mein Geld. Es fehlt nichts.

Der Zug hat eine Stunde Verspätung. Er hat viereinhalb Stunden gebraucht, um eine Strecke von etwa 70 Kilometern zurückzulegen. Als wir langsam in den Bahnhof einrollen, wirkt die Stadt nicht besonders reizvoll auf mich. Das einzig Bemerkenswerte ist ein hoher Kirchturm in einem Industriekomplex, der sicherlich aus der Zeit der deutschen Herrschaft stammt, als Kaliningrad mit monumentaler Architektur übersät war. Auf seinem Dach wächst einsam ein Baum. Als ich später nach diesem Kirchturm suche, entdecke ich, dass es sich um einen narbigen, heruntergekommenen Wasserturm handelt, der 1945 während der Verteidigung der Stadt als Beobachtungsposten diente und von russischem Artilleriefeuer schwer beschädigt wurde. Wie alles andere in dieser Stadt lässt man ihn verfallen.

Während meines Aufenthalts wohne ich bei der Familie meines Fahrers. Weder er noch seine Frau, noch die beiden Kinder, ein Sohn und eine Tochter im Teenageralter, sprechen Englisch, aber mithilfe der Zeichensprache verständigen wir uns ohne große Schwierigkeiten. Trotz meines Protests müssen die beiden Kinder ihr kleines Schlafzimmer an mich abtreten. Es gibt nur ein WC, vor dem wir jeden Morgen Schlange stehen müssen.

Auf dem winzigen Balkon im fünfzehnten Stock stehen eingetopfte Kräuter, riesige, mit eingelegten Eiern und Schweinsfüßen gefüllte Töpfe und mit Unterwäsche und Socken voll gehängte Wäscheständer. Von hier oben reicht der Blick von der Altstadt, in der nur noch die verfallene Kirche steht, an einer Reihe düsterer Wohnblocks vorbei bis hinunter zum Pregel. Es ist zwar noch früh am Morgen, aber mehrere Gruppen Obdachlose halten sich in der öden Parklandschaft auf, die einst eine Uferpromenade war und leeren Literflaschen billigen Wodkas. Ich beobachte, wie zwei von ihnen handgreiflich werden und torkelnd mit den Fäusten aufeinander losgehen, während die anderen ihnen ausweichen.

Das ganze Panorama macht einen trostlosen Eindruck, ein Reiseziel, das Lyndon Johnson vielleicht im Sinn hatte, als er Leuten meiner Generation riet: »Liebt Amerika oder verlasst es.« Doch mein Fahrer scheint sich in seiner Haut wohl zu fühlen. Wir haben ausgiebig gefrühstückt und uns mit einem Glas Wodka zugeprostet. Seine Tochter, die sich mit einem angenehm riechenden Parfüm eingesprüht hat, ist in die *Vogue* vertieft. Sein Sohn spielt mit Ninja-Schildkröten und seine Frau ist der Inbegriff einer zufriedenen Hausfrau. Abgesehen davon, dass mein Fahrer nur gelegentlich Arbeit hat, wenn er ein paar Ausländer herumkutschiert, wirkt er mit seinem Leben zufrieden.

Bevor wir aufs Land hinausfahren, holen wir am anderen Ende der Stadt meine Dolmetscherin, eine Studentin, ab. Sie ist die Tochter eines Armeeobersten, der seinen Abschied nahm, weil die Bezahlung zu schlecht war. Von seinem Gehalt konnte er sich und seine Frau nicht ernähren, und jetzt versucht er sein Glück als Unternehmer in der freien Marktwirtschaft. »Heißt das, er ist auf dem Schwarzmarkt tätig?«, frage ich.

»Auf keinen Fall! Wenn mein Vater unehrlich wäre, würden wir hier nicht leben.« Sie deutet auf einen weiteren gigantischen Wohnblock. »Ich möchte gerne sehen, wie Ihnen die Augen aus dem Kopf fallen.« Dann wendet sie sich an den Fahrer: »Bringen Sie ihn zu den Mafia-Häusern.« Nachdem wir einige Schlaglöcher umfahren haben, die groß genug sind, um einen Bus zu schlucken, sehen wir mehrere Beispiele unrechtmäßigen Gewinns – unglaublich große, extravagante Villen dicht neben baufälligen Bruchbuden der Hohenzollern, die bessere Zeiten gesehen haben. Interessanterweise sind viele Häuser der Neureichen Kopien alter, deutscher Burgen, die man im architektonischen Fachjargon als »Neudeutsch« oder »Ersatz-Hochmeister« bezeichnen könnte.

»Die sind alle Profitgeier«, sagt meine Dolmetscherin mit vor Wut zitternder Stimme. »Mein Vater arbeitet so viel und so hart, aber er ist Patriot. Diese Leute sind der Abschaum.«

*

Auf unserem Weg zur Universität sehen wir die neue Statue Kants, die anstelle der ursprünglichen, 1945 von der Roten Armee zerstörten, errichtet wurde. Kant wurde 1724 hier in Königsberg geboren und hat in seinem 80-jährigen Leben wohl so gut wie nie die Stadt verlassen, ein sehr ungewöhnlicher Umstand, wenn man die Tiefe seiner philosophischen Forschungen bedenkt, die zuweilen die Grenzen des Seins zu transzendieren schienen. Sein berühmter Wahlspruch »Der bestirnte Himmel über mir und das moralische Gesetz in mir«[120] fasst, wenn das überhaupt möglich ist, in wenigen Worten das Dilemma zusammen, das Kant zu lösen suchte, diese unaufhörliche Spannung, die wir Menschen ertragen, um die Welt um uns herum zu verstehen. Vertrauen wir unseren Sinnen – dem, was wir sehen und hören – oder verlassen wir uns bei unserem Denken auf unseren gesunden Menschenverstand und unsere Rationalität? Eine leicht zu stellende, aber ungeheuer schwer zu beantwortende Frage. Wie, zum Beispiel, passt Gott in das Ganze?

Die Gelehrten sind sprachlos, dass ein Königsberg des 18. Jahrhunderts Immanuel Kant hervorbringen konnte. Kulturell betrachtet war die Stadt ein Hinterland, ihre Universität »kaum mehr als eine bessere Oberschule«[121], in deren Korridoren Kant Studenten suchte, die seine Vorlesungen besuchten (und bezahlten). Erst mit 46 Jahren erhielt Kant dort eine Professur und brauchte endlich seinen Lebensunterhalt nicht länger damit zu verdienen, die Kinder von Geistlichen und Junkern zu unterrichten. Während des nächsten Jahrzehnts erschien nichts, aber zwischen 1781 und 1796 erschien beinahe jedes Jahr eine größere philosophische Abhandlung oder überarbeitete Ausgabe. Das erste Werk dieser Schaffensperiode war seine *Kritik der reinen Vernunft*, eines der einflussreichsten Werke, die je geschrieben wurden.

»Die Geschichte der Philosophie«, sagt Leonard Kalinnikov von der Kaliningrader Universität, »lässt sich in zwei Zeitabschnitte gliedern, einen vorkantianischen und einen nachkantianischen. Kant war ein Gigant, der beide Epochen beherrschte, ein Plato der Vergangenheit und ein Kolumbus der Zukunft, denn wie dieser drang er in Gebiete vor, von denen niemand ahnte, dass sie existierten. Er war eine wirklich einzigartige Persönlichkeit, so voller neuer Ideen, so außergewöhnlich, dass seine eigenen Studenten wie auch seine Kollegen nur andeutungsweise verstanden, wovon er sprach. 1804, seinem Todesjahr, waren schon mehrere tausend Analysen beziehungsweise Interpretationen seiner Philosophie in Druck. Als der jüdische Philosoph Mendelssohn die intellektuellen Scherben betrachtete, die Kant hinterlassen hatte, bezeichnete er ihn als ›Kant den Alleszertrümmerer‹.[122] In vieler Hinsicht herrschte totale Verwirrung. Ich glaube nicht, dass Kant Gott ersetzen wollte, aber er kam dem sehr nahe. Sein Gottesbild, das des distanzierten, isolierten Wesens, ist gewiss sehr modern und weit von dem entfernt, was wir in der Bibel lesen. Das brachte ihn bei den preußischen Behörden in Schwierigkeiten.«

Gemeinsam mit Professor Kalinnikov sehe ich mir in der Universität einige der kantischen Memorabilien an. »Von der *Kritik der reinen Vernunft* gab es acht Editionen; davon haben wir drei. Sie müssen wissen, dass wir Russen an Kant äußerst interessiert sind. Wir waren die Ersten, die seine Werke aus dem Deutschen und Lateinischen übersetzt haben, und zwar im 19. Jahrhundert. Und die Franzosen dachten, Voltaire sei klug! Aber mit dem Kommunismus schwand unser ursprünglicher Ehrgeiz ihn zu studieren. Ich bin zum Beispiel der erste und einzige Kant-Forscher hier an dieser Universität, aber wir haben nicht einmal einen Kant-Lehrstuhl. 1974 haben wir versucht, eine Jubiläumsveranstaltung zu organisieren. Es war der 250. Jahrestag seiner Geburt und die UNESCO hatte dieses Jahr zum ›Kant-Jahr‹ erklärt. Der alte Rektor war ein Stalinist erster Ordnung und sagte, Kant sei streng verboten, nichts Deutsches sei erlaubt. Nun, Moskau intervenierte, und wir hatten unsere Konferenz, und jedes Jahr machen wir winzige Fortschritte. Eines Tages werden wir hier ein internationales Kant-Institut haben, sodass Forscher hierher kommen können und ein besonderes, nur für Kantstudien vorgesehenes Gebäude vorfinden werden, in dem man Kants Luft atmen kann.«

»Ich nehme an, die alte Universität wurde im Krieg zerstört?«

»Ja, vollständig. Es ist ein Wunder, dass der Dom und sein Grab noch erhalten sind. Alles brannte, alles wurde zerstört, und doch blieb Kants Grab wie durch ein Wunder verschont. Das war, glaube ich, für die Kantianer eine Lektion. Obwohl uns unsere Sinne und unser Verstand auf völlige Verwüstung schließen ließen, blieb dennoch etwas Schönes erhalten. Die Leute finden Kant zu trocken und akademisch, ohne Lebenskraft, doch das Schicksal seines Grabes ist geheimnisvoll.«

»Glauben Sie, dass Kant heute noch eine Bedeutung hat?«

»Keine Frage, ja. Wie ein berühmter deutscher Professor sagte: ›Zu Kant zurückzugehen, bedeutet, vorwärts zu gehen.‹ Lassen Sie mich drei Beispiele aus der Tagespolitik herausgreifen. Der Marxismus betrachtet die Gemeinschaft als den Hauptzweck der menschlichen Existenz; mit anderen Worten, man engagiert sich für die Ziele der Gesellschaft, um das Ziel des Staates zu fördern. Kant sagte genau das Gegenteil, dass nämlich der Mensch seine eigene Rolle und sein eigenes Schicksal in der moralischen Ordnung der Dinge finden muss, die jenseits dessen liegen, worin der Staat sich einmischen sollte. Das passt gut auf die Zeit, in der wir leben.

Zweitens transzendiert Kants Vorstellung von absoluten Moralgesetzen die engen, ethnischen und nationalistischen Grenzen, die Regierungen oder Denkrichtungen wie der Kommunismus uns aufoktroyieren. Kant glaubte, dass Grenzen den Menschen nicht daran hindern könnten, ohne Einschränkung dort zu leben, wo er möchte, sowohl im physischen als auch im geistigen Sinne. Diese Idee ist modern und für uns zu einem Zeitpunkt, wo sich die russische Gesellschaft zu öffnen beginnt, sehr wichtig.

Und drittens sagte Kant – oder implizierte Kant, wie ich besser sagen sollte –, dass wir, wenn wir den Frieden sichern wollen, indem wir auf Armeen und Waffen zurückgreifen, einen dauerhaften Frieden garantieren, und zwar unter der Erde, alle zusammen auf dem Friedhof. Sicherheit kann nur durch Übereinkünfte erzielt werden, durch die Unterzeichnung von Verträgen wie in den Vereinten Nationen. Diese Idee ist verwandt mit Kants Vorstellung von der menschlichen Natur, der Bandbreite menschlichen Potenzials. Ich will zeigen, dass Kants Ideen nicht veraltet sind, dass sie über das 18. Jahrhundert hinaus eine Bedeutung haben. Kant ist es gelungen, das Ethos unserer Zeit zu durchdringen. Seine Ideen sind universell.«

*

Wir fahren Richtung Preußisch Eylau an der polnischen Grenze, aber auf dem Weg aus der Stadt zeigt man mir zunächst ein umstrittenes Autobahnprojekt, das Kaliningrad mit Berlin verbinden soll. Die Russen haben bereits mit diesem Unternehmen begonnen, die Polen aus offensichtlich historischen Gründen jedoch nicht. »Warum sollten wir eine Straße bauen, die die Deutschen dann bei ihrer nächsten Invasion benutzen?«, meinte ein Student in Warschau. Wie die Sache aussieht, wird das ehrgeizige Projekt (ehrgeizig aus osteuropäischer Sicht) nie beendet werden. Ein paar Kilometer sind bereits befahrbar, und über den Pregel führt eine neue Brücke, die direkt neben ihrer im Zweiten Weltkrieg gesprengten Vorgängerin errichtet wurde. Doch ansonsten kann hier von einer Bautätigkeit nicht die Rede sein. An der Baustelle stehen ein einziger Schaufelbagger und ein Lastwagen, aber nirgendwo sind Bauarbeiter zu sehen. Mein Fahrer zuckt die Schultern, und schon bald ruckeln wir über die schlecht instand gehaltene Hauptverbindungsstrecke in Richtung Süden zur Grenze. Gelegentlich halten wir an, um die eine oder andere noch erhaltene Sehenswürdigkeit zu besichtigen.

In Nordenburg ist noch eine verfallene Kirche zu sehen. Im Altarraum, in dem es von Krähen wimmelt, finden wir inmitten von Kuhmist, zerbrochenen Flaschen und Haufen teilweise verbrannten Mülls, der aus Wohn- und Bauernhäusern stammt, eine einzige, in die Wand eingelassene Erinnerungstafel aus dem frühen 17. Jahrhundert. Meine Dolmetscherin, die ich auf dieses bemerkenswerte Relikt aufmerksam mache, zeigt hierfür nicht das geringste Interesse. »Das gehört der Vergangenheit an«, sagt sie. »Es hat für niemanden mehr einen Wert. Die Wandalen sollen ruhig beenden, was sie begonnen haben. In einem Jahr wird dieser Stein völlig kaputt sein und kein Hahn mehr danach krähen.« Sichtlich gelangweilt geht sie zum Wagen zurück, um dort auf mich zu warten.

Als ich wenige Minuten später aus der Kirche komme, spielt sich vor meinen Augen eine Szene ab, die einem der Stummfilme Charlie Chaplins entstammen könnte. Ein alter, klappriger Lieferwagen schlingert von einer Straßenseite auf die andere, streift einen Telegrafenmast, und unzählige Kabel verheddern sich in der Stoßstange und den vorsintflutlichen Scheinwerfern. Wie ein Fisch, der von einem Köder angelockt wird, schlittert er noch ein paar Hundert Meter weiter; man hört das Klirren der aus den Verankerungen reißenden Kabel. Sie zischen und sprühen Funken, sobald sie mit dem Boden oder metallischen Gegenständen in Kontakt kommen. Ich entferne mich etwas von der Szenerie, habe Angst, dass ich einen Stromschlag bekomme. Doch andere gehen ruhig weiter. Der betrunkene Fahrer, der dieses Chaos verursacht hat, torkelt aus dem von Kabeln umwickelten Führerhaus und erreicht wie durch ein Wunder, in einem Totentanz von Tangoschritten und Pirouetten, den Bürgersteig. Mein Fahrer sagt, dass es ein Jahr dauern wird, bis dieses Dorf wieder mit Strom versorgt ist. »Reparaturen dauern«, erklärt er, »und hier lebt niemand Wichtiges, der auf eine schnelle Instandsetzung dringen könnte.« Schließlich erreichen wir Preußisch Eylau, halten bei den zerfallenen Stallungen eines alten Zisterzienserklosters und essen ein belegtes Brot. »Sie sind noch in Gebrauch«, sagt meine Dolmetscherin. Darauf wäre ich nie gekommen.

Wir sind hierher gefahren, weil ich unbedingt das Schlachtfeld bei Preußisch Eylau sehen wollte. Aus vielerlei Gründen hat mich dieses schreckliche Gefecht, das hier im Winter 1807 stattfand, schon immer gefesselt. Vielleicht liegt es an Antoine Gros' berühmtem Gemälde, das jetzt im Louvre hängt und Kaiser Napoleon zeigt, der, mit einem silberfarbenen, pelzbesetzten Mantel bekleidet, fröstelnd über ein mit Leichen übersätes Feld reitet. Sein Gesicht ist gespenstisch fahl, und der Kaiser strahlt trotz seines Sieges keine Zufriedenheit aus. Vielleicht ist dieses Interesse aber auch ganz einfach meinem Eigensinn zuzuschreiben, einen Feldzug erforschen zu wollen, über den die meisten Leute kaum etwas wissen. »Wer erinnert sich schon an Eylau?«, gab selbst ein französischer Historiker zu.[123] Tatsächlich ist die Antwort sehr einfach. Eylau sollte als Omen für das betrachtet werden, was den Kaiser fünf Jahre später erwartete, als er die vielen Historikern zufolge ehrgeizigste Militärexpedition aller Zeiten unternahm, die Invasion Russlands. Wenn Napoleon, der vielleicht kein besonders nachdenklicher, aber dennoch sehr konzentrationsfähiger Mensch war, auch nur fünf Minuten inne gehalten und sich die Geschehnisse des 7. Januar 1807 vergegenwärtigt hätte, hätte er das russische Abenteuer, das letztlich seinen Sturz beschleunigte, möglicherweise nicht gewagt. Er hätte gesehen, wie sich die blutige Zukunft auf dem frisch gefallenen Schnee Ostpreußens abzeichnete.

*

Es ist natürlich Russland, das diesem Terrain Dramatik verleiht; ob wir hier von der Geschichte Preußens oder der Geschichte Napoleons sprechen, macht dabei kaum einen Unterschied. Der russische Staat war damals zwar primitiv, schlecht organisiert und verglichen mit dem Europa Londons, Paris' und Wiens noch bedeutungslos, tauchte aber dennoch allmählich aus seiner rückständigen Vergangenheit auf. Die unermessliche Weite der Landschaft, Russlands Schwerfälligkeit, die riesige Bevölkerung und die unendlichen Ressourcen waren in Größenordnungen zu messen, die man sich im Westen noch gar nicht vorstellen konnte. Wie in den Jahrhunderten zuvor die Deutschritter, die Litauer und die Polen dachten sich relativ kleine Länder wie Schweden nichts dabei, Russland den Krieg zu erklären – eine Kühnheit, die wir, mit unserer durch den Kalten Krieg geprägten Wahrnehmung Russlands als Koloss, für schieren Wahnsinn halten müssen. In der Frühzeit und im Mittelalter waren die Zaren, die Höfe und die Bojaren nicht mächtig genug, um Nutzen aus der Größe Russlands zu ziehen, doch das napoleonische Zeitalter sorgte für neue Maßstäbe. Russland war und blieb schwerfällig und reagierte nur langsam auf militärische und wirtschaftliche Herausforderungen; wenn es allerdings seine Macht zeigte, dann fand es bei seinen Gegnern Beachtung. Napoleon könnte man es vielleicht verzeihen, dass er dies nicht rechtzeitig erkannte. Ob Hitler die gleiche Entschuldigung hatte, ist eher zu bezweifeln.

Russland trug die Hauptlast des Feldzugs, den Napoleon 1807 unternahm, denn außer England, das hier an den Ostgrenzen kaum zählte, war es die einzige Macht, die Napoleons Truppen noch auf dem Schlachtfeld gegenüberstand. Preußen, das mächtige Preußen Friedrichs des Großen, hatte sich 1806 in der katastrophalen Doppelschlacht bei Jena und Auerstedt, der die (meist kampflose) Übergabe wichtiger Festungen mit vollen Waffen- und Munitionslagern folgte, quasi in nichts aufgelöst. Dieses Debakel versetzte das europäische Publikum, das seit Jahren mit der Vorstellung gelebt hatte, Preußen sei unbesiegbar, in Erstaunen. Selbst Napoleon konnte es kaum glauben. So bemerkte die Königin von Preußen: »Wir haben im Schatten Friedrichs des Großen geruht« – eine Aussage, deren Wahrheitsgehalt sich wohl kaum bestreiten ließ, als die französischen Truppen in Berlin einmarschierten.[124] Napoleon, der Parvenü, und seine Generäle alberten in der Krypta unter Potsdams Garnisonkirche an Friedrichs Grab herum, dessen Schlichtheit die auf Pomp bedachten Franzosen erstaunte. Napoleon nahm sich mehrere Souvenirs mit. Er soll bei der Gelegenheit

Friedrichs mit Edelsteinen besetztes Schwert aus der Scheide genommen und durch die Luft geschwenkt haben.

Stagnation war kein auf Preußen beschränktes Phänomen. Was Preußen wie dem monarchischen Europa im Allgemeinen zum Verhängnis wurde, waren die aufrührerischen Ereignisse im revolutionären Frankreich, die sich über dessen Grenzen hin ausbreiteten, die bizarr und fremd, um nicht zu sagen gefährlich waren. Den Großbrand schürten die französischen Bajonette einer revolutionären Armee, die 1794 die erstaunlich hohe Zahl von einer Million Mitglieder zählte, alle auf Abenteuer in der Fremde erpicht, ganz gleich für welche Sache oder für wen sie kämpften. »Die Franzosen brauchen einen Fürsten, der aktiv, unternehmungslustig und wagemutig ist, und ihnen, was am Wichtigsten ist, die Gelegenheit gibt, andere Länder zu plündern«, sagte Napoleon, der es in seiner dreiundzwanzigjährigen Militärkarriere schaffte, von Spanien bis Moskau und von Ägypten bis zu den Ebenen von Eylau im Norden Preußens rund sechzig Schlachten zu schlagen.[125]

Napoleons Wandlung vom korsischen Abenteurer zum selbst ernannten Kaiser von Frankreich gehört zu den wenigen Ereignissen der menschlichen Geschichte, über die auch ansonsten weniger gebildete Leute eine Menge wissen, etwas für dieses Zeitalter der allgemeinen Ignoranz eher Ungewöhnliches. Über diesen einzigartigen Menschen wurden wahrscheinlich – mit Ausnahme von Jesus – mehr Bücher, Artikel, Stücke, Analysen, Sketche und Dramen geschrieben als über jeden anderen. Das liegt zweifellos zum Teil an seiner unglaublich facettenreichen, sprunghaften Persönlichkeit.

Selbst die Franzosen hörten nie auf, an seiner Aufrichtigkeit zu zweifeln. Ging es ihm wirklich um die Französische Revolution oder nur um seinen persönlichen Vorteil? War seine Liebe zu Frankreich größer als seine Eigenliebe? Schätzte er seine Soldaten oder waren sie nichts weiter als das benötigte Kanonenfutter? War er von einer Mission geleitet – der Regeneration Europas – oder war er im Grunde nur ein weiterer Wallenstein, ein skrupelloser Freibeuter wie so viele andere, die durch Europa marschiert sind? War er ein militärisches Genie oder war nur das Glück auf seiner Seite? Wenn schon in Frankreich Unsicherheit herrschte, wie sah es dann im übrigen Europa aus?

Über eine Facette seiner Persönlichkeit waren sich alle einig. »Boney«, wie Wellington abschätzig schrieb, »ist kein Gentleman.«[126] Ob Gentleman oder nicht, 1807 war Napoleon zweifellos auf dem Gipfel seiner Staatskunst; mit enormem Geschick verstand er es, Aufruhr und soziale Unruhen in eine ihm zur Verfügung stehende Kraft zu verwandeln, die ihn an die Spitze der Macht innerhalb eines sich wandelnden Frankreichs brachte. Dass Napoleon – wie für jemanden, der durch einen Staatsstreich an die Macht gelangt, nicht anders zu erwarten – als General siegreich war, war für seinen Aufstieg von großer Bedeutung. Doch hatte er darüber hinaus mehrere einzigartige Eigenschaften, die ihn aus der Masse der starken Männer heraushoben. Napoleon war nicht nur mutig, diszipliniert, redegewandt und ein Meister der großen Geste. Er verfügte über Weitsicht und war, wenn nötig, selbstlos, aber vor allem war er ein Mensch, der trotz aller Widersprüchlichkeiten seines Charakters und seines Verhaltens alle Gesellschaftsschichten ansprach. Keine andere Geste war ihm angemessener als seine Krönung 1804, nur wenige Jahre, nachdem jedem mit einem Titel oder einem Tropfen königlichen Bluts die Guillotine gedroht hatte. Er war der gemeine Mann, der sich eine Krone aufsetzte, aber auch eine Majestät, die all des albernen Pomps würdig war, für den er früher nur Spott übrig hatte. Wäre seine Anziehungskraft nicht so groß gewesen, hätte er Notre-Dame nie mit einer so prunkvollen und gleichzeitig nichts sagenden Vorstellung besudeln können. Europa sei eine Hure, hatte er kundgetan.[127] In diesem Fall war Notre-Dame wohl ein Bordell, eine Ansicht, die an jenem glücklichen Nachmittag des Jahres 1804 jedoch niemand zu teilen schien.

Napoleon war zwar kein besonders innovativer Stratege oder Befehlshaber, doch war er hinsichtlich seines Einschätzungsvermögens und seiner Fähigkeit, schnelle Entscheidungen zu treffen, seinen Zeitgenossen überlegen. Er wurde zwar häufig ausmanövriert, verstand es jedoch meisterlich, einer aussichtslos erscheinenden Situation eine glückliche Wende zu geben. Seine Wendigkeit wurde vielen seiner Gegner, ungeachtet ihrer überlegenen Position oder ihres sorgfältigen Schlachtplans, zum Verhängnis. Napoleons größte Waffe war häufig die geistige Unbeweglichkeit seiner Gegner. Seine Anpassungsfähigkeit war überragend.

Im Gegensatz dazu war die preußische Armee eine dem Untergang geweihte Maschinerie, die nur auf den Schlag wartete, der sie zerstören würde. Frankreichs tatkräftige Armeen bestanden nun aus freien Menschen, die vor dem Hintergrund der Idee von Freiheit, Gleichheit und Brüderlichkeit vor Energie sprühten. Die preußische Armee aber war nach wie vor eine »Strafanstalt«, deren bekanntermaßen perfekte Manöver sich strenger Disziplin und absolutem Gehorsam verdankten.[128] Diese Perfektion wurde jedoch mit den primitivsten Methoden erzielt – dem Knüppel, der Rute, dem Offiziersstock, dem Spießrutenlaufen. Die Rekruten wurden regelmäßig geschlagen und brutal behandelt. Selbstständiges Denken galt als verdammungswürdig. Das Kommando führten zu viele Aristokraten und Junkersöhne, deren Geringschätzung des gemeinen Mannes legendär war.

Doch wie schon öfter der Fall, änderte sich die Art der Kriegführung. Die berühmten Täuschungsmanöver Friedrichs des Großen waren einem Gegner, der Entschlossenheit forderte und unabhängig vom Terrain den Kampf eröffnete, nicht mehr angemessen. »Ihr greift an«, wie Napoleon sagte, »und dann wartet ihr ab und seht, was passiert.«[129] Auch konnte sich der Befehlshaber nicht länger auf eine überschaubare Front konzentrieren und hoffen, das Kriegsgeschehen lenken zu können, indem er seine beiden Flügel im Blick hatte. Wollte man die Kriegskunst erlernen, konnte man die alten Schlachten Caesars und Hannibals studieren, um zu sehen, ob sich Taktiken der Vergangenheit auf die jetzigen Umstände anwenden ließen. Damit jedoch ein klassischer Umfassungsangriff wie bei Cannae gelang, war jetzt ein Kriegsschauplatz nötig, der die Schlachtfelder der Antike klein erscheinen ließ. Die typischen Schlachtfelder der napoleonischen Ära konnten durchaus 100 Kilometer lang und in den Kampf bis zu 200 000 Mann verwickelt sein, Zahlen, die Friedrich den Großen erschüttert (oder, wie ihm durchaus zuzutrauen, vielleicht auch begeistert) hätten. 1814 erstreckte sich Napoleons »Linie« über Kontinentaleuropa in der Luftlinie von Hamburg bis zu den Ausläufern des Böhmerwalds, das heißt vom Meer bis zu den Bergen, wo keine Flanke eine Schwenkbewegung machen konnte. Von den Hohenzollernkönigen und ihren Generälen waren nun Einfallsreichtum und räumliche Vorstellungskraft gefordert, doch davon gab es wenig.

Die Nachfolger Friedrichs des Großen waren wahrlich keine Genies. Friedrichs unmittelbarer Erbe (ein Neffe, denn Friedrich hatte, als er starb, seit 1740, sage und schreibe sechsundvierzig Jahren, das Bett nicht mehr mit seiner Gattin geteilt) fühlte sich von der militärischen Verantwortung so überfordert, dass er sie seinen Generälen, Beratern und Mätressen überließ, ja jedem, dem er meinte, vertrauen zu können. Das führte natürlich zu Intrigen, Eifersucht und Positionskämpfen unter den Aristokraten und letztlich zur Vernachlässigung der strategischen Analyse. Selbstverständlich marschierte die Armee und führte mit der üblichen Präzision ihre Manöver durch. Doch bei Jena sollten die Starrheit des Denkens und der Konservatismus des Offizierkorps jegliche Chance Preußens auf einen möglichen Sieg vereiteln.

Wie im Jahr zuvor in Austerlitz ging Napoleon auch 1806 aus der Schlacht bei Jena als der überragende Sieger hervor. Bei Austerlitz hatte er Österreichs Bereitschaft, den Krieg mit Frankreich fortzusetzen, zerstört; bei Jena vernichtete er fast die gesamte preußische Armee.

Es war eine Schlacht, die Preußen hätte vermeiden können. Doch von dem Gedanken besessen, die Gebiete, die ursprünglich zu Polen gehörten, zu vereinnahmen, trat es zu spät der Koalition bei, die Napoleon am Rhein gegenüberstand. Preußen tappte von einer unheilvollen politischen Entscheidung in die andere, wurde von einem durchtriebenen Kaiser diplomatisch überlistet und befand sich plötzlich in einer Situation, in der sich kein Land wieder finden möchte – es stand allein da und war in der Klemme. Ein zaudernder König und eine willenstarke Königin – keine glückliche Kombination – sahen sich umgeben von sich befehdenden, aber kriegslustigen, zum Kampf entschlossenen Soldaten. Napoleon verachtete das königliche Gebaren. »König und Königin sind in Erfurt. Wenn sie eine Schlacht haben will, dies schaurige Vergnügen kann sie haben. Ich fühle mich großartig«, schrieb er an Josephine in Paris.[130] Die Zahl derer, die am 14. Oktober bei Jena fielen oder gefangen genommen wurden, belief sich auf 27 000. Zudem fielen Napoleon rund 100 Geschütze und unzählige Fahnen zu. Von der preußischen

Disziplin, die stets vorbildlich war, solange man sich auf dem Vormarsch befand, war nicht mehr viel übrig, als das Debakel offensichtlich wurde. Dieser Umstand beschleunigte eine der schmachvollsten Niederlagen der deutschen Geschichte.[131] Die Hohenzollern flohen nach Königsberg, während Napoleon in Berlin am Schreibtisch der Königin saß und ihre Post las.

Deutsche Autoren betrachten die napoleonische Katastrophe gewöhnlich als die unvermeidliche Feuerprobe, die jeder Reinigung vorausgeht. Mit anderen Worten, sie weigern sich, eine Niederlage als endgültig oder unwiderruflich zu akzeptieren. Friedrich der Große hatte Preußen zweifellos zu unsagbar hohem Ansehen verholfen. Doch die Führung der Armee ausschließlich dem Adel zu überlassen, wie dieser überragende Befehlshaber es seinerzeit getan hatte, war für die napoleonische Ära, die der Kompetenz Vorrang vor der Blutlinie einräumte, nicht mehr zeitgemäß. Viele Generäle in der französischen Armee waren vor der Revolution Metzger, Lebensmittelhändler und sogar Bauern gewesen, und gleichgültig, wie geckenhaft sie mit ihrem Federbusch und der Kokarde wirken mochten, ihr Elan und ihr Geschick waren nicht zu übersehen.

Unter der Demütigung, die Preußen 1806 hinnehmen musste, litten wohl am meisten die Berufssoldaten, häufig auch Angehörige niederer Stände oder des niederen Adels. Aktionen ihrer zwar vornehmen, aber ungeschickten Befehlshaber hatten sie in Verruf gebracht und ihre Ehre besudelt. Angesichts der verheerenden Niederlage, ganz zu schweigen des Blutzolls, gab es in den Reihen der verärgerten Militärs erste Anzeichen für einen Reformgeist. Die Offiziere, oft einsame Menschen, wurden von vielen als Parvenüs verachtet, von den meisten gering geschätzt und vom Königshof ignoriert. In erster Linie blieben sie aufgrund ihrer Berufung und wegen ihrer Mit-›Verschwörer‹ bei der Stange. Zunächst machten sie nur einen kleinen Prozentsatz des preußischen Offizierskorps aus, doch die Ideen, für die sie eintraten, formten schließlich eine deutsche Armee, die nur ein Jahrhundert später die Welt wieder das Fürchten lehrte.

Der Prophet war Gerhard Johann Scharnhorst, von Geburt Hannoveraner, dessen Familienangehörige und Verwandte Bauern, Müller und Fischhändler waren. Seine militärische Ausbildung begann er, wie kaum anders zu erwarten, in der Artillerie. Zeitgenössischen Berichten zufolge war er keine besonders flotte Erscheinung, und seine literarischen Neigungen verschafften ihm nicht gerade die Aura eines Helden. Wie damals üblich, suchte und fand er Beschäftigung in mehreren der verschiedenen Armeen, die gegen Frankreich kämpften, vorzugsweise dort, wo man den höchsten Sold zahlte. Berücksichtigt man die Zeit, in der er lebte, und seinen Beruf, beides dem Streben nach Gelehrsamkeit nicht unbedingt zuträglich, so muss man Scharnhorst als Intellektuellen betrachten. Er verdiente sich seinen Lebensunterhalt durch das Schreiben, gründete eine Militärzeitschrift und verfasste Aufsätze, in denen er aktuelle militärische Probleme darstellte und kritisch diskutierte. 1801 trat er in die preußische Armee ein, war beim Desaster von Jena und Auerstedt dabei und blieb in den Rückzugswirren, voller »Verdruss über den Anblick kopfloser und kleinmütiger Generale«[132], bei der Nachhut von Feldmarschall Gebhard Blücher, dem späteren Helden von Waterloo, zurück.

Blücher wurde nachsichtig als Mensch »mit einem hitzigen, lebhaften Naturell«[133] beschrieben, was im Klartext heißt, dass er ungebildet und rüpelhaft war und nicht nur auf dem Schlachtfeld zu Maßlosigkeit neigte. Niemand zweifelte an seiner Tapferkeit – mit dreiundsiebzig fand man ihn immer noch mitten im Kampfgeschehen, zum Beispiel in Belgien, wo er fast von einer Schwadron französischer Kürassiere zu Tode getrampelt wurde –, aber nur wenige fühlten sich bemüßigt, des Marschalls Intelligenz zu preisen.

Während des erbärmlichen, einen Monat dauernden Rückzugs vor den Franzosen im Jahr 1806 tat sich jedoch allein Blücher hervor. Damals verließ er sich zunehmend auf Scharnhorst, der ständig an seiner Seite zu sein schien. In dieser seltsamen Freundschaft könnten die Ursprünge des deutschen Generalstabs liegen.

Friedrich der Große bedurfte keiner rechten Hand. Er betrachtete das Schlachtfeld und gab seine Befehle, und seine Offiziere hatten nur eine Aufgabe – diese Befehle auszuführen. Im 19. Jahrhundert waren die Schlachtfelder aber so riesig, die Heere so groß und die Feinde so zahlreich, dass es einem Einzelnen nicht möglich war, alles zu überblicken.

Die großen Feldherren verließen sich mehr und mehr auf den Rat ihrer Generäle. Die Organisation, die Logistik, der Nachschub und die Artillerie wurden (neben anderen) zu Spezialgebieten, denen sich Experten widmeten, die in ihrem Bereich über ein Wissen verfügten, das sich ein einzelner Oberbefehlshaber ohne ihre Hilfe nicht hätte aneignen können. Blücher war ein Mann der Tat, aber Scharnhorst, der Theoretiker, konnte Regie führen und Ratschläge geben, die Gegebenheiten des Terrains analysieren und auf taktische Feinheiten oder Strategien hinweisen, die einem Bullen wie Blücher möglicherweise entgingen. Blücher erkannte dies und war Scharnhorst dafür dankbar. Eine solche Freundschaft kann jedoch schwierig sein. Wer würde das Lob für einen Sieg einheimsen, wer für eine Niederlage verantwortlich gemacht werden? Der, dessen Idee es gewesen war, oder derjenige, der den Befehl gegeben hatte?

Scharnhorst war ein Musterbeispiel dessen, was bald als preußisches Ideal gelten sollte: der Anonymität. Im 20. Jahrhundert geriet diese jedoch in Verruf. Nach den beiden Weltkriegen hatte man das dringende Bedürfnis, die oft namenlosen Angehörigen der Offizierskorps zu kriminalisieren, die sich hinter den Kulissen damit abplagten, Eintragungen in Karten vorzunehmen, Zeitpläne zu aktualisieren, sich um Waffen- und Brennstoffdepots zu kümmern, Truppenbewegungen zu planen und Strategien zu entwickeln. 1946 wurde in Nürnberg gegen den gesamten Generalstab wegen Kriegsverbrechen Anklage erhoben. Doch nach 1806 galt Selbstlosigkeit als höchste Tugend der Stabsoffiziere.[134] Scharnhorst hätte 1813 während des Koalitionskrieges gegen Napoleon den Oberbefehl über die preußischen Truppen haben können, überließ ihn aber Blücher, dem er als Stabschef diente.

Im Verlauf der Zeit entstand ein von den Feldmarschällen unabhängiger Generalstab, der Befehle gab, denen die Generäle in der Schlacht gehorchen mussten. Im Zweiten Weltkrieg zum Beispiel, in dem die deutschen Truppen Hunderte von Kilometern von zu Hause entfernt an mehreren Fronten kämpften, war eine Zentrale, die Direktiven gab und für den Nachschub sorgte, unabdinglich. Inzwischen war der Generalstab natürlich zu einer Zufluchtsstätte für die Elite geworden. Man braucht nicht viel Fantasie, um sich ihre Empörung darüber vorzustellen, von einem Amateur wie Hitler, einem ehemaligen Gefreiten, geführt zu werden.

Blücher und Scharnhorst lösten im November 1806 bei Ratkau ihre Heeresgruppen oder das, was von ihnen noch übrig geblieben war, auf. Zu diesem Zeitpunkt war Napoleon mit der ›Grande Armée‹ bis nach Warschau vorgedrungen, hatte die Preußen um ihre Beute erleichtert und die Hoffnung leidenschaftlicher Nationalisten geschürt, dass ihr Reich wieder hergestellt werden könne. Napoleon deutete eine solche Wiederherstellung an, forderte jedoch als Zeichen des Engagements Rekruten. Keine Nationalität unterstützte den Kaiser mit größerem Feuereifer als die Polen, die sich wieder einmal einer verlorenen Sache verschrieben.[135]

Scharnhorst wurde schließlich gegen Claude Victor, einen der von Napoleon gefangen genommenen Generäle und ehemaligen Trommler in der Revolutionsarmee, ausgetauscht. Preußen war jetzt praktisch nicht mehr am Krieg beteiligt. Auf dem Schlachtfeld waren nur noch die Russen verblieben. Am 23. Dezember verließen große Teile der französischen Truppen unter Führung Napoleons Warschau und machten sich in Richtung Ostpreußen auf.

Für die französischen Infanteristen war es der entmutigendste Marsch, den sie je erlebt hatten. In Polen gab es keine Straßen, ja nicht einmal Fuhrwege; der Boden war nach abwechselndem Frost- und Tauwetter ein einziger Morast. Beobachtern zufolge glich der Vormarsch der Armee einem riesigen Raupenfahrzeug, das Hauptkorps ein langer, schwarzer Streifen auf den Ebenen, flankiert von einem gewaltigen Staub- und Schmutzschleier, als eine Vorhut das Land nach Vorräten und Futter abgraste. Napoleon hatte erwartet, auf dem Land eine Kornkammer vorzufinden, und nicht diese öde, leere Steppe. Die Truppen litten Hunger und machten geschäftstüchtige Juden, die neben ihnen herritten und ihnen Nahrung und anderes verkauften, zu Millionären. Doch schließlich waren deren Wagen leer, und sie kehrten um und machten sich auf den Rückweg nach Warschau. Die französischen Soldaten lernten zwei polnische Wörter – »Brot« und »Wasser«.[136] Sie kämpften um die wenigen, noch vorhandenen Rationen; das gesamte Ordnungssystem brach zusammen. Napoleons eigenen Schätzungen zufolge waren am 28. Dezember über vierzig Prozent seiner Männer alleine auf der Suche nach etwas Essbarem unterwegs. Inzwischen wurde es auch kalt.

Dieses Mal wurde Napoleon von den Ereignissen überrumpelt. Da es ihm nicht gelang, die von dem 56-jährigen Grafen Levin von Bennigsen geführte russische Armee in eine Entscheidungsschlacht zu verwickeln, verteilte der Kaiser seine Truppen auf Winterquartiere zwischen der Ostsee und Warschau. Auf dem Land, wo die Soldaten beider Armeen unentwegt auf Raubzug nach Nahrung gingen, herrschte große Not.[137] Aber während Napoleon seine geopolitische Zukunft plante, rückte Bennigsen nach Soldau vor, wo er hoffte, Feldmarschall Michel Ney, dessen Stellung in der Stadt zu exponiert war, isolieren zu können. Dieses kühne Manöver brachte Napoleons beste Seite zum Vorschein. Er plante schnell einen Gegenschlag mit dem Ziel, die Russen einzukreisen und zu vernichten, und hätte man nicht einen Kurier gefangen genommen, dessen Depesche die Pläne des Kaisers enthielt, hätte Bennigsen vielleicht nie erkannt, in welche Falle er zu geraten drohte. Er zog sich aus der Schlinge und trat den Rückzug nach Preußisch Eylau an.

Es versteht sich von selbst, dass die Franzosen, ausgehungert wie sie waren, keinen Gefallen an der Vorstellung fanden, durch die öde, vereiste Landschaft Ostpreußens zu marschieren und den eisigen Winden, die durch ihre Paletots zogen, ausgesetzt zu sein. Für den Offizier zählte jedoch das Spiel, die Jagd nach Beute, die edle Kriegs-›kunst‹, und dabei spielten das Wetter oder die Jahreszeit keine Rolle. Baron Antoine-Henri Jomini, ein Schweizer in Diensten der Franzosen, dessen Abhandlungen über die militärische Praxis so bekannt wurden wie die Werke von Carl von Clausewitz, hob vier allgemeine Bereiche hervor, in denen Napoleon sich als Feldherr auszeichnete: seine Flexibilität, seine Überraschungstaktik, seine Angriffslust und vor allem der konzentrierte Einsatz seiner Truppen. Das Spiel, das er mit Bennigsen trieb, beinhaltete all diese Elemente, und Jomini, der in Eylau kämpfte, ergötzte sich daran. Auf dem Höhepunkt dieser grausigen Schlacht vermochte Jomini sich von dem blutigen Geschäft zu distanzieren und sich in die Lage des Feindes zu versetzen. »Wenn ich nur für zwei Stunden der Befehlshaber der Russen wäre!«, hörte man ihn sagen.[138] Für Männer wie ihn gab es kein größeres Vergnügen. Von Clausewitz setzte Schlachten mit seiner Hochzeitsnacht gleich.

Napoleon verfolgte stets das Ziel, seine Gegner für den Höhepunkt der Schlacht in die Enge zu treiben. Im Verlauf seiner Karriere schickte er immer wieder eine Vorhut aus – eine autarke Division mit Kavallerie, leichter Infanterie und Kanonen –, um seinen Gegner in die Waden zu zwicken und »ihm das Schwert in den Rücken zu stoßen«, wie eine alte französische Maxime lautet. Damit hoffte er, den Feind zum Innehalten und zum Kampf zu verlocken. Der Trick war dann, rechtzeitig mit der Hauptdivision nachzustoßen, wenn möglich mit zwei Flügeln, den Feind zu umklammern, ihn vielleicht einzukreisen, aber auf jeden Fall anzugreifen. Bei Preußisch Eylau beschloss Bennigsen, nicht zu weichen.

So unwahrscheinlich das auch klingen mag, Napoleon hatte in den vierzehn Jahren seiner aktiven militärischen Laufbahn noch keinen größeren Rückschlag hinnehmen müssen. Bei Eylau war es dann so weit. Am bitterkalten 8. Februar 1807 kam es inmitten blendenden Schneegestöbers, bei schneidend kaltem Wind zu einem beispiellosen Gemetzel. Der französische Veteran Pierre Augereau ging, einen Schal um den Kopf gewickelt, mit seiner Infanterie zum Angriff über. Da man kaum die Hand vor den Augen sehen konnte, verlor die Kolonne die Orientierung und stolperte direkt in die feindlichen Linien. Die ehemals unbesiegbare Grande Armée wurde unentwegt von russischen Kartätschen und Musketen massiv beschossen. Augereau und 11 000 seiner Männer stürzten zu Boden, womit ein riesiges Loch in Napoleons Schlachtlinie gerissen war. Als die Russen jedoch weiter vorrücken wollten, holte Napoleon zu einem in den Kriegsannalen einmaligen Befreiungsschlag aus. Er griff die Russen mit seiner gesamten Kavallerie von über 1000 Mann an. Angeführt von Marschall Joachim Murat, »diesem vom Ruhm verwöhnten Kind«[139], der in einer bizarren, mit Edelsteinen besetzten seidenen Uniform steckte und einen Stock mit goldenem Knauf in der Luft herumschwenkte, schlugen sie eine Bresche in die erste Linie der Russen, durchbrachen die zweite, dann die dritte. Dann schwenkten sie um, ließen die Säbel tanzen und stürmten durch ein Meer von Leichen zu ihrer eigenen Linie zurück. Bei diesem größten Kavallerieangriff der damaligen Zeit erlitten die Franzosen hohe Verluste, doch der kühne Befreiungsschlag war ihre Rettung. Scharnhorst, der auf einem Flügel eine kleine preußische Heeresgruppe befehligte, verhinderte einen Sieg der Franzosen, indem er den vorrückenden Ney von der Flanke her angriff. Am Ende des Tages befanden sich die gegnerischen Heere in einer Pattsituation – frierend, erschöpft, dem Tode nahe.

Wer hatte gewonnen? Napoelon wusste es nicht. »Wie ist die Lage? Wie ist die Lage?«, schrie er den Kurieren zu, die zur Berichterstattung kamen.[140] An diesem Abend betrat er das Feldlazarett seines medizinischen Korps und schickte die Ärzte hinaus. Man säuberte den Amputationsblock, breitete Karten darauf aus und rückte die Kerzen näher heran. Generäle, Oberste, Berater, Boten und der Kaiser selbst, die zwischen amputierten Armen und Beinen standen, berieten die strategische Lage. »Die Russen haben uns großen Schaden zugefügt«, murmelte der Kaiser, doch mitten in der Nacht erreichte ihn die Botschaft, dass Bennigsen den Rückzug angetreten habe.[141] Für Napoleon war derjenige, der bis zuletzt auf dem Schlachtfeld verblieb oder, wie er sagte, dort »unerschütterlich ausharrte«, zweifellos der Sieger.[142] Am nächsten Tag verfasste er eine seiner typisch bombastischen Erklärungen, die er eilig nach Paris schickte, und ließ einen Sieg verkünden, von dem er selbst niemals wusste, ob er ihn wirklich errungen hatte.

Die Szene, die sich am folgenden Morgen dem Betrachter bot, war Grauen erregend. Ein General erklärte: »Ich habe noch nie so viele Tote auf einem Haufen gesehen. Ganze Divisionen, russische und französische, waren, dort wo sie gestanden hatten, in Stücke gehauen worden, und mehr als eine Viertel Wegstunde sah man nichts als Leichen. Auch eine riesige Anzahl von Pferden war getötet worden, was die schauderhafte Wirkung dieses Bildes noch verstärkte.«[143] Marschall Ney, der sich durch einen solchen Anblick nicht erschüttern ließ, rief aus: »Was für ein Trümmerhaufen – und kein Ergebnis!«[144]

Napoleon nahm diesen ersten schweren Rückschlag relativ gleichmütig hin. Wie alle großen Feldherren besaß er die erstaunliche Fähigkeit, die Vergangenheit abzustreifen – oft schon, sobald er vom

Schlachtfeld galoppiert war – und es anderen zu überlassen, die Scherben zu beseitigen. »Was sagt Paris?«, war oft sein erster Gedanke, woraufhin er sich anschickte, die notwendigen Schritte einzuleiten, um jedwedes ungünstige Ereignis zu beschönigen.[145] Den Soldaten war es verboten, zu trauern. Als der Kaiser an Eylau vorbeiritt, erzürnte ihn eine mit schwarzen Bändern umwickelte Regimentspike.

»Nie will ich meine Standarten trauern sehen«, schrie er. »Wir haben viele unserer Freunde und tapferen Kameraden verloren. Aber sie sind auf dem Feld der Ehre gestorben. Sie sind um ihr Schicksal zu beneiden.« »Lang lebe der Friede!« und »Brot!« schallte es ihm entgegen.[146]

*

Zum Trost bezog Napoleon Quartier in Finckenstein, denn die preußischen Oberherren hatten ihr Herrenhaus verlassen und waren mit allen anderen Junkern aus dieser Gegend nach Königsberg geflohen. Der Kaiser soll erleichtert gewesen sein, in dieser gottverlassenen Provinz mehr oder weniger prachtvoll eingerichtete Räumlichkeiten zu finden. »Endlich ein Schloss!«, rief er aus.[147] Während seines sechswöchigen Aufenthalts in Finckenstein fand er weiteren Trost in den Armen einer achtzehnjährigen polnischen Gräfin, die ihm bei einem Ball in Warschau aufgefallen war. Es ehrt Napoleon, dass er dieses reizende Geschöpf im Gegensatz zu den meisten Frauen, die ihm die Mitglieder seines Haushalts beschafften, wirklich geliebt zu haben scheint. Napoleons Kammerdiener berichtete von einem Stelldichein in Berlin, bei dem ein junges Mädchen sich so mit Parfüm besprengt hatte, dass dem Kaiser ganz übel wurde. Die einzigen Worte, die sie angeblich beim Liebesakt hervorbrachte, waren: »Das ist misérable« und »Das ist gut.«[148]

Die Gräfin Maria Walewska war von ganz anderer Art.[149] Obwohl sie mit einem schon betagten Adeligen verheiratet war (offensichtlich des Geldes wegen, denn ihre Familie war verarmt), sah sie noch recht jungfräulich aus und gab sich verschämt, als sie von dem in sie vernarrten

Napoleon mit Briefen und Blumen bombardiert wurde. Doch »Könige seufzen nicht lange vergeblich«, schrieb ein vertrautes Mitglied seines Stabs später. »Wenn ihnen das Warten zu lang wird, ist es mit der Zurückhaltung vorbei.«[150] Für beide war es eine leidenschaftliche Affäre, und Maria tauchte während seines gesamten Lebens sporadisch immer mal wieder auf, manchmal nur für ein oder zwei Nächte, dann für Wochen oder sogar Monate. Völlig unerwartet fuhr sie hin und wieder in einer Kutsche vor, oft mit dem kleinen Sohn auf dem Arm, den Napoleon öffentlich als den seinen anerkannte.[151] Jeden Monat flossen 10 000 Francs aus der Kasse des Schatzmeisters an die Gräfin, die Napoleon zufolge sparsam war und glücklicherweise das meiste davon auf die Seite legte, denn nach Waterloo wurden die Zahlungen eingestellt. In den ereignislosen Monaten nach der Schlacht bei Eylau führte Napoleon seine Amtsgeschäfte von den stattlichen Salons auf Finckenstein aus, gab Befehle, empfing Botschafter – darunter einige ausgefallene aus Persien oder der Türkei – und plante zukünftige Feldzüge. Maria bewohnte ein Zimmer, das neben dem Napoleons lag. Man sah sie selten außerhalb des Hauses.[152]

Im Juni nahm Napoleon die Verfolgung Bennigsens wieder auf, stürmte vom Zentrum Preußens aus in Richtung Osten und verwickelte den älteren Gegner in die Schlacht bei Friedland, einer weiteren Kleinstadt unweit von Eylau. Mit ihrer geringen Zahl an Soldaten hatte Napoleons Vorhut unter Jean Lannes den russischen General Bennigsen in die Falle gelockt, denn dieser kehrte bei Friedland, den Rücken der Stadt und dem Fluss zugewandt (ein fataler Fehler), um. Bennigsens Absicht war es, die französische Vorhut, die zu weit aufgerückt war, zu vernichten. Doch die schwerfälligen Russen hatten die Kunst eines geschickten Manövers noch nicht erlernt. Es war schon weit nach zwei Uhr am Nachmittag, bevor Bennigsen seine Truppen in Kampfstellung bringen konnte. Zu diesem Zeitpunkt hatte Napoleon schon in voller Truppenstärke aufgeschlossen und vereitelte jeglichen Rückzug, indem er den Gegner einkreiste. Bennigsen muss völlig fassungslos gewesen sein, als er erkannte, was geschehen war. Er war mit überlegener Stärke konfrontiert und vor einem engen kleinen Dorf in einer Flusskrümmung eingekesselt.

Durch erfolgreiche Angriffe des Kaisers wurden beide russischen Flügel in ihr räumlich begrenztes Zentrum zurückgedrängt. Friedland ging in Flammen auf, Brücken stürzten ein, und die Russen wurden bei dem Versuch, sich watend oder schwimmend in Freiheit zu bringen, niedergemetzelt. Die Franzosen feuerten Kartätschen und Granatfeuer auf die von Panik ergriffenen Soldaten ab, und am Abend waren 10 000 von ihnen tot. Ein Franzose, der nach der Schlacht durch Friedland ritt, bemerkte, dass alle vier Beine seines Pferdes in Blut gebadet waren, weil es über Berge von Leichen geritten war.[153]

Dieser überwältigende Sieg brachte Zar Alexander I. sofort an den Verhandlungstisch, ein politischer Abschluss, ohne den Napoleon keinen Kampf als beendet ansah. Nach dem berühmten Treffen auf einem inmitten der Memel verankerten Floß blieb Großbritannien als einziger Gegner übrig, den Napoleon noch nicht beiseite gefegt hatte, wofür zum großen Teil der Ärmelkanal verantwortlich gewesen zu sein scheint. Preußen verlor die Hälfte seines Territoriums und nahm im Wesentlichen den Status eines abhängigen Staates an, der verpflichtet war, Frankreich bei weiteren Kämpfen Abgaben zu leisten und Truppen zu stellen. Das diente nicht gerade der Selbstachtung, aber der König war, um mit den Worten des Kaisers zu sprechen, ohnehin nur »ein Dummkopf«.[154]

Goethe bemerkte nach seinem Treffen mit dem großen Eroberer: »Napoleon kannte die Menschen zu gut, und er wusste von ihren Schwächen den gehörigen Gebrauch zu machen.«[155] Napoleon belohnte seine ruhmsüchtigen Marschälle mit Schätzen, Kriegsbeute, Gütern, Ehen, Auszeichnungen und – was natürlich am meisten geschätzt wurde – mit Titeln, durch die ihre jeweilige Rolle bei den größten Siegen zum Ausdruck kam. So wurde zum Beispiel Louis-Nicholas Davout zum Herzog von Auerstedt ernannt, Ney zum Herzog von Elchingen, Augereau zum Herzog von Castiglione und Lannes zum Herzog von Montebello. Aber Friedland behielt Napoleon für sich. Hier hatte er einen der vier Siege errungen, die er für sich selbst beanspruchte, und er war nicht gewillt, den Ruhm mit irgendjemandem zu teilen.[156]

*

An meinem letzten Tag in Kaliningrad begegne ich einem Veteranen der Luftwaffe, der hierher gekommen ist, um seinen alten Einsatzort noch einmal aufzusuchen. Er geht nachdenklich durch die Kathedrale. »Die Frauenkirche in Dresden, die im Krieg durch Bomben völlig zerstört wurde und in einem noch schlimmeren Zustand war als diese, wird in zehn bis fünfzehn Jahren wieder ganz aufgebaut sein. Aber unsere Kathedrale hier zu restaurieren, würde ein Jahrhundert dauern. Genau wie im Mittelalter!«[157]

Weitaus aufschlussreicher ist allerdings die Wiederbelebung der russischen Orthodoxie.[158] Am Gründonnerstag werde ich bei einer Fahrt entlang der Küste Zeuge eines Schauspiels, das manche der alten Junkerfamilien, denen das Land hier gehörte, empört hätte. Aus einer renovierten deutschen Kirche des 19. Jahrhunderts schreitet ein Priester der Russischen Orthodoxen Kirche und führt eine Prozession von acht Seminaristen, zwei Diakonen, fünfunddreißig Frauen und drei Männern durch ein Dorf an. Sie halten Ikonen hoch, singen mit lauter Stimme Hymnen, und zwischen den dürren Fichtenzweigen steigt Weihrauch hoch. Russische Zuschauer, die auf dem Bürgersteig stehen oder durch den Park spazieren, machen einen überraschten Eindruck, so als schauten sie in ein Album aus längst vergangenen Zeiten oder vielleicht auch so, als sei ein Wunsch in Erfüllung gegangen. Einige bekreuzigen sich etwas zögernd, andere schließen sich der Prozession an, und die meisten sind durch die sonoren Gesänge sichtlich bewegt, besonders durch den heroischen Bass, einen bärtigen Riesen, der lauthals singt. »Christ ist erstanden!«, ruft der Priester und bespritzt das Gesicht seines Diakons so häufig mit Weihwasser, dass dessen Gewand und Gesicht tropfnass sind.

Nach dem Gottesdienst erkundige ich mich nach dem christlichen Leben dieser Gemeinde. »Wir fangen wieder ganz von vorne an«, erklärt mir der Priester. »Die Russen können sich überhaupt nicht mehr an das Wort Gottes erinnern. Eine jahrhundertelange Tradition der Religiosität hat gewisse Reflexe hinterlassen – sie wissen, wie man sich bekreuzigt, und dass man in der Kirche den Hut abnimmt –, aber sie haben keine Ahnung, was das alles bedeutet. Es mag etwas übertrieben sein, wenn ich das so formuliere, aber Russland ist ein Paradies für Missionare. Wir haben hundert Jahre lang im Dunkeln gelebt, und nun muss man wieder für Licht sorgen.«

Einstweilen tragen einige der »Lichtbringer« allerdings eine etwas andere Uniform. Die Tatsache, dass vor kurzem eine paramilitärische Truppe gebildet wurde, um gegen die spektakuläre Zunahme von Verbrechen in Kaliningrad vorzugehen, wirkt wie ein Rückfall in längst vergangene autokratischere Zeiten. Wenn man hier einen Abend lang in einem Streifenwagen mit drei Mann Besatzung mit Höchstgeschwindigkeit durch die Stadt saust, wird man als Amerikaner nicht unbedingt an die Zustände in den Ghettos zu Hause erinnert. Denn dort ist zumindest noch eine Andeutung von Bürgerrechten zu erkennen. Doch in Kaliningrad, wo man mit allen Mitteln versucht, für Ordnung zu sorgen – oder, wie der junge Offizier sagt, der das Kommando über den Jeep mit den ausgelassenen Milizsoldaten hat, die Situation zumindest im Rahmen des Tragbaren zu halten –, spielen die Rechte des Einzelnen eine untergeordnete Rolle. Betrunkene, Prostituierte, jeder, der Drogen mit sich führt, Krawallschläger und Taschendiebe – alle werden gleich rau behandelt. Jede Nacht werden Dutzende solcher Übeltäter mit Knüppeln geschlagen, mit Maschinengewehren bedroht, in Handschellen gelegt, in Polizeiwagen geworfen und dann ins Gefängnis geschleppt. Bei mehreren Festnahmen, die ich beobachte, sind die Täter übel zugerichtet, und dennoch scheinen sie die Behandlung nicht übel zu nehmen. Nach einer solchen Aktion scherzen Polizisten und »Häftlinge« oft miteinander.

*

Bei meiner Rückfahrt nach Polen sind im Kaliningrad-Express wieder nur etwa hundert Reisende. An der Grenze werden alle mit dem gesamten Gepäck nach draußen auf den Bahnsteig geschickt – das heißt, alle außer mir. Ich schaue aus dem Fenster und sehe zu, wie missmutige Männer und Frauen in den winzigen Schuppen marschieren, in den ich ja zehn Tage zuvor auch hineinkomplimentiert wurde. Ich höre Versatzstücke von Auseinandersetzungen und gutem Zureden, ja sogar Schluchzer. Aus einem Fenster fliegen Zigarettenkartons, Flaschen mit selbst gebranntem Wodka und Schmuggelware, die ich nicht identifizieren kann, auf einen Gepäckwagen. Etwa ein halbes Dutzend Leute darf nicht wieder einsteigen. Als wir ganz langsam über die polnische Grenze fahren, wird die Stimmung mit einem Mal aufgelockert. Flaschen werden ausgepackt, Zigaretten herumgereicht. Frauen legen sich auf den Boden – sie stören sich nicht daran, dass ihre Mäntel beschmutzt werden – und verstauen den Alkohol, den sie noch haben, unter den Sprungfedern ihrer Sitze. Als wir schließlich Braniewo erreichen, sind meine Papiere fünf Mal kontrolliert worden.

Teil III

Blut und Eisen
Bismarck und Wilhelm

Zeittafel

1815–1848	*Das »System Metternich«: Konservative Politik in Mitteleuropa und den deutschen Staaten*
1830–1832, 1848	*Revolutionäre Erhebungen in Deutschland und anderen Staaten*
1848, 15. März	*»Märzrevolution.« König wird kurzfristig eine Geisel der Massen Berlins. Ab 1848 kommen zahlreiche Gegensätze zwischen Liberalen und Konservativen als Divergenzen zwischen König und Parlament zum Ausdruck*
1862	*Otto von Bismarck wird Ministerpräsident von Preußen, später Kanzler im neuen deutschen Kaiserreich*
1864	*Siegreicher Krieg gegen Dänemark um die Provinzen Schleswig, Holstein und Lauenburg*
1866, 3. Juli	*Schlacht bei Königgrätz beendet Österreichs Hegemonieanspruch auf norddeutsche Politik*
1870, 19. Juli	*Frankreich erklärt Deutschland den Krieg*
1870, 1. September	*Preußischer Sieg bei Sedan; Napoleon III. wird gefangen genommen*
1871, 18. Januar	*Proklamation des Deutschen Reiches im Spiegelsaal von Versailles: Deutschland geeinigt, Wilhelm I. von Preußen wird zum Kaiser ernannt. Deutsch-Französischer Krieg endet mit umfassendem Sieg für Preußen*
1888	*Wilhelm II. besteigt den Thron*
1890	*Bismarck tritt auf Druck von Wilhelm zurück*

Erster Weltkrieg
Kriegsschauplatz im Westen
1914

4. August	*Deutsche Truppen marschieren in Belgien ein; Schlieffenplan wird umgesetzt*
5.–6. August	*Belagerung Lüttichs*

20. August	*Okkupation Brüssels*
23. August	*Schlacht um Mons*
25. August	*Truppenabzug auf rechter Flanke, Verladung zur Ostfront*
30. August	*Äußerste rechte Flanke schließt Paris von Westen her ein, dreht dann nach Osten, sodass die Flanke ungeschützt ist*
September	*Marneschlacht, Schlieffenplan schlägt fehl*

Kriegsschauplatz im Osten

19.–20. August	*Rennenkampfs »sortie en force« (gewaltsamer Ausbruch) bei Gumbinnen erfolgreich. Deutscher General von Prittwitz erwägt Rückzug*
23. August	*Prittwitz wird seines Postens enthoben. Von Hindenburg und Ludendorff übernehmen in Marienburg das Kommando*
26.–30. August	*Tannenberg*
6.–15. September	*Russen in der Schlacht an den Masurischen Seen geschlagen*
18. September	*Hindenburg wird zum »Oberbefehlshaber Ost« ernannt*
1916, 29. August	*Hindenburg zum Chef des Generalstabs ernannt. Er und Ludendorff übernehmen das Kommando an der Westfront*
1918, 21. März – 7. August	*Letzte von Ludendorffs geplanten Offensiven der deutschen Truppen an der Westfront*
27. Oktober	*Ludendorff tritt zurück*
10. November	*Wilhelm dankt ab und flieht in die Niederlande*

9. Kapitel

Cadinen

1888

Drang zur Glorie

»Sie haben einen kleinen Schnupfen.«
»Nein, es ist ein großer Schnupfen, alles an mir ist groß.«

Wilhelm II., 1906[159]

Kopernikus nannte Frauenburg am Frischen Haff an der Ostsee »den entlegensten Ort der Welt«.[160] Dieser Eindruck bestätigt sich, wenn man aus der Stadt hinaus in die ländliche Umgebung fährt, in der zwar Landwirtschaft betrieben wird, die aber dennoch seltsam menschenleer wirkt. Vielleicht interpretiere ich in all dies zu viel hinein, aber Ostpreußen scheint voller Widersprüche zu stecken. Katholiken beten in protestantischen Kirchen, Polen gehört der Boden der preußischen Junker, der gläubige Kopernikus schickt sein ketzerisches Manuskript zur Veröffentlichung an die Häretiker, und Kleinbauern setzen Stücke alten deutschen Porzellans zusammen, das sie bei den Feldarbeiten in den ehemaligen Sommergärten finden. »Mir gehört ihr Gut, bald werde ich auch ihre Gedecke besitzen«, sagte mir einer von ihnen.

Einige Kilometer weiter liegt Cadinen, das ehemalige Gestüt Kaiser Wilhelms II., das vor kurzem von einer Hotelkette renoviert wurde und nun in neuem Glanz erstrahlt. An diesem Nachmittag ist der Chef offensichtlich nicht im Haus, denn am Empfangstisch hat sich ein jovialer, muskelbepackter Mann mit bloßem Oberkörper breit gemacht, der sonst im Stall arbeitet. Er hat die Füße auf dem Gästebuch abgelegt und wird von zwei Empfangsdamen eingerahmt, die seinen Bizeps befühlen. Sie begrüßen mich nonchalant, so als ginge hier nichts Ungehöriges vor sich, und werfen mir gut gelaunt den Schlüssel zu Wilhelms Privatkapelle zu. Ihr Lachen und ihre Fröhlichkeit begleiten mich nach draußen.

Wegen seines verkümmerten linken Arms hatte der junge Wilhelm häufig Schwierigkeiten, sein Pferd unter Kontrolle zu halten. Aber mit bewundernswerter preußischer Sturheit bestieg er es, wenn er abgeworfen wurde, stets aufs Neue und wurde so ein passabler Reiter. Auch verschmähte er den üblichen Schreibtischstuhl und saß stattdessen auf einer speziellen Sattelkonstruktion, womit er einen recht seltsamen Anblick geboten haben muss.

In *Gedanken und Abenteuer*, einem der zahlreichen Werke, die Winston Churchill zwischen den Weltkriegen schrieb, um seine Gläubiger zufrieden zu stellen, beschreibt er Kaiser Wilhelm, »einen außergewöhnlichen Mann«, in einem Feldmanöver des Jahres 1906.[161] Zuchtmeisterlich wie der Kaiser war, übernahm er das Kommando über das »Große Finale«, wie Churchill es nannte, selbst und stürmte mit dreißig Kavallerieschwadronen einen Hügel hinauf und direkt in die offenen Mäuler einiger »giftig aussehender kleiner Kanonen«, ein Schauspiel, das so bombastisch wie absurd war. Churchill, der mit den anderen »munter dahingaloppierte«, war zugegen, als die Schiedsrichter Wilhelm zum Sieger des Manövers erklärten.[162] Zweifelsohne war ihr Urteil von der komischen Oper aus dem Jahr 1890 beeinflusst. Damals hatten die Schiedsrichter den Kaiser nach einem ähnlich impulsiven Scheingefecht mit seiner Gardekavallerie als »gefallen« gewertet. Es wird oft behauptet (und dementiert), dass Hindenburg an jenem katastrophalen Nachmittag zum Rücktritt gezwungen wurde, weil er dem Größenwahn des Kaisers keinen Einhalt gebot.

Hier in Cadinen gibt es Boxen für mehr als einhundert Pferde, und deutschen Geschäftsleuten und Neureichen stehen für ihre Ausritte viele Hektar Weideland und Waldfläche zur Verfügung. Diejenigen, in deren Adern blaues Blut fließt, meiden diesen Ort, wie man mir sagt. Sie besitzen eigene Güter. Und außerdem, wer will schon von dem Geist der toten Hohenzollern verfolgt werden? Der Kaiser würde diesen Ort sicherlich hassen, wenn er jetzt hier wäre. In seiner Kapelle sind noch die schwachen Umrisse von Fresken und Ornamenten zu sehen, und die Bänke, wenn auch etwas zerkratzt, standen schon damals in diesem kleinen Gotteshaus. Die Blumen sind jedoch aus Plastik, die Ornate aus billigem, glänzendem Polyester und das strahlende Gesicht von Papst Johannes Paul II. würde das königliche Temperament auch nicht gerade beruhigen. »Man hat mit Recht gesagt«, schrieb Churchill, »dass das Denken, das andere Nationen abkühlt, den Deutschen erhitzt.«[163]

*

Der Übernahme der tatsächlichen politischen Macht (im Gegensatz zu bloß zeremoniellen Funktionen), die Wilhelm 1890 mit der Entlassung des betagten Bismarck einleitete, ging die lange und tumultartige Geschichte des 19. Jahrhunderts voraus, eine Spanne von 75 Jahren zwischen Waterloo und der ungehinderten Herrschaft des Kaisers. Die meisten konservativen Deutschen würden diese Jahrzehnte wohl als den Höhepunkt in der Geschichte ihrer Nation bezeichnen: Eine Periode der Befreiung, der Reformen, der Konsolidierung, des industriellen Wachstums und schließlich der deutschen Einheit unter Preußens Führung, dem so genannten Zweiten Reich. Der Widerspruch bei der Verwendung des Wortes »preußisch« in irgendeinem dieser Zusammenhänge besteht jedoch darin, dass Preußen selbst, der Kern der alten deutschen Grenzmark, für dieses erstaunliche Wachstum einer Nation in vieler Hinsicht nur am Rande von Bedeutung war.

Der Beitrag des im Wesentlichen agrarischen, an Barmitteln armen und bedürftigen Preußens bestand sicherlich darin, für den Personalbestand einer für ihre Unerschütterlichkeit berühmten Armee zu sorgen; keine unbedeutende, wenngleich auch wenig spektakuläre Rolle bei der allmählichen Entwicklung Deutschlands zum Hauptakteur auf der europäischen Bühne. Die oberen Dienstgrade des preußischen Offizierskorps liebäugelten nach Napoleons Niederlage kurzfristig mit dem Liberalismus. Doch nach 1819 verfolgten der Landadel und die Junker, die die oberen Ränge im Militär monopolisierten, im Allgemeinen die Politik des österreichischen Außenministers Klemens von Metternich, eine Politik der Reaktion und Unterdrückung. In den frühen Dreißigerjahren des 19. Jahrhunderts und im Jahr 1848 wurde das ganze Land von revolutionären Kämpfen erschüttert, die (wie üblich) in der Regel von Frankreich ausgingen. Doch die Armee unterstützte nach wie vor in erster Linie die Hohenzollern. Dabei war es gleichgültig, ob es um die »Verfassung« oder um »Deutschland« ging, selbst als einzelne Monarchen während verschiedener Krisen schwankten und Konzessionen an die Massen oder nach 1848 an das neu gebildete Parlament erwogen. Das Volk und die Legislative waren in den Augen der preußischen Generäle gleich große Übel. Feldmarschall Friedrich von Wrangel hatte 1848 keine Gewissensbisse, seinen Souverän unter moralischen Druck zu setzen, als dieser sich zu zaghaft im Umgang mit den Liberalen erwies. Der König, erklärte er, werde vor ein Kriegsgericht gestellt, wenn er seiner Pflicht nicht nachkomme.

Für den preußischen Offizier bestand kaum die Notwendigkeit, Kompromisse einzugehen. Im Großen und Ganzen hatte er nichts, das sich zu besitzen lohnte. Die Krise der Landwirtschaft nach Waterloo 1815 hatte die weniger wohlhabenden Junker mit Landbesitz in Ostpreußen ebenso in den Bankrott getrieben wie den niederen Adel in den düsteren, entlegenen Gegenden Englands und Irlands, jedoch mit einem entscheidenden Unterschied: Die Armut der Junker nährte einen aus der Notwendigkeit geborenen und durch ihr Naturell bedingten Stolz, wie bitter auch immer der Weg dorthin war. Es war eine Sache der Ehre, dass die Uniform der einzige Besitz eines Junkers war. Die Absage an weltliche Güter und der Dienst für den König wurden zur alleinigen Daseinsberechtigung. Die Vorstellung von Grundbesitz beschränkte sich auf die Größe eines Kasernenhofes; die Mitglieder der eigenen Familie wurden Kadetten an der Militärakademie und später Offizierskameraden. Der Verhaltenskodex des deutschen Militärs, seit den Zeiten des Deutschen Ordens tradiert, war auf Opferbereitschaft und Sendungsbewusstsein ausgerichtet. Beide Tugenden machen es schwer, Reichtum anzuhäufen oder komfortabel zu leben. Das Ergebnis war für gewöhnlich eine übertriebene Vorstellung von Pflicht und Ehre, die beim durchschnittlichen Offizier häufig zu Borniertheit führte und das Stereotyp des engstirnigen, selbstgefälligen preußischen Offiziers entstehen ließ, das die deutschen Liberalen und später die Menschen weltweit so verabscheuten.

Nirgendwo trat dieses Stereotyp deutlicher zutage als in den gesellschaftlich unterentwickelten und halbfeudalen Landstrichen Ostpreußens, die sogar von Vorgängen in Königsberg, der regionalen Hauptstadt, unberührt blieben. Ostpreußen war das Hinterland. Wie sehr Feldmarschall Colmar von der Goltz in seinen Memoiren das Gut, auf dem er 1843 geboren wurde, auch verklärte, das schäbige Herrenhaus, in dem seine verwitwete Mutter sich so abplagte, um die Familie und das Landgut zusammenzuhalten (sie scheiterte), unterschied sich kaum von den strohgedeckten Kotten seiner Bauern.[164] Selbst Hindenburg – verwurzelt mit dem Grund und Boden seiner Junkervorfahren, von denen einer 1410 in der Schlacht von Tannenberg fiel – erlebte, wie seine Familie in Mietskasernen ihr Leben fristete, ein Schicksal, das er gelassen hinnahm. Dies war nicht die Aristokratie, die mit griechischen und römischen Klassikern oder gar dem deutschen Kant groß wurde. Armut und das Damoklesschwert des Bankrotts zwangen diesen hochmütigen niederen Adel zu harter Arbeit, um sich über Wasser zu halten. Man säte und erntete, beutete die Pächter aus, wo es nur ging, und missbilligte die technologischen Fortschritte im wachsenden Deutschland als Bedrohung einer zutiefst konservativen Lebensweise. Hinzu kam, dass alle Manifestationen des Polnischen – die Religion, die Kultur und ganz besonders die Sprache – bei jeder sich bietenden Gelegenheit unterdrückt wurden.

Bismarcks Zweites Reich stellte für diese Provinz eine direkte Bedrohung dar. Obwohl auch er Junker und nicht minder reaktionär war, verfolgte Bismarck ein Ziel, das über den kleinlichen Provinzialismus seiner Klasse hinausging – seinen eigenen Ruhm. Seine persönliche Absicht stand in direktem Zusammenhang mit dem schrittweisen Plan zur Gründung eines Staatenbundes unter der Führung Preußens. Unter »Preußen« verstand er jedoch nicht das sumpfige Hinterland der Memel oder die ostpreußischen Steppen, sondern Preußens Armee und seinen König.

Bismarck war ein klassischer Kanonen-statt-Butter-Politiker, ein Meister des Tauschhandels und der Intrige in der Innen- wie auch der

Außenpolitik. Er neigte dazu, zu weit zu gehen, wenn der gesunde Menschenverstand zur Zurückhaltung riet, und einen Rückzieher zu machen, wenn andere, an seine wohl bekannte Gier appellierend, ihn zum Vormarsch antrieben (da sie vielleicht seinen ungeheuren und erschreckenden Appetit kannten – einige der Bismarckschen Fressorgien verursachen schon beim Erzählen Verdauungsstörungen).

Als leidenschaftlicher Militarist und Anhänger der Krone – zumindest in der Theorie –, misstraute er den meisten Offizieren und verachtete die Hohenzollern als Dummköpfe. Sein Leben lang war er Gegner der Sozialisten und Liberalen, während er gleichzeitig fortschrittliche und – es gibt dafür kein anderes Wort – revolutionäre Programme im Erziehungs- und Gesundheitswesen sowie im Versicherungssystem einführte, um das Los der hart arbeitenden Arbeiterklasse zu verbessern. Der Jongleur unmöglicher Bündnisse, Pläne und Freundschaften wurde zum Mythos, aber im Grunde genommen von keinem, der ihn kannte, geliebt. Für die Junker Ostpreußens war er der Verräter schlechthin.[165]

Im Verlauf von nur sieben Jahren, 1864–1871, führte und gewann Bismarck drei Kriege. Der erste mit Österreich als Verbündetem verwies Dänemark, das auf die Herzogtümer Schleswig, Holstein und Lauenburg verzichtete, auf seinen Platz. Der zweite, und für die Traditionalisten verabscheuungswürdigste, machte das habsburgische Österreich in der Schlacht von Königgrätz zu einem Schatten seiner selbst, worauf der König von Preußen und seine Generäle einen triumphalen Einmarsch in die Stadt Wien verlangten, den Bismarck ihnen aber verweigerte. Dies allein ist schon der Beweis für die nicht zu bestreitende Autorität, ja Würde Bismarcks: Nur sie machte das Undenkbare möglich, es einer siegreichen Armee zu verwehren, ihren Triumph in der Hauptstadt der Besiegten zur Schau zu stellen. Der dritte Krieg erniedrigte Frankreich und Napoleon III. Der französische Kaiser, der schon schwer krank war und auf eine militärische Auseinandersetzung nicht erpicht war, war als Gegner nicht besonders interessant; sein Reich jedoch umso mehr – und so griffen die Deutschen das zweifellos ungeschickt geführte, aber dennoch berühmteste Heer der Welt systematisch und kompromisslos an. Dieser Konflikt endete am 18. Januar 1871 im Spiegelsaal von Versailles mit der formellen Proklamation des zweiten deutschen Kaiserreiches.[166] Die anwesenden Generäle trugen Kürassieruniformen und ließen ihren neuen Kaiser Wilhelm I. mit gezogenen Schwertern hochleben. 26 unabhängige deutsche Staaten und Städte waren nun unter einem preußischen Monarchen vereint.

Wilhelm I. regierte keine rückständige Nation mehr. Alle vorhandenen Statistiken belegen einen enormen Anstieg der Produktivität: in der Kohle- und Stahlindustrie, der Waffenproduktion, beim Bau von Eisenbahnverbindungen und in der chemischen und elektrischen Industrie. Auch wurden das Bildungswesen verbessert und die Alphabetisierung vorangetrieben. Doch vieles davon ging an Ostpreußen vorbei. Diese Provinz besaß keine Bodenschätze wie sie der Bergbau an Saar und Ruhr und in Schlesien in Mengen zutage förderte. Es gab auch keine Herstellerfirmen wie Siemens, AEG, Bayer oder Hoechst, und nur eine einzige Universität in Königsberg. Und Wagners Interesse an der deutschen Ritterschaft konzentrierte sich auf den mythischen Rhein und nicht auf Dornengestrüpp in Litauen. Preußen brachte jedoch einen großartigen Generalstab hervor. Hier blühte das Ethos des Ostens in einer langen Tradition pflichtbewusster, anonymer Offiziere, die sich kurzsichtig über Karten beugten und jedes Jahr neue Pläne entwarfen für die unvermeidlichen Kriege, die da kommen sollten.

Für den Generalstab gab es natürlich nur eins: die ständige Bereitschaft. Mit Scharnhorst hatte eine Entwicklung ihren bescheidenen Anfang genommen, die dazu führte, dass der Stab dank des legendären Helmuth von Moltke 1867 bereits effektiv das Oberkommando über das Heer übernommen hatte. Hätte Bismarck, eine Persönlichkeit mit einem unglaublich großen Durchsetzungsvermögen, nicht eine Politik des Ausgleichs betrieben, hätte die Armee – zweifellos mit verheerenden Folgen – auch die Regierung übernommen. Das Militär verbrauchte schon 25 Prozent der Staatseinnahmen. Da zudem fast jeder Deutsche auf die eine oder andere Weise von der allgemeinen Wehrpflicht betroffen war oder zur Landwehr (der Reserve) gehörte, durchdrang das Militär die ganze Gesellschaft. Unausweichlich beeinflusste das Ethos der Armee jede Facette des täglichen Lebens, und das in einem Maß, das angesichts der geringen Bevölkerungsdichte Ostpreußens und seiner rückwärts gewandten Weltsicht kaum vorstellbar ist.

Das Heer befand sich bis zu einem gewissen Grad selbst im Umbruch. Der Generalstab war größer denn je und nicht länger der Aristokratie vorbehalten. 1871 bestand der Generalstab aus 135 Offizieren, von denen ein gutes Drittel bürgerlicher Herkunft waren. Dies spiegelte nicht nur die Vergrößerung der deutschen Streitkräfte, sondern auch den zwingenden Bedarf an Spezialisten in Bereichen wie zum Beispiel dem Bau der Eisenbahnschienen wider, die man bis zu diesem Zeitpunkt nicht mit Ruhm und Ansehen assoziiert hatte. Dennoch führte der Zugang des gemeinen Volkes zum Hauptquartier am Berliner Königsplatz nicht zu dessen Demokratisierung. Ganz im Gegenteil, diejenigen, die in die Elite vorrückten, versuchten deren Lebenskraft zu erhalten und zu fördern.

Kontroversen entstanden in der Regel, wenn mit dem Reichstag der Militärhaushalt ausgehandelt wurde, eine der wenigen Möglichkeiten, bei denen Zivilisten die Militärpolitik beeinflussen konnten. Bismarck, von Moltke und andere Konservative waren oft über diese lästigen Debatten erzürnt und ließen zuweilen ihrem Unmut freien Lauf, indem sie einen Staatsstreich oder die gewaltsame Vertreibung ihrer Gegner erwogen, aber für gewöhnlich setzten sie ihren Willen durch, ohne zu solch drastischen Maßnahmen zu greifen. Ernst zu nehmendere theoretische Meinungsverschiedenheiten gab es im Generalstab aufgrund der sich verändernden Art der Kriegführung, und insbesondere hinsichtlich der Frage, wer der nächste Kriegsgegner sein würde. Zweifelsohne ließen sich unzählige Möglichkeiten bedenken. Deutschlands Lage im Zentrum Europas, mit wenigen gut zu verteidigenden Grenzen, machte es aus der Sicht des Militärs außergewöhnlich verwundbar. Es war umgeben von einer Reihe von Gegnern, allesamt mit dunklen Motiven für einen Angriff, angefangen bei Rache (Frankreich) bis zu Feindseligkeit aufgrund rassischer Diskriminierung (der slawische, orthodoxe Zar). Im Allgemeinen wurden ab 1879 jährlich Pläne entworfen und revidiert, die den Krieg an zwei Fronten gleichzeitig in Betracht zogen, ungeachtet der jeweilig herrschenden Beziehungen zu Ost oder West. Einem deutschen Historiker zufolge mündete diese Einstellung in einer

Weltsicht, die den Krieg als unvermeidbar sah.[167] Der geniale Alfred von Schlieffen hatte die Angewohnheit, sich am Weihnachtsabend im Generalhauptquartier ein militärisches Rätsel für seine Protegés im Stab auszudenken. Die Lösung erwartete er für den nächsten Tag. Unbeirrbarkeit war sowohl eine Tugend als auch eine Schwäche des Generalstabs.

*

Klaus von Holleben, dessen Familie mütterlicherseits ursprünglich von der Memel stammt, führt mich durch sein Haus. Die Familienfotos zeigen sämtliche Vorfahren in Uniform, manche zu Pferde, andere in formeller Pose. »Krieg war der Beruf dieser Männer, ihre Karriere«, sagt von Holleben. Ich finde diese Sammlung faszinierend, denn Ähnliches ist mir aus meinem Elternhaus vertraut. Dort schmücken die Schnappschüsse von meinem Urgroßvater in der Paradeuniform der Armee der Nordstaaten, meinem Vater in Marineuniform, meinem Onkel, der in einem Regiment der Dritten Armee von General George Patton diente, und von verschiedenen anderen Verwandten in Uniform die Wand. Statt Bronzesternen und Purpurherzen umgeben mich hier Eiserne Kreuze.

»Die meisten männlichen Mitglieder meiner Familie sind Offiziere, Beamte oder Diplomaten. Seit dem Mittelalter waren wir immer Offiziere und tatsächlich sind wir angeheiratete Verwandte von v. Clausewitz. Vor dem Ersten Weltkrieg war das noch eine interessante Verbindung, das können Sie mir glauben, aber heutzutage hat das keine Bedeutung mehr.« Wir halten vor dem Ganzporträt eines kampfesfreudigen Vorfahren. »Diese Art von Gemälde ließ man anfertigen, bevor man in den Krieg zog, für den Fall, dass man nicht zurückkehrte. Ziemlich mittelmäßig.« Es folgen weitere bescheidene Kommentare. »Mein Ur-Urgroßvater, und das interessiert Sie sicherlich, hat im preußischen Heer die Unterwäsche eingeführt.« Der Porträtierte entpuppt sich als Graf Albrecht Theodor Emil von Roon, der selbst ernannte »Feldwebel des Königs« und Kriegsminister, dessen Aufgaben und Erfolge weit über die Verbesserung des Gesundheitswesens hinausgingen.[168]

Von Holleben ist in meinem Alter, 1945 geboren, und spiegelt in seinen Aussagen das »kleine Deutschland« wider, das seine Anonymität in der fast vollständigen Verschmelzung mit dem Europa von heute sucht. Er ist sich voll und ganz bewusst, dass andere Völker der Zielgerichtetheit und Offensivität, für die die Deutschen so bekannt sind, negativ gegenüberstehen. »Wir haben hier ein ernstes Problem mit unserer Geschichte, mit unserer Vergangenheitsbewältigung. Aber ich bin mir sicher, dass das übrige Europa keine Angst mehr vor ›Deutschland‹ oder der ›Bestimmung der Deutschen‹ zu haben braucht. Ihr Amerikaner könnt stolz auf das demokratische System sein, das ihr uns nach dem Krieg gegeben habt. Diese Art von Sicherungssystem, wie wir es nie zuvor hatten, wird zukünftig den Krieg vermeiden. Und unsere Schulen klären die jungen Menschen über die verhängnisvollen Irrtümer unserer Geschichte auf. Sie wissen alles über Hitler und die Nazis. Ich kann mit Bestimmtheit sagen, dass es diese Obrigkeitshörigkeit – zum Beispiel dem Kaiser und dann Hitler gegenüber – heute nicht mehr gibt. Darüber sind wir hinweg.«

Später fahren wir durch das Ödland der ehemaligen DDR und sprechen über Preußen. »Meiner Familie gehörte hier vor dem Krieg ein ziemlich großes Stück Wald. Man konnte es vom Westen aus gut sehen. Mein Vater hat es aber nie über sich gebracht, an die Demarkationslinie zu gehen und es anzuschauen; das war für Menschen seiner Generation keine ungewöhnliche Reaktion. Offen gestanden ist auch für mich der Verlust nicht leicht zu verschmerzen, dabei war ich damals noch nicht einmal auf der Welt. Den meisten jungen Menschen im heutigen Deutschland fehlt diese emotionale Bindung. Ich meine, ich hätte gelesen, dass 75 Prozent der Deutschen nach 1945 geboren wurden. Für sie hat Preußen keine Bedeutung mehr. Was den Kaiser angeht, würden wohl viele so tun, als hätten sie noch nie von ihm gehört.«

*

Vor 100 Jahren gab es nur wenige Menschen in Europa, die nicht die Fanfarenstöße von Kaiser Wilhelm II. gehört hatten, einem Säbelrassler mit höllischer Energie, dessen widersprüchliche Verlautbarungen die Zeitungsleser in der ganzen Welt sowohl belustigten als auch in Angst und Schrecken versetzten. Oft war nicht zu unterscheiden, ob es sich um gekonnte Komödie oder um eine drohende Katastrophe handelte.

Wilhelm war in das deutsche Staatswesen auf typisch preußische Art eingeführt worden. Der barsche Feldmarschall Wrangel hatte den neu geborenen Thronerben aus der Wiege genommen, um ihn der vor dem Palast in Berlin auf die Nachricht der königlichen Geburt wartenden Menschenmenge zu präsentieren. Als Wrangel feststellte, dass die Flügeltüren zum Balkon verriegelt waren, zerschlug er mit der Faust die Fensterscheiben und bahnte sich so den Weg nach draußen. »Kinder, hier ist ein hervorragender Rekrut!«, brüllte er dem Volk zu.[169]

Aber die Natur hatte Wilhelm, wie seine Tante später sagen sollte, »nicht für das Soldatenleben bestimmt«.[170] Er war kränklich und litt unter einer Deformation des linken Arms. In klassischer Manier machte er dieses Defizit durch eine Großmäuligkeit und Prahlerei wett, die nur wenige seiner kultivierteren Zeitgenossen ertragen konnten. Der eitle, verwöhnte, schnell erregbare und neurotische Wilhelm bestätigte nur Bismarcks Geringschätzung der Hohenzollernlinie. Vergeblich hoffte der Eiserne Kanzler, dass Wilhelms Frau, »die holsteinische Kuh«, für eine Auffrischung der Erbmasse sorgen würde.[171] Es scheint, dass nicht einmal seine Eltern ihn mochten. Wilhelms Vater fand den Kronprinzen »selbstsüchtig und anmaßend«, seine Mutter hätte ihm gern »ein Pflaster auf den Mund geklebt«.[172] Obwohl Wilhelm Details keine Beachtung schenkte, schnell gelangweilt und ziemlich rüpelhaft war, wollte er die Regierungsgeschäfte des Reichs bis in alle Feinheiten selbst führen. In einem Moment stürzte er sich auf den Aufbau der Kriegsmarine, im nächsten drohte er einem Nachbarland, es militärisch zu vernichten. Am Morgen war er ein eingefleischter Gegner der Ansprüche Russlands, am Nachmittag rührte ihn seine ewigwährende Freundschaft zum Zaren zu Tränen. Nur wenige Gestalten der modernen europäischen Geschichte sind übereinstimmend so vernichtend beurteilt worden wie dieser Mann, dem Bismarcks Sohn den Spitznamen »Wilhelm der Große« gab.

Unduldsam gegenüber Bismarcks Zurückhaltung und ohne Verständnis für dessen subtilere Herangehensweise an Staatsgeschäfte, entließ Wilhelm den Kanzler (der nach einer anfänglichen Serie von Schlachten für eine Zeitspanne von 22 langweiligen Jahren ohne Krieg oder ernstliche Streitigkeiten gesorgt hatte) im Jahr 1890, ein Schritt, den Hitler nicht verstehen konnte. Der Führer schrieb diese Dummheit den Spuren jüdischen Bluts zu, mit dem die Hohenzollern einige Generationen zuvor infiziert worden waren.[173] Der gegenwärtige Hohenzollernerbe sieht die Sache jedoch etwas anders und erklärte 1979: »Bismarck strebte die Errichtung einer Art von Schogunat an und hoffte, unsere Familie so behandeln zu können wie das die japanischen Schogune mit ihren Kaisern in Kioto taten. Meinem Großvater blieb nichts anderes übrig, als ihn zu entlassen.«[174] Wie dem auch sei, Wilhelms unberechenbares und unkontrolliertes Engagement in der Weltpolitik brachte Deutschland in gefährliche Fahrwasser, die unweigerlich in den Krieg führten. Der Kaiser – der Inbegriff eines Kartentischstrategen – war unfähig, dies zu erkennen und zu akzeptieren.

*

Das Vorspiel und der Ausbruch des Ersten Weltkriegs 1914 sind für den Historiker eine wahre Wonne, eine Phase in der europäischen Politik, als die Vorstellung von Ehre noch verstanden, respektiert und befolgt wurde.[175] Auf der Bühne waren keine mit Hitler oder Stalin vergleichbaren Bösewichte, und es gab auch keinen Verrat und keine unerkannten Pathologien, die die einigermaßen geradlinige diplomatische Vorgeschichte hätten verunstalten können. Das Netz von Allianzen, die Schicklichkeit formeller Noten und Ultimaten und die beinahe gemächliche Unvermeidbarkeit eines Konflikts trugen dazu bei, dass wir es hier mit einer geordneten, durch eine unglaubliche Fülle offizieller Dokumente belegten Geschichte zu tun haben. Ganze Bände mit der Vorkriegskorrespondenz der Regierungen haben so deutliche Spuren hinterlassen, wie sie sich jeder Detektiv wünscht. Sie verdeutlichen die menschliche Fähigkeit zu ungeheuerlicher Dummheit und Anmaßung, doch im Großen und Ganzen sind Vorzeichen des Bösen nicht zu entdecken. Diese Periode hat etwas Gesundes an sich, eine Unschuld, die vier Jahre voller Schlachten, deren Destruktivität alles Dagewesene überstieg, für immer begraben sollte. Riesige Apparate kamen langsam in Bewegung; Mobilisierungen, einmal in Gang gesetzt, waren nicht mehr aufzuhalten; Kriegspläne, die keine Abweichungen in der Zeitplanung und hinsichtlich der Truppenstärke zuließen, zogen Nationen in den Krieg, die diesen nicht wünschten.

So verhielt sich der Kaiser, um nur ein Beispiel zu nennen, in den Wochen vor dem Ausbruch der Feindseligkeiten sprunghaft wie gewohnt; kriegerisches Draufgängertum wechselte sich stündlich mit einem fieberhaften »Bemühen um Frieden« ab. Letztlich musste er, der die Begeisterung für den Krieg so entfacht hatte, feststellen, dass es nunmehr unmöglich war, den endgültigen Schritt zum Blutvergießen zu verhindern. Alles in allem ein trauriges Ergebnis.

Mit einem Schlag verwirklichten sich für Deutschland die Kriegspläne und -ziele von fast 40 Jahren. Der Zweifrontenkrieg – so unvorstellbar er für den zivilen Beobachter 1914 wie auch 1941 war – stellte nichtsdestoweniger für den rastlosen Generalstab eine Grundvoraussetzung dar. Im Detail mögen sich die einzelnen Pläne unterschieden haben (an welcher Front zum Beispiel der erste Angriff stattfinden solle, im Osten oder Westen), aber die Idee, an jeder Flanke zu kämpfen, war zu einem Muss geworden. In der letzten Version, dem berühmten Schlieffenplan, bestand die Strategie darin, Frankreich mit einer Erstoffensive zu schlagen und sich dann den langsameren Russen zuzuwenden. Der Schlüssel war, die französische Armee über das neutrale Belgien mit einem schnellen Angriff der zahlenmäßig überlegenen rechten Flanke zu umfassen, um den Feind dann endgültig an seiner Ostgrenze in einer riesigen »Vernichtungsschlacht« zu schlagen. Die Vorstellung von starren und unveränderbaren Frontlinien, die zu einem stagnierenden, auszehrenden und verlängerten Einsatz führten, war der Albtraum eines jeden Deutschen, denn im Osten lauerte der schwerfällige Koloss Russland, den Churchill damals als »die mächtige Dampfwalze« bezeichnete.[176] Ein verzögerter Sieg in Frankreich zog den gefürchteten Tag der Abrechnung am Ufer des Njemen, oder schlimmer noch, an der Oder oder der Weichsel nach sich; doch keine andere Strategie schien zur Verfügung zu stehen. Das deutsche Heer hatte auch nicht die Truppenstärke, gleichzeitig gegen seine beiden Hauptfeinde zu kämpfen. Doch das war die Situation, der sich das Oberkommando 1914 im ersten Kriegsmonat ausgesetzt sah.

Die deutschen Truppen marschierten am Dienstag, den 4. August, in Belgien ein und begannen mit der schonungslosen Umsetzung des bisher theoretischen Schlieffenplans. Sieben der acht deutschen Armeen setzten sich zum gewaltigen Vorstoß der Flanken in Bewegung, wobei jede Aufstellung, jedes Ziel und jeder Zeitplan bis ins kleinste Detail im Voraus festgelegt worden waren. Verzögerungen an den großen Festungen bei Lüttich waren ärgerlich, änderten die unumstößliche Zeitplanung aber nur geringfügig, sodass die deutsche Flanke in Frankreich mehr oder weniger wie geplant einbrach. Die Zahl der Opfer war auf beiden Seiten unerwartet hoch, besonders jedoch bei den Franzosen, die bis dahin die Absichten des Feindes missverstanden und durch eine unangebrachte offensive à outrance, eine »Offensive um jeden Preis« ihre Kräfte vergeudet hatten. Die entsetzlichen fünf Tage vom 20. bis 24. August, in denen die Nordostgrenze Frankreichs Schauplatz der Schlachten war und überall deutsche Truppen durchstießen, gehören zu den dunkelsten der französischen Militärgeschichte.

Im deutschen Hauptquartier lagen die Nerven des Stabschefs, Helmuth von Moltke (bekannt als »von Moltke der Jüngere«, um ihn von seinem berühmten Onkel, »dem Älteren« unterscheiden zu können), ähnlich blank. Die große Umfassung Frankreichs ging vonstatten, wie von Schlieffen es vorausgesagt hatte. Fraglich war jedoch, ob Deutschland sich seine Stoßkraft erhalten und weiterhin den Charakter der Schlacht als Sturmangriff diktieren konnte – ebenjene große Mobilität, die für von Schlieffen unabdingbar war. Aber während aller Augen auf Frankreich geheftet waren, erreichten von Moltke Nachrichten, die ihm die Stimmung verdarben. Entgegen aller Erwartungen rückten die Russen nicht nur mit einer, sondern mit zwei Armeen Richtung Ostpreußen vor, Truppen mit weit über einer halben Million Männer und mit etwa 600 Artilleriegeschützen. Der geheiligte Boden Deutschlands, das emotionale Herzstück seines Kriegsgeistes, wurde in ebendem Moment von Barbaren zertrampelt, als Paris in Reichweite der deutschen Waffen lag. Wozu sollte ein Siegeszug auf den Champs-Elysées gut sein, wenn die Kosaken Berlin in Brand steckten? Das wäre das unvermeidliche Ergebnis, wenn die einzige deutsche Armee im Osten, die achte, mit nur 210 000 Mann, beiseite gefegt würde. Und das schien unvermeidbar.

Von Moltke konnte dem Druck kaum standhalten. Zwar war er ein Mann von großen Fähigkeiten, aber nicht in der Lage, wie er den Kaiser bereits gewarnt hatte, die Kaltblütigkeit zu entwickeln, die jeder große Befehlshaber in Krisensituationen besitzen muss. So starrte er hinunter in den Abgrund der äußersten Niederlage. Noch mehr werden ihm wohl die Knie gezittert haben, als er am 20. August am Telefon mit Max von Prittwitz sprach, dem Kommandeur der 8. Armee und einem Liebling des Kaisers. Von Prittwitz, von seinen Offizierskameraden »Dicker« genannt, meldete, dass seine Truppen durch eine der russischen Zangen hinreichend Blut vergossen hätten und ein Rückzug hinter die Weichsel notwendig sei.[177] Ostpreußen müsse aufgegeben werden.

10. Kapitel

Tannenberg

1914

Die siamesischen Zwillinge

Es hat in der Weltgeschichte bislang
nur drei Vernichtungsschlachten gegeben:
Cannae, Sedan und Tannenberg.

Adolf Hitler[178]

Kein einziges Schild weist dem Reisenden den Weg zum ursprünglichen Grab Paul von Hindenburgs im berühmten Mausoleum in Tannenberg, das die Wehrmacht im Winter 1945 bei ihrem Rückzug nach Westen in die Luft sprengte. Leute, die in Ostpreußen geboren und aufgewachsen sind, und die mutig oder auch nur neugierig genug waren, noch einmal ihre alte Heimat zu besuchen, haben mir erzählt, dass man an der ehemaligen Grabstätte nicht einmal mehr ein paar Ziegelsteine oder Trümmer vom Mauerwerk findet. Die Deutschen begannen mit der Zerstörung; dann machten Russen und Polen das Ganze dem Erdboden gleich und überließen es zukünftigen Generationen von Archäologen, die vielleicht an einem Knopf oder Orden interessiert sind, hier in ein paar hundert Jahren herumzustochern.

1934 hatte das Mausoleum jedoch für die Deutschen die gleiche Bedeutung wie die gewaltige Gedenkstätte in Verdun für die Franzosen. Alte Postkarten zeigen ein riesiges schlossähnliches Gebäude mit Türmen und Mauerwerk aus dem typischen deutschen Backstein. In seinem Innern war Hindenburgs Grab, umgeben von Flaggen, mit denen die berühmten Regimenter, die in dem heißen Sommer von 1914 hier gekämpft hatten, in die Schlacht gezogen waren. Ein kompliziertes Diorama mit blinkenden Lichtern veranschaulichte die Truppenbewegungen, Führer gingen mit Schulklassen von einem Kriegsexponat zum andern, und in einem Heim waren Pfadfinder und Jugendkorps untergebracht, die gehorsam durch die Gegend marschierten und das Gefecht nachspielten. Die Schlacht ereilte das gleiche Schicksal wie der Steinhaufen, der an sie erinnerte. Sie geriet trotz des berühmten Romans von Alexander Solschenizyn *August 14*, eine ausgezeichnete Schilderung dieser grauenhaften Tage, weitgehend in Vergessenheit. Obwohl die Schlacht von Tannenberg fast ganz Ostpreußen in Mitleidenschaft zog und als einer der überzeugendsten Siege gilt, den eine Armee in diesem Jahrhundert errungen hat, ist sie nichts weiter als eine der vielen überflüssigen Schlachten, die die Deutschen schlugen.

»Sie fragen am besten im Restaurant Mazursky nach dem Weg«, erklärte mir ein älterer deutscher Herr. »Wenn die es Ihnen nicht sagen können, macht das aber nichts, denn es stand auf dem kleinen Hügel dahinter. Schauen Sie einfach genau hin, dann werden Sie entdecken, dass dort mal etwas war.«

Wie sich herausstellt, ist das Restaurant Mazursky ein heruntergekommener Schuppen, der den Eindruck macht, als habe er seit der Schlacht keinen Gast mehr bewirtet. Ich lasse meinen Wagen auf dem überwucherten Grundstück stehen und gehe durch ein Wäldchen, und siehe da, im Unterholz entdecke ich sorgfältig zusammengefügte Steinrampen, die möglicherweise Überreste des alten Mauerwerks oder Setzsteine für Fußwege waren, die zum Mausoleum führten. Der Hügel, den ich erkunde, ist mehr oder weniger rund, wie ein prähistorisches irisches Fort, und entspricht im Großen und Ganzen den Bildern, die man mir gezeigt hat.

Am äußeren Rand befinden sich drei oder vier Gräber. Auf jedem steht ein einfaches Holzkreuz mit der knappen Inschrift: »Ein deutscher Soldat.« Später erfahre ich, dass man beim Pflügen angrenzender Felder Leichenteile fand, die aufgrund von Kleiderfetzen und Stiefelabsätzen eindeutig als die sterblichen Überreste deutscher Soldaten identifiziert wurden, obwohl niemand hier mit Sicherheit sagen konnte, aus welchem Weltkrieg sie stammten. Die Bestattung und die Kreuze wurden mit deutschen Spenden finanziert. »Sie hatten wahrscheinlich Glück, dass sie Gräber bekamen«, sagte mir später ein deutscher Veteran, als ich ihm von meiner Reise berichtete. »Die Polen hätten die Knochen wohl einfach in einen Graben geworfen oder wären mit dem Traktor rückwärts über sie hinweggefahren, um sie wieder in der Erde zu verscharren, aus der sie ja ohnehin kamen. Aber inzwischen kommen die Deutschen in Scharen hierher – viele investieren auch hier im Osten – und ich wette, dass ihnen Gerüchte über diese deutschen Soldaten zu Ohren gekommen sind. Sie haben dann weiter nachgeforscht, die Angelegenheit in die Hand genommen und für eine richtige Beisetzung gesorgt. Wir sind ein Volk, das die Opfer seiner Vorfahren zu schätzen weiß.«

Mehrere Arbeiter verbrennen Abfall in einer großen Grube; wer weiß, vielleicht war das ja Hindenburgs Gruft. Ein Stück weiter stoße ich auf irgendeine erbärmlich aussehende Einrichtung, deren ältere Bewohner mich wütend fortscheuchen. »Nie fotografia! Nie fotografia!«, schreien sie. In meinem Reiseführer habe ich gelesen, dass das Mauerwerk des Mausoleums von den Russen dazu benutzt wurde, im nahen Allenstein ihr eigenes Kriegsdenkmal zu bauen. Ich will es mir anschauen, aber in der Touristeninformation sagt man mir, dass die Polen ihrerseits das russische Denkmal dem Erdboden gleichgemacht haben. Aus Neugierde frage ich, was mit den Steinen geschehen ist. In der Hoffnung, dass es sich bei mir wieder mal um einen reichen Deutschen handelt, der in dieser Gegend ein Chalet oder ein Sommerhaus bauen will, schicken sie mich zu einem Bauunternehmer am Ort.

Später am Nachmittag fahre ich mit Karten und dem chronologischen Ablauf der Schlacht, den ich vor meiner Abreise zusammengestellt habe, in der Umgebung umher. Die Reliefkarten am alten Tannenberger Denkmal mit den gepunkteten Linien kreuz und quer durch die Landschaft wären jetzt ganz praktisch, denn die Schlacht, die sie veranschaulichten, war mehr als ein einziges Gefecht, über das an einer schmalen Front entschieden wurde, und das sich an einem einzigen Nachmittag abspielte. Die Schlacht von Tannenberg war eine ungeheuer komplizierte Abfolge von Gefechten. Aufgrund des unebenen Terrains mit seinen verstreuten Seen und Wäldern, das die kämpfenden Armeen überwinden mussten, schien es oft, als wäre ein Teil der Armee völlig abgeschnitten von den anderen, die 50, 60, 80 oder sogar 100 Kilometer weiter weg kämpften. In vieler Hinsicht war es eine moderne Schlacht, weil fast ganz Ostpreußen daran beteiligt war. Es war eine Szene, die Soldaten der alten Schule entmutigte, die jüngere Generation jedoch begeisterte.

*

Der letzte Krieg war lange her; viele Generäle hatten ernst zu nehmenden Kanonendonner seit 44 Jahren, das heißt seit 1870, nicht mehr gehört. Das war wohl ein Grund für die Beklommenheit und Fassungslosigkeit von Offizieren wie Max von Prittwitz, als die schlechten Nachrichten ihr Hauptquartier erreichten. Mit Sicherheit nahm der 66-jährige v. Prittwitz am 20. August bestürzt zur Kenntnis, dass General Pawel Rennenkampfs Njemen-Armee bis zur Insterburger Börde, einem ebenen Landstrich von 60 km Länge zwischen der Festungsstadt Königsberg und dem Labyrinth der Wälder und Seen Masurens, vorgerückt war. Dabei hatte sie den deutschen Truppen zwei schlimme Schläge versetzt. Zeitgleich berichtete der Stab des XX. Armeekorps, das eine Schutzfunktion auf der Südseite Masurens hatte, dass die Narew-Armee des russischen Generals Alexander Samsonow von Warschau aus anrücke und eine Vorhut nun über die Grenze vordringe und Neidenburg bedrohe. Von Prittwitz hätte es besser wissen sollen, aber er signalisierte die Absicht, den Rückzug anzutreten, was das Ende seiner Karriere einläutete.

Deutsche Offiziere waren darauf trainiert, unter widrigen Umständen standzuhalten. Es war ihre Pflicht, bei einer Verschlechterung der militärischen Lage Alternativen und Gegenmaßnahmen abzuwägen, um so die Niederlage zu verhindern und das Blatt zu ihren Gunsten zu wenden. Hilfreich waren bei diesem Prozess wahrscheinlich die Kriegsspiele und Simulationen, an denen jeder Stabsoffizier jahrzehntelang teilgenommen hatte, wie auch der jährliche »Ritt« des Oberkommandos, bei dem das Gelände auf jede nur erdenkliche Situation persönlich ausgekundschaftet und in stundenlangen Planspielen diskutiert worden war. Im Gegensatz zu den Mitgliedern seines Stabs war von Prittwitz in diesem Moment nicht Herr der Lage.

Oberst Max von Hoffmann, ein Zyniker, dessen Tagebuch einen der wenigen aussagekräftigen und nuancierten Augenzeugenberichte der großen Schlacht enthält, erkannte in der taktischen Situation nicht die Niederlage, sondern eher eine Chance zum Sieg. Entsetzt über die Idee eines Rückzugs, zückte er seinen Zirkel und demonstrierte, dass Samsonow sich tatsächlich näher an der Weichsel befand als die 8. Armee und diese eher erreichen würde, wenn es darauf ankam. Die Lösung fand sich wieder einmal in von Schlieffens Lehre: Ziehe von den vor einer der russischen Armeen stehenden Verbänden Kräfte ab, greife mit allen zur Verfügung stehenden Mitteln die andere an, schwenke dann um und vernichte erstere. Die Grundvoraussetzung für eine solche Vorgehensweise – das preußische Eisenbahnnetz – war vorhanden. Seit 1862 war der Transport von Truppen und Material auf dem Schienenweg ein wichtiger Bestandteil der jährlichen Manöver. Und Hoffmann war ein ausgesprochener Experte auf diesem Gebiet. Er schlug vor, die Truppen, die gegen Rennenkampf in Stellung gebracht waren, zu verringern und sie nach Südwesten zu verlagern, um dort Samsonow zu attackieren. Dabei verließ er sich auf die gängige Überzeugung, nach der die Russen nicht in der Lage waren, ihre früheren Siege schnell und kraftvoll auszunutzen. Das stellte zwar nach von Schlieffens Maximen ein Risiko dar, doch Hoffmann war vom Erfolg überzeugt. Nachdem Samsonow geschlagen war, konnten die Preußen Rennenkampf einen weiteren Schlag versetzen. »Schluss mit dem Zweifrontenkrieg«, hatte Schlieffen 1899 gesagt, »eine Front ist genug.«[179] Prittwitz ließ sich von Hoffmanns Sichtweise überzeugen und erteilte die erforderlichen Befehle. Dann enthob ihn Moltke des Kommandos.

Der Retter Ostpreußens kam am 23. August in einem Sonderzug von der Westfront an. Im Hauptquartier in Marienburg bereitete man ihm einen unterkühlten Empfang, denn der Generalstab, der erkannte, dass die neuen Befehle zur Korrektur der Entscheidung sich nicht von denen Hoffmanns unterschieden, fühlte sich in doppelter Hinsicht in seiner Ehre verletzt. Den Neuankömmling ließ dies jedoch gleichgültig. Erich Ludendorff war kein Gefühlsmensch. Er war gekommen, um das Kommando zu übernehmen, Befehle zu erteilen und einen entscheidenden

Sieg zu erringen. Mit ihm im Sonderzug war der nominelle Oberbefehlshaber Paul von Hindenburg angereist, ein Mann, den Hoffmann »noch nie gesehen« hatte.[180]

Die Verbindung zwischen Hindenburg und Ludendorff ist zweifellos die am meisten geschätzte in der preußischen Militärtradition und mit Sicherheit mit der Beziehung zwischen Blücher und Scharnhorst, der berühmten Vorgängerin in der napoleonischen Ära, vergleichbar. Während letztere jedoch mehr oder weniger ebenbürtige Partner waren (auch wenn sich ihre jeweiligen Stärken als Taktiker beziehungsweise tatsächlicher Befehlshaber graduell unterschieden), war Ludendorff dem älteren Hindenburg eindeutig überlegen.

Ludendorff, ein Generalstabsoffizier preußischer, aber nicht-aristokratischer Abstammung, war damals neunundvierzig Jahre alt. Aufgrund seiner Aggressivität und Prinzipienreiterei war er vor dem Krieg in Ungnade gefallen und degradiert worden. Der glühende Anhänger von Schlieffens und seines Plans, aus dem er viele Einzelheiten für detaillierte Schlachtpläne übernommen hatte, erhielt in den ersten Augusttagen vor den Toren von Lüttich eine ganz unerwartete Chance. Als Ludendorff dort auf eine führerlose, orientierungslose Brigade traf, übernahm er sofort das Kommando und führte ihren Befehl aus, den Ring belgischer Befestigungen, die die Stadt umgaben, zu durchbrechen – Befehle, die er auswendig kannte. Mit dieser Aktion machte er sich sofort einen Namen.

Von Moltke, der innerhalb der 8. Armee eine schonungslose Personalablösung für notwendig hielt, kommandierte Ludendorff von der Westfront ab, wo er einen für das Ansehen aller wichtigen Sieg errungen hatte, und befahl ihm, von Preußen »das Schlimmste abzuwenden«.[181] Schon eine Viertelstunde, nachdem er Moltkes Nachricht erhalten hatte, war Ludendorff zunächst zu einer Audienz beim Kaiser und von dort aus in Richtung Osten unterwegs.

Über das, was ihm durch den Kopf ging, als er in seinem Privatwaggon saß, ist nichts bekannt. Ludendorffs Memoiren sind farblos, ja dem Naturell des Autors entsprechend direkt, schlicht und sachbezogen. Er war ein sehr einfach gestrickter Mensch, dessen Einstellung zum Leben folgender Ausspruch treffend zusammenfasst: »Ich trete allein … für

Autorität und Ordnung ein.«[182] Sein Weg war, wie er selbst häufig bemerkte, ausgesprochen »geradlinig«. Der Workaholic Ludendorff, ein Meister des Details und ein Ausbund an Energie, verkörperte das Klischee des unerbittlichen, zielstrebigen preußischen Offiziers, der persönliche Ambitionen weit hintanstellte und sich ganz für Kaiser und Vaterland aufopferte. In keiner Armee, keinem Krieg und keiner Epoche gab es eine Persönlichkeit, die sich so entschlossen und rückhaltlos ihrer Aufgabe widmete wie Ludendorff. Nach den vier Kriegsjahren litt er, durch seine Arbeit völlig aufgezehrt, unter einer Art Kriegsneurose. Er war nur mehr ein Nevenbündel, ein Opfer dessen, was Hindenburg seine »eiserne Arbeitskraft« nannte.[183] Wir liegen also sicher nicht falsch, wenn wir davon ausgehen, dass Ludendorff während der Zugfahrt nüchtern und sachlich darüber nachdachte, wie sich möglichst viele Russen vernichten ließen.

Das Armeeprotokoll sah jedoch noch etwas anderes vor, bevor er seine neue Aufgabe übernehmen konnte. Am 23. August hielt Ludendorffs aus drei Wagen bestehender Sonderzug um vier Uhr morgens im Bahnhof von Hannover. Auf dem Bahnhof standen von Hindenburg und seine Frau. Hindenburg steckte in der altmodischen Uniform eines preußischen Generals und konnte den steifen Kragen nicht zumachen, weil sein Nacken zu dick war. Noch elf Stunden zuvor war er nur einer der Offiziere im Ruhestand gewesen, ein Mann, dessen Aufstieg stetig, aber unspektakulär gewesen war, und der nur »das seinem Rang entsprechende Minimum« an Auszeichnungen erhalten hatte, wie ein zeitgenössischer Beobachter sich nicht gerade schmeichelhaft äußerte.[184] Als der Krieg begann, hatte er Briefe an alte Freunde in der Armee geschrieben und sie unterwürfig darum gebeten, ihn nicht zu vergessen, jedoch die Hoffnung aufgegeben, noch einmal eingesetzt zu werden. Hindenburgs Tagesablauf änderte sich selten. Er schlief zehn Stunden, verbrachte den Vormittag in seiner Wohnung, nahm pünktlich auf die Minute seine Mahlzeiten ein, machte täglich einen kurzen Spaziergang und trank nachmittags im Café »mit der Schwerfälligkeit eines Nilpferds« sein Bier.[185] Keinen überraschte die Berufung mehr als Hindenburg selbst, doch er beantwortete die Anfrage mit einem entschlossenen: »Bin bereit.«[186]

Hindenburg hatte es vor allem dem Zufall zu verdanken, dass er den Oberbefehl über die 8. Armee erhielt. Es war eine Entscheidung, die niemandem im Hauptquartier übermäßig viel Kopfzerbrechen bereitete. Es ist zweifelhaft, ob von Moltke sich Gedanken darüber machte. Ludendorff war das Schlüsselelement, der Mann, dem man die Verantwortung und die Probleme übertragen hatte, der »Roboter-Napoleon« (wie Liddell Hart sagte), der die Situation unter Kontrolle bringen und Preußen retten sollte.[187] Dem unverfrorenen und unhöflichen Ludendorff musste jedoch eine Galionsfigur von Ansehen zur Seite gestellt werden, um Befehlen, die er für notwendig hielt, Geltung zu verschaffen. Hindenburg war nichts weiter als ein Name auf der Liste, eine Persönlichkeit in gesetztem Alter mit einem Stammbaum und dem erforderlichen Benehmen. Als der Zug aus dem Bahnhof von Hannover ausfuhr, trug Ludendorff ihm die Lage vor, umriss seinen Plan zur Rettung und ging dann zu Bett. Von Hindenburgs Wert wurde zunächst nicht angemessen gewürdigt.

Auf dem Weg nach Osten hielt der Zug in Berlin, wo Ludendorffs Frau zustieg. Sie begleitete ihren Mann mehrere Stunden lang und stieg dann an einem Bahnhof in der Nähe des Schlachtfelds wieder aus. Hindenburg, ein liebenswürdiger, alter Herr, wirkte auf sie »ruhig, fast heiter«. Im Gegensatz dazu war der ganz in Gedanken versunkene Ludendorff keine besonders angenehme Gesellschaft in dem privaten Speisewagen. »Ja es gab eine Zeit, wo auch Ludendorff sorglos und fröhlich sein konnte!«, schrieb sie später in ihren Memoiren. »Nicht immer trugen seine Züge den Ausdruck unbeugsamen Starrsinnes, eines zu Eis erstarrten Gefühlslebens.« Als sie aus dem Zug schaute, sah sie eine endlose Reihe von »blumenbekränzten« Munitions- und Mannschaftstransportwagen, alle auf dem Weg zur Front.[188]

Bei ihrer Ankunft in Marienburg am 23. stellten die beiden Generäle fest, dass Oberstleutnant Hoffmanns Anordnungen bereits ausgeführt wurden. Mit Ausnahme von zwei Korps wurden die verstreuten Elemente der 8. Armee nach einem genauen Plan in Züge verfrachtet und Richtung Süden gebracht, um gegen Samsonow Stellung zu beziehen, der mit seinen russischen Truppen von Warschau aus anrückte. Es dauerte zum Beispiel nur vierzig Stunden, um das I. Armeekorps von General Hermann von François, der in der kommenden Schlacht eine Schlüsselrolle spielte, genau auf dem rechten Flügel von Ludendorffs Truppe abzusetzen. Einige Truppen marschierten nur fünf Kilometer von ihren Depots zur Frontlinie.

Im Gegensatz dazu hatten die russischen Soldaten der Narew-Armee nur eine vage Vorstellung davon, wo sie waren und wohin sie marschierten. Sie kannten nur ihren Hunger und ihre Erschöpfung. Die russische Mobilisierung war planlos und chaotisch vonstatten gegangen. Zar Nikolaus II. und sein Onkel, Großfürst Nikolaj Nikolajewitsch, der Oberbefehlshaber der russischen Armee, wollten unbedingt ihre Zusicherung an Frankreich und Großbritannien, sofort das Schlachtfeld einzunehmen und eine Front zu bilden, einlösen. Als Ergebnis verlief insbesondere der Vormarsch von Samsonows Truppen zur preußischen Grenze sehr ungeordnet. Es war heiß, auf den sandigen polnischen Straßen kamen sie nur mühsam vorwärts und die Brotöfen hatten sie weit hinter sich gelassen. Zudem erhielten sie widersprüchliche und der unmittelbaren Situation unangemessene Befehle. Sobald die Truppen auf oder in der Nähe des Schlachtfelds waren, ließ man sie manchmal den ganzen Tag in eine Richtung marschieren und am Abend wieder umdrehen und den gleichen Weg zurückstiefeln. Die Offiziere waren unentschlossen und hatten keinen übergreifenden taktischen Plan. Sie wussten nur, dass sie vorrücken sollten und erwarteten, schon bald auf die ausgedörrten Teile der preußischen Armee zu treffen, die Rennenkampf, wie er stolz verkündet hatte, vor ein paar Tagen aufgestöbert hatte, und das Gebiet von ihnen zu säubern. Keiner von ihnen ahnte, dass die deutschen Truppen gegen sie in Stellung gebracht wurden.

Das britische Gegenstück zu Hoffmanns Kriegserinnerungen ist das Tagebuch von Major Alfred Knox, einem dem russischen Oberkommando zugewiesenen Militärattaché. Knox' forsch-fröhliche Art war typisch für die britischen Offiziere der damaligen Zeit. Er war besessen von der Jagd, voller Bewunderung für »gute Kerle« hüben und drüben, sprach dem Wein zu und war ein begeisterter Fotograf, der gerne Schnappschüsse machte, gleichgültig ob von Bauern oder Fürsten – ein irgendwie zerzaust wirkender Zeitgenosse, dessen Taschen immer mit

Papieren und Notizen voll gestopft waren. Knox hatte auch ein gutes Auge für das Terrain. 1911 hatte er eine Art »Stabsfahrt« unternommen und war den ganzen Weg von Warschau bis Königsberg mit dem Fahrrad abgefahren. Dabei war ihm klar geworden, dass Preußen zwar an sich keine strategische Bedeutung hatte, aber einen »heiklen Punkt« in der Psyche der Deutschen darstellte. Der Plan der Russen, diese Provinz einzunehmen, begeisterte ihn.

Knox war viel auf Reisen und schaffte es mit der für ihn typischen Unbekümmertheit, einen Schlafwagenplatz im letzten Vorkriegszug von Berlin nach Moskau zu ergattern. Die Russen, die sich mit ihm im Zug befanden, hielten sich mit ihren Kommentaren über die Deutschen so lange zurück, bis man die Grenze zwischen den beiden Ländern passiert hatte. Dann wurden die Unterhaltungen über »diese deutschen Schweine« lebhaft. Knox gelangte schließlich irgendwo in Polen bis zum Kommandowagen des Großfürsten vor und äußerte sich anerkennend über dessen Küche. (»Wir essen um 12.30 Uhr zu Mittag – drei Gänge – und um 19.30 zu Abend: Suppe, Braten und Nachtisch, ein Glas Wodka, Bordeaux oder Madeira und ein Glas Cognac zum Kaffee«). Nikolaj kam Knox' Bitte, sich General Samsonow an der Front anzuschließen, erfreut nach, vielleicht, um diesen gewollt fröhlichen Engländer loszuwerden. Die Dörfer, durch die Knox fuhr, waren »schmutzig und staubig, und auf den Straßen wimmelte es von Juden«. In seinem Tagebuch hielt er die Prophezeiung eines mutlosen russischen Rekruten fest: »Man sagt, es ist eine breite Straße, die in den Krieg führt, aber nur ein schmaler Pfad, der wieder nach Hause führt.«

Der Attaché erreichte Samsonow, der sein Hauptquartier noch immer im russischen Polen hatte, am vierundzwanzigsten. Der General war, wie Knox schrieb, ein netter Kerl, ein Mann von »einfacher, freundlicher Wesensart«, aber vielleicht mit dem Kommando überfordert. Samsonow und Rennenkampf hatten, so Knox, bislang nur einzelne Divisionen befehligt, was hieß, dass ihr Sachverständnis nicht über das hinausreichte, was sie mit eigenen Augen vor sich sahen.[189]

Im deutschen Hauptquartier hatte man einen wesentlich größeren Weitblick. Von wem die Idee eines groß angelegten Umfassungsangriffs stammte, lässt sich heute nicht mehr sagen. Möglicherweise entstand sie gar nicht im Kopf eines Einzelnen, sondern wurde gemäß der für den Generalstab typischen Vorgehensweise des orchestralen Managements in einem kollektiven Prozess entwickelt, obwohl dabei gelegentlich einzelne Solisten die Führung übernahmen. Was von Schlieffens Schüler einte, war die Vorstellung von einem riesigen Cannae, einer Reproduktion der berühmten Schlacht des Zweiten Punischen Krieges, bei der Hannibal eine zahlenmäßig weit überlegene römische Streitmacht vernichtet hatte. Von Schlieffen hatte sich, nachdem er in den Ruhestand getreten war, ausschließlich mit diesem einen, relativ kurzen Gefecht beschäftigt und nach Erkenntnissen gesucht, die sich vom Jahr 216 v. Chr. auf die Arena eines hunderte Kilometer umfassenden Schlachtfeldes mit einer für Hannibal unvorstellbar großen Zahl von Kombattanten übertragen ließen. Dem alten General zufolge war das Prinzip schlüssig und umsetzbar. Gib im Zentrum nach, aber lass keine Lücken entstehen. Schick dann stärkere Truppen um die Flanke deines Feindes und überwältige ihn mit einer überlegenen Macht an einem Schwachpunkt. Ein doppelter Umfassungsangriff, soweit er denn möglich ist, wäre noch erfolgreicher; das heißt, schick zwei flankierende Truppen aus, die sich im Rücken des Feindes treffen und ihn in die Zange nehmen. Ludendorff, Hoffmann, François und Hindenburg erkannten, dass hier im Süden Preußens genau das möglich war, eine Idee, »für deren Urheber«, wie Solschenizyn bemerkte, »sich jeder der Drei hielt (und dann muss man später der Geschichte noch beweisen, dass man selbst Urheber und Vollstrecker war)«.[190]

Das beunruhigende Element in ihrem Plan war jedoch Rennenkampf. Wenn Russlands Njemen-Armee merkte, dass sich der Feind von der Front zurückgezogen hatte, war der Weg nach Ostpreußen frei. Ein entschlossener Befehlshaber könnte die Linien durchbrechen und Samsonow unterstützen, indem er die Deutschen von hinten angriff. Mit einer zahlenmäßig überlegenen Streitkraft konnte es den Russen durchaus gelingen, die 8. Armee zu vernichten, und dann lagen keine Hindernisse mehr zwischen einer Horde randalierender Slawen und der Hauptstadt Berlin. Am Abend des 24. August geriet Ludendorff bei dem Gedanken an diese Möglichkeit in Panik und stellte diesen Schlachtplan, der teilweise schon in Gang gesetzt worden war, während des Abendessens in Frage. Hoffmann, ein starker Trinker, den nie Skrupel überkamen, reagierte völlig entgeistert auf Ludendorffs Bedenken. Verlor ein weiterer Generalstabsoffizier die Nerven? Das war die Situation, aus der von Hindenburg als der Sieger der Schlacht von Tannenberg hervorging.

Es gibt keine Zeugen der Unterhaltung zwischen Ludendorff und Hindenburg, die an diesem Abend außerhalb der Offiziersmesse stattfand, und keiner der beiden Männer geht in seinen jeweiligen Memoiren auf Einzelheiten ein. Der Tenor ist jedoch im Wesentlichen klar. Von Hindenburg, der alte Bär, schaffte es innerhalb weniger Minuten, den leicht erregbaren Ludendorff in einem ehrlichen und offenen Gespräch zu beruhigen, in dem er Ruhe und Stärke zur Schau stellte und ihn mahnte, an sich und den Allmächtigen zu glauben. Ludendorff habe sein Bestes getan, seine Befehle würden bereits ausgeführt, und nun solle er die Dinge ihren Lauf nehmen lassen. Hindenburg würde im Falle einer Niederlage die Verantwortung übernehmen. Am nächsten Tag zeigte ein aufgefangener, unverschlüsselter feindlicher Funkspruch (ein »unbegreiflicher Leichtsinn«, so Hoffmann[191]), dass der Plan glücken könnte, denn Rennenkampf rückte zu langsam vor, um den Ausgang der Schlacht im Süden zu beeinflussen. Sofort befahl Ludendorff dem zweiten Angriffsflügel, der bislang die Stellung gegenüber Rennenkampfs Truppen gehalten hatte, unverzüglich zum neuen Schlachtfeld zu marschieren. Samsonows Verhängnis war nun nicht mehr aufzuhalten.

Im weitesten Sinne sah der Plan der Deutschen vor, Samsonow an den Ort zu locken, den Solschenizyn später als »die Wolfsgrube« bezeichnete.[192] Genau in dem Moment, in dem der russische General und Knox einander zuprosteten, war das Zentrum seiner Armee bereits in der Nähe des Dorfes Orlau an einer etwa 16 km langen Front in den Kampf mit dem XX. Armeekorps, dem Zentrum der Deutschen, verwickelt. Interessant ist dabei, dass dem XX. Korps Einheiten der Landwehr angehörten, Reservisten älterer Jahrgänge, die man zuvor nicht als Truppen der ersten Linie betrachtet hatte. Aber das XX. Korps war ein ostpreußisches Regiment. Diese Soldaten kämpften im wahrsten Sinne des Wortes darum, Heim und Herd zu retten. Deswegen akzeptierten sie unerschütterlich ihre aufopferungsvolle Aufgabe, denn das XX. Korps würde der »Amboss« sein, der die russische Armee wiederholt zum Angriff verlocken sollte.[193] Während einer Reihe harter Kämpfe fing dieses Korps einen Hagel von Schlägen ab und war häufig der Niederlage nahe, doch gelang es ihm im Verlauf der Schlacht, sich wieder so zu formieren, dass Samsonow, der noch weit in seinem Rücken war, glaubte, die Deutschen hätten einen ungeordneten Rückzug angetreten.

Mit jedem lokal begrenzten Sieg und unerheblichen Vormarsch steuerte das russische Zentrum weiter auf seinen Untergang zu. Am 25. August zog Ludendorff die Schlinge weiter zu. Von unermesslichem Wert war der stetige Strom abgefangener russischer Botschaften, die zeigten, dass sich die Absichten des Feindes wenig geändert hatten. Hindenburg war so zuversichtlich, dass er früh zu Bett ging. »Heute Nacht können wir ruhig schlafen«, sagte er zu Ludendorff, einem Mann, für den Ruhe ein Gräuel war.

Während der nächsten drei Tage spielte sich im Osten ein Cannae ab, wie der verstorbene von Schlieffen es für die Westfront geplant hatte. Ludendorff zögerte zwar bei ein oder zwei Gelegenheiten, doch trugen der Einfallsreichtum und oft auch die Gehorsamsverweigerung seiner Generäle, insbesondere des aggressiven François, das ihrige zur völligen Niederlage der Russen bei. Obwohl deren Mitte heroisch kämpfte, wurden der rechte und der linke Flügel ohne viel Federlesens zur Ineffektivität verdammt. Die Korps agierten aufgrund fehlender Kommunikationsmittel und kenntnisreicher Anweisungen seitens Samsonow, dem der Ernst der Lage ursprünglich nicht bewusst war, völlig unabhängig voneinander. »Alles hat sich schnell entwickelt«, notierte Knox in sein Tagebuch, doch erst am 27. August bemerkte er, dass sich Panik ausbreitete. Zu diesem Zeitpunkt hatte sich der rechte Flügel der Russen bereits aufgelöst. Auch der linke Flügel stand kurz vor der Auflösung, und die blamierten Befehlshaber flohen Hals über Kopf in Richtung Grenze. Samsonow, der überhaupt nicht auf dem Laufenden war, war gerade erst nach Deutschland einmarschiert. Er erhielt bereits Nachrichten vom Hauptquartier, dass man seinen mangelhaften Vormarsch als »feige« erachtet hatte, doch erst am nächsten Tag wurde ihm plötzlich klar, dass die Schlacht so gut wie vorbei war.[194]

Knox schloss auf Feldern nördlich von Neidenburg zu Samsonow auf. Als er ihn fand, »saß er von seinem Stab umgeben auf dem Boden und studierte Karten. Ich stand etwas abseits von ihm. Plötzlich stand er auf und befahl acht der Kosaken, die bei uns waren, abzusitzen und ihm ihre Pferde zu überlassen. Ich machte Anstalten, mich ebenfalls auf den Weg zu machen, doch er winkte mich zu sich und nahm mich beiseite. Er sagte, dass er es für seine Pflicht halte, mir zu sagen, dass die Lage äußerst ernst sei. Sein Platz sei bei der Armee, aber er riet mir, zurückzukehren, solange noch Zeit dazu sei.« Samsonow brach dann allen Kontakt zu seinen Vorgesetzten ab und ritt in Richtung Norden in eine hoffnungslose Schlacht und in das Vergessen hinein.

*

Heute abend fahre ich auf der einsamen Straße von Neidenburg nach Willenberg und erfreue mich an einer Landschaft, die sich seit jenen Tagen des Jahres 1914 wenig verändert hat. Die von alten Bäumen gesäumte Allee bringt mich gen Osten. Rechts und links sind in 60 bis 90 m breiten parallelen Streifen Felder angelegt. Sie werden von Fichtenbeständen eingezwängt, die kreuz und quer von ungepflasterten Wegen durchzogen sind. In diesen Wäldern irrten Teile der russischen Narew-Armee umher und versuchten zu entkommen. Einheiten, die noch einen Offizier hatten, zogen mit Hilfe des Kompasses in Richtung Süden, während Nachzügler und Verbände einfacher Soldaten dorthin flüchteten, wo sich das Artilleriefeuer weniger bedrohlich anhörte. Der allgemeine Rückzug sollte von dieser Straße aus stattfinden.

Die beiden von der Front Rennenkampfs abkommandierten Korps hatten das ihre getan, nämlich die rechte Flanke der Russen vernichtet und sie von Nordosten her umzingelt. Von François, der die linke Flanke außer Gefecht gesetzt und damit direkt gegen eine Order Ludendorffs – der ihm befohlen hatte, den Angriff abzubrechen – verstoßen hatte, rückte nach Osten in Richtung Willenberg vor, um den Kordon abzuriegeln. Ludendorff wurde klar, dass er einen Fehler gemacht hatte, und hieß später diesen Schachzug gut. Von François hielt seine Leute, die sich zum großen Teil auf Fahrrädern fortbewegten, zu einem flotteren Tempo an. In Abständen spalteten sich Sonderkommandos ab und bildeten entlang der schmalen Straße auf den Wald gerichtete Schusslinien. Am 29. August tauchten dann die Russen aus dem Wald auf.

Für die Deutschen war es ein ruhmreiches Finale, für die entmutigten Russen, die in dem Todesstreifen zwischen Wald und Straße abgeschlachtet wurden, aber kaum mehr als ein blutiges Gemetzel. Von meinem Aussichtspunkt in der Nähe von Muschaken, wo ich mein Zelt aufgeschlagen habe, streift mein Blick ungehindert in die Weite. Gruppen, die auszubrechen versuchten, stießen auf weitere Nachzügler, die ihrerseits vorwärts drängten, was zu einem entsetzlichen Chaos im unwegsamen Unterholz führte. Genau an dieser Stelle wurde der letzte und schlecht organisierte Versuch unternommen, der Einkesselung zu entkommen. Deutsche Soldaten sahen einen Priester der Russischen Orthodoxen Kirche mit einem Kruzifix in den Händen aus dem Wald kommen. Ihm folgten einige Hundert ausgehungerte Russen mit aufgepflanzten Bajonetten. Viele von ihnen hatten in den letzten fünf Tagen nicht einmal mehr eine Brotkruste zu essen gehabt. Keinem einzigen gelang es, die deutsche Schusslinie zu durchbrechen. Von Hindenburg nannte diesen letzten Einsatz »die Schlussernte«.[195]

Knox erfuhr erst etliche Tage später von Samsonows Schicksal. Der verwirrte General hatte sich ins Zentrum begeben, um persönlich das Kommando zu übernehmen, doch zu diesem Zeitpunkt war kaum noch etwas auszurichten. Verzweiflung und väterliche Sorge um die armen Rekruten, die Männer seiner Armee, peinigten ihn. »Wie kann ich dem Zaren in die Augen blicken?«, hörte man ihn sagen. Als Knox am 1. September das russische Polen erreichte, bat er einen Offizier, ihn zu Samsonow zu führen. »Er schüttelte den Kopf, und als ich auf eine Antwort drang, fuhr er sich mit der Hand viel sagend über die Kehle.« Samsonow, der mit seinen Leuten zu Fuß unterwegs war, hatte sich in dem riesigen Wald verirrt und sich eine Kugel in den Kopf geschossen. »Es ist eine Katastrophe«, schrieb Knox in sein Tagebuch. »Die Russen sind doch nur große gutherzige Kinder, die nichts durchdacht haben und schlaftrunken in ein Wespennest gestolpert sind.« Im Gegensatz dazu hatten die Deutschen an alles gedacht. Bei Einbruch der Dunkelheit wurden Suchscheinwerfer eingesetzt, um die Gegend zu durchkämmen. Niemand sollte entkommen.

Einen überzeugenderen militärischen Sieg hätte niemand erringen können. Selbst Hindenburg und Ludendorff waren überwältigt. Die totale Vernichtung solch riesiger Truppen auf einem schwierigen Schlachtfeld war theoretisch denkbar gewesen, aber auf ein solches Ergebnis hatte keiner zu hoffen gewagt. Doch hatten die Deutschen als Beweis Kriegsbeute und Gefangene – über 125 000 Gefangene und unzählige Tote, die auf den Feldern und in den Wäldern verwesten. Es dauerte etliche Wochen, bis die Sieger die Wälder auf der Suche nach zurückgelassener Kriegsbeute systematisch durchkämmt hatten, und zum Schluss waren 500 Geschütze gefunden worden.

Hindenburg und Ludendorff gingen in Allenstein in die Kirche. Als die Russen einige Tage zuvor in die Stadt einmarschiert waren, hatten sie, naiv wie sie waren, geglaubt, Berlin erobert zu haben. Inzwischen waren die meisten von ihnen tot. Hindenburg war von Gefühlen überwältigt. Im Schatten des Schlosses aus rotem Backstein, das die von ihm verehrten Deutschritter erbaut hatten, sagte er gläubig Dank für seinen Sieg. Ludendorff kniete neben ihm und versuchte zu beten, aber in Gedanken war er ganz woanders. Er schmiedete bereits einen Plan, wie er gegen Rennenkampf vorgehen würde.

*

Eigentlich hatte ich erwartet, bei meiner Fahrt über Land irgendeinen Hinweis darauf zu finden, dass hier eine so ruhmreich in die Annalen der Kriegsgeschichte eingegangene Schlacht stattgefunden hat. Doch das große Mausoleum ist natürlich verschwunden und mit ihm auch fast jede andere Spur der Schlacht. Im Unterschied zu Gettysburg oder Verdun gibt es weder Denkmäler noch Erinnerungsstätten. Ich fahre aufs Geratewohl nach Willenberg und gehe auf eine am Straßenrand stehende Gruppe polnischer Offiziere zu. Sie sind für einen Konvoi von zwölf riesigen Panzern verantwortlich, die weiß Gott wohin unterwegs sind. In ihren schönen Uniformen und den unverwechselbaren Kappen, die auf Polnisch ›rogatywka‹ genannt werden, wirken sie sehr vornehm. Zwei der Herren sprechen ein wenig Französisch, und ich frage sie, ob das Grab von General Samsonow hier im Gelände jemals offiziell ausfindig gemacht oder durch einen Gedenkstein gekennzeichnet wurde. Sie haben keine Ahnung, wer Samsonow war, und wissen auch nichts über die Schlacht. »Es gab so viele Kämpfe hier, so viele Feldzüge«, meint einer von ihnen, »aber sie sagen uns nichts. Selbst diese Panzer sind veraltet. Sie eignen sich gut, um Menschenmengen auf der Straße einer Stadt zu kontrollieren, aber in einem Atomkrieg sind sie völlig wertlos.« Als ich zu meinem Wagen zurückgehe, salutieren die Offiziere artig.

Obwohl die Schlacht von Tannenberg, wie sie später (aus Rache für die Niederlage, die die Deutschritter 500 Jahre zuvor auf ebendiesem Boden erlitten hatten) genannt wurde, so überaus erfolgreich war, hatte sie keine wesentliche Auswirkung auf den weiteren Verlauf des Krieges und vielleicht in einer Hinsicht sogar einen negativen Einfluss auf das Schicksal der Deutschen. Der Zorn des Kaisers über die Entweihung des preußischen Bodens und Berichte darüber, dass große Teile der von panischer Angst ergriffenen Zivilbevölkerung aus der Provinz flohen, hatten von Moltke dazu veranlasst, zwei ganze Korps und eine Kavallerieeinheit von der von Schlieffenschen rechten Flanke, die gerade in Frankreich einschwenkte, abzuziehen, in Eisenbahnwaggons zu verladen und zur Verstärkung Ludendorffs nach Preußen zu schicken. Diese Truppen erreichten das Schlachtfeld zu spät und waren deshalb für keine der Fronten von Nutzen. Militärhistoriker haben lange darüber diskutiert, ob die Franzosen in der Marneschlacht (6.–9. September), in der sie das Ziel der Deutschen, eine schnelle Vernichtungsschlacht zu schlagen, zunichte machten, so erfolgreich gewesen wären, wäre der rechte Flügel nicht geschwächt worden. Ein französischer Offizier nannte diesen Fehler »unsere Rettung«.[196]

Die Schlacht von Tannenberg rettete jedoch Preußen, und Ludendorffs unmittelbar folgender Angriff gegen die Njemen-Armee des Feindes erwies sich für die Russen als weitere Demütigung. Ihr Befehlshaber Rennenkampf war so entnervt, dass er in einen Stabswagen sprang und fluchtartig das Schlachtfeld verließ. Als ausländische Attachés, die sich im Kommandowagen des Großfürsten hinter den Linien befanden, ihr Bedauern über diese schrecklichen Verluste äußerten, sagte Nikolaj Nikolajewitsch: »Nous sommes heureux de faire de tels sacrifices pour nos alliées« – die berühmte Antwort, die schon die Saat für die bolschewistische Revolution enthielt.

Ludendorff und Hindenburg fügten den verschiedenen russischen Armeen, denen sie im Verlauf der nächsten zwei Jahre gegenüberstanden, auch weiterhin enorme Verluste zu. In ganz Ostpreußen tobten riesige Schlachten, gefolgt von Feldzügen in Polen und Galizien, von denen die meisten Westeuropäer, deren Aufmerksamkeit mehr auf die Schlachten an der Somme, bei Ypern, Passchendaele und Verdun gerichtet ist, wenig wissen. Doch die Deutschen hatten sich mit der Idee eines Zweifrontenkrieges schon lange beschäftigt. »Wird der Deutsche es jetzt wie damals zulassen, dass Litauer und namentlich der Pole aus unserer Ohnmacht Nutzen ziehen und uns vergewaltigen?«, schrieb Ludendorff. »Soll Jahrhunderte alte deutsche Kultur verloren gehen?«[197]

Und dennoch – so wie die Schlacht von Tannenberg den Zaren trotz der schweren Niederlage nicht daran hindern konnte, immer weitere schlecht ausgerüstete und schlecht ausgebildete Bauernarmeen aus dem Boden zu stampfen, so konnten auch weitere Siege der Deutschen die Russen nicht ausschalten. Ludendorffs Schwenkungsflügel, seine Umfassungsangriffe und napoleonischen Märsche überwältigten und beschämten die Russen wiederholt, doch nach keiner einzigen Niederlage wurde der Ruf laut, sich zu ergeben. Das lag teilweise an der mangelnden Leistung Österreich-Ungarns, des Verbündeten der Deutschen, und Ludendorff verwünschte den Tag, an dem er von diesem »absterbenden Staat« abhängig geworden war.[198] Und natürlich verschlechterte sich die Versorgungslage angesichts einer Ostfront, die sich zu einem bestimmten Zeitpunkt von Riga in Kurland bis hin zum Schwarzen Meer erstreckte, und der noch weitaus mehr Ressourcen verschlingenden Grabenkriege, die von der Nordsee bis zur Schweiz tobten.

Im August 1916 wurden die Befehlshaber Ost, als überall eine Pattsituation herrschte, nach Westen beordert. Das war der Beginn von Ludendorffs Herrschaft als eigentlicher Diktator Deutschlands. Der Generalstab hatte gehofft, dass dieses inzwischen legendäre Team mit seinem Faible für Mobilität, im Stellungskrieg, in dem der Westen feststeckte – was ein Affront gegen das war, was viele als Kriegs-»Kunst« bezeichneten[199] –, eine Änderung bewirken könne. Mobilität erforderte jedoch einen Durchbruch, und zu diesem Zeitpunkt war die Front ein aufgewirbeltes Meer aus Schmutz und Feldbefestigungen, ein Terrain, um das man so oft gekämpft hatte, dass es völlig platt gewalzt war. Ludendorff gelang zwar an der einen oder anderen Stelle der Durchbruch, doch der logistische Albtraum, die Artillerie durch das zerstörte Gelände nachzuholen, bedeutete oft, dass die Infanterie ohne Deckung vorrückte und zur Zielscheibe von vernichtenden Gegenschlägen wurde. Keine von Ludendorffs Offensiven erzielte das gewünschte Tannenberger Ergebnis. Die Armeen der Verbündeten wurden nicht von hinten umklammert. Kein noch so schwerer Schlag brachte den Feind dazu, einen Waffenstillstand vorzuschlagen.

1918 hatte selbst der Siegeswille der Deutschen nachgelassen und die Rufe nach »dem alten Elan und Geist von 1914« trafen auf taube Ohren, eine Entwicklung, die Ludendorff nicht verstehen konnte und für die er die deutsche Bevölkerung hinter den Linien verantwortlich machte – sie war verweichlicht und hatte einen schädlichen Einfluss auf die Moral des gemeinen Soldaten. Ludendorff verlor den Kontakt zum eigentlichen Geschehen an der Front und konnte nicht nachvollziehen, welchen Überdruss die Unbilden eines modernen Krieges erzeugen konnten. Als Preuße hatte er kein Verständnis für Schwäche und plante weiterhin Offensiven von der Gewalt eines Vorschlaghammers gegen befestigte Stellungen, eine Vorstellung, die von Schlieffen – zu diesem Zeitpunkt kaum noch relevant – für Irrsinn gehalten hätte. In Tannenberg standen Ludendorff 500 Geschütze zur Verfügung. Bei seiner letzten großen Offensive vier Jahre später, der Operation Michael, wurden 6000 Geschütze eingesetzt. Die strategische Finesse, die Ludendorff einst besessen hatte, war für immer verschwunden. Er war jetzt, wie der Schriftsteller Arnold Zweig schrieb »untreffbar, eingehüllt in die eigene Atmosphäre wie ein Planet im eisigen Raum«.[200]

Hindenburg unterstützte Ludendorff in diesen aufreibenden Jahren. Seine spätere Charakterisierung ihrer Beziehung als einer harmonischen Ehe ist jedoch völlig falsch. Der alternde Feldmarschall (sein neuer, erhabener Rang) war zwar langsam und bedächtig, aber noch keineswegs senil und sich durchaus bewusst, dass Ludendorff die Zügel der Macht in der Hand hielt und diese Macht ohne Rücksicht auf Hindenburgs Gefühle oder Meinung ausübte. Hindenburg akzeptierte die Situation, auch wenn sie oft schwierig war. Es war sinnvoll, dass junge Männer mit neuen Ideen die Kontrolle übernahmen, und mit seinen antiquierten Vorstellungen von ehrenhaftem Verhalten fühlte er sich in der Rolle des Oberbefehlshabers wohl, der ihre Absichten legitimierte und ihnen Deckung gab. Doch Ludendorffs schroffe Missachtung des Feldmarschalls war milde ausgedrückt unhöflich, und als sich das Oberkommando 1918 mit der endgültigen Katastrophe konfrontiert sah, kam es zu einer Entfremdung zwischen den beiden. Der bis aufs Äußerste angespannte Ludendorff wurde bei den Besprechungen immer taktloser, verdrehte die Augen oder brüllte Hindenburg an, wenn der alte Mann eine besonders kuriose strategische Beobachtung machte, und brütete auf für ihn untypische Weise über seine einstigen Verdienste nach, die durch Hindenburgs zunehmende Popularität an Glanz verloren hatten. Wer hatte Tannenberg gewonnen? Sicherlich nicht von Hindenburg! So sagte Hoffmann später, als er mit Offizierskollegen die Kriegsstätte besuchte: »In diesem Zimmer hat der Feldmarschall geschlafen, vor der Schlacht bei Tannenberg, nach der Schlacht bei Tannenberg und, unter uns, auch während der Schlacht bei Tannenberg.«[201] Ludendorff gewöhnte es sich an, in der entsetzlichen Ichform zu sprechen, wenn er diese wenigen glorreichen Tage, die eine Ewigkeit her zu sein schienen, erwähnte – »Als *ich* die Schlacht von Tannenberg gewann …«[202] Viele Offiziere äußerten sich abschätzig über Ludendorffs schlechte Kinderstube.

Einer konnte ihn mit Sicherheit nicht mehr ertragen: der Kaiser. Wilhelms Impulsivität hatte sich im Verlauf des Krieges nicht gelegt, ja er war sprunghaft wie eh und je. Als Ludendorff den Kaiser demütigte, indem er sich dessen Macht als Oberster Kriegsherr aneignete, war dieser nur mehr ein Tourist, ein »gekrönter Beobachter«, wie Walter Görlitz es nannte, dessen einzige Aufgabe es war, den Soldaten in den Schützengräben Besuche abzustatten und ein paar aufmunternde Worte zu sagen.[203] Ludendorff hatte seiner Ansicht nach in dieser Angelegenheit keine andere Wahl. Die schreckliche Bedrohung, der Deutschland ausgesetzt war, zwang einen Mann mit seinen Überzeugungen, die erforderlichen drastischen Schritte einzuleiten. Nur ein »totaler Krieg« – ein Titel, den er 1935 seinem Buch zur Militärtheorie gab – konnte Deutschland vor dem Zusammenbruch retten. Interne Machtkämpfe, parlamentarische Streitigkeiten, die Trägkeit der Zivilbevölkerung und die Intrigen der Sozialisten – all dies konnte nur durch drastische Maßnahmen in Schranken gehalten werden, und der Kaiser war Ludendorffs zutreffender Meinung zufolge zu dilettantisch, um diese Verantwortung zu übernehmen. Mit der Drohung zurückzutreten schob Ludendorff den Kaiser, der seinen habgierigen Untergebenen verachtete und einen »Oberfeldwebel« nannte, einfach beiseite.[204] Hindenburg, der andere »siamesische Zwilling«, war dem Monarchen keine Hilfe.[205] Während dieser Besprechung stand er abseits und beugte sich Ludendorff in seiner ernsten, ruhigen Art. Wilhelm argwöhnte, dass Hindenburg hinter dieser Pose der Unnahbarkeit nur seine Dummheit verstecke. Der alte Mann lebte in der Vergangenheit.

In vielerlei Hinsicht entsprach dies der Wahrheit. Hindenburg, ein wahrer Preuße, weinte, als der Kaiser am 9. November abdankte, rettete ihn jedoch nicht. Ludendorff hatte man nur wenige Tage zuvor angesichts der katastrophalen Niederlage fallen gelassen. »Die Politik forderte ihre Opfer: das erste wurde am 26. Oktober gebracht«, schrieb der Marschall in seinen Memoiren[206], und als in Berlin revolutionäre Zustände ausbrachen, wurde auch der Kaiser geopfert, denn von Hindenburg entschied, statt seiner die Armee zu retten. Für einen Mann wie Hindenburg zählte nur eins: die Armee.

Wilhelm schlug in seinem Hauptquartier in der belgischen Stadt Spa, die zu weit von der Front und entschieden zu weit von Berlin entfernt lag, wütend um sich. Sollte er seine Truppen sammeln und in seine Hauptstadt einmarschieren, um diesen demagogischen Mob, der ihn entthronen wollte, auseinander zu treiben? Oder sollte er zur Front fahren, vielleicht zum Regiment seines Sohnes, und einfach dort bleiben, um die weiteren Entwicklungen abzuwarten? Keins von beiden war möglich, sagte der Marschall. Er konnte sich nicht für die Loyalität der Armee verbürgen, was hieß, dass er fürchtete, seine Männer auf die Probe zu stellen. Wenn die Armee einen Vormarsch auf Berlin unternahm, um den Kaiser wieder einzusetzen, bestand die Gefahr, dass es zu einer Katastrophe wie im Fall des Zaren Nikolaus kam: zum Kampf von Truppen gegen Truppen, zum Bürgerkrieg, zum endgültigen Ruin. Hindenburg war ein Mann der alten Schule; er liebte die Uniform über alles. Deutschland konnte den Krieg verlieren, konnte seinen Kaiser verlieren, jedoch nicht seine Armee. Wenn die preußischen Einheiten nach Hause marschierten, sollten sie dies unversehrt und geordnet tun, unter richtigem Kommando und im Wesentlichen ungeschlagen. Die Sieger würden ihnen vielleicht Einschränkungen auferlegen, ihre Zahl reduzieren und auf tausenderlei Art ihre Fahnen entweihen, aber die Armee würde überleben und sich für einen anderen Tag, ein anderes Zeitalter neu formieren. Hindenburg war in der Tat nicht dumm.

Der Kaiser, bis zum Ende eine »byzantinische Persönlichkeit«[207], konnte wettern und schwanken, sich theatralisch in Positur werfen und bittere Wuttränen vergießen, was den alten Marschall zutiefst bewegte und vor Schmerz sprachlos machte, sodass ein Untergebener stellvertretend für ihn die verräterischen Worte aussprechen musste: »Militärische Eide? Kriegsherren? Das sind nur Worte und am Ende des Tages nichts weiter als Ideen.«[208] Knapp vierundzwanzig Stunden später war der preisgegebene Kaiser auf dem Weg nach Holland ins Exil.

11. Kapitel

Groß Pötzdorf

1930

Weimarer Zwischenspiel

Hitler ... war aus Niemandsland.
Nur ein im Grunde Fremder konnte so faszinieren, so sich Deutschland unterwerfen, wie es diesem gelang.

Golo Mann[209]

Ich sitze im Wohnzimmer eines neuen, kleinen Reihenhäuschens in einer Trabantenstadt irgendwo auf dem Lande in der Bundesrepublik Deutschland. Eine Ecke dieses Raumes, dessen Fenster zu einem tadellos gepflegten Garten hin liegen, dient als Speisezimmer. Wir haben gerade zu Mittag gegessen, und nun reicht man ein Album mit Fotos, die in den Dreißigerjahren auf dem alten Familiengut Groß Pötzdorf in Ostpreußen aufgenommen wurden, sowie eine Art Familientagebuch herum. Die Deutschen sind sehr sorgfältig, wenn es darum geht, die Vergangenheit lebendig zu halten.

Bernd Volprecht, seine Frau, sein Schwiegersohn und ein Nachbar ergehen sich in Erinnerungen an alte Zeiten. »Meine Familie erwarb diesen Grundbesitz 1830, als es für Nichtadelige möglich wurde, Land zu kaufen«, sagt Volprecht. »Es waren insgesamt 700 Hektar, und das Gut lag an der Westgrenze Ostpreußens. Wenn wir also nach Berlin reisten, mussten wir durch den polnischen Korridor. Mit dem Zug dauerte es fast drei Stunden, die rund 200 Kilometer zurückzulegen. Die Polen verriegelten alle Personenwagen und zogen die Rollos herunter, sodass man nicht hinausschauen konnte. Hindenburg empfand das als Beleidigung, wie er in seinen Memoiren schreibt.

Auf unserem Gut lebten zweiunddreißig Familien, und ich glaube, auf jede Familie kamen im Durchschnitt zwei Arbeiter. Wir hatten einen Vorarbeiter. Er war für unsere zehn Pferdegespanne verantwortlich; ich glaube, es waren vier Pferde pro Pflug. In unseren Scheunen standen vierzig schwere Arbeitspferde, außerdem mehrere Reit- und Militärpferde für die Jagd oder für Ausritte. Wir hatten auch einen Traktor. Ich habe noch immer die Wetterfahne von einem unserer Gebäude, eine Kuh. Die habe ich vor ein paar Jahren zurückbekommen. Man sieht die Einschusslöcher der Russen.

Das Leben auf dem Gut unterschied sich grundlegend vom heutigen Leben; der Alltag sah ganz anders aus. Man war völlig autark, produzierte alles, was man brauchte, selbst. Der Boden war leicht, sodass wir gut Kartoffeln anbauen konnten. Natürlich haben wir die Kartoffeln gegessen, aber wir haben auch destilliert. Dabei gewannen wir 96-prozentigen Alkohol für die Beleuchtung, reinen Holzgeist. Als die Russen 1945 hier durchmarschierten, tranken sie auf allen Höfen, die sie plünderten, das ganze Zeugs weg. Das ist ein Grund, warum so viele vor die Hunde gingen. Nach dem Destillieren blieb die Maische übrig, die wir an das Vieh verfütterten. Alles wurde verwertet, das landwirtschaftliche Erzeugnis und das Endprodukt. Es gab keine Abfälle. Mein Vater machte 1936 ein Zugeständnis an den Fortschritt. Wir bekamen Elektrizität.

Derjenige, dem ein solches Gut gehörte, war verpflichtet, während der Sommermonate die Familie einzuladen. Wir hatten ein extremes Kontinentalklima auf Groß Pötzdorf, kalte Winter, einen nassen Frühling und heiße Sommer, und wenn das Wetter im Sommer unerträglich wurde, kamen die Verwandten immer für längere Zeit hierher. In gewissem Sinne gab es keinerlei Unterhaltungsangebot: keine Kinos oder Filme – das nächste Theater war 50 km von hier entfernt – und natürlich kein Fernsehen. Wir sind geritten, haben gejagt und abends Bridge gespielt. Aber ich glaube, der wirkliche Zeitvertreib war einfach der, Gäste zu haben.«

»Die Dreißigerjahre waren schon merkwürdig«, wirft sein Schwiegersohn ein. »Meine Verwandten hatten ebenfalls den ganzen Sommer über Gäste, aber oft machte sich hier das politische Klima bemerkbar. Die Schwester meiner Großmutter heiratete einen deutschen Juden. Er war ein hervorragender Bankier, sehr bekannt, ein Mitglied der Deutschen Reichsbank. Er war nie im Haus der Schwester seiner Frau. Manchmal besuchte seine Frau das Gut ihrer Schwester, aber er lehnte es ab, so wie alle anderen den Sommer dort zu verbringen. Als sie ihn heiratete, wusste sie wohl, dass das passieren würde. Sie hat es einfach akzeptiert.« Alle nicken zustimmend.

»Das Leben war, wie soll ich sagen, voraussagbar«, fährt Volprecht fort. »Die Kindheit, die Schulzeit und dann direkt zum Militär, um den Dienst abzuleisten. Zuerst gingen wir in eine Grundschule in der Nähe, dann hatten wir Privatlehrer. Als wir älter waren, ging's dann ab ins Internat.«

Seine Frau, die auf einem Nachbargut aufwuchs, stimmt ihm zu: »Ich war auf einer Klosterschule in Stettin, die das Heilige Grab genannt wurde. Baltische Familien schickten ihre Töchter dorthin, wenn sie ›junge Mädchen mit einer Zukunft‹ waren. Mit dem Krieg und dem Großen Treck war das natürlich alles vorbei.« Wieder nicken alle.

»Die Uniform war sehr wichtig für uns. Jeder hatte eine«, sagt Volprecht. »Preußen versicherte sich unserer Loyalität, indem es uns Vorteile gewährte und zu einer Stellung verhalf, die es uns ermöglichte, dem Land zu dienen. Der Armeestatus wirkte in jeden Lebensbereich hinein. Egal wie lange oder wie kurz der tatsächliche Militärdienst dauerte, man hatte das Recht, ein Leben lang die Uniform zu tragen. Man fühlte sich für immer mit der Einheit verbunden.« Alle Anwesenden kennen sich in Fragen der Etikette und der Besonderheiten von Regimentsabzeichen genau aus. Sie studieren Fotos und diskutieren die Einzelheiten verschiedener Insignien. »Das ist meine Paradeuniform.«

»Nein«, sagt seine Frau. »Sie hat nicht die richtigen Tressen. Es ist *seine* Paradeuniform.«

»Ich glaube, du irrst dich.«

»Nein, nein.«

Der ältere Herr in unserer Runde zeigt auf eine Postkarte im Album. »Der Führer«, sagt er. »Da ist er.« Wir starren das Foto an, auf dem Hitler 1934 die Grabrede bei Hindenburgs Bestattung im Tannenberger Mausoleum hält, das sich nur wenige Kilometer östlich von Groß Pötzdorf befand. »Ich erinnere mich sehr gut an diesen Tag; er hat einen tiefen Eindruck hinterlassen. Ich war vierzehn, und natürlich war Hindenburg für uns eine bedeutende Persönlichkeit, denn er hatte ja unsere Provinz in dieser Schlacht im Ersten Weltkrieg gerettet. Mein Vater war bei dem Begräbnis dabei, denn er war der Vorsitzende des Kriegervereins von Tannenberg. Er war Ulan gewesen. Aber Hitler mochte er nicht. Im Grunde genommen war er Monarchist. Aber diese Begräbnisfeier war großartig. Die Uniformen, die Märsche, die Musik! Es hat Stunden gedauert, bis alle an uns vorbeigezogen sind. Hitler hielt drei Minuten lang in unserer Straße an, um Hände zu schütteln.«

Wir sehen uns weitere Bilder an. Sie zeigen Volprecht und seine Frau in den Jahren 1945 und 1946, nachdem sie in den Westen umgesiedelt waren. »Es waren schwere Jahre, aber wir waren jung. Ich glaube, wir wussten, dass wir nie wieder so ein Leben haben würden wie in Ostpreußen.«

»Mein Vater konnte nach dem Krieg nicht zur Grenze zwischen Ost- und Westdeutschland gehen«, erzählt der Schwiegersohn. »Wir hatten Land direkt hinter der Grenze, aber er konnte es nicht ertragen, dort hinzugehen und es über den Stacheldraht hinweg zu betrachten.«

Volprecht versteht das. »Für Leute meiner Generation ist das schwer. Ich bin 1973 das erste Mal wieder in Groß Pötzdorf gewesen. Das war hart. Wir haben eine sehr freie Jugend genossen, aber wir müssen die politische Entwicklung seit dem Krieg akzeptieren. Die alte Heimat das erste Mal wieder zu sehen … Ich musste mich zusammenreißen, um nicht sentimental zu werden. Ich wollte nicht, dass meine Kinder sehen, wie traurig ich war. Sie müssen unbeeinflusst von den Gefühlen ihres Vaters ihre eigene Einstellung entwickeln.

In dem alten Haus leben jetzt vier oder fünf polnische Familien. Ein Apotheker, glaube ich, einige andere Leute und der Leiter der örtlichen Genossenschaft. Ich bin von Beruf Landwirt, und als ich dorthin ging, stellte mir dieser Mann, der sehr freundlich war, unzählige Fragen: ›Wo sind die Abflussrohre? Erklären Sie mir die alte Anbauweise. Wie wurde das Gut vor dem Krieg geführt?‹ Er wusste, dass ich mich mit der Bewässerung auskenne und dass sie nicht alles aus Groß Pötzdorf herausholten. Wenn sie moderne Geräte hätten, wäre es wieder ein schöner Hof.

Ich fahre jedes Jahr dorthin. Ich versuche, trotz der Vergangenheit, eine gute Beziehung zu den Polen aufzubauen. Mein Schulfreund hat zusammen mit Polen einen Hof in Ostpreußen gekauft. Er finanziert ihn. Die Polen bewirtschaften ihn. Das Ziel ist, dort ein Ferienlager einzurichten.« Wir betrachten einige von Volprechts Jagdtrophäen, die an der Wand hängen. »Sie stammen von Groß Pötzdorf. Ich habe sie alle auf meinem alten Landgut geschossen.« Ich äußere, dass das für ihn sehr merkwürdig gewesen sein muss. Er sagt ein Wort auf Deutsch, das ich nicht verstehe. Sein Schwiegersohn übersetzt es für mich – »bittersüß«.

Einige Tage später halte ich in einem kleinen Dorf vor einem vermeintlichen Lebensmittelgeschäft, um mich zu erkundigen, wo ich Groß Pötzdorf finde. Dass es kein Lebensmittelgeschäft ist, wird mir klar, als ich im dunklen Empfangsbereich über den am Boden ausgestreckten Körper eines Mannes stolpere, was zur Erheiterung aller anderen Gäste dieses Etablissements mit dem treffenden Namen »Non Stop Bar« beiträgt. Da sie ziemlich betrunken sind, gebe ich meine geografischen Nachforschungen auf und trinke ein Bier. Dies sind die ersten freundlichen Polen, die ich getroffen habe, auch wenn sie undeutlich sprechen und ihr Atem nach schalem Bier riecht. Eigentlich haben sie schon genug getrunken, aber ich gebe ihnen eine Runde aus. Da keiner von ihnen ein Auto besitzt, gefährde ich wohl keine unbeteiligten Passanten. Ein Junge, der hier nach seinem Vater oder Bruder sucht, weiß, wo Groß Pötzdorf ist. Ich muss nur ein paar Kilometer auf einer unbefestigten Straße stadtauswärts fahren.

Die lange, gewundene Zufahrt ist mit wunderschönen Bäumen gesäumt, und zu beiden Seiten breiten sich sanft hügelige Felder aus, die ordentlich umgepflügt sind und nach frischer Erde riechen. Das alte Herrenhaus, das auf einer leichten Anhöhe steht, scheint in recht gutem Zustand zu sein, doch die Gartenanlage und der Fassadenanstrich lassen vom westlichen Standpunkt aus betrachtet einiges zu wünschen übrig. Die Nebengebäude und die Wohngebäude der Landarbeiter sind ebenfalls ziemlich schäbig. Ähnlich steht es mit der Kleidung der Kinder, die mich fröhlich, aber etwas schüchtern umringen. Alte Frauen mit kleinen Blechbehältern steuern auf die Ställe zu. Es gibt wohl gerade kostenlose Milch oder Sahne. Die Szene hat etwas Zeitloses an sich. Ich gehe zum Haupthaus hinüber, um Fotos zu machen, die ich den Volprechts schicken möchte. Ein junger Mann kommt wütend heraus. »Wer will das schon fotografieren?«, scheint er zu sagen. »Gehen Sie, gehen Sie!« Er denkt wohl, dass ich ein Deutscher bin, der gekommen ist, um ihn aus seinem Haus zu vertreiben.

*

Sicherlich bedeutete die Weimarer Zeit das Ende einer bis dahin privilegierten Junkerklasse. Künstlich am Leben erhalten durch Steuerbefreiung, direkte Staatszuschüsse und eine Vielzahl von Landarbeitern, waren ihre Güter tief verschuldet und zum Niedergang verdammt. Die Junker hatten sich jeder Neuerung widersetzt, ob in sozialer oder technischer Hinsicht, und zogen es vor, nostalgisch in eine Vergangenheit zurückzublicken, in der sie noch Einfluss und Macht besaßen. Ihre Vorstellung von Fortschritt war ein Stundenglas, in dem der Sand nie zu rinnen aufhörte, die Erhaltung eines Status quo, der auf Leibeigenschaft und einer Handlungsfreiheit basierte, die sich wenig von der unterschied, die Jahrhunderte zuvor die Deutschritter genossen hatten. Sie wurden von der Zeit und den Umständen überrollt. Die Leibeigenschaft war abgeschafft, und die Industrialisierung im Westen hatte ihre Arbeitskräfte vom Land weggelockt. Eine noch größere Katastrophe war der neue Status Danzigs, das dem Deutschen Reich nach seiner Kapitulation am Ende des Ersten Weltkriegs verloren ging und nun eine »Freie Stadt« war, die unter Kontrolle und Aufsicht des Völkerbunds stand und von einem polnischen Korridor umgeben war, der, zeitgenössischen Beobachtern zufolge, Ostpreußen »gewaltsam« vom Heimatland »abgetrennt« hatte. Um ihre Erzeugnisse auf den Markt zu bringen, mussten sie Polen Abgaben und Zölle bezahlen und häufig die polnischen Eisenbahnen benutzen. Der Zugang zum heimischen und vor allem zum europäischen Markt war erschwert. Polen, ein Land, das ein Jahrhundert lang nicht existiert hatte und dessen Menschen die von den Junkern herumkommandierten Tagelöhner gewesen waren, war nun in der Position, das ökonomische Schicksal der Junker bestimmen zu können. Diese Umkehr des Schicksals war zu bitter, um darüber nachzudenken. Friedrich Engels hatte die Junker fünfzig Jahre zuvor als »abgestumpft, engstirnig, eingebildet« bezeichnet.[210] Als sich ihr wirtschaftlicher Horizont während der Weimarer Zeit verengte, wurden sie auch verbittert. »Wir waren noch nie gute Verlierer«, sagt mir einer dieser Herren. »Wir neigen sehr zum Grübeln.«

*

Über die Weimarer Zeit ist viel geschrieben worden, diese merkwürdig unzulängliche Interims-Demokratie, die 1934 starb, ein Tod, dessen Ursache Peter Gays pointierter Analyse zufolge »teils Mord, teils Kräfteverfall, teils Selbstmord« war.[211] In der allgemeinen Wahrnehmung und in vielen Schulbüchern scheint Hitlers Auftauchen aus der Finsternis und sein Aufstieg zur Macht fast als unvermeidlich hingenommen zu werden. Das ist jedoch bestenfalls eine revisionistische Ansicht, die durch William Shirers *Aufstieg und Fall des Dritten Reiches*, den berühmten Bestseller von 1960, noch genährt wurde. Shirer zufolge marschierten Hitler und Preußen Hand in Hand ins Verderben. Ohne Preußen und seine militaristischen Traditionen wäre Hitler nicht möglich gewesen. Ergo gehen die Übel des Dritten Reiches – nicht nur seine expansionistische Kriegshetze, sondern auch sein verbrecherischer Rassismus – alle auf das Konto Preußens. Und die Nürnberger Prozesse, so Shirer, verurteilten, im übertragenen wie im wörtlichen Sinne, nicht nur den Faschismus, sondern auch das »Preußentum« zum Tode. Das geht jedoch weit an den Tatsachen vorbei, wie viele entrüstete Historiker und Akademiker, zum großen Teil Deutsche, bemerkten, als sie Shirers Opus als simplifizierenden »Journalismus« abtaten.[212]

Der Fall Hindenburg ist von entscheidender Bedeutung. Obwohl er 1925 zum Präsidenten einer Republik gewählt wurde, die er selbst verabscheute, war ihm ein Adolf Hitler nicht willkommen. »Ich werde ihn zum Postmeister machen«, hatte er einmal geäußert, »da kann er die Briefmarken mit meinem Kopf darauf anlecken.«[213] Aber Hindenburg wurde während seiner Amtszeit senil und verbrachte immer mehr Zeit in der Abgeschiedenheit von Neudeck, seinem ostpreußischen Gut, wo er von seinem habgierigen Sohn Oskar manipuliert wurde, der zunehmend für die Bestechungsgelder und die kaum verhüllte Erpressung der Nazis empfänglich wurde.[214] Die letzten Beschreibungen von Hindenburg sind traurig. »Es heißt, dass der alte Mann jetzt alles unterzeichnet«, erzählte ein Diplomat. »Neulich ließ Meißner seine Brottüte auf dem Tisch liegen und als er zurückkam, hatte der Präsident seine Unterschrift darauf gesetzt.«[215]

Ludendorffs Geschichte ist ebenso unglücklich. Er wurde Teil dieser Woge von Träumen und Ambitionen sowie einer Politik, die rückblickend preußische Ziele mit den Zielen der Nazis zu vermischen scheint, obwohl diese in vielen grundsätzlichen Dingen nicht miteinander vereinbar waren. Ludendorff war tief gefallen. In einem Moment noch der mächtigste Mann Deutschlands, wurde er im nächsten zu einer Art Flüchtling, der, mit falschem Bart und Sonnenbrille getarnt, vor den revolutionären Massen Berlins floh. Allein auf einem Gut in Schweden war Ludendorff nahe daran, den Verstand zu verlieren. Seiner Frau zufolge, die ihm für kurze Zeit ins Exil folgte, war ihm wohl »das Alleinsein in der Fremde besonders schwer geworden«.[216] »Ich bin mit mir und der ganzen Welt zerfallen«, schrieb er ihr. »Ganz leicht ist es nicht, mich wieder zu sammeln.«[217] Als Ludendorff vorschnell wieder nach Deutschland zurückkehrte, beteiligte er sich an dem, was Harry Graf Kessler, der Weimarer Gesandte in Polen, die »Kapp-Groteske« nannte, ein »lächerlicher Streich« mit Ludendorff, einer »tragikomischen Figur, als Mittelpunkt der Handlung«.[218] Drei Jahre später war er mit ganzem Herzen beim Hitlerputsch dabei. Bei dieser nicht gerade denkwürdigen Gelegenheit marschierte Ludendorff direkt in das Feuer einer Polizeieinheit, die den Befehl hatte, den Nazimarsch zu stoppen. Diese teilte sich wie das Rote Meer, um Ludendorff durchzulassen. Hitler hingegen rannte weg.

Für Ludendorff war der unbedeutende Adolf Hitler selbstverständlich nichts weiter als ein Botenjunge, ein Mittel zum Zweck. Hitlers

Aufgabe war es, ihn mit Anhängern zu versorgen, die ihm wieder zu einer Machtposition hinter dem Thron verhelfen sollten, einer Macht, die er benutzen würde, um Deutschland vor dem Untergang zu retten. Seine Demenz hinderte ihn daran zu erkennen, wer hier wen benutzte.

In den Augen seiner Zeitgenossen war Ludendorff ein »politischer Schwachkopf« geworden (wie ein aristokratischer Beobachter sich ausdrückte), der Dummkopf, der es einer Bande ungehobelter Krawallmacher erlaubt hatte, sich seinen guten Namen für eine mehr oder weniger proletarische Bewegung zu Nutze zu machen. Preußische Offiziere kritisierten das Weimarer Regime nicht weniger heftig als Hitler und hatten ihre Bereitschaft unter Beweis gestellt, rechtsgerichtete Anschläge zu organisieren und in die Tat umzusetzen, zeigten jedoch wenig Interesse daran, jemandem wie Hitler Autorität zukommen zu lassen. Sie zogen eine Monarchie oder sogar eine Militärdiktatur vor. (So nahm der im Exil lebende Kaiser seinem Attaché zufolge die Nachricht über den Kapp-Putsch mit Begeisterung auf. »›Heute Abend trinken wir Champagner‹, sagte er, und ergriff aufgeregt und freudig meine Hand.«)[219] Hitler überrumpelte diese Menschen ebenso wie das restliche Deutschland. Er war ein Mann der Massen. Sich mit den Massen zu verbünden, war jedoch eine Sünde, die die Junker selten begingen.[220]

Als das Tannenberger Mausoleum 1927 offiziell eröffnet wurde, versammelten sich Hindenburg, 27 Generäle, unzählige Offiziere und eine Schar von Oberfeldwebeln, Stabsunteroffizieren und Gefreiten, die alle 13 Jahre zuvor an der Schlacht von Tannenberg teilgenommen und sie überlebt hatten, auf dem Schlachtfeld. Ludendorff stand abseits; er wich seinen ehemaligen Mitstreitern aus, was jedoch auf Gegenseitigkeit beruhte. Als die Feierlichkeiten vorüber waren, ging er alleine zurück zu seinem Wagen. Seine letzten Jahre verbrachte er in einem bizarren, pseudo-wagnerischen Nebel – ein *Götterdämmerungs*-Szenario – und schrieb Bücher und Artikel über germanische Mythologie und germanische Superhelden. Sein Tannenberg-Bund, der einst 30 000 Mitglieder gezählt hatte, wurde 1933 von den Nazis verboten, als diese keine weitere Verwendung mehr für ihn hatten. Inzwischen waren die

Fackelzüge, die an Nietzsche orientierte Redekunst und der hunnische Pomp zum Staatsmonopol geworden.

*

Für die Junker Ostpreußens und eigentlich den gesamten Adel in Deutschland war der Aufstieg Hitlers eine vollkommene Überraschung, etwas, das nur wenige begreifen konnten. Die meisten betrachteten Hitler als eine vorübergehende Lösung für die Probleme des Landes, eine zweckmäßige Barrikade, hinter der sich ein Machthaber mit einem geeigneteren Stammbaum entwickeln konnte, der dann Unruhen und Sozialismus – Deutschlands traditionelle Feinde – bekämpfen würde. Die Junker, die Industriellen, der Klerus und die Generäle der Wehrmacht unterschätzten den Emporkömmling und dachten schließlich, dass sie ihn würden kontrollieren können, wenn es darauf ankäme. Sie verkannten die Macht seiner Demagogie.

»Die Leute, die der Gesellschaftsschicht meiner Familie angehörten, verstanden Hitlers Anziehungskraft nicht«, sagte mir ein Angehöriger des Adels, Graf Otto Friedrich Wilhelm Grote. »Trotz ihrer Intelligenz und ihrer Bildung waren sie emotional bereit, die Dolchstoßlegende zu akzeptieren. Diese Legende beziehungsweise dieser Mythos, den Hitler bis aufs Äußerste ausnutzte, wurde selbst von vernunftbegabten Deutschen wiederholt: ›Wir wurden in Versailles hereingelegt! Wir hätten den Krieg noch gewinnen können!‹«

»Wie konnten sie zu dieser Ansicht gelangen?«, fragte ich.

»Weil die französische Armee am Ende war. In etwa 70 Prozent ihrer Regimenter kam es zu Meutereien. Und die Verluste, die die Engländer an der Somme hinnehmen mussten; bis heute leiden sie darunter. Die deutschen Truppen hatten die Russen an der anderen Front geschlagen. Wer also war noch übrig? Viele Deutsche hatten das Gefühl, den Krieg gewonnen zu haben. Der Fehler der Alliierten war es, diesen Waffenstillstand zuzulassen. Und nicht nur dieser Waffenstillstand, sondern auch Wilsons Sechzehn Punkte machten es den Deutschen schmackhaft, den Kampf aufzugeben. Ich meine, auch die Deutschen waren am Ende, aber die deutsche *Bevölkerung* wollte das nicht glauben. Sie hätte es nur geglaubt, wenn die Alliierten in ihr Land einmarschiert wären, es besetzt und Berlin eingenommen hätten. Hitler und die anderen Nationalisten redeten unaufhörlich über dieses Thema, und es war verhängnisvoll für die Weimarer Republik, die, wie die Leute dachten, aus einer Scheinniederlage geboren wurde.

Hinzu kam Hitler selbst, seine Wirkung auf den gemeinen Mann. Irgendwie kann ich das bis heute noch nicht glauben, und ich werde Ihnen von meiner persönlichen Erfahrung berichten. Ich weiß nicht mehr genau, wann das war, aber wahrscheinlich irgendwann in den Dreißigerjahren, da führte die deutsche Wehrmacht Truppenübungen in unserer Provinz durch. Überall waren Soldaten. Irgendwann in diesem Zusammenhang fuhr dann Hitler durch unsere Gegend. Ich war gerade im Stall mit den Kühen und Schweinen und so weiter beschäftigt und trug natürlich meine Gummistiefel. Es war neun Uhr morgens und außer mir war keiner da. Ich konnte es einfach nicht glauben. Wissen Sie, die Milcheimer waren nur halb voll, die Kühe standen herum und kauten vor sich hin, aber keiner war da, der mir hätte sagen können, was eigentlich los war. Schließlich traf ich zufällig jemanden, der gerade zur Hauptstraße hinlief und ich fragte: ›Was ist los? Wo sind denn die anderen alle?‹ Und er antwortete: ›Der Führer kommt.‹ Also ging ich auch dorthin, und sah, dass alle Frauen auf der linken und alle Männer auf der rechten Seite standen. Nachdem wir zwei Stunden gewartet hatten – und es war ein grauer, kalter Tag –, fahren diese Panzerwagen und was weiß ich nicht alles hier durch. Und dann kommt er in seiner schwarzen Limousine, die ganz langsam fährt. Er sitzt vorne drin in seiner üblichen Pose. Er war nicht einmal so weit von mir entfernt wie Sie jetzt. Und wissen Sie, ich schaute mich um, und alle Frauen hatten Tränen in den Augen. Sie weinten, waren völlig überwältigt. Dann ging ich hinüber auf die Seite der Männer und die konnten mir nicht einmal direkt ins Gesicht schauen. Sie hatten auch feuchte Augen.

Es war dasselbe, als ich ihn das erste Mal im Radio hörte. Wir hatten in unserem Kinderzimmer ein Radio, damals auch eine Seltenheit. Da saßen eine Reihe von Frauen zusammen – Gouvernanten, Krankenschwestern, Reinemachefrauen – und als ich an dem Zimmer vorbeiging, hörte ich diese verrückte Stimme, die schrie und brüllte, und auch Musik. Eine der Frauen sagte aufgeregt: ›Komm rein! So muss Deutschland geführt werden; so läuft es jetzt in Deutschland; so muss es sein!‹, und ich hörte zu. Ich verstand damals nicht, was es war. Ich war erst sieben oder acht. Ich war völlig verwirrt, aber zum zweiten Mal waren all diese Frauen emotional so bewegt, dass sie weinten. Ich frage Sie, was war es? Ich meine, es war bestimmt nicht normal.«

»Was denken Sie?«, frage ich. »Die Reden in *Triumph des Willens* kommen mir banal, ordinär, verbrecherisch, emotional und pathetisch vor, wie ein Appell an den Abschaum. Ist es das, was den Normalverbraucher anspricht?«

»Nein, nein. Auch gebildete Leute wurden davon mitgerissen. Es war die Vortragsweise, die Art, wie er die Dinge sagte, der enorme emotionale Gehalt. Er sprach eindeutig Dinge an, die in der Psyche der Deutschen vorhanden waren, die wie ein Sprengstoff wirkten und die Leute bewegten. Ich habe oft gedacht, dass er ein großes Gefühl des Leidens vermittelte; er gab anderen zu erkennen, dass er Schmerzen litt. In religiösem Sinne würde ich dies mit dem Leiden Jesu Christi am Kreuz gleichsetzen – Hitler strahlte eine ähnliche Intensität des Ausdrucks aus. Die Leute sahen es; sie nahmen fast instinktiv wahr, dass dieser Mann auf unerklärliche Weise mit ihnen litt und dass er etwas gegen dieses Leid unternehmen würde. Das Geniale war natürlich, dass er nichts vortäuschte. Ich glaube, dass Hitler zumindest anfangs das meinte, was er sagte. Sonst hätte er keinen Erfolg gehabt.«

Ein preußischer Offizier aus dem Zweiten Weltkrieg stimmt dem zu. »Mein Vater war gebildet. Er hatte sich nie etwas aus Hitler gemacht, er war völlig gegen ihn. Ganz am Anfang sagte er: ›Wenn der an die Macht kommt, bedeutet das Krieg.‹ Aber ich war jung, und in diesen Massenversammlungen bekam man wirklich eine Gänsehaut. Er verstand es hervorragend, eine Massenhysterie auszulösen. Man war bewegt, und gewöhnlich dauerte es ein paar Stunden, bis man sich wieder beruhigt hatte. Er war ein sehr talentierter Redner, so wie er die Massen bewegte.«

»Hielten Sie ihn für einen gebildeten Menschen oder für einen Schwätzer?«

»Um ehrlich zu sein, ich hatte nie das Gefühl, dass er ein Schwätzer war. Ich hatte das Gefühl, dass er wusste, worüber er sprach. Er sprach frei; er las nie irgendetwas ab. Er sprach aus dem Herzen. Er meinte, was er sagte. Man kann nicht so lange die Gefühle der Deutschen ansprechen, wenn man ein Schwindler oder Heuchler ist. Ich war mir sicher, dass er an das glaubte, was er zu tun versuchte.«[221]

Teil IV

Auslöschung
Der Zweite Weltkrieg

Zeittafel

1919–1933	*Weimarer Republik*
1920, 9. November	*Danzig zur Freien Stadt erklärt*
1923, 8.–11. November	*Putschversuch Hitlers in München. Verhaftung von Hitler und Ludendorff*
1925	*Paul von Hindenburg zum Reichspräsidenten gewählt*
1932	*Wiederwahl von Hindenburgs. Er erhält sechs Mio. Stimmen mehr als Hitler*
1933, 30. Januar	*Hindenburg ernennt Hitler widerwillig zum Reichskanzler*
1933, 7. Februar	*Reichstagsbrand*
1933, 21. März	*Neuer Reichstag tritt in Potsdamer Garnisonkirche zusammen*
1934, 2. August	*Tod des Reichspräsidenten von Hindenburg. Hitler übernimmt Amt des Reichspräsidenten*
1934, 19. August	*Hitler lässt sich durch Volksabstimmung als Reichspräsident bestätigen*
1938, 4. Februar	*Werner von Blomberg und Werner Frhr.von Fritsch werden als Reichskriegsminister bzw. Oberbefehlshaber des Heeres abgelöst*
1938, 12./13. März	*»Anschluss« Österreichs an Deutschland*
1939, 21. März	*Deutschland annektiert das Memelland*
1939, 1. September	*Angriff Deutschlands auf Polen*
1939, 17. September	*Angriff der Sowjetunion auf Polen*
1941, 22. Juni	*Angriff Deutschlands auf die Sowjetunion*
1941, 29. Juni	*Deutsche Truppen besetzen Vilnius (Litauen)*
1941, 1. Juli	*Deutsche Truppen besetzen Riga (Lettland)*
1941, 19. September	*Deutsche Soldaten besetzen Kiew*
1941, 1. November	*Deutsche Truppen dringen auf die Krim vor*
1941, 5. Dezember	*Deutsche Armee erreicht Außenbezirke Moskaus*
1941, 6. Dezember	*Sowjetischer Gegenangriff bringt deutsche Offensive zum Stehen*
1942, 20. Januar	*Erbitterter russischer Widerstand*

1942, Sommer	*Deutsche Truppen setzen Offensive fort*
1942, 14. September	*Deutsche Truppen erreichen Stalingrad*
1942, 21. September	*Russischer Gegenangriff*
1943, Januar	*Deutscher Belagerungsring um Leningrad wird gesprengt*
1943, 31. Januar/ 2. Februar	*Kapitulation der 6. Armee im Kessel von Stalingrad bedeutet Wendepunkt des Krieges*
1943, Sommer	*Sowjets rücken nach Westen vor*
1944, 7. Juni	*Westliche Alliierte landen in Nordfrankreich (»D-Day«) und eröffnen damit zweite Front*
1944, 20. Juli	*Attentat auf Hitler in der Wolfschanze. Hinrichtung von Graf Stauffenberg*
1944, 20. November	*Hitler verlässt die Wolfschanze*
1945, 13./14. Januar	*Zangenangriff der Sowjets auf Ostpreußen zielt auf Königsberg bzw. Marienburg-Danzig*
1945, 16. Januar	*Hitler kehrt nach Berlin zurück*
1945, 17. Januar	*Rote Armee erobert Warschau*
1945, 26. Januar	*Elbing, Thorn und Marienburg geraten unter sowjetische Kontrolle. Russische Truppen sind in zwölf Tagen 200 Kilometer vorgerückt. Königsberg ist abgeschnitten. Zivilbevölkerung flieht über das zugefrorene Frische Haff*
1945, 27. Januar	*Memelland von Russen erobert*
1945, 10. Februar	*Sowjets stoßen nach Pommern vor und schneiden Danzig ab*
1945, 26. März	*Beginn der sowjetischen Schlussoffensive gegen Danzig*
1945, 30. März	*Danzig kapituliert*
1945, 6. April	*Sturm auf Königsberg beginnt*
1945, 10. April	*Königsberg kapituliert*
1945, 13. April	*Russen erobern Wien*
1945, 25. April	*Sowjets treffen bei Torgau an der Elbe mit amerikanischen Truppen zusammen*
1945, 30. April	*Hitler begeht Selbstmord*
1945, 7.–9. Mai	*Bedingungslose Kapitulation der deutschen Wehrmacht*

12. Kapitel

Suwałki

1939

Der Krieg

Für mich ist Polen ein einziger Friedhof.

Aronek Kierszkowski

Um aus dem Kernland des alten Preußen zur polnischen Grenzstadt Suwałki zu gelangen, muss man das einstige Niemandsland Masuren durchqueren, früher ein schwer zugängliches Gebiet mit dichten Wäldern und Seen, eine natürliche Barriere, die sich den unterschiedlichen Völkerschaften entgegenstellte, die nach Osten strömten.

Es ist ein schönes Land, noch kaum entwickelt und dünn besiedelt, und gilt heute als eines der wenigen Gebiete in Polen, die noch ökologisch intakt sind, eine »grüne Lunge« mit uralten Baumbeständen, in der Umweltverschmutzung im Unterschied zum industrialisierten Schlesien noch kein Problem darstellt. Im Sommer drängen sich an den Seen Scharen von Touristen, überwiegend Deutsche, die von den unglaublich niedrigen Preisen und der unberührten Natur angelockt werden. Dieses landschaftliche Schatzkästchen, in einer Region gelegen, die früher in der Regel nur in Kriegen größere Aufmerksamkeit auf sich zog, hat die üblichen Übertreibungen hervorgebracht, was sich zum Beispiel daran zeigt, dass sich einige an Flüssen liegende Städte gern als »Polens Venedig« bezeichnen oder einen besonderen Anteil an Folklore und Handwerkskunst beanspruchen. Jedes Jahr im Juli findet hier das größte Country-und-Western-Festival Polens statt, das alternden, zweitklassigen Musikern aus Tennessee eine Möglichkeit bietet, ein paar leichte Dollars zu verdienen. Es ist immer wieder erstaunlich, welch großer Beliebtheit sich die amerikanische Popkultur im ehemaligen Ostblock erfreut.

Ich habe mir nie viel aus Wäldern gemacht. Sie sind mir zu gruselig, zu dunkel und feucht und flößen mir Angst ein, aber sie bieten Reisenden, die unauffällig campieren wollen, einen guten Unterschlupf, wenngleich mein heller Mietwagen sich nicht gerade harmonisch einfügt in die Landschaft. Als ich heute Morgen aufwache, blicke ich in die Gesichter von drei Waldarbeitern, die stumm und gebannt diesen Fremdkörper anstarren, der mitten auf ihrer Arbeitsstätte abgestellt ist. Ich stehe auf, entbiete den Männern einen Morgengruß und rolle meinen Schlafsack zusammen. Keiner sagt ein Wort oder macht irgendeine Geste. Immerhin treten sie zur Seite, als ich den Wagen starte.

Wenn die Straße nach Suwałki den Wald hinter sich lässt, tut sich vor dem Reisenden ein ebenes Plateau mit völlig kahlen Feldern auf. Es ist kaum zu glauben, wie schlagartig sich die Atmosphäre einer Landschaft verändern kann. Wir befinden uns nun nicht mehr in der geordneten Symmetrie Preußens, sondern haben ein slawisches Land betreten.

Der polnische Verwaltungsbezirk Suwałszczyzna, obwohl im Laufe seiner Geschichte zu verschiedenen Zeiten dem Deutschen Reich zugehörig, hat in Atmosphäre und Beschaffenheit nichts gemein mit seinen früheren teutonischen Nachbarn: keine steinernen Scheunen, keine Spuren großer, alter Herrensitze, keine schnurgeraden Alleen mit Bäumen, die aussehen wie Wachsoldaten. Die Dörfer bestehen aus baufälligen Holzhäusern, auch die Kirchen haben Mauern aus Holz, die Zäune sind aus Schieferplatten und Brettern gezimmert. Jede Stadt, jeder Weiler wirkt irgendwie staubig, viele Straßen sind nicht geteert und mit Schlaglöchern übersät. Wenn es einmal längere Zeit regnet, dann – diese Vermutung drängt sich dem Reisenden auf – verwandelt sich hier wahrscheinlich alles in Schlamm. Wir befinden uns zwar nicht in den Steppen Zentralasiens, aber auch diese große, weite Ebene scheint endlos über den Horizont hinauszuwachsen.

Suwałszczyzna ist im Süden und im Osten von Wäldern bedeckt, von denen ein beträchtlicher Teil zum Nationalpark erklärt wurde. Die Deutschen nannten diese Gegend »Sudauen«.[222] Für die Polen war sie Kraj Zapuszczanski, »das Gebiet hinter dem Urwald«. Die Litauer bezeichneten sie, vielleicht in Erinnerung an die Ritter des Deutschen Ordens, die von dieser Wildnis aus ihre Beutezüge unternommen hatten, als Sussi Vilki, das »Land der heimtückischen Wölfe«. Alle drei Volksgruppen – Deutsche, Slawen und Balten – strebten in dieser Region nach der Vorherrschaft, nicht in erster Linie irgendwelcher Bodenschätze wegen, die hier abzubauen gewesen wären (es gab kaum Rohstoffe), sondern mehr aus dem Drang, sie den anderen wegzunehmen. Sie galt gemeinhin als die »äußerste Grenze«, ein Gebiet, in das man Erkundungstrupps aussandte, ein trostloses Ödland, aus dem beunruhigende Nachrichten in die zivilisierteren Gegenden drangen.

Die stärksten Einflüsse gingen natürlich von Russland aus. Wenn russische Truppen nach Westen vorrückten, zogen sie gewöhnlich durch Suwałszczyzna. Aber auch wenn ihre Feinde in Richtung Moskau marschierten, nahmen sie diesen Weg. Napoleon passierte 1812 dieses Gebiet, Hitler 1941 ebenfalls.

Die Stadt Suwałki war früher eine Postkutschenstation. In den 1880er Jahren verlief die wichtige Straße von Warschau nach St. Petersburg durch diese Stadt, sorgte für regen Verkehr und führte zur Einrichtung eines Hotels und einiger Versorgungsbetriebe. Bald folgte die Eisenbahn. Russische Adelige, die nach Westen oder Süden unterwegs waren, übernachteten häufig hier und ließen sich in der Villa des Gouverneurs unterhalten, bevor sie nach Wien oder Paris weiterreisten. An der Hauptstraße errichtete man städtische Gebäude, die in Anbetracht der abgeschiedenen Lage der Stadt relativ prunkvoll waren. Einige sind bis heute erhalten geblieben. Sie spiegeln deutlich russische Einflüsse wider und verbinden auf seltsame Weise Eleganz und Verfall. Um Suwałki zu einem modernen Handelsplatz auszubauen, richteten christliche Mönche 1715 ein eigenes Stadtviertel für die Juden ein. 1827 lebten schon 1200 Juden in diesem Bezirk. Dreißig Jahre später war ihre Zahl auf 6500 gestiegen, zur Jahrhundertwende betrug sie mehr als 13 000.[223] In diesem Stadtviertel wollte ich mich mit Naum Adelson treffen, dem letzten Juden in Suwałki.

Aronek Kierszkowski, ein polnischer KZ-Überlebender, hatte mich am Telefon gewarnt: »Was immer Sie tun, lassen Sie sich nicht mit ihm in Verbindung bringen. Fragen Sie nicht namentlich nach Adelson. Fragen Sie zuerst nach der katholischen Kirche oder auch der deutschen Kirche – sorgen Sie dafür, dass die Leute erfahren, dass Sie kein Jude sind. Erst dann besuchen Sie ihn. Sie könnten Schwierigkeiten bekommen, wenn die Leute Sie für einen Juden halten. Sie würden ihnen dann vielleicht keine einzige Frage beantworten.«

Mit »den Leuten« meinte Kierszkowski die Polen im Allgemeinen. Sein Argwohn, der leicht paranoid wirkt, wurzelt jedoch nicht nur in seinen eigenen grauenvollen Erlebnissen, sondern auch in der Geschichte des polnischen Antisemitismus, der sich nicht leugnen lässt. Die Kontroverse um die Gedenkveranstaltung zum 50. Jahrestag der Befreiung von Auschwitz 1995, in die gewissermaßen jeder Pole einbezogen wurde, von Lech Wałęsa bis zu Papst Johannes Paul II., präsentierte einem weltweiten Fernsehpublikum die schwächste und blasseste Vorstellung, die jemals zu einem solchen Anlass von Persönlichkeiten des öffentlichen Lebens geboten wurde. Jedes Wort, das in diesem Zusammenhang geschrieben oder gesprochen wurde, schien darauf abzuzielen, die wahren Ansichten jener zu verschleiern, deren Aufgabe eigentlich darin bestand, dieses Thema dem Anlass entsprechend zu würdigen. Noch nie in der Geschichte Polens hatten sich so viele Leute auf die Zunge gebissen, um ja nichts Falsches zu sagen, und sich in eine unverbindliche Diplomatensprache geflüchtet, die niemandem wehtun sollte, am Ende aber unvermeidlicherweise bei allen einen schlechten Nachgeschmack hinterließ. »Die Polen sind nicht besonders klug«, meinte Kierszkowski. »Sie wissen, welchen Ruf sie in der Welt genießen. Sie müssen auch wissen, was die Welt von ihnen hält, nachdem allgemein bekannt geworden ist, wie sie während und nach dem Krieg mit den Juden umgegangen sind. Diese Auschwitz-Feiern hätten ihnen eine Gelegenheit geboten, sich in einem besseren Licht darzustellen, aber statt dessen gießen sie Öl ins Feuer. Selbst bei Wałęsa bedurfte es mühsamer Gewissensbefragung und eines gehörigen Drucks von außen, bis er sich schließlich dazu durchrang, zuzugeben, dass die große Mehrzahl der Menschen, die in Auschwitz ums Leben gekommen sind, Juden waren. Eine schlichte Tatsache, die aber von den Polen zu einem großen Streitthema aufgebauscht wurde!«[224]

Aronek Kierszkowski nimmt kein Blatt vor den Mund. Nachdem er miterleben musste, wie durch den Untergang des polnischen Judentums seine Welt in Trümmer fiel, vertritt er heute den Standpunkt: »Was habe ich denn noch zu verlieren? Nichts!« Das stimmt allerdings nicht ganz.

Ich traf Kierszkowski nach mehreren Telefonaten und Empfehlungen durch einen seiner Freunde, den er nach dem Krieg in einem Flüchtlingslager kennen gelernt hatte, in einer luxuriösen Vorstadtvilla in Delaware, nicht weit entfernt von der Universität, an der er sich als Professor der Ingenieurwissenschaften einen Namen machte (er hat mehr als hundert Aufsätze verfasst und wurde jüngst in die *American Society of Mechanical Engineers* aufgenommen). An den Wänden seines Hauses hängen Original-Kunstwerke. Über dem eleganten Esszimmer prangt ein herrlicher Milton Avery. »Das ist ein Geschenk aus Deutschland«, erzählt er mir schmunzelnd. »Ich habe von der Bundesrepublik Deutschland 12 000 Dollar Wiedergutmachung erhalten und sagte mir, was soll's, und habe mir dieses Bild gekauft.« Wir blicken hinaus in den weitläufigen Garten, in dem mehr als 20 Meter hohe Eichen über einer mit Statuen und Skulpturen durchsetzten Landschaft aufragen. Es ist ein weiter Weg von Suwałki bis hierher.

»Ohne den Krieg wäre ich wohl nicht in die Vereinigten Staaten gekommen«, sagt er, »aber ich bezweifle, ob ich in Suwałki geblieben wäre. Ich habe mich schon immer für mechanische Dinge interessiert, und deshalb hätten mich meine Eltern wahrscheinlich auf die Universität nach Königsberg oder Berlin geschickt, und ich wäre Ingenieur geworden, wie hier auch. Aber wer weiß?

Meine Familie fühlte sich der jüdischen Tradition zugehörig, war aber nicht streng religiös. Mein Vater trug keinen Bart und auch keine Kopfbedeckung, aber wir achteten auf ein koscheres Haus und pflegten die traditionellen Bräuche. Zu Hause unterhielten sich meine Mutter und mein Vater auf Jiddisch, aber mit den Kindern sprachen sie Polnisch. Meine Brüder und ich konnten sehr gut Polnisch, und einer von ihnen, Dudek, der älteste, ging auf das örtliche Gymnasium.

Mein Vater betrieb zusammen mit seinem Bruder ein Pelzgeschäft, Import und Export. Er reiste jedes Jahr nach London und nach Leipzig zur Messe. Nach polnischen Maßstäben war er ein Multimillionär, der reichste Mann in Suwałki, wie die Leute behaupteten. Zwei Wochen vor Kriegsausbruch war mein Vater in London, und aufgrund seiner Geschäfte, die er dort getätigt hatte, besaß er ein Bankguthaben von 75 000 Dollar in England. Natürlich war dieses Guthaben in Sterling notiert und wurde einige Male abgewertet, aber einige Jahre nach dem Krieg bekam ich die Summe von 15 000 Dollar zurückgezahlt. Das war alles, was übrig geblieben war, der Rest war verschwunden. Ich verwendete dieses Geld zur Finanzierung meines Studiums.

In Suwałki besaßen wir mehrere Immobilien. Wir wohnten in der Kościuszki-Straße, der bedeutendsten Straße der Stadt. Durch ein Tor gelangte man in den Hof; wir lebten im zweiten Stock und bewohnten zwölf Räume. 1936 ließ mein Vater fließendes Wasser einrichten. Unser Haus war eines der wenigen in Suwałki, das fließendes Wasser hatte, obwohl es im hinteren Teil des Komplexes ein großes Außengebäude mit Toiletten gab.

So lange ich zurückdenken kann, brachte meine Mutter, die das Gymnasium besucht hatte, der deutschen Kultur großen Respekt entgegen. Die Deutschen galten ihr als das ›Kulturvolk‹ Mittel- und Osteuropas. 1932, als ich vier Jahre alt war und mein Bruder Dudek sechs, wollte sie eine deutsche Gouvernante aus Ostpreußen einstellen, das nur ungefähr 25 Kilometer entfernt lag. Sie hielt es für nötig, die beiden älteren Jungen mit deutscher Disziplin und deutscher Kultur vertraut zu machen. Aber dann kam Hitler an die Macht, und die Polen, insbesondere jene, die an der Grenze lebten, sahen in jedem Deutschen einen Spion, und deshalb entschloss sich meine Mutter, eine Abiturientin zu engagieren, ein polnisches Mädchen, das bei uns im Haus lebte. Rückblickend muss ich sagen, es wäre besser gewesen, wir hätten eine richtige Gouvernante bekommen, denn wir waren recht aufgeweckte Kinder, und sie hätte uns bestimmt gemocht. Sie hätte uns warnen können und vielleicht auch versuchen können, meinen Vater davon zu überzeugen, dass von Nazi-Deutschland nichts Gutes zu erwarten war. Aber wir waren völlig isoliert, vollkommen von Wäldern umgeben. Suwałki war ein Ort, an dem die Menschen nach innen schauten, nicht hinaus in die Welt.

Wir hatten keine sozialen Kontakte mit den Polen oder den Deutschen, die um uns herum lebten, in der Stadt wie auf dem Land. So wollten es die Rabbis. Ihnen war es lieber, dass die Juden isoliert blieben, weil sie sie so religiös besser unter Kontrolle halten konnten. Ich erinnere mich an einen deutschen Metzger in der Stadt namens Kizel – er besaß ein wunderschönes Pferd und ein Hengstfohlen. Auf dem Schulweg schaute ich mir immer die Auslagen in seinem Schaufenster an, wie zum Beispiel gebratene Schweinshaxen, Blutwurst und die verschiedenen Wurstsorten, und man sagte zu mir: ›Wenn du an diesem Laden vorbeikommst, schau weg. Diese Sachen sind alle nicht koscher.‹ Was für ein Unsinn! Einige unserer Rabbis verhielten sich genauso wie heute die Mullahs im Iran! Sie lebten noch immer im Mittelalter.

Als ich aufwuchs, war in Suwałki, wie auch im übrigen Polen, der Antisemitismus schon sehr stark. 1936 zum Beispiel, einem Jahr, in dem es zu massiven Ausschreitungen gegen die Juden kam, holte mich eines Tages in der Schule jemand ab, der vom Geschäft meines Vaters herbeigeeilt war, und sagte, ich solle sofort nach Hause kommen, weil mehrere Leute Fensterscheiben einwerfen und auf den Straßen über Juden herfallen würden. Das war ein Jahr nach dem Tod von Marschall Piłsudski, des kleinen polnischen Diktators, der all diese Ideen nicht gutgeheißen hatte. Aber die Regierung, die ihm nachfolgte, war faschistisch und antisemitisch.

Um Ihnen ein Beispiel davon zu geben, was vor sich ging: 1937 oder 1938 wurde in Polen durch eine Verordnung verfügt, dass auf den Läden, auf denen traditionell der Nachnahme des Inhabers stand, künftig auch dessen Vorname angebracht werden müsse. Das erscheint eher nebensächlich, war in Wirklichkeit aber ziemlich heimtückisch, weil viele Juden zwar polnische Nachnamen hatten, wie auch wir, aber oft noch biblische Vornamen. In Amerika hat das nichts zu bedeuten, denn jeder Zehnte heißt hier zum Beispiel David. Aber wer in Polen David hieß, war ein Jude. Genauso verhielt es sich mit Abraham oder Isaak. In England war Isaac Newton ein berühmter Gelehrter und ein Nicht-Jude, doch in Polen galt jeder, der Isaak hieß, automatisch als Jude. Anstatt sich auf den Kampf gegen Nazi-Deutschland oder das kommunistische Russland vorzubereiten, beschäftigte sich die polnische Regierung also damit, herauszufinden, welche Läden Juden gehörten, damit die Bevölkerung sie boykottieren konnte. Die Nationaldemokraten verbreiteten die Parole: ›Kauft nicht bei Juden.‹ Klingt doch genauso wie in Nazi-Deutschland, nicht wahr? Und ich erinnere mich, wie manchmal Polen zu Juden sagten: ›Na, wartet nur. Wenn die Deutschen kommen, dann werden wir euch eine Lektion erteilen.‹ Das war die Stimmung im unabhängigen Polen vor dem Zweiten Weltkrieg. Man beschäftigte sich mit sich selbst, versuchte das Judenproblem zu ›lösen‹ und verließ sich ansonsten darauf, dass Frankreich und England Polen schon gegen Deutschland verteidigen würden.«

Ich fragte Kierszkowski, weshalb die Polen seiner Meinung nach die Juden so sehr hassten. Viele Autoren verweisen in diesem Zusammenhang auf die historische Rolle der Juden als Geldverleiher, Immobilienmakler, Pachteintreiber und so weiter – berufliche Tätigkeiten, die, vor allem in schweren Zeiten, durchaus die Wut einer verarmten Landbevölkerung schüren konnten. Kierszkowski war jedoch anderer Ansicht. »Das lag vor allem an der Religion und an den Lehren der Kirche. Die Juden wurden schlicht für den Kreuzestod Jesu verantwortlich gemacht und deshalb verfolgt. Man darf nicht vergessen, dass das Christentum erst relativ spät nach Polen und zu seinen östlichen Nachbarn kam, ungefähr um das Jahr 1000 n. Chr. Und die Spielart des Christentums, die sich hier ausbreitete, war streng antisemitisch, anders als jene Variante, die früher in Westeuropa Fuß gefasst hatte.[225] Ferner muss man bedenken, dass viele Völker Osteuropas noch recht primitiv waren. Als der polnische König Kasimir der Große im 14. Jahrhundert Juden, Italiener, Deutsche und andere ins Land rief, die mithelfen sollten, Polen zu modernisieren, es zu einem modernen Staat zu machen, wurden diese ethnischen Minderheiten unter den Schutz des Königs gestellt. Die Juden gründeten eigene Städte, die so genannten Schtetl, in denen überhaupt keine Christen lebten, und die Adeligen und die Könige, die sie brauchten, kümmerten sich um sie.

Unsere Probleme begannen im 16. Jahrhundert, als Priester und Jesuiten ihre Angriffe auf die Juden verschärften. Im folgenden Jahrhundert verschlimmerte sich die Situation, als sich ukrainische Bauern gegen die Polen erhoben und Adelige ebenso wie Juden attackierten.

Danach kamen die Teilungen Polens und Napoleon, und plötzlich gab es keine Könige mehr, die als Schutzherren der Juden auftreten konnten.

Aber der polnische Nationalismus brauchte eine Heimstatt, und dafür bot sich die katholische Kirche an, die sehr antisemitisch eingestellt war. Bei vielen Polen wurde der Hass auf die Juden nicht nur durch die Wut über die Besetzung ihrer Heimat geschürt, sondern auch von der Kanzel herab. Man war Pole, wenn man Katholik war, und umgekehrt. Diese seltsamen Leute da draußen waren ›Polen‹, die aber nicht Polnisch sprachen. Die Polen wurden nicht zu Antisemiten gemacht. Sie wurden schlicht als solche geboren.«

Nach dem Ausbruch des Krieges im September 1939 wurde die Familie Kierszkowski, wie auch der Staat Polen, auseinander gerissen. Aronek, sein jüngerer Bruder Maksik und deren Gouvernante kamen in ein Heim in der Nähe der Stadt Grodno am Fluss Njemen. Aronek erinnert sich an eine chaotische Szene, als polnische Soldaten bei den Bauern Pferde und Wagen beschlagnahmten. Diese sollten später von deutschen Kampfflugzeugen zusammengeschossen werden. Suwalki wurde zweimal besetzt: zuerst von den Russen, dann von den Deutschen in Gestalt ihrer skrupellosen (so sah es jedenfalls Stalin) polnischen Division. In diesen verzweifelten Tagen Anfang September 1939 traf der alte Kierszkowski eine schicksalhafte Entscheidung. »Meine Mutter sagte unserer Gouvernante am Telefon, das noch funktionierte, sie solle uns zu ihrer Familie in Sokólka in der Nähe von Białystok bringen, von wo sie stammte, und sie, unsere Mutter, würde dort zu uns stoßen, was sie dann auch tat. Mein älterer Bruder Dudek und zwei unserer Beschäftigten, die Gebrüder Krawczynski, begleiteten drei Pferdefuhrwerke voller Pelze nach Sokólka, um uns dort zu treffen. Aber da beging mein Vater einen schweren Fehler. Er holte die teuersten Pelze aus unserem Lagerhaus in Suwalki, packte sie in drei große Wagen und brachte sie zusammen mit meinem Onkel nach Warschau.«

»Sie wollen damit sagen, er begab sich direkt in die Höhle des Löwen?«

»Richtig. Rückblickend betrachtet, wäre es besser gewesen, wenn er nach Wilna gefahren wäre, weil das in der Nähe der litauischen Grenze lag. Diese Stadt war weiter von den Deutschen entfernt und damals noch kein Kriegsgebiet; sie war einfach sicherer. Ich weiß nicht. Was wollte er in Warschau? Glaubte er, wie manche Leute es taten, die Polen würden die Deutschen schlagen? Glaubte er, Warschau würde niemals fallen? Ich weiß es nicht, aber es war eine Katastrophe. Er hatte sich durch die Tatsache in Sicherheit wiegen lassen, dass er bis 1939 mit den Deutschen gute Geschäfte gemacht hatte und dass er jedes Jahr dorthin gefahren war. Und historisch waren den Polen, vor allem den jüdischen Polen, deutsche Heere immer lieber gewesen als russische, die meist nicht nur aus Russen bestanden, sondern auch Ukrainer, Kosaken und Angehörige anderer östlicher Nationalitäten umfassten. Im Ersten Weltkrieg fürchteten sich alle davor, dass die Russen eine Stadt besetzten; sie waren der reinste Horror, brandschatzten und plünderten. Die Leute wollten lieber von den Deutschen besetzt werden, denn die galten als zivilisiert. Mein Vater traute dem kommunistischen Russland nie. Vor dem Krieg war er als Mitglied polnischer Handelsdelegationen zweimal dorthin gekommen und hatte eine starke Abneigung gegen die Russen entwickelt. Deshalb vermute ich, er wollte so weit wie möglich von ihnen weg sein.

Nun, ich habe meinen Vater zum letzten Mal gesehen, als er uns im Juli 1939 zum Bahnhof von Suwałki brachte, von wo wir in unsere Sommerferien aufbrachen. Er schrieb uns gelegentlich. Nach Kriegsbeginn gab es keine Telefonverbindung mehr, auch keinen regelmäßigen Postdienst, aber wenn man jemanden kannte, der einen Lokomotivführer der Linie Warschau–Wilna kannte, konnte man dem einen Brief mitgeben oder sich einen Brief bringen lassen. Das ermutigte meine Mutter zu warten, auf meinen Vater zu warten. Einige unserer Freunde gelangten mit der Hilfe eines freundlichen Konsuls in Litauen nach Japan: Sie fuhren mit dem Zug durch Sibirien, setzten nach Japan über und reisten von dort mit dem Schiff in die Vereinigten Staaten. Wir hatten das nötige Geld, wir hätten das auch tun können. Aber wir haben zu lange gewartet.[226]

Nach dem Ende des Krieges erfuhr ich, dass mein Vater umgebracht worden war. Das überraschte mich nicht. Er war nirgendwo mehr aufgetaucht – weder in Suwałki noch in einem Flüchtlingslager oder anderswo. Ich hatte gespürt, dass er tot war. 1964 traf ich in München jemanden, der zusammen mit meinem Vater im Konzentrationslager gewesen war, und dieser Mann erzählte mir, dass mein Vater bei einer ›Aktion‹ in Trawniki in der Nähe von Warschau erschossen worden sei, einem Ort, an dem KZ-Wächter, zum großen Teil Ukrainer, ausgebildet wurden. Im Rückblick muss ich sagen, dass er alles falsch gemacht hat. Meinem Onkel zum Beispiel gelang es, aus Warschau zu entkommen und sich nach Wilna durchzuschlagen. Mein Vater hätte das ebenfalls tun können, aber er versäumte es. Nachdem er seine Pelze in einem Lager untergebracht hatte, ging er wahrscheinlich zu den Deutschen in Warschau und erzählte ihnen, er wolle zurück nach Suwałki. Er verstand die Situation nicht, in der er sich befand. Wirklich kaum zu fassen.«

Suwałki war unterdessen ›judenfrei‹ gemacht worden, kurz nach der Besetzung durch deutsche Truppen. Viele Juden flohen durch die Wälder nach Litauen, mit der Hilfe von Bauern, denen sie dafür astronomische Summen bezahlten. Manche wurden auch von ihnen verraten. »In Sokólka holten wir unsere Pelze«, berichtet Kierszkowski weiter, »und nahmen den Zug nach Wilna, das die Litauer inzwischen in Vilnius umbenannt hatten. Die Grenze war noch offen, und wir wähnten uns in Sicherheit.« Doch 1940 besetzte Stalin Litauen. Viele Juden, auch Verwandte der Familie Kierszkowski, wurden nach Sibirien deportiert. »Wenigstens haben ein paar von ihnen überlebt«, sagt er. Im Juni 1941 jedoch war das Schicksal der verbliebenen Juden besiegelt. Deutschland überfiel die Sowjetunion, und innerhalb von drei Tagen hatten deutsche Truppen Vilnius besetzt. »Ich erinnere mich, dass die Litauer sie mit Blumen begrüßten.« Es dauerte nicht lange, bis die Tötungsmaschinerie anlief.

»Sofort gab es offizielle Proklamationen, Vorschriften für die Juden, die fast täglich neu herauskamen. Die Juden mussten Armbinden oder gelbe Sterne tragen, durften die Gehsteige nicht mehr benützen und dergleichen. Dann fanden Razzien statt, bei denen litauische Polizisten und Zivilisten – keine Deutschen, sondern fanatische Litauer, von denen viele nach dem Krieg in den USA Aufnahme fanden – in die Wohnungen der Juden eindrangen und alle Männer mitnahmen, die sie dort antrafen. Zwei unserer Beschäftigten, die Brüder Krawczynski, und einer ihrer Freunde, ein Mann namens Palnicki, wurden von litauischen Hilfskräften abgeführt, die begeistert den Nazis dabei halfen, sich der Juden zu entledigen.[227] Bei der Durchsuchung von Wohnungen hatten sie die Krawczynskis in unseren Räumen entdeckt, und Palnicki fassten sie im Hof, wo er sich versteckt hatte. Die drei wurden nach Paneriai gebracht, fünf oder zehn Kilometer vor der Stadt, und dort ermordet. So begann man die jüdische Bevölkerung auszudünnen. In den folgenden Monaten entwickelte sich Paneriai zu einem berüchtigten Hinrichtungsort für die Juden von Wilna. Schließlich wurde uns Überlebenden mitgeteilt, dass wir unsere Wohnungen zu verlassen hätten. Wir sollten alle in das alte jüdische Ghetto kommen.

Eine Nachbarin über uns, eine Frau mit zwei Kindern, wusste, was gespielt wurde. Ihr Mann war Offizier in der polnischen Armee und vermutlich irgendwo in Gefangenschaft, und meine Mutter unterstützte sie, schenkte ihr Lebensmittel und manchmal ein paar Kleider. Als wir den Befehl zum Umzug erhielten, kam sie zu meiner Mutter und sagte: ›Oh, jetzt wird das Ghetto eingerichtet. Sie dürfen nicht zu viele Sachen mitnehmen. Ich werde auf die Sachen aufpassen, die Sie zurücklassen.‹ Also gab meine Mutter ihr einen Pelzmantel und einige andere Dinge. Aber als die Situation im Ghetto immer schlimmer wurde, schlich sich meine Mutter eines Nachts unter Lebensgefahr hinaus, ging zu dieser polnischen Frau und sagte ihr, sie müsse ein paar ihrer Sachen zurücknehmen, um dafür Lebensmittel zu kaufen. Und wissen Sie, was sie zur Antwort bekam? Die Frau sagte meiner Mutter, wenn sie nicht schleunigst verschwinde, würde sie einen Freund herbeirufen, einen deutschen Soldaten. Das sagte die Frau eines polnischen Offiziers!

Ein weiteres Ereignis, das ich nie vergessen werde, fand ungefähr eine Woche nach der Besetzung Wilnas durch deutsche Truppen statt. Nicht weit von uns entfernt gab es eine Bäckerei, die einer jüdischen Familie gehörte. Etwa eine Woche nach der Besetzung durch die Deutschen kam Rauch aus diesem Haus, als ich daran vorbeiging. Es war angezündet worden. Vor mir stand diese kleine litauische Frau, die sofort zu schreien begann: ›Zydas! Zydas!‹ (›Juden! Juden!‹). Noch nie habe ich soviel Hass aus so wenigen Worten herausgehört. Dieses Miststück hätte man auf der Stelle einsperren müssen. Ich habe den Holocaust überlebt und so viel Grausames gesehen, aber der Hass dieser Litauerin … Was um Himmels willen hatte der Bäcker ihr angetan? Ich war wirklich entsetzt. Dieser Vorfall zeigte mir, welche Nachbarn wir gehabt hatten.

Die Ghettoisierung war immer ein Problem für die Juden. Wenn Gefahr im Verzug ist, neigen die Juden dazu, sich zusammenzuscharen. Dann bietet man natürlich ein gutes Ziel. Wir gingen alle in das Ghetto, wie man uns befohlen hatte. Viele Mütter, nicht nur meine, sagten: ›Lasst uns zusammenbleiben. Lasst uns die Familie zusammenhalten.‹ Nein, genau das war verkehrt! Geht hinaus, bleibt nicht auf einem Fleck aufeinander hocken! Doch wenn wir dem Ghetto entkommen wollten, stellte sich ein anderes Problem: unser Akzent. Nachdem sie mehrere Generationen lang im Ghetto gelebt hatten, sprachen manche Juden bestimmte polnische Wörter mit jüdischem Akzent aus. Anstatt ein polnisches Gymnasium zu besuchen, waren viele auf eine jüdische Schule gegangen, denn die Führer der Gemeinschaft wollten, dass die Juden zusammenblieben. Wenn also die Eltern und Großeltern Jiddisch sprachen, sprach man es auch. Das war eine Katastrophe für uns. Manche Juden sprachen sehr gut Polnisch und wurden außerhalb des Ghettos nicht als Juden erkannt. Einige dieser Juden überlebten dann auch. Aber es gab viele, die bestimmte polnische Wörter oder Sätze mit schwerem jüdischem Akzent aussprachen und deshalb sofort als Juden identifiziert wurden, auch wenn sie nicht so aussahen. Ich kann mich erinnern, dass ich in den Lagern Freunde hatte, die so blond und blauäugig waren, dass sie leicht als Deutsche oder Schweden oder dergleichen durchgegangen wären. Aber ihr Akzent verriet sie als Juden.

Das waren Probleme, mit denen unsere Führer nicht zurechtkamen. Seit Jahrhunderten hatten sich alle auf die Rabbiner verlassen und bei ihnen Rat geholt, aber in dieser Situation konnten sie uns nicht helfen. Sie wussten, wie sie die Tora zu interpretieren hatten, begriffen aber nicht, was außerhalb ihrer Welt vor sich ging. Dazu kam die Tatsache, dass die Juden aufgrund ihrer Isolierung nur sehr wenige Freunde unter Christen hatten, Leute, die sie verstecken und ihnen helfen konnten zu überleben. Jene Christen, die uns halfen, müsste man meiner Ansicht nach heilig sprechen. Das waren wahrhaft humane Menschen, aber leider gab es davon nur sehr wenige in Osteuropa.«

Nachdem tausende von Flüchtlingen im mittelalterlichen jüdischen Stadtviertel von Wilna zusammengepfercht worden waren, lebten sie dort wie im Gefängnis, vor allem als die litauische Polizei jene Fenster mit Brettern vernagelte, die nach draußen gingen, alle Straßen sperrte, die zum und aus dem Ghetto führten, und den Juden verbot, sich frei zu bewegen. Zum ersten Mal spürten die Kierszkowskis, was Hunger bedeutete. »Ein oder zwei Wochen, nachdem man uns ins Ghetto geschickt hatte, erging der Befehl, dass alle Männer nach draußen zur Arbeit gehen sollten. Wir marschierten gewöhnlich in Kolonnen, mein älterer Bruder Dudek und ich unter all den anderen, durch das Haupttor, und abends kamen wir auf demselben Weg wieder zurück. Bei der Rückkehr durchsuchten uns die Litauer oft, und wenn sie bei jemandem Lebensmittel oder Vorräte fanden, wurde er verprügelt. Wenn das geschah, ließen die anderen in der Kolonne alles fallen, was sie bei sich hatten. Eines Tages hatten auch wir etwas mitgebracht, ein paar Lebensmittel, die wir von einem Polen bekommen hatten. Wir ließen sie fallen, als die Durchsuchungen am Tor begannen. Und als sie vorüber waren, hatten wir natürlich nichts mehr zu essen. Deshalb gingen wir später zurück zum Tor. Es war ziemlich leer dort, keine Wachen, auch sonst niemand, und es lagen alle möglichen Sachen herum. Und Dudek, der sich nicht so leicht schrecken ließ, fand ein Stück Fleisch – ich kann mich noch genau an diese Szene erinnern –, das ungefähr ein Pfund schwer war. Auch ich fand etwas, und wir liefen zurück ins Ghetto und machten uns ein Abendessen. Das war mein erstes nicht-koscheres Essen. Dieser Vorfall erscheint ziemlich unbedeutend angesichts der Ereignisse, die später in meinem Leben stattfanden, aber er zeigte, wie die überlieferten Traditionen zusammenbrachen.

Das einzig Gute an dieser Situation war, dass meine Mutter ein paar Pfunde verlor. Sie witzelte sogar darüber: ›Mein ganzes Leben versuche ich schon abzunehmen, und jetzt ist das plötzlich kein Problem mehr.‹«

1943 entschlossen sich die Deutschen, das Ghetto von Wilna aufzulösen. »In diesem Sommer gab es eine größere Aktion. Alle Männer im arbeitsfähigen Alter wurden von den Frauen und Kindern getrennt und in Arbeitslager gebracht. Wir hatten gehört, dass sie die älteren Jungen und die verbliebenen Männer zusammentrieben, und versteckten uns daher in Kellern. Sie begannen Handgranaten in die Kellergeschosse zu werfen, so dass die Leuten dachten ›Besser wir gehen hinaus, sonst kommen wir hier alle miteinander um.‹ Sie stellten uns zu Kolonnen zusammen, alle Männer und Jungen, meine beiden Brüder und mich eingeschlossen, und ließen uns durch das Tor des Ghettos hinausmarschieren. Ich werde nie die Szene vergessen, als wir an unserer Mutter vorbeikamen, die vor unserer Wohnung stand und unseren jüngsten Bruder Isaczek, der damals fünf Jahre alt war, in den Armen hielt. Wir sprachen kein Wort miteinander, als wir vorübermarschierten. Das war das letzte Mal, dass ich sie sah.

Wir drei kamen dann in die Rudnicka-Straße, wo der Haupteingang zum Ghetto lag. Ein junger deutscher Soldat, der den SS-Leuten und den litauischen Polizisten dabei half, die Menschen zusammenzutreiben, warf einen Blick auf meinen jüngeren Bruder und sagte ›Schade, schade‹ und schickte ihn zurück zu seiner Mutter. Danach habe ich ihn nicht wieder gesehen. Der Soldat begriff nicht, dass er Maksik, indem er ihn zurückschickte, dazu verurteilte, nach Auschwitz gebracht zu werden.

Nach dem Krieg fand ich heraus, was mit meiner Mutter und meinen zwei jüngeren Brüdern geschehen war. Als einige Monate später das gesamte Ghetto aufgelöst wurde, brachten sie die Frauen und die Kinder in Güterzügen nach Estland und sagten den Frauen ›Wer sich von seinen Kindern trennt, kann in ein Arbeitslager kommen.‹ Nun, meine Mutter und ihre Schwiegertochter ließen daraufhin ihre Kinder zurück. 1946 traf ich einen Mann aus meiner Heimatstadt Suwalki, der mir erzählte, er habe meine Mutter in Auschwitz in einem Transport von Frauen und Kindern entdeckt. Meine Mutter habe sehr gut ausgesehen und habe sich selbst in dieser Lage von den anderen abgehoben. Er berichtete weiter: ›Sie war in Begleitung von zwei Kindern, von zwei kleinen Jungen, nicht wahr?‹ Ich erwiderte, ja, das würden wohl meine beiden jüngeren Brüder gewesen sein; der eine war fünf und der andere ungefähr zwölf. Sie waren also alle in Auschwitz vergast worden, das kein Konzentrationslager, sondern eine Todesfabrik war. Wenigstens hatten sie nicht monatelang leiden müssen. Wenn man dort angekommen war, wurde man sofort umgebracht.«

*

Ich fahre in Suwałki umher, versuche mich zurechtzufinden und halte Ausschau nach dem Haus der Kierszkowskis, das, wie Aronek mir erzählt hatte, noch immer in der Kościuszki-Straße steht. Die Hausnummern haben sich seit dem Krieg verändert, und meine polnischen Sprachlernkärtchen, mit deren Hilfe ich um Auskunft bitte, stoßen auf Unverständnis. Allmählich kann ich mir vorstellen, wie einem Bettler zumute sein muss, wenn er andere Leute um ein bisschen Kleingeld angeht. Ich gehe zum örtlichen Hotel – das vor einem Jahrhundert einem Juden gehörte, der in drei Sprachen inserierte, dass sein koscheres Essen das beste sei –, um mich nach einem Dolmetscher umzusehen.

Nach ungefähr einer Stunde erscheint ein sehr gepflegter Mann von Anfang dreißig. Er stammt aus Warschau und arbeitet für die regionale Entwicklungsagentur, die sich bemüht, Unternehmen aus der Hauptstadt oder, besser noch, aus dem Westen zu bewegen, hier ihre Betriebe anzusiedeln. Er überreicht mir die glänzendste und wahrscheinlich am professionellsten gemachte Broschüre über die Attraktionen Suwałkis, die ich jemals gesehen habe. Sie wirkt sehr viel versprechend. »Wir hatten keine Chance«, erklärt er. »Das hier ist das polnische Sibirien.‹

Wir beginnen mit der Suche nach Ciecierskis Café und Maszewskis Restaurant, in deren Nähe Aroneks Elternhaus stand, wie er mir erklärt hatte. Vor dem Krieg hatte es in der Kościuszki-Straße noch viele Läden gegeben, viele davon in jüdischem Besitz, aber die meisten sind inzwischen längst verschwunden und durch Wohnblocks ersetzt worden. Ciecierskis Café ist gänzlich unbekannt, aber nach ungefähr einer halben Stunde nehmen wir eine Adresse in die engere Wahl, auf die Aroneks Beschreibung zu passen scheint. Wir stehen in dem schäbigen Innenhof eines heruntergekommenen Gebäudes und beginnen Klingelknöpfe zu drücken und an Türen zu klopfen. Die meisten Leute weigern sich, uns eine Antwort zu geben, oder brüllen, wir sollten verschwinden. Mein Führer zuckt mit den Schultern. »Die Leute hier sind eben von Natur aus argwöhnisch.«

Draußen vor dem Haus präsentiert sich uns eine Szene, die aus einem Film der »Dünner-Mann«-Serie stammen könnte. Ein beinamputierter Kriegsveteran, der in einem schlampig gebauten alten Rollstuhl unbekannter Herkunft sitzt, schiebt sich mit Hilfe einer von Hand betriebenen Vorrichtung über das Pflaster. Er hat von den Kierszkowkis gehört. »O ja, das war ihr Haus. Ich kann mich gut an sie erinnern. Einer der Kierszkowkis hat den jüdischen Fußballverein gegründet. Man nannte sie die Makkabäer. Sie haben gegen die Militärmannschaft gespielt und gegen andere. Er war ein ziemlich nervöser Mann, ist immer an der Seitenlinie auf und ab gelaufen. Sie sind schon lange weg, schon sehr lange.« Wir plaudern noch ein wenig. Ich habe mehrere Packungen alter amerikanischer Zigaretten dabei, die ich entdeckte, als ich nach dem Tod meines Vaters seinen Kleiderschrank ausräumte. Ich bitte meinen Dolmetscher, den Mann zu fragen, ob er einige davon haben wolle. »Natürlich«, lautet die Antwort. »Und ich auch.« Ich reiche ihnen die Päckchen.

Wir kehren ins Haus zurück und finden schließlich jemanden, der auf unser Klopfen öffnet, eine allein erziehende Mutter. Sie lebt in zwei Zimmern, von denen eines, wie ich später erfahre, das Arbeitszimmer des alten Kierszkowski gewesen war. In der Ecke hat man behelfsmäßig eine Toilette installiert, die durch ein herabhängendes Tuch vom Herd abgetrennt ist. Diese Frau weiß nichts über die Familie Kierszkowski. »Ich habe schon genug Probleme.« Auch ihr schenke ich ein paar Zigaretten.

Wir machen uns auf die Suche nach Naum Adelson. Da mein Führer ziemlich weltoffen ist, spielt es für ihn keine Rolle, ob Adelson Jude ist oder nicht. Wir finden den alten Mann in einem verfallenen alten Häuschen, in dem es nach Brathuhn riecht. Er freut sich, Besuch zu bekommen.

»Ich habe Aronek nie persönlich kennen gelernt. Er war damals noch ein kleiner Junge. Aber ich kannte seinen Vater und seinen Onkel. Die beiden waren sehr erfolgreiche Geschäftsleute. Ihnen gehörten mehrere Häuser in Suwałki. Ich erinnere mich, dass eines davon hier in der Nähe stand. Darin wohnte Aroneks Großmutter. Es war ein Holzhaus mit einem Hof, in dessen Mitte ein schöner Birnbaum stand. Aronek ist wahrscheinlich mit diesem Obst aufgezogen worden. Nachdem die Deutschen die Juden abtransportiert hatten, sind die Polen in das Gebäude gestürmt. Sie haben es Stück für Stück zerlegt und glaubten, sie würden dort Gold finden, stellen Sie sich das vor. Am Schluss waren nur noch ein leeres Grundstück und der Birnbaum übrig geblieben.

Früher lebten hier ungefähr 15 000 Juden. Und jetzt sehen Sie mich an: Ich bin der letzte!« Wir entdecken, dass wir beide Französisch sprechen, deshalb brauche ich nun keinen Dolmetscher mehr. Als wir wieder draußen auf der Straße sind, bemerkt mein junger polnischer Begleiter: »Er ist nicht der letzte Jude in Suwałki.«

»Nein?«

»Überhaupt nicht. Es gibt noch mindestens vier oder fünf weitere.«

Adelsons Lebensaufgabe besteht darin, wie er widerwillig zugibt, den alten jüdischen Friedhof zu erhalten. Ich fahre ihn hinaus zu diesem Friedhof, ein großes, leeres grünes Feld. »Hier gab es einmal 20 000 Gräber«, sagt er. »Sie wurden alle von den Polen verwüstet und zerstört, wobei ihnen die Deutschen geholfen haben. Nach dem Krieg haben die Bauern hier ihre Pferde und Schweine weiden lassen. Man kann noch immer Knochen und alle möglichen anderen Sachen finden, die von den Tieren ausgescharrt worden sind. Dann brauchten die Christen mehr Platz für ihren Friedhof, und auch das Sportgelände da drüben musste erweitert werden, und sie haben sich das Land einfach genommen. Ungefähr zu dieser Zeit kamen einige Juden, die von hier stammen, jetzt aber in Amerika leben, zu Besuch nach Suwałki. Sie waren wütend und beschwerten sich bei den örtlichen Behörden, die mit ihnen natürlich nichts anfangen konnten. Die Juden sammelten Geld und beschlossen, die äußere Mauer wieder aufzubauen und ein Tor aufzustellen. Ein paar Grabsteine waren erhalten geblieben – der deutsche Kommandant hatte einige dieser Grabsteine für eine Teicheinfassung verwendet –, und diese verlangten sie zurück, um sie in einer eigenen Mauer wieder aufzubauen. Da aber keiner von ihnen hier lebt, haben sie mir die Aufsicht über diese Arbeit übertragen. Was für ein Albtraum! Die Behörden!« Er gestikuliert wild. »Die Deutschen kann ich noch ertragen, aber die Polen? Ah, les Polonais, einige sind gut, manche sind schlecht.« Wir spazieren weiter über das große, trostlose Feld.

»Ich sehe mir das hier an und verstehe es nicht.«

»Sie verstehen es nicht?«, fragt er. »Was glauben Sie, wie ich mich fühle? Ich habe 22 Familienangehörige verloren, für immer.«

*

»Nach dem Krieg«, sagt Aronek Kierszkowski zu mir, »gab es, auch wenn Sie es nicht für möglich halten werden, in der polnischen Stadt Kielce ein Pogrom, bei dem Juden getötet wurden. Ich kenne ein Mädchen namens Paulina, sie studierte Zahnmedizin in München. Auch ihre Eltern waren Zahnärzte. Sie hatten sich Arier-Nachweise beschaffen können und haben deshalb überlebt. Eine der polnischen Partisanengruppen, die Armia Krajowa (AK), die im Krieg ihre Befehle aus London erhalten hat, war absolut antisemitisch. Sie jagte geflohene Juden in den Wäldern und tötete sie, häufig in Zusammenarbeit mit den Deutschen, die sie angeblich bekämpfte. Die Partisanen drangen in Paulinas Haus ein und ermordeten ihre Eltern, während sie sich unter dem Bett versteckte. So kam sie mit dem Leben davon. Meine Cousine Lisa, die nach Sibirien geschickt worden war, aber nach dem Krieg nach Polen zurückkehrte, erzählte mir eine ähnliche Geschichte. Die AK-Partisanen hielten Züge an, zerrten Juden heraus, die von den Konzentrationslagern oder von Sibirien nach Hause unterwegs waren, und erschossen sie. Unfassbar! Meine Cousine befand sich in einem Zug, der von Warschau kam – ach, das muss 46 gewesen sein, ein Jahr nach Kriegsende –, und traf dort einen polnischen Schulfreund, mit dem sie vor dem Krieg das Gymnasium besucht hatte. Der Zug wurde angehalten, und die AK-Leute durchsuchten ihn nach Juden. Sie fanden auch einen und erschossen ihn auf der Stelle. Dann kamen sie in das Abteil, in dem meine Cousine saß. Der Student schob sie unter die Bank und sagte: ›Hier ist kein Jude.‹ Das war wirklich ein guter Kerl!

Wissen Sie, ich betrachte die meisten Polen als Verräter. Sie haben uns ausgeliefert, obwohl wir genauso gute Polen waren wie sie. Ich verachte sie mehr als die Deutschen.

Nach dem Krieg kehrte ich aus Deutschland nach Polen zurück. Ich wollte in meine Heimatstadt Suwałki. In Białystok traf ich meinen früheren Lehrer am Gymnasium, der gelegentlich nach Suwałki fuhr, und er sagte mir, ich könne ihn dabei begleiten, aber ich müsse meine Papiere zurücklassen, aus denen hervorging, dass ich ein Jude war. ›Sie haben zwar einen polnischen Namen, aber in Suwałki wissen alle, wer die Kierszkowskis waren, dass sie Juden waren. Nehmen Sie einen anderen polnischen Namen an‹, empfahl er mir. ›Denn wenn sie Sie erkennen, werden sie Sie umbringen.‹ Können Sie sich das vorstellen? Als ich aus den deutschen Konzentrationslagern zurückkehrte, musste ich meine Identität verheimlichen, weil die Polen mich sonst getötet hätten!

Als ich also nach Suwałki zurückkam, besuchte ich unsere alte Haushälterin. Sie hatte fünfzehn Jahre bei uns gearbeitet, und vor dem Krieg hatten ihr meine Eltern die Heirat mit einem Klempner ermöglicht, der unsere Häuser wartete. Als Hochzeitsgeschenk hatten sie ihr eine Wäschemangel gekauft, wie ich mich erinnere. Als ich sie nun nach dem Krieg aufsuchte, sagte sie, ach, die Wertsachen, die Uhren und all die anderen Dinge, die meine Mutter ihr anvertraut hatte – was mit denen geschehen sei, wisse sie nicht mehr. Wahrscheinlich habe ihr Ehemann sie irgendwo vergraben, aber wie könne man das jetzt noch herausfinden? Nachdem meine Mutter nach Sokółka aufgebrochen war, war die Haushälterin wahrscheinlich die erste, die nach diesen Sachen suchte. Also sagte ich: ›Geben Sie mir einfach nur unsere Familienfotos, mehr will ich nicht.‹

Aber auf der Straße kam dann eine Polin, die ich nicht kannte, auf mich zu und sagte, sie habe zu Beginn des Krieges, nachdem meine Familie die Stadt verlassen hatte, einige Dinge aus unserem Haus geholt, einen Tisch oder irgendwas anderes, und das wolle sie mir jetzt zurückgeben. Das berührte mich sehr. Ich hatte nichts, dennoch aber sagte ich ihr, sie könne es behalten.

Nachdem er aus Sibirien heimgekommen war, kehrte mein Onkel nach Suwałki zurück. Ich schrieb ihm aus Deutschland. Dabei sagte ich ihm ungefähr folgendes: ›Die Polen schicken uns Juden ins Schlachthaus. Verlasse Polen – steig in einen Zug, fahre nach Wien. Ich treffe dich dort. Im Westen kannst du wieder neu anfangen.‹ Aber nein, das wollte er nicht. Er bekam einen Herzinfarkt, als er in Suwałki zusammen mit Polen in einer Warteschlange stand. Er bat um Wasser. Aber sie wollten ihm keins geben. Diese Polen waren wirklich Hundesöhne. Gewiss, es gab unter ihnen auch einige Heilige, die ihr Leben riskierten, um Juden zu retten, aber das waren nur ganz wenige. Unter den anderen gab es viele Kollaborateure, die Juden bei der Polizei denunzierten. Papst Johannes Paul II. ist mein Zeuge; er ist zwar ein Pole, aber er ist ein guter und ehrlicher Mensch. Er war vor, während und nach dem Krieg in Polen und weiß genau, was geschehen ist. Er scheint sich entschlossen zu haben, nun endlich das Problem des katholischen Antisemitismus anzugehen, und dabei wünsche ich ihm viel Erfolg.«

*

Naum Adelson begleitet mich zum Auto, das ich in seinem Hof geparkt habe. Er hatte darauf bestanden, dass ich es hineinfuhr, weil er fürchtete, jemand könne es stehlen. Er fragt, ob ich den Film *Schindlers Liste* gesehen habe, der das Leben in einem Konzentrationslager so eindringlich darstellt. »Ich glaube nicht, dass ich das ertragen könnte«, antworte ich. Er nickt. Wenn der Film nach Polen kommt, sagt er, wolle er ihn sich anschauen, ganz gleich, wie schmerzhaft es auch sein werde. Zum Abschied küsst er mich auf beide Wangen. »Fahren Sie einfach durch«, sagt er. »Halten Sie für niemanden an. Hüten Sie sich vor Banditen. Davon wimmelt es heutzutage in Polen.«[228]

13. Kapitel

Die Memel

1941

Auf nach Russland

Hitler wollte es einem Napoleon gleichtun, der nur Gehilfen und ausführende Organe seines Willens unter sich geduldet hatte; aber er besaß weder dessen militärische Vorbildung noch gar sein militärisches Genie.

Feldmarschall Erich von Manstein[229]

In Kaliningrad habe ich heute einen neuen Fahrer, der so gut wie kein Englisch spricht. Wir zwängen uns durch die üblichen Horden von Straßenkindern, die deutschen Touristen Postkarten mit Abbildungen des alten Königsberg aufzudrängen suchen, und fahren mit seinem klapprigen, verbeulten alten Wagen nach Nordosten zur Memel. Nach ungefähr einer halben Stunde haben wir eine Reifenpanne. Der Fahrer ersetzt den defekten Reifen durch einen anderen, dessen Profil so glatt ist wie das Hinterteil eines Babys. Eine Viertelstunde später geht auch ihm die Luft aus, und am schmerzverzerrten Gesichtsausdruck meines Begleiters sehe ich, dass uns ein langer Tag bevorsteht, denn Ersatzteile, das weiß man, sind hier draußen auf dem Lande sehr knapp. Ich bleibe allein beim Fahrzeug und den beiden kaputten Reifen zurück, während mein Fahrer sich aufmacht, um Hilfe zu holen. Zu allem Überfluss erscheint kurz darauf eine Streife der Militärpolizei, die natürlich nach den Papieren fragt. Mehr als zwei Stunden sitze ich im Streifenwagen und warte auf die Rückkehr des Fahrers, der schließlich gegen Mittag wieder auftaucht und sich mit den Ordnungshütern missmutig durch einen Packen schmutziger und zerknitterter Ausweisdokumente, Genehmigungen, Kraftfahrzeugpapiere und sonstiger Dokumente kämpft. Damit ist unser Ausflug gelaufen, und diese gewissenhaften Vertreter von Recht und Gesetz bringen uns wieder zurück nach Kaliningrad.

Ich wollte die Memel aus mehreren Gründen besuchen: An ihren Ufern liegt Tilsit, wo Napoleon einst mit Zar Alexander konferierte; 1812 errichtete er in der Nähe von Kowno einen Brückenkopf für seinen Vormarsch nach Moskau, und außerdem galt dieser Fluss lange Zeit als die eigentliche Nordgrenze Preußens. In erster Linie jedoch wollte ich jenen Ort sehen, von dem aus Erich von Mansteins 1. Panzerdivision 1941 ihren Vorstoß in Richtung Moskau startete – Hitlers Versuch, Napoleons verhängnisvollen Feldzug nachzuahmen, der schließlich genauso katastrophal enden sollte. Ich stütze mich bei diesem Thema auf die Erinnerungen eines an diesem Unternehmen beteiligten Panzerveteranen.

Es erscheint unangemessen, über den Krieg und all die damit verbundenen Gräueltaten zu sprechen, während man auf einer schönen Veranda sitzt und auf einen weitläufigen Garten hinausblickt, der von Rhododendren und anderen blühenden Sträuchern bestanden ist. Der Herr, der mir gegenübersitzt, ist ein ausgebildeter und inzwischen längst pensionierter Landschaftsgärtner, dessen Geschick mit Pflanzen zweifellos jenen Fertigkeiten und jener Hingabe nicht nachsteht, mit denen er vor 50 Jahren eine Panzereinheit führte. Wir sprechen über seine Wurzeln in Ostpreußen, seine Familie, über den militärischen Hintergrund einiger seiner Brüder und anderer Verwandter, die im Ersten Weltkrieg und nach 1918 bei den Freikorps kämpften, und über die Verbundenheit eines Junkers mit seinem Land.

Voller Stolz erzählt er mir, dass Wilhelm II. sein Taufpate war. Der Kaiser, selbst Vater von sechs Söhnen, übernahm die Patenschaft für den sechsten oder siebten Sohn jeder preußischen Familie, wobei er sich bei der Taufe von einem Offizier vertreten ließ. Dafür wurde der Panzerveteran nach dem Kronprinzen benannt. »Sie werden sich wahrscheinlich vorstellen können, dass das etwas ganz Besonderes für meine Familie war.

Als junger Mann wurde ich an die Militärakademie in Potsdam geschickt, sozusagen das West Point des alten Preußen, wo mich oft Zweifel überkamen, ob ich es schaffen würde, denn die Ausbildung war sehr hart. Die Ausbilder gaben einem stets das Gefühl, dass man ihren Erwartungen niemals würde gerecht werden können. Aber wenn man schließlich alles hinter sich hatte, fühlte man sich wirklich stolz. Und, offen gesagt, ich stellte fest, dass ich ein sehr guter Soldat war und dass es mir gefiel. Häufig sah ich Heinz Guderian, den berühmten Panzerkommandeur; er war mein Divisionskommandant in Polen, ein charismatischer Mann, ein geborener Führer. Nun, nach meiner harten Ausbildung in Potsdam sah auch ich mich zu einem militärischen Führer berufen.

Ich nahm am Polenfeldzug teil, am Einmarsch nach Frankreich, dann am Feldzug nach Russland. Zu dieser Zeit grenzte ich mich schon deutlich von den Zivilisten ab, was Sie vielleicht nur schwer verstehen werden. Aber Soldat zu sein und auf Feldzügen ständig Erfolge zu feiern, das kann einem jungen Mann schon sehr viel bedeuten.

Ich werde nie den ersten toten Soldaten vergessen, den ich sah, aber man musste sich daran gewöhnen und einfach weitermachen. Es war in Russland. Dort erlebte ich, wie jemand unmittelbar neben mir fiel, ein junger Leutnant. Wir waren als Spähtrupp unterwegs. Der Leutnant bekam eine 2-Zentimeter-Granate direkt in den Kopf. Sein Schädel wurde zerfetzt, und die Trümmer fielen über mir herab. Aber daran musste ich mich gewöhnen. Als mein Kompanieführer auf eine Mine trat, übernahm ich die Männer. Die Mine riss ihm ein Bein ab, das andere wurde schwer verletzt. Ich leistete ihm erste Hilfe, und er sagte ruhig zu mir: ›Jetzt musst du eben eine Weile aushelfen, aber ich werde bald wieder zurückkommen.‹ Das klang ganz sachlich, nüchtern.«

»Was empfanden Sie bei der Vorstellung, nach Russland zu marschieren? Guderian schreibt in seinen Erinnerungen, er glaubte seinen Augen nicht zu trauen, als man ihm eine Karte von Russland vorlegte und ihn über den Angriffsplan informierte.«[230]

»Ich hatte kein mulmiges Gefühl dabei. Wir hielten uns für unbesiegbar. Wir hatten in Polen und Frankreich gesiegt, wir würden in ein paar Tagen, nicht Wochen, vor Leningrad sein, und dann würde niemand uns mehr daran hindern können, nach Moskau vorzustoßen. Ich dachte, der Krieg werde in einem halben Jahr vorbei sein, und es schien zunächst auch so, als würde sich das bewahrheiten. Ich sehe noch immer die abertausende russischer Soldaten vor mir, die auf den Hügeln umzingelt waren und von uns gefangen genommen wurden. Viele Leute in meinem Alter betrachteten den Krieg in gewisser Weise als unvermeidlich. Ich hatte mich schon immer für Geschichte interessiert und erinnerte mich an das, was ich von meinen Ausbildern und aus meinen Büchern über die Zarenzeit und Russland erfahren hatte. Aus dem Osten war schon immer ein gewisser Druck auf den Westen ausgeübt worden, und Hitler wusste, was die Bolschewiken verkündet hatten – nämlich dass sie die westlichen Völker unterwerfen würden und die Deutschen die schlimmsten von allen seien. Die Russen hatten eine Heidenangst vor Preußen. In unserem Unterricht hatte man uns eingehämmert – und wir glaubten das auch –, dass es nur eine Frage der Zeit sei, bis sie kommen und uns angreifen würden und dass es deshalb ratsam sei, zuerst zuzuschlagen, und zwar hart zuzuschlagen.

Ich wurde als Artilleriespezialist für den Panzer ausgebildet und oft in Spähtrupps eingesetzt, die das Feuer unserer Panzer und Geschütze steuerten. Unsere taktische Neuerung bestand darin, dass wir mit schweren mobilen Kräften vorstießen, die später von Infanterie unterstützt wurden, die oft nur sehr langsam vorrückte. Manchmal kombinierten wir die schweren Waffen aus verschiedenen Divisionen und fassten sie zu größeren Einheiten in Corps-Stärke zusammen, die häufig von einem Artilleriegeneral befehligt wurden und Schnelligkeit mit geballter Feuerkraft verbanden.

Unsere 1. Panzerdivision war in Brandenburg stationiert. Ich war dort zuerst Leutnant, und wir unterstanden Feldmarschall von Manstein. Ich habe ihn mehrere Male gesehen, bei Besprechungen und ähnlichen Anlässen, ihn aber nie persönlich kennen gelernt. Die meisten preußischen Generäle waren ziemlich reserviert.

Es standen ungefähr zwei Millionen Mann bereit, die von der Ostfront aus nach Russland vorstoßen sollten. Ich erinnere mich genau daran, weil mir eines Tages in Königsberg, das von Soldaten förmlich überquoll, in einem Café mein Bruder über den Weg lief. Können Sie sich einen solchen Zufall vorstellen?

Im Juni 1941 begann die Invasion. Das Terrain war nicht gerade ideal für uns, viel Sumpfland. Wir wären wesentlich schneller nach Leningrad gekommen, wenn wir es nicht mit solch schwierigen Bedingungen zu tun gehabt hätten. Wir mussten Bäume fällen und die Äste auf die schlammigen Straßen legen, um vorwärts zu kommen. Der Frühling und der Anfang des Sommers waren oft schlimmer als der Winter. Wenn der Boden gefroren war, kam man leichter vorwärts.«

Ich fragte ihn nach der Schlagkraft des russischen Gegners. »Die änderte sich ständig«, antwortete er, »vor allem zu Beginn des Feldzugs. An der Riga stellten sich uns plötzlich Elitedivisionen mit den berühmten T-34-Panzern entgegen. Wir dachten, mein Gott, wie sollen wir diesen Wall durchbrechen; unsere Geschosse würden an dieser schweren Panzerung abprallen. Wir mussten unsere Infanterie einsetzen, die Panzergrenadiere, die mit uns in den Panzern fuhren. Wir hielten an, die Grenadiere sprangen herab und hoben Gräben aus, in denen sie sich verschanzten, dann zogen wir uns zurück, und die russischen Panzer rückten vor. Wenn sie die Gräben passierten, brachten unsere Grenadiere an der Unterseite Haftminen an, die anschließend die Panzer außer Gefecht setzten. Diese ersten Tage waren sehr kritisch, aber die Grenadiere haben uns gerettet. Schließlich bekamen wir schwerere Munition, so dass wir auch mit diesen Panzern zurechtkamen. Sie trafen uns zwar mit ihren Granaten, aber deren Zünder funktionierten zum Glück nur sehr schlecht, und die Granaten explodierten mit zeitlicher Verzögerung. Sie hätten sofort explodieren sollen, wenn sie die Wand unserer Panzer durchschlagen hatten und ins Innere eingedrungen waren. Dort hätten sie natürlich alles zerstört, die Mannschaft und den gesamten Panzer. Aber statt dessen flogen sie einfach durch den Panzer hindurch. Auch ich hatte ein paar Löcher in meinem Panzer, und wir machten oft Witze darüber.

Eines war wirklich sehr interessant: Diese russischen Panzer, auch die T 34, waren recht einfache Maschinen. Wir bekamen sie genauer zu sehen, weil unsere Mechaniker oft abgeschossene Panzer ausschlachteten und unsere Truppen später dieses Material verwendeten. Sie waren sehr schlicht konstruiert. Wenn ein Getriebe zusammenbrach, konnten die Russen es durch ein Lastwagengetriebe ersetzen – viele ihrer wichtigen Bauteile waren austauschbar mit Teilen aus Zivilfahrzeugen. Anders gesagt, sie waren leicht zu reparieren. Unsere Panzer waren zwar in jeder Hinsicht technisch überlegen, aber weil sie so kompliziert waren, konnte man sie auch nur schwer wieder in Gang setzen, wenn sie beschädigt worden waren.

Einige dieser russischen Truppen vor Leningrad waren bewundernswert. Sie gaben nie auf. Sie gruben sich ein, in diesen runden, tiefen Löchern, und ließen unsere schnell vorrückenden und auf das Überraschungsmoment setzenden Sturmtruppen einfach vorüberziehen. Ihnen folgte unsere Infanterie, die das Land besetzte, und die bekam es dann mit ihnen zu tun. Darüber haben sich unsere Männer oft bitter beklagt; die Russen hörten einfach nicht auf zu feuern. Sie waren zäh. Ich glaube, sie kämpften so erbittert, weil sie Angst hatten. Die Politkommissare hatten ihnen eingebläut: ›Die Deutschen sind die schlimmsten Teufel, die es gibt. Sie machen nie Gefangene. Wenn ihr euch ergebt, werdet ihr sterben. Und wenn ihr zurückweicht, dann töten wir euch.‹ Deshalb glaubten viele wahrscheinlich, ihnen bliebe keine andere Wahl, als bis zum Schluss zu kämpfen.

Auch wenn Sie vielleicht Gegenteiliges gelesen haben: Ich habe nie gesehen, wie jemand einen russischen Kriegsgefangenen getötet hätte, nie! Die Russen konnten keine Gefangenen mitnehmen, weil sie ständig in Bewegung waren. Aber ich habe nie miterlebt, dass jemand auf unserer Seite Gefangene getötet hätte.

Als sich zeigte, dass Leningrad bald fallen würde, wurden wir von dort abgezogen und begannen mit dem Vorstoß nach Moskau. Nun konnten wir wieder richtig loslegen, denn das Gelände eignete sich ideal für Panzer. Sehr oft wurden wir aus unseren jeweiligen Divisionen herausgenommen und mit anderen Panzern und bewaffneten Verbänden zu so genannten Heeresgruppen zusammengestellt, die äußerst schlagkräftig waren. Glauben Sie mir, wir waren die Besten der Besten. Wir bekamen eine Sonderbehandlung, was Waffen und Verpflegung betraf, und sehr oft waren wir diejenigen, die den Durchbruch schafften. Die Bodentruppen konnten mit uns nicht mithalten. Häufig waren sie zu erschöpft, und das konnte sehr gefährlich werden. Deshalb versorgte man uns oft aus der Luft. Wir rückten manchmal an einem Tag nur fünf oder sechs Kilometer vor, schafften aber auch 60, 70 oder 80 Kilometer am Tag, wendeten dann und rollten eine Front von hinten auf. Das war eine moderne Art der Kriegführung! Hunderte oder tausende Gefangene zu machen. Man konnte aber auch Leben schonen, wenn man wollte. Gute Offiziere können Leben schonen, und wir hatten die besten Offiziere der Welt. Wenn man schlechte Offiziere hat, gerät man leicht in Schwierigkeiten. Das hat Guderian uns oft eingeschärft. Wir sind keine Tötungsmaschine, sagte er. Wir brechen durch, dann geht der Krieg schnell zu Ende. Durch das schnelle Vorrücken glaubten die Generäle die Zahl der Opfer in Grenzen halten zu können. Das verstanden sie unter der Bezeichnung ›Blitzkrieg‹. Sehen Sie sich die Grabenkämpfe im Ersten Weltkrieg an. Tausende von Soldaten, die sich jahrelang gegenseitig beschossen, was zu fürchterlichen Verlusten führte. Wir waren schnell. Natürlich werden Sie als Amerikaner fragen: Und was geschah mit all diesen Gefangenen? Ich gebe zu, dass auch mich dieser Gedanke schon häufig beschäftigt hat. Sie können glauben, was Sie wollen, aber ich habe nie irgendwelche unnötigen Grausamkeiten gesehen. Wir haben diese Männer gefangen genommen, sie aber nie misshandelt. Was nachher mit ihnen geschehen ist, weiß ich nicht. Ich bin nie hinter einem Schreibtisch gesessen. Ich war an der Front und habe jeden Tag mein Leben riskiert.«[231]

»Was ist mit der deutschen Armee in Russland passiert?«, fragte ich. »Wie kam es, dass Sie nach derart grandiosen Erfolgen, wie man sie in der Kriegsgeschichte noch nie erlebt hatte, am Ende doch verloren haben?«

»Das war kein Pech, das kann ich Ihnen sagen. Es war allein unsere Schuld. Es begann – das weiß ich noch ganz genau –, als wir auf dem Weg nach Moskau so gut vorankamen. Es ist unglaublich, aber als ich vor einem Jahr nach Russland reiste, konnte ich wieder all die Orte besuchen, an denen ich als junger Offizier war, Leningrad und so weiter. Und vor Moskau gibt es eine Gegend, wo sie inzwischen eine große Universität gebaut haben. Es ist ein hoch gelegener Platz, und von dort machte ich als junger Offizier Skizzen von der Silhouette Moskaus. Und genau an dieser Stelle stand ich nun wieder, fünfzig Jahre später. Ich schloss die Augen und schlug sie wieder auf. Es hatte sich nicht viel verändert. Hier waren wir also gewesen, genau wie seinerzeit Napoleon.

Was passiert ist? Ich weiß es nicht. Wenn man täglich im Kampf steckt, registriert man nicht, was höheren Orts geschieht, aber zweifellos konnten sich die Oberen nicht entscheiden, worauf sie eigentlich hinauswollten. Über all diese Dinge habe ich, genau wie Sie, nur aus Büchern etwas erfahren, und es ist unbestreitbar, dass Hitler sich immer wieder einmischte und die guten Planungen unserer Offiziere zunichte machte. Und so kam es, dass wir plötzlich dem Feind nichts mehr entgegenzusetzen hatten. Das Oberkommando hatte den gesamten Nachschub nach Süden umgeleitet und uns aufgegeben. Und dabei waren wir so kurz vor dem Ziel gewesen. Aber dann hieß es plötzlich ›Rückzug!‹ Das war bitter, ich werde es nie vergessen! Wenn man auf dem Vormarsch ist, erträgt man einiges, aber wenn man sich zurückziehen muss, wird es wirklich schwer. Und das war unser erster Rückzug. Darüber hatte man uns auf der Akademie nichts beigebracht. ›Rückzug‹, ›Kapitulation‹, diese Begriffe waren dort nie verwendet worden.

Am schlimmsten war, dass sie uns nichts mehr gaben, dass sie uns keinerlei Nachschub mehr schickten: keine Winterkleidung, keine Nahrungsmittel, keine Munition, keinen Treibstoff. Wir mussten uns wie die Infanterie nach hinten durchschlagen und einen großen Teil unserer Ausrüstung zurücklassen. Viele von uns hatten nur Gewehre, und wir kämpften gegen gut bewaffnete, zähe sibirische Soldaten. Viele unserer Leute verloren Arme oder Beine. Es war wirklich grauenhaft.

Die Männer waren vollkommen erschöpft, dazu das fürchterliche Wetter, es war einfach unglaublich, ich habe so etwas nie wieder erlebt. Die Panzer, die uns noch geblieben waren, konnte man im Winter erst starten, wenn man darunter ein Feuer entfacht hatte, um das Öl wieder zu verflüssigen. Wenn man etwas Metallisches berührte, blieb die Haut daran haften. Manchmal versuchten wir die Fahrzeuge zu schieben, und wenn ein Mann Löcher in den Handschuhen hatte, riss ihm dabei die Haut ab. Und unsere Verwundeten? Die mussten wir zurücklassen.

Nach ungefähr einem Monat errichteten wir eine Winterlinie. Wieder fühlte ich mich an Napoleon erinnert.

Was uns dann endgültig den Glauben nahm, dass wir uns weiter auf der Siegesstraße befanden, war Stalingrad. Das war wirklich … Stalingrad werde ich nie vergessen.«

14. Kapitel

Stutthof

1943

Die Endlösung

Wir haben es hier zu tun mit der westlichen Zivilisation, mit unseren Errungenschaften in den vergangenen 2000 Jahren – und dem, was die Deutschen als »christliche Nächstenliebe« bezeichnen. Dieser Ort zeigt, wohin wir mit all diesen Phrasen gekommen sind.

Aronek Kierszkowski

Das kleine Dorf Stutthof liegt nur eine halbe Autostunde von Danzig entfernt. Seine wirtschaftliche Existenz ist abhängig von dem langen, schmalen Strand, der sich hinter der letzten Reihe von Eiskrembuden und Gästehäusern in östlicher Richtung entlang der Ostsee erstreckt. Im Sommer wird Stutthof zu einem Flaschenhals, wenn Busladungen von Urlaubern aus allen Teilen des früheren Ostblocks – heute auch Deutsche – hier einfallen, um sich an der Frischen Nehrung (auf Polnisch Mierzeja Wiślana) zu erholen, einem noch relativ wenig verschmutzten, rund 45 Kilometer langen Küstenstreifen, der mit Kiefernwäldchen durchsetzt ist und über mehrere Vogelschutzgebiete verfügt. Doch wenn im Januar und Februar die Winterstürme toben, reißt es die »Zimmer frei«-Schilder an den Häusern fast aus ihren Verankerungen. Bewohner sind in dieser Zeit kaum noch anzutreffen.

Nirgendwo habe ich Hinweisschilder gesehen, die Besucher oder Touristen auf das Konzentrationslager Stutthof aufmerksam gemacht hätten. Dass es nicht mehr weit entfernt war, wurde mir erst klar, als

Graffiti auftauchten: Hakenkreuze auf Verkehrsschildern oder Häuserwänden. Diese Neigung, über das Konzentrationslager den Mantel des Schweigens zu breiten, mache ich den Polen nicht zum Vorwurf, auch nicht der örtlichen Handelskammer, die verständlicherweise die attraktiveren Sehenswürdigkeiten der Region herausstellen möchte. Denn ein Besuch in Stutthof kann schon dazu führen, dass einem der Appetit auf die köstliche Kielbasa, eine geräucherte Wurst mit Knoblauch, und das ebenso gute Bier vergeht, mit denen die örtlichen Restaurants aufwarten. Weshalb sollte man die Geschäfte unnötig behindern? Dennoch besuchen jedes Jahr mehr als eine Million Menschen diesen Ort, die meisten davon Polen.

Ich hatte lange Zeit nichts gewusst über Stutthof, und die meisten Einwohner Westeuropas oder Amerikas wohl auch nicht, nehme ich an. William Shirers enzyklopädisches Werk über das Dritte Reich informierte uns Amerikaner pflichtschuldig über die grauenhafte Arbeit der SS-Mörder in Auschwitz, Dachau, Buchenwald, Bergen-Belsen, Treblinka und vielen, vielen weiteren Todeslagern, aber Stutthof wurde nicht ein einziges Mal erwähnt. Ich fragte zu Hause 25 Freunde oder Bekannte, ob dieser Namen ihnen etwas sage, doch keiner hatte ihn je gehört. Aber jeder Pole, ob Jude oder Nicht-Jude, kennt Stutthof.

Das Lager liegt am Rande der Stadt. 1940 lebten hier nur Fischer und Bauern. Dann ließ Heinrich Himmler am Strand Gebäude errichten, die »Erholungszwecken« dienen sollten, Einrichtungen, in denen sich die SS-Wachen von den Strapazen ihres blutigen Handwerks erholen sollten.[232] Die Gebäude wurden an der windabgewandten Seite des Lagers gebaut, damit die Bewohner nicht durch Rauch und Asche vom Krematorium belästigt werden konnten – einen Geruch, den ein Überlebender mit gebratenem Schweinefleisch in Verbindung brachte.

Da die Hauptreisezeit noch nicht begonnen hat, ist mein Auto das einzige auf dem bescheidenen kleinen Parkplatz. Das Tor zu Stutthof ist offen, doch man sieht nicht einen einzigen Beschäftigten der Verwaltung – eine ziemlich unheimliche Situation, milde ausgedrückt. Auf einem Schild, das in mehreren Sprachen abgefasst ist, steht, dass »Kinder unter 17 Jahren, Betrunkene und Personen in Badebekleidung« nicht eingelassen werden. Nachdem man die Villa des Kommandanten passiert hat, gelangt man hinter einem Wachturm und einem Stacheldrahtzaun ins Innere des Lagers.

Stutthof war das erste Arbeitslager, das nach Kriegsanfang außerhalb Deutschlands errichtet wurde. Der Krieg begann am 1. September 1939, am nächsten Tag schon wurden die ersten Gefangenen in Stutthof eingeliefert. Günter Grass behauptet in seinem Roman *Die Blechtrommel* zwar, alle Verteidiger der Polnischen Post in Danzig (einschließlich seiner Hauptfigur, des unglücklichen Jan Bronski) seien an die Wand gestellt und wegen »Freischärlerei« hingerichtet worden.[233] Doch die ersten Insassen von Stutthof waren Angestellte der Danziger Post, ihnen folgten Bahnarbeiter, Soldaten von der Garnison Westerplatte, Intellektuelle, Schriftsteller, Künstler aus der Stadt (die meist von ortsansässigen Deutschen denunziert wurden) und mehr als 200 polnische Priester. Ihre erste Aufgabe bestand darin, ein Gefängnis zu bauen.

Das Gelände wurde fast völlig in Handarbeit gerodet. Bäume wurden mit der Axt gefällt, denn die SS hielt es nicht für notwendig, Pferde oder Traktoren einzusetzen. Arbeitsgruppen schleppten die Stämme weg, entfernten die Baumstümpfe und ebneten die Erde mit ihrer Muskelkraft. Wer dieser Arbeit nicht gewachsen war, wurde kurzerhand erschossen. Die Ernährung war unzureichend, sanitäre Einrichtungen gab es nicht, und die Kleidung der Gefangenen war schon zerlumpt und verschlissen, als sich der erste Winter über diesen trostlosen Ort senkte. Die primitiven Baracken, die die Insassen errichtet hatten, waren zugig und wurden nur schlecht beheizt. Doch in einem Gewächshaus für Zierblumen wurde die Temperatur sorgfältig überwacht, und im Laufe der Zeit machte sich Stutthof im SS-System einen Namen für seine gartenbaulichen Leistungen. Auch seine Kaninchenzucht wurde sehr gerühmt.

1942 veränderte sich der Charakter von Stutthof grundlegend, als es von einem Arbeits- zu einem Konzentrationslager heraufgestuft wurde. Nun war es kein Provinzgefängnis für »gesellschaftsschädliche Personen« polnischer Herkunft mehr, deren Zahl sich mittlerweile auf 3000 belief, sondern wurde massiv ausgebaut für 25 000 Häftlinge.[234] Diese wurden schon kurz darauf herbeigeschafft: russische Kriegsgefangene, polnische Juden, ungarische Frauen, Zigeuner und andere Unglückliche aus 13 weiteren europäischen Ländern. Insgesamt sollen Schätzungen zufolge 115 000 Menschen mit Zügen oder Lastwagen nach Stutthof gebracht worden sein. Davon überlebten es 65 000 nicht.[235]

Das Krematorium konnte anscheinend mit dem Ansturm nicht Schritt halten. Im alten Preußen entdeckt man auf dem Land hin und wieder Massengräber, die manchmal von Bauern beim Pflügen aufgerissen werden. Auch Badegäste haben schon gelegentlich auf sonnengebleichten Dünen Knochen gefunden oder die Ständer ihrer Sonnenschirme in verwitterte Schädel gerammt.

Stutthof bildete die Spitze einer pyramidenförmigen Organisation, die mehr als 100 kleinere Nebenlager umfasste. Viele davon lagen in der Nähe von großen Fabriken, die Arbeiter, teilweise auch gelernte Kräfte, benötigten. Doch diese Arbeitskräfte wurden den Firmen nicht kostenlos zur Verfügung gestellt, die Inhaber der Unternehmen zahlten vielmehr bei verschiedenen Gelegenheiten Summen, die den fälligen Löhnen entsprachen, auf Bankkonten der SS ein. Die Gefangenen stellten Ersatzteile für die Marine oder die Luftwaffe oder Holzerzeugnisse her, bauten Straßen, pflanzten Bäume und brachten Ernten ein. Niemand im Umland konnte behaupten, vom Lager Stutthof nichts gewusst zu haben. Jeden Tag marschierten Arbeitskolonnen zu ihren Einsatzplätzen und zogen abends wieder zurück ins Lager.[236]

Einige Baracken stehen noch. Die meisten aber wurden abgerissen und von den Gefangenen – die gelernt hatten, ihre Ressourcen optimal zu nutzen – nach ihrer Befreiung 1945 als Brennholz verwendet. Während ihre sowjetischen Befreier, wenn sie es warm haben wollten, oft gleich eine ganze Hütte anzündeten und sich dann zu dutzenden um das Feuer scharten, schichteten die Überlebenden von Stutthof die Planken säuberlich in kleinen Stapeln auf und verbrauchten sie nur sehr sparsam für ihre Lagerfeuer. Heute sind diese Baracken durch rechteckige Betonblöcke markiert, die mit der jeweiligen Identifikationsnummer versehen sind.

In mehreren angrenzenden Holzhütten hat man ein kleines Museum untergebracht, in dem der Untergang Polens, die Entstehung von Stutthof und der Kampf der Widerstandsgruppen dokumentiert werden. Darunter finden sich auch Exponate, die katholischen Märtyrern gewidmet sind, die hier oder in anderen Lagern starben. Nur in einigen wenigen Schaukästen wird speziell das Leid der polnischen Juden dargestellt. Stutthof war zwar ursprünglich auf Gefangene verschiedenster Nationalitäten ausgerichtet, unabhängig von ihrem Status oder ihrer Religion, doch im Sommer 1944 veränderte sich die bis dahin ausgewogene Zusammensetzung der Inhaftierten. In diesem Jahr nahm Stutthof im Laufe von nur vier Monaten 37 000 neue Häftlinge auf, von denen 70 Prozent Juden waren. In seinen letzten beiden Jahren war das Lager eindeutig jüdisch geprägt. Die Todesmärsche, die Hinrichtungen am Frischen Haff und die Bahntransporte nach und von Auschwitz betrafen fast ausschließlich Juden.

Dieses Museum entwickelte sich zu einem weiteren Brennpunkt im spannungsgeladenen Verhältnis zwischen Polen und Juden, das sich auf vielfache Weise in der Kontroverse um die katholischen Nonnen in Auschwitz sowie bei der im Februar 1995 abgehaltenen Gedenkveranstaltung zum 50. Jahrestag der Befreiung des Lagers manifestierte. Eine Überlebende formulierte es mir gegenüber folgendermaßen: »Was ich als junges Mädchen in dieser Zeit durchlitten habe, hat mich für immer gezeichnet. Meine Familie wurde ausgelöscht, alles, was meine Jugend ausgemacht hat, ist verschwunden – mein ganzes Leben. Das prägt einen, auch wenn ich mich anschließend wieder aufraffte und all dies überwinden konnte. Ich bin Jüdin, keine Polin – und in den Lagern wurden Juden ermordet, nicht Polen.«

Dieser unerbittliche Dogmatismus verblüfft heute viele Polen. Was um Himmels willen, stöhnen sie, kann jemand dagegen haben, wenn Karmeliterinnen für die Seelen der Märtyrer von Auschwitz beten, auch wenn die Betenden nicht dieselbe Religion haben wie die Menschen, die umgebracht wurden? Auschwitz und die anderen Lager stehen für Unmenschlichkeit, sie sind eine Lektion, aus der jedes Land und jeder Einzelne lernen sollte, vor allem in der heutigen Welt, in der so viele kleine Völkermorde stattfinden. Als jüdische Gemeinden die Pläne Lech Walesas und seiner Regierung für die Auschwitz-Gedenkveranstaltung kritisierten, bemerkte ein hoher polnischer Regierungsvertreter dazu: »Ich weiß nicht, ob es in dieser Atmosphäre, die von einigen jüdischen Zirkeln und Medien erzeugt wurde, überhaupt noch möglich ist, den

Dialog fortzusetzen. Zuerst wirft man uns schlechte Organisation vor, dann wird behauptet, wir würden das Ereignis polnisieren. In Wirklichkeit aber geht es doch um Universalisierung.«[237]

»Genauso reden Leute, die ein schlechtes Gewissen haben«, sagte mir ein anderer ehemaliger Lagerinsasse in diesem Zusammenhang. »Universalisierung? Diesen Begriff will ich nicht hören. Diese Lager wurden in erster Linie eingerichtet, um Juden umzubringen. So einfach ist das.«

Schon Pontius Pilatus fragte: »Was ist Wahrheit?« (Johannes 18:38). Lässt sich die Wahrheit hier in Stutthof finden, in Anbetracht all der Emotionen und der Traumata, die dieses Thema aufrührt, an einem Ort, an dem sich unsere Gefühle so leicht umlenken oder manipulieren lassen? Wahrscheinlich nicht. Am sichersten wäre es wohl, man würde sich an einem Ort wie diesem in eine Art geistiges Reservat zurückziehen, doch die Eindrücke und die Bilder sind zu mächtig: zum Beispiel das Regal, das bis unter die Decke mit tausenden und abertausenden braunen Schuhen gefüllt ist und bei denen das Leder durch die Hitze zu einer unentwirrbaren Masse verschmolzen ist. Ganz oben sehe ich ein Paar Kinderschuhe, und dabei muss ich sofort an meine beiden eigenen Töchter denken. Die Gaskammer lässt einen nicht innehalten, erlaubt keine stille Kontemplation, vor allem da unmittelbar neben ihr das Krematorium liegt, in dem die Leichen zwischen den Holzstößen aufgeschichtet wurden, die man dann mit Benzin überschüttete und anzündete. Ein paar Kränze, einige Gedenktafeln und zahlreiche Fahnen verleihen diesem verpesteten Gebäude ein wenig Würde und Ehrerbietung, doch »den Schrecken zu mildern«, wie es ein Wissenschaftler ausdrückte, macht meines Erachtens alles nur noch viel schlimmer.[238] Ein großes Mahnmal im sowjetischen Stil beeindruckt den Besucher vielleicht, doch wer betrachtet gerne Gebeine und Asche durch Glasscheiben? Der Latrinenbereich verursacht Brechreiz. »Anschließend wurde den Juden befohlen, direkt in die Senkgrube zu springen«, schrieb ein polnischer Häftling. »Sie war voll mit Urin. Die größeren kamen wieder heraus, weil ihnen die Brühe nur bis zum Kinn reichte, aber die kleineren gingen unter.«[239]

Eine Wahrheit, die frei von jeder Parteilichkeit ist, lässt sich in Stutthof nicht finden, aber wie verhält es sich mit Meinungen? Sie durchfluten den menschlichen Geist, ähnlich wie ein Deich in Holland der Sturmflut der wilden Nordsee nachgibt.

Und die »Auschwitz-Lüge«? Wer den Holocaust leugnet, gehört geprügelt. Für eine solch extreme Verfälschung der Wirklichkeit kann es auch nur eine extreme Strafe geben. Von allen konstruierten Legenden in diesem an politischer Mythenbildung reichen Jahrhundert, von der »Dolchstoßlegende« bis zu der von McCarthy geschürten Kommunistenangst, ist die »Auschwitz-Lüge« wahrscheinlich die fadenscheinigste.

Universalisierung? Ich ergreife Partei für die Juden. Es gibt Völkermorde zuhauf in unserer modernen Welt, ob man sie nun ethnische Säuberungen nennt oder Stammesfehden, doch sie alle sind nicht zu vergleichen mit der einzigartigen Monstrosität, die Stutthof und die übrigen Konzentrationslager verkörpern. Nach Ansicht des deutschen Philosophen Karl Jaspers war der Holocaust »etwas grundlegend Anderes als alle übrigen Verbrechen, die es in der Geschichte gegeben hat«.[240] Das faschistische Deutschland hatte die Absicht, eine bestimmte Volksgruppe vollkommen auszulöschen, und bediente sich seiner beträchtlichen Mittel und Möglichkeiten, um dies in einer bis dahin nie gekannten Perfektion ins Werk zu setzen. Diese Volksgruppe, die gezielt vernichtet werden sollte, waren die Juden.

Hat Stalin mehr Menschen ermorden lassen? Wahrscheinlich schon. Hatte er es speziell auf die Juden abgesehen? Nein, sein Ansatz war umfassender und paranoid. Starben Polen in den Konzentrationslagern? Ja, natürlich, und zwar in großer Zahl. Starben auch Russen? Ja, auch sie wurden bis zu einem gewissen Grad verfolgt und deportiert. Aber glaubten Hitler, Himmler, Heydrich, Eichmann und all die anderen ernsthaft, sie könnten diese slawischen Völker vom Antlitz der Erde tilgen? Diese »Untermenschen« wurden gefoltert, gedemütigt, unterjocht, schikaniert, versklavt, ermordet und fallen gelassen, wenn man sie nicht mehr brauchte, aber im Gegensatz zu allen hysterischen Hypothesen, die ebendies unterstellen, bezweifle ich, dass Hitler jemals glaubte, er könne diese Völker ausrotten. Doch die Juden waren eine kleinere Gruppe und Gegenstand leidenschaftlicheren Hasses; sie waren zur Auslöschung verurteilt. Das erschien als eine Aufgabe, die sich bewältigen ließ. Jede andere ethnische Gruppe, die ins Visier der SS-Schergen geriet, konnte sich später wieder erholen. Doch die polnischen Juden werden niemals mehr zurückkehren, wie einer von ihnen schrieb: »Die immensen Verluste der Juden haben die biologische Grundlage vernichtet, die für ihr Fortleben als soziale Gemeinschaft in Europa nötig wäre.«[241]

Die universalistische Sichtweise verstellt den Blick auf die Einzigartigkeit dieser Verbrechen. Dass sie auch dazu dienen könnte, die tief verwurzelte Antipathie vieler Polen gegen die Juden zu kaschieren oder ihren Widerwillen, ihre jüdischen Landsleute von Schuld freizusprechen, ist eine durchaus plausible Vermutung und gereicht dieser Nation keineswegs zur Ehre. Einige Polen, mit denen ich in Warschau sprach, meinten, dass sich die Einstellungen der Menschen rasch wandeln würden, wenn ihr Land einmal zu einer modernen Demokratie geworden und kulturell und geistig stärker vom Westen beeinflusst worden sei. »Antisemitismus ist schlecht fürs Geschäft«, sagte mir einer von ihnen. »Jeder weiß das.« Doch wie schnell sich diese Veränderungen bis in die entlegensten Winkel des Landes ausbreiten werden, bleibt abzuwarten.

Es wäre kleinlich, glaube ich, diese Karmeliterinnen zu kritisieren, die in Auschwitz eine Mahnwache halten wollten.[242] Beten hat etwas Tröstendes. Die Absicht, rund um die Uhr, Tag und Nacht, für die Seelen von Verstorbenen beten zu wollen, mutet zwar etwas kurios oder mittelalterlich an, doch das Gedenken an Märtyrer, an Menschen, die für eine geheiligte Sache ihr Leben ließen, ist ehrbar. Aber wie schon viele andere Kommentatoren bemerkt haben, zeichnet uns alle das Bestreben aus, auch einer Situation, die fast per definitionem hoffnungslos schlecht ist, noch etwas Gutes abzugewinnen. In den Augenzeugenberichten über den Holocaust suchen wir nach Botschaften der Hoffnung, die uns Trost spenden, nach Anzeichen einer moralischen Lektion, eines höheren Prinzips, die uns zeigen, dass auch aus derartigem Schrecken etwas Erlösendes zu erwachsen vermag.

Ich glaube, die Juden, zumindest jene, mit denen ich gesprochen habe, ziehen es vor, dass sich dieser Schrecken ungehindert entfaltet und sich zu einem ungeschönten und hell beleuchteten Bild der Barbarei verdichtet: keine erlösenden Elemente, keine moralischen Lektionen, keine Suche nach dem Silberstreif am Horizont, keine Märtyrer.

Vielmehr haben wir es mit Mördern und Opfern zu tun, mit einem ausgefeilten Plan, der von einigen wenigen Strategen ersonnen und von vielen Mithelfern ausgeführt wurde und der darauf zielte, das europäische Judentum zu vernichten.

Normalerweise hätte ich auf diesem verlassenen Parkplatz in meinem Auto übernachtet. Doch stattdessen folge ich der Spur der Sonnenanbeter, die in die Dünen von Mierzeja Wiślana strebten und sich dort ein lauschiges Plätzchen suchten.

*

»Ich bin aus dem estnischen Tallinn nach Stutthof gekommen«, erzählte mir Aronek Kierszkowski. »Es muss im Spätherbst 1944 gewesen sein, und ich kam allein. Mein älterer Bruder Dudek war in Estland erschossen worden, bevor wir dort weg mussten, und zum ersten Mal befiel mich eine schwere Depression. Ich verlor den Mut. Das war sehr gefährlich, denn man musste instinktiv ums Überleben kämpfen, man lebte von einem Tag zum anderen. Aber ich war in ein tiefes Loch gefallen und traf keine Entscheidungen mehr für mich. Ich weiß nicht, wie ich diese paar Wochen überstanden habe. So lange Dudek und ich zusammen gewesen waren, glaubten wir daran, dass wir eine Chance hatten. Wir dachten, wir würden unsere Familie wiedersehen. Wir wollten nicht glauben, dass schon seit mehr als einem Jahr alle unsere Angehörigen tot waren.

Nach dem Ghetto von Wilna haben Dudek und ich in verschiedenen Lagern in Estland gearbeitet. Das erste war ein ›gutes‹ Lager, ein Bergwerk, in dem Braunkohle abgebaut wurde, unter der Kontrolle einer deutschen Firma namens Baltöl. Das war ein reguläres SS-Arbeitslager. Aber wer krank wurde oder nicht mehr arbeiten konnte, wurde erschossen. Die Leute starben wie die Fliegen. Die Arbeit war hart, aber die Häftlinge, die in der Mine arbeiteten, bekamen wenigstens etwas zu essen, erhielten Stiefel, Lampen und dergleichen, denn die Deutschen brauchten diese Kohle, um Treibstoff für das Militär zu produzieren. Zu dieser Zeit besaßen wir noch unsere eigenen Kleider, aber sonst nichts mehr. Und es war kalt in Estland.

Nachdem die Russen zum ersten Mal den Belagerungsring um Leningrad durchbrochen hatten, verschlimmerte sich die Situation drastisch. Die SS trieb uns durch den Schnee zu einem Lager namens Ereda, einem der schlimmsten Arbeitslager, in dem ich gewesen bin. Da spricht man immer von den Gaskammern – in einer Gaskammer stirbt man wenigstens im Laufe eines Tages. In Ereda gab es Insassen, die sie aus anderen Lagern Estlands herbeigeschafft hatten, Leute, die nicht mehr arbeiten konnten. Die steckten sie in kahle Baracken, ohne ihnen etwas zu essen zu geben. Keine Pritschen, keine Decken, keine Möbel, überhaupt nichts. Sie wurden einfach hineingepfercht und sollten dort sterben. Es war so kalt, dass die Haare der Leute am kalten Boden anfroren. Ich war entsetzt, erst recht, als Dudek kam und sagte: ›Du wirst es nicht glauben, aber ich habe Onkel Aizenberg und Dodzik (seinen Sohn) in einer dieser Baracken entdeckt.‹ Wir gingen hin, um ihnen zu helfen, aber mein Onkel war kaum noch ansprechbar. Ich weiß nicht, wie die medizinische Bezeichnung für diese Krankheit lautet, aber seine Haut verfärbte sich schwarz. Sein 14-jähriger Sohn hielt ihn in den Armen. Was für eine Szene.«

»Können Sie beschreiben, was Sie bei diesem Anblick empfanden?« fragte ich ihn.

»Natürlich kann ich das nicht. Ich war damals fünfzehn Jahre alt. Man versucht einfach nur zu überleben. Man konnte nicht an die Vergangenheit denken, und man konnte sich auch keine großen Gedanken über die Zukunft machen. Man versuchte einfach nur die Probleme zu lösen, die auf einen zukamen, und das waren die Probleme des Überlebenskampfes: etwas zu essen zu bekommen oder eine Arbeit an einem Ort zu finden, wo man etwas zu essen kriegen würde. Onkel Aizenberg starb kurz darauf. Mein Bruder riskierte fast sein Leben, um Dodzik abends zum Badehaus zu bringen, wo er ihn wusch, ihm etwas zu essen gab und ihn dann entlauste, damit er sich wieder erholen und zu uns in die Baracke kommen konnte und wir dann zusammen arbeiten konnten. Aber ein paar Tage später wurde auch Dodzik schwarz und starb ebenfalls. Das war also die Vergangenheit. Darüber konnte man nicht nachdenken. Man lebte, wie gesagt, von einem Tag zum nächsten.

Man musste einfach Glück haben. Man wusste nie, was passieren würde. Ich erinnere mich an den stellvertretenden Kommandanten in Ereda, er hieß Scharfeter. Er war einer von nur zwei SS-Männern dort; der Rest der Wachmannschaft bestand aus estnischen Hilfskräften. Ich kann mich entsinnen, dass es im Lager zwei Leute gab, die nicht mehr arbeiten konnten, man nannte sie *Musel*-Männer, damit meinte man jemanden, der sich eine Decke auf den Rücken gelegt hatte, ein Zeichen dafür, dass er sich aufgegeben hatte und auf den Tod wartete.[243] Eines Sonntags, als wir Holzklötze schleppten, hielt Scharfeter mit seinem Stock, den er in der Hand trug, einen dieser *Musel*-Männer auf. Dieser Mann war vielleicht höchstens fünfunddreißig Jahre alt, aber aus der Ferne sah er aus wie siebzig. Und Scharfeter begann ihn mit seinem Stock zu schlagen, offensichtlich grundlos. Einen Mann, der auf das Sterben wartete. Er fiel zu Boden, und der SS-Mann befahl ihm, aufzustehen. Er tat es, da schlug der SS-Offizier ihn abermals. Er fiel wieder hin. So ging das ungefähr eine halbe Stunde. Schließlich konnte der Mann nicht mehr aufstehen, also legte ihm Scharfeter seinen Stock über den Hals, stellte sich mit den Stiefeln auf die beiden Enden des Stocks und erstickte den Häftling. Und nach 1945 wollten die westlichen Länder solche Leute mit Hilfe regulärer Strafgesetze richten?

Im Juli 1944 kamen die Deutschen in ernste Schwierigkeiten. Im vorangegangenen Winter hatten sie, wie wir wussten, bei Leningrad mächtig Prügel bezogen. Wenn wir ausrückten, um Eisenbahnschienen zu reparieren, sahen wir oft Rot-Kreuz-Züge vorüberfahren, die voll waren mit Soldaten mit erfrorenen Beinen oder Armen. In den Toiletten des Lagers machten allerlei Gerüchte die Runde. Man munkelte, bald würden die Russen kommen, oder jemand flüsterte, irgendein Este habe zu jemandem gesagt: ›Macht euch keine Sorgen. Bald ist es vorbei.‹ Und tatsächlich wurde ein großer Teil der deutschen Armee bald abgeschnitten in Estland, Lettland und Litauen und hatte keine andere Fluchtmöglichkeit mehr als über das Meer. Die Deutschen hatten drei Schiffe in Tallinn liegen, die sie zur Evakuierung dieser Truppen einzusetzen beabsichtigten – diese Episode wurde später in dem Film *Die Odessa-Akte* aufgegriffen. Nun, die SS beschlagnahmte diese drei Schiffe der deutschen Armee, und zu welchem Zweck? Um damit die Juden wegzuschaffen sowie fünfzig bis hundert estnische KZ-Wächter und rund 25 eigene Männer. Stellen Sie sich das vor: Die SS ließ deutsche Soldaten in russische Gefangenschaft gehen, um sich selbst und uns wegzubringen. Wahrlich eine patriotische Tat!

Aber da die Schiffe nicht alle Juden aufnehmen konnten, beschlossen die SS-Leute, einen Teil der Häftlinge zu liquidieren. Sie kamen in unser Lager und suchten sich 25 kräftige Burschen aus. Auch Dudek wurde ausgewählt, und so wurden wir getrennt. Er kam nicht mehr zurück. Er und die anderen mussten in Ereda Gräben ausheben, in denen die ›überzähligen‹ Juden erschossen wurden. Zum Schluss wurden auch er und die übrigen Männer getötet, dann füllte man das Massengrab zu. Das erfuhr ich nach dem Krieg in einem deutschen Flüchtlingslager von einem der beteiligten Häftlinge, dem es gelungen war, während der Schießerei zu fliehen. Die Trennung von meinem Bruder löste bei mir diese schwere Depression aus, und ich kann mich nicht mehr erinnern, was in den folgenden Tagen geschah. Das war eine sehr gefährliche Zeit für mich, denn man musste ständig auf der Hut sein, und ich war es nicht.

Im August 1944 fand ich mich schließlich auf einem Platz in Tallinn wieder und wartete darauf, an Bord eines dieser Schiffe gebracht zu werden. Ich erinnere mich, es hieß *Mar La Plata*. Ich wanderte auf der Seite des Zauns umher, auf der die Männer untergebracht waren. Die Frauen waren auf der anderen Seite. Plötzlich hörte ich, wie jemand meinen Namen rief: ›Aronek! Aronek!‹ Das riss mich aus meinem Dämmerzustand. Die Stimme klang nach Rose Aizenberg, einer Cousine von Dodzik, der in Ereda umgekommen war. Rose hatte mit ihrer Familie in einem Zimmer unserer Wohnung im Ghetto von Wilna gelebt. Ich schaute mich um, konnte sie aber nicht entdecken. Und auch ihre Stimme habe ich nicht wieder gehört. Das war eine Art Erweckungserlebnis, und es hat mir das Leben gerettet.

Wir fuhren drei Tage über die Ostsee und liefen schließlich in der Nähe von Danzig einen Hafen an, dann brachte man uns mit einem Boot nach Stutthof. Ich erinnere mich, dass es kein weiter Marsch war von den Schiffen zum Lager. Ich weiß auch noch, dass es ziemlich kalt war. Die Bewacher pferchten uns in einem kleinen Raum zusammen und sagten, wir müssten zuerst die ›Entlausung‹ über uns ergehen lassen, anschließend sollten wir duschen. Sie sagten uns auch, wir würden völlig kahl geschoren werden. Das war eine neue Erfahrung. Wir trugen noch immer unsere Zivilkleidung, waren aber noch nicht tätowiert oder geschoren worden, und hier erzählten sie uns etwas von Duschen. Wir hatten schon von Auschwitz gehört und von dem Gas, das aus den Brauseköpfen herauskam, deshalb wussten wir, dass es unser Ende sein würde, aber was sollten wir tun? Es war eine Mauer um uns herum, Soldaten mit Hunden, SS-Leute, ukrainische Wachen, all diese schrecklichen Leute. Also konzentrierten wir uns auf ganz gewöhnliche Dinge. Einige von uns hatten etwas zu essen dabei, was sollten sie damit tun? Sie mussten ihre Kleider abgeben, unter einer Dusche hindurchgehen und erhielten dann andere Kleidung, Sträflingskleidung – wie soll man da etwas durchschmuggeln, wenn man nackt ist?

Ich erinnere mich, dass wir in dieser kleinen Halle waren, wo man uns zusammengetrieben hatte, und dort fand ich einen halben Laib Brot. Ich sagte mir, ich werde diesen Laib durch die Dusche schmuggeln, und wenn ich auf der anderen Seite noch lebe, nehme ich das Brot mit. Schnell, schnell, riefen sie, und ich lief los und drückte den Brotlaib eng an meinen Körper. Ich lief in den Raum, sie schoren mir den Kopf, rasierten mich unter den Armen und dann zwischen den Beinen. Man musste vorsichtig sein, denn sie verwendeten scharfe Rasierklingen, und es hätte ihnen bestimmt Spaß gemacht, ihre Messer an den Geschlechtsteilen zu wetzen wie an einem Barbierriemen. Es gelang mir, den halben Brotlaib während dieser Prozedur bei mir zu behalten, und ich konnte ihn auch mit in die Dusche nehmen, wo er nass geworden sein muss, aber ich brachte ihn auch da hindurch und zur anderen Seite, wo sie uns die gestreifte Kleidung zuwarfen. Dann führten sie uns zu einer Baracke, wo mir eine Pritsche zugewiesen wurde, meine eigene Pritsche. Ich legte das Brot unter das Kissen.

Am nächsten Tag riefen sie uns hinaus, und ich dachte, ich würde wieder zurückkommen, aber sie brachten uns zu einer anderen Baracke, und so verlor ich das Brot. Ich ärgerte mich lange darüber. Aber dann sagte ich mir, wieso ärgerst du dich? Ein anderer, der auch hungrig war, hat das Brot bekommen. Vielleicht hat es ihm sogar geholfen, zu überleben oder hat ihm wenigstens ein paar schöne Tage beschert, bevor er umgebracht wurde. Deshalb habe ich jetzt ein viel besseres Gefühl wegen dieser Sache. Aber dieses Ereignis hat mich gelehrt, dass man in unsicheren Zeiten darauf achten muss, keine wichtigen Sachen zurückzulassen, weil man vielleicht nie mehr an den betreffenden Platz zurückkommt.

Stutthof war ein ziemlich sauberes Lager. Wir hatten unsere eigenen Pritschen und bekamen regelmäßig zu essen, wenngleich nur Magerkost. Es war ein richtiges Konzentrationslager in dem Sinne, dass es Menschen aus unterschiedlichsten Bereichen zusammenfasste: Kriminelle, Sozialisten, Juden, sogar ein paar spanische Soldaten, die sich als Freiwillige für den Kampf gegen die Sowjetunion gemeldet, aber dann den deutschen Kommandeuren den Gehorsam verweigert hatten, als sie gegen die westlichen Alliierten kämpfen sollten. Ich kam in einen Zellenblock, im dem viele Dänen untergebracht waren, die im spanischen Bürgerkrieg auf der Seite der Republikaner gekämpft hatten. Nachdem die Deutschen Dänemark besetzt hatten, deportierten sie diese Leute nach Stutthof, behandelten sie dort aber recht gut. Schließlich handelte es sich bei ihnen ja um echte nordische Menschen, nordischer jedenfalls als die Deutschen. Wir reinigten die Waschräume der Dänen. Sie gaben uns Juden dafür etwas zu essen. Das waren nette Leute, richtige Menschen.

In Stutthof fanden keine Massentötungen statt wie in Auschwitz, aber viele Häftlinge starben an Hunger, an Krankheiten oder nach Bestrafungen. Einige wurden gehenkt oder erschlagen. Ich entsinne mich, dass einmal jemand ausbrach und wieder eingefangen wurde, und wir mussten zum Appell antreten, als sie ihn henkten. Doch für Massentötungen wurden die Leute nach Auschwitz gebracht.

Das erinnert mich an ein einschneidendes Erlebnis, das ich in diesem Lager hatte. Nach unserer Ankunft fassten sie alle Minderjährigen in einer Baracke zusammen. Nach ungefähr einer Woche ließen sie uns antreten und sagten uns, sie würden uns in ein Lager bringen, wo wir unsere Eltern, unsere Brüder und Schwestern wiedersehen sollten – natürlich alles gelogen. Wir waren 516 Personen, aufgestellt in Zehnerreihen. Die akkuraten Deutschen hatten zehn Viehtransporter bereitgestellt und pro Wagen 50 Kinder vorgesehen. Deshalb mussten sie 16 aussortieren, und diese Aufgabe übernahm der ›Oberchefkapo‹. Jeder wusste, dass das kein gutes Zeichen war. Während er seine Runde machte, stellten sich alle auf die Zehenspitzen, um größer zu wirken. Ich stand in der letzten Reihe und war ohnehin ziemlich groß. Nachdem der SS-Offizier schon ungefähr 14 Jungen ausgesucht und noch ein paar Reihen vor sich hatte, schaute er sich um und sah mich. Er winkte mir zu und bedeutete mir, ich solle vortreten. Aber ich hatte meine Brille nicht auf und war mir nicht völlig sicher, ob er auch wirklich mich meinte. Alle um mich herum begannen nach vorn zu laufen, aber der SS-Mann sagte: ›Nein, nein. Den da meine ich.‹ Und er holte mich heraus. Ich war der fünfzehnte oder sechzehnte, den er aussuchte. Am nächsten Tag erfuhren wir, dass die anderen alle nach Auschwitz gekommen und vergast worden waren. Ich habe diesen Oberchefkapo später nie mehr gesehen.

Man brauchte also auch viel Glück, um zu überleben. Wir waren wie Vögel, wie die Vögel, die im Winter hierher zu meinen Futterhäuschen kommen. Sie sind sehr nervös, picken schnell, schauen sich um, picken weiter und fliegen weg. Ganz ähnlich verhielten sich die Gefangenen. Man musste ständig auf der Hut sein. Das Problem war nur, dass wir nicht wegfliegen konnten.

Zu dieser Zeit hatten wir auch keine Namen mehr, nur noch Nummern. Meine Nummer lautete 72788.«

15. Kapitel

Rastenburg

1944

Raserei, Attentat, Ehre

Heute bin ich zum General geworden.

Oberst Claus Schenk Graf von Stauffenberg,
20. Juli 1944[244]

Eine kleine Ansammlung geschlossener Eiskrembuden und Snackbars liegt verlassen in der morgendlichen Kühle dieses Frühlingstages. Der kleine, bescheidene Parkplatz ist leer, abgesehen von einem Reisebus, dem deutsche Touristen entsteigen, alle in fortgeschrittenem Alter. Sie scharen sich um einen fröhlichen, jovialen Führer, dessen Witze und heiseres Lachen aber kaum dazu beizutragen vermögen, die bedrückende Atmosphäre zu verscheuchen, die über diesem nasskalten Waldstück liegt. Nur wenige Besucher haben ein Lächeln im Gesicht. Ihre ansonsten wohl gute Stimmung dürfte sich etwas eingetrübt haben an diesem Ort, den Feldmarschall Alfred Jodl als eine Mischung aus Kloster und Konzentrationslager bezeichnete.[245] Es gibt überhaupt nur wenige Orte, die so stark von Adolf Hitler geprägt wurden, an denen sich seine Persönlichkeit auf so düstere Weise widerspiegelt wie hier.

Auf meinen Reisen habe ich viele Stätten besucht, die mit Hitler in Verbindung stehen: die Stadt Linz, wo der rastlose Alois Hitler (gebürtiger Schicklgruber), ehemals Zollinspektor, mit seiner Familie ständig die Wohnungen wechselte; die Straßen Wiens, wo sein Sohn Adolf, ein demoralisierter und mittelloser junger Mann, von einer billigen Absteige zur nächsten, von einer Suppenküche zur anderen wanderte, ein verträumter Bursche, der sich mit dem wenigen Geld, das er besaß, Karten für die hinteren Plätze in der Oper kaufte, wo er sich nach eigenem Bekunden dreißig bis vierzig Mal *Tristan und Isolde* anhörte[246]; das Schlachtfeld bei Ypern, wo Hitler im Oktober 1918 eine Gasvergiftung erlitt; das geschäftige München mit seinem berühmten Hofbräuhaus[247], wo Hitler 1920 das Parteiprogramm der DAP bekannt gab, und von dem ich ein Foto habe, auf dem ich als 14-jähriger Junge Bier trinke, aus einem Krug, der größer ist als mein Kopf; Berchtesgaden, dessen wunderschöne, nahezu unberührt wirkende Alpenlandschaft alle Verbrechen und Ruchlosigkeiten zu überdecken scheint[248]; den Berliner Reichstag im Jahr 1960, der damals noch eine Ruine und eine leere Hülle war. Doch keiner dieser Orte vermittelt wirklich ein Bild von Hitler. Rastenburg schon.

Die Wälder in dieser Gegend gehörten zum Gut Steinort, das Marion Gräfin Dönhoff die »große Wildnis am See« nannte.[249] 1936 erbte es Gräfin Dönhoffs Jugendfreund Heini von Lehndorff, einer von zahlreichen Adeligen, die später hingerichtet wurden wegen ihrer Verwicklung in das Attentat auf Hitler, das am 20. Juli 1944 hier in Ostpreußen verübt wurde, das so genannte »Unternehmen Walküre« unter Leitung von Claus Schenk Graf von Stauffenberg, ein ebenso mutiges wie erfolgloses Unternehmen. Gräfin Dönhoff erinnert sich gerne an die Ausritte ins Gelände, die sie in glücklicheren Zeiten mit den Lehndorffs in dieser von kleinen Seen durchsetzten Gegend unternahm, mir jedoch verursachen die dichten, dunklen Wälder und das Unterholz eher Platzangst.

Hitler taufte sein Hauptquartier im Osten Wolfschanze.[250] Er gab seinen militärischen Befehlsständen gerne solch melodramatische Namen, die der Welt der Wagner-Opern entnommen schienen. Andere Kommandostellen nannte er zum Beispiel Wolfsschlucht, Wehrwolf oder dergleichen. Psychiater, die sich mit Hitlers unbestritten neurotischer Persönlichkeit befassten, führten diese Neigung auf einen sexuellen Ursprung zurück. Sie verwiesen darauf, dass der spätere Diktator in seiner Jugend von älteren mütterlichen Frauen abhängig war, die ihn förderten und unterstützten, von Frauen wie zum Beispiel Helene Bechstein, die die erste Ausgabe einer nationalsozialistischen

Zeitung mit Geld ihres Mannes, des Klavierfabrikanten, finanzierte. Häufig lag Hitler auf Frau Bechsteins Diwan, den Kopf an ihre Brust gebettet. Dabei strich sie ihm durchs Haar und flüsterte ihm ins Ohr: »Mein Wölfchen.«[251]

Die Wolfschanze umfasste eine Fläche von ungefähr zwölf Hektar und war in drei Bezirke unterteilt, die jeweils über eigene Zufahrten verfügten. Der äußerste Bereich wurde durch eine Garnison geschützt und besaß ein Flugfeld sowie eine Bahnstation, an der ständig eine Dampflokomotive fahrbereit gehalten wurde. Im mittleren Bezirk waren verschiedene Büros des Oberkommandos der Wehrmacht untergebracht, darunter auch die berühmte Nachrichtentruppe von General Erich Fellgiebel, der später zu den wichtigsten Mitgliedern des Verschwörerzirkels vom 20. Juli gehörte. Außerdem gab es hier unterirdische Wohnquartiere, Kinos, ein Casino und andere Erholungseinrichtungen. Die innere Zone der Wolfschanze, die von den beiden anderen durch einen doppelten Stacheldraht abgetrennt war und vor der Wachen mit Hunden patrouillierten, beherbergte Hitlers getarnten Führerbunker. Zahlreiche Mitglieder des Führungsstabs und hohe Parteifunktionäre schlugen in den Herrenhäusern der Umgebung ihre örtlichen Hauptquartiere auf. Joachim von Ribbentrop zum Beispiel zog nach Steinort um, und das Gefolge von Hermann Göring, der sich stets erlesene Weine und Delikatessen vorausschicken ließ, beschlagnahmte ein repräsentatives Jagdschloss. Hitler jedoch lebte allein in seiner spartanischen Unterkunft.

Ich schließe mich einer deutschen Touristengruppe an. Eine Karte, die grob auf Sperrholzplatten skizziert ist, ordnet die verschiedenen Ruinen den falschen Personen zu und zaubert dabei eine Nazi-Größe nach der anderen aus dem Hut. So wird beispielsweise das Büro von Wilhelm Keitel willkürlich Göring zugeschlagen, das von Jodl Martin Bormann und so weiter. Doch mit den Namen Bormann, Göring, Goebbels und Himmler verbinden sich unheilvollere Assoziationen als mit den mehr oder weniger anonymen Offizieren, die hier zwischen 1941 und 1944 ein- und ausgingen. In gewisser Weise ist dies alles unwesentlich. Die Leute kommen in erster Linie hierher, um Hitlers Bunker zu besichtigen.

Das Gebäude ist heute nur noch eine Ruine. Was die Deutschen bei ihrem Rückzug nicht zerstörten – ihre Abbruchkommandos erfüllten ihre Aufgabe in diesem Fall nur unzureichend –, das legten später die Sowjets in Schutt und Asche. Hitlers Wohnbaracke ist völlig verschwunden, nur noch ein Haufen aus Steinblöcken und Geröll kündet davon. Ein bewegendes Denkmal für den hingerichteten Oberst von Stauffenberg ziert die Stätte. Mehrere Touristen schlendern um das Denkmal herum und machen Aufnahmen mit ihren Camcordern und Polaroid-Kameras. Zehn streng dreinblickende ältere Herren aus der Reisegruppe stellen sich bewusst abseits und ziehen an ihren Zigaretten. Ihnen fiele es wohl nicht im Traum ein, diesem Verräter Stauffenberg die Ehre zu erweisen, ganz gleich wie schrecklich Hitlers Herrschaft auch gewesen sein mag. Nach einigen Minuten drängt der Führer seine Gruppe, noch einige weitere verfallene Bunker zu besichtigen. Eine halbe Stunde später höre ich, wie der Bus abfährt. Dann herrscht wieder Stille.

Hitler empfand diesen Ort als äußerst bedrückend. Schließlich war er kein Preuße. Er hatte hier keine Wurzeln, nichts in der Landschaft oder der Umgebung erregte seine Aufmerksamkeit oder fesselte seine Sinne. Erich von Manstein bezeichnete Ostpreußen als eine »schöne Provinz«[252], doch Hitler deprimierte diese Gegend, wozu auch die immer schlechter werdenden Nachrichten von der Front in Russland wesentlich beitrugen. Einige der schlimmsten Wutausbrüche des Führers sollten sich hier in diesem düsteren, konturenlosen Waldstück ereignen, ein kaltes, frostiges Ödland im schneereichen Winter (Hitler hasste Schnee[253]), über das im Sommer die Stechmücken herfielen. Es ist durchaus möglich, dass Hitler erst in den wenigen Jahren, die er hier verbrachte, wahnsinnig wurde. Auf General Franz Halder wirkte er wie ein Hund, der Schaum vor dem Mund hatte und kläffte.[254]

Fast alles, was Hitler während seiner ereignisreichen politischen Karriere erreicht hatte, begann in dieser kurzen Zeitspanne zusammenzubrechen, zuerst langsam, dann in furchterregendem Tempo. Während er wie ein Einsiedler in seinem unterirdischen Bunker lebte, wie es ein Historiker beschrieb[255], verlor er seinen Lebensdrang, seine Wertschätzung für die wenigen Dinge, die ihm Freude bereiteten. Er hörte auf,

Musik zu hören, nahm seine Mahlzeiten allein mit seinem Hund ein und konnte kaum noch schlafen. Er beklagte sich, als die SS in ihrer martialischen Art der Mückenplage Herr zu werden versuchte, indem sie Öl in die Teiche und Seen der Umgebung goss, dieses anzündete und dadurch alle Ochsenfrösche der Gegend ausrottete. Hitler vermisste ihr heiseres Quaken, deshalb wurden die Frösche im folgenden Jahr wieder angesiedelt. In der Wolfschanze wurde Hitler schließlich auch drogenabhängig.[256] Es heißt, sein Leibarzt Dr. Theo Morell habe Hitler zwischen 1941 und 1945 mehr als 70 verschiedene Medikamente verschrieben, die ihm teilweise direkt injiziert wurden und von denen viele stark betäubende Substanzen enthielten. Hitlers Tagesablauf wurde immer eigenartiger. Oft blieb er bis acht Uhr morgens wach, nachdem er seine Sekretärinnen und Gehilfen die ganze Nacht mit Geschichten aus der Frühzeit der Partei und mit weit zurückliegenden Erinnerungen gelangweilt hatte. Viele Besucher erlebten, wie sich Hitler vor ihren Augen veränderte.

Die Verschwörung Stauffenbergs und ihr tragisches Scheitern (aus Hitlers Sicht war es schier unglaublich, dass er mit dem Leben davonkam) bildet zwar die Hauptattraktion für die Touristen, doch die eigentliche Bedeutung dieses Ortes liegt in etwas anderem. Von der Wolfschanze aus steuerte Hitler das gewagteste, ehrgeizigste, tollkühnste und folgenschwerste Unternehmen seines Lebens, den Angriff auf die Sowjetunion. Aus der Perspektive der deutschen Geschichte und Mentalität mag dieses Unterfangen vielleicht als unvermeidlich erscheinen, als eine logische Wiederaufnahme dessen, was die Ritter des Deutschen Ordens vor mehr als sieben Jahrhunderten erstmals versucht hatten. Wie schwülstig es in Hitlers *Mein Kampf* oder anderen Schriften auch ausgedrückt wurde, Hitlers Streben nach Lebensraum im Osten lag genau jene Motivation zugrunde, die schon viele Deutsche vor ihm dazu getrieben hatte, sich auf ein Pferd zu schwingen, ein Banner zu entfalten, das Schwert zu ziehen und sich allen Schneestürmen zum Trotz in den Kampf um neues Land zu stürzen, das es den slawischen Feinden abzuringen galt, die ihrerseits nach Westen drängten. Erstaunlich an Hitlers Obsession war nur, dass er aufgrund seiner süddeutschen, österreichischen Herkunft nicht notwendigerweise in diese Richtung getrieben wurde. Doch wie er mehrmals bemerkte, war er fasziniert von der Geschichte und wusste, welches Schicksal Deutschland beschieden war.

Viele Historiker haben darauf hingewiesen, dass Hitler seine Ansichten über die Expansion nach Osten nie verheimlicht hätte. Man habe nur *Mein Kampf* lesen müssen. In diesem Werk habe man alles erfahren können: Alle Schritte, die er in seinem Leben später unternahm, alle Träume, die er hegte, alle seine Ziele seien hier in einer Art Blaupause dargelegt worden, vom Judenproblem bis zum Umgang mit Frankreich, von der Parteipolitik bis zum Verhalten gegenüber den Bolschewiki. Diese Einschätzung ist richtig und falsch zugleich.

Hätte Stalin erkennen können, dass Hitler Russland angreifen wollte? Wahrscheinlich schon, wenn er *Mein Kampf* gelesen hätte. Aber Stalin hatte sich, wie die meisten Menschen, nicht die Mühe gemacht, sich durch den teils nur schwer verständlichen Text zu ackern, den Hitler 1924 während seiner Festungshaft dem treu ergebenen Rudolf Hess diktierte. Dieses Buch mag damals in fast jedem deutschen Haushalt im Regal gestanden haben, aber kaum jemand nahm sich die Zeit, es durchzuarbeiten. »Ich habe *Mein Kampf* nie gelesen«, gestand ein hochrangiger deutscher Politiker der damaligen Zeit, »und ich kenne offen gesagt auch niemanden, der es getan hat.«[257] *Mein Kampf* entsprach in seinem ursprünglichen Stellenwert wohl dem, was alle vier Jahre in den USA die Präsidentschaftskandidaten der beiden großen Parteien unters Volk bringen. Ich habe nie irgendetwas gelesen, was die Ghostwriter von Jimmy Carter, Ronald Reagan, George Bush oder Bill Clinton verfasst haben, und ich glaube auch nicht, dass sonst jemand das tat.

Doch schon die flüchtige Lektüre einiger Seiten aus Hitlers autobiographischem Werk hätte genügt, um seine politischen und militärischen Ziele in den Grundzügen zu erkennen: Er wollte Vergeltung üben für Versailles, Frankreich demütigen, Großbritannien einschüchtern und dann das Hauptziel ins Auge fassen: die Grenze im Osten.[258] Ein ausgedehntes Kolonialreich, weltumspannende Handelsrouten, Inseln – nichts dergleichen interessierte Hitler sonderlich. Wie der englische Historiker Trevor-Roper und auch der deutsche General Guderian feststellten, war Hitler in kontinentalem Denken befangen: Er kam aus dem

Zentrum des europäischen Festlands und dachte in Begriffen von Grund und Boden, von Städten und Autobahnen, von Grenzen und Völkerwanderungen.[259] Die Deutschen, so glaubte er, würden entweder in der Auswanderung oder in der Geburtenbeschränkung ihre Zuflucht suchen müssen, was aber sowohl das Bevölkerungswachstum als auch die wirtschaftliche Entwicklung des Landes bremsen würde. Die andere Möglichkeit bestand darin, ihre Grenzen auszudehnen und zu expandieren. Eine Ausdehnung konnte logischerweise nur nach Osten erfolgen, wo sich deutsche Bräuche, die deutsche Sprache und deutsche Minderheiten noch lange hatten halten können, wenngleich unter fremder Fahne. Indien erschien Hitler in diesem Zusammenhang als nahe liegender Vergleich: »Was für England Indien war, wird für uns der Ostraum sein. Wenn ich dem deutschen Volk nur eingeben könnte, was dieser Raum für die Zukunft bedeutet! Kolonien sind ein fraglicher Besitz; diese Erde ist uns sicher. … Hier (in der Wolfschanze) fühle ich mich gefangen, in diesen Löchern, schrecklich, kann ich gar nicht denken. Es mag daher kommen, dass ich in meiner Jugend von großen Räumen geträumt und dass ich sie später dann gefunden habe.«[260]

Hitler schrieb der deutschen Expansionsbewegung revolutionären Charakter zu. Er konnte den Deutschen Orden in seinen Reden erwähnen, Friedrich dem Großen und Hindenburg seine Referenz erweisen, doch die ostpreußischen Junker verband er stets nur mit dem Muff der Vergangenheit. Die nationalsozialistischen Arbeiter würden die Erweiterung des Lebensraumes vorantreiben und sich einen erbitterten Kampf liefern mit jener anderen, ebenfalls revolutionären Bewegung, die sich Bolschewismus nannte, in Wirklichkeit jedoch, wie Göring es ausdrückte, nur eine Maske der »jüdischen Schweine« war, die »ruchlose Verbrechen« begingen.[261]

Hitler kam nicht umhin, das Wachstum des Kommunismus anzuerkennen, und insgeheim bewunderte er Stalin sogar. Keine andere weltanschauliche Bewegung bereitete ihm mehr Unbehagen, und er begriff, dass in naher Zukunft entweder die eine oder die andere Ideologie als Sieger aus dieser Auseinandersetzung hervorgehen würde. Hitler war ein zu ruheloser und zu dogmatischer Geist, als dass er etwas so Unspektakuläres wie friedliche Koexistenz ernsthaft in Erwägung ziehen konnte. Das Leben war ein Marsch von einem Ziel zum nächsten. Seine Gedanken – ungeordnet in ihrem Rhythmus, unmäßig in ihren Zielen, brennend durch rhetorische Vehemenz – griffen stets zu weit aus und führten in ihren Implikationen häufig an den Rand des Abgrundes. Die Geschichtsbücher sind voll mit Beispielen und Situationen, in denen Hitler die Nerven verlor.[262]

Die nationalsozialistische Ideologie, eine wirre Mischung unterschiedlichster Versatzstücke, wurde in Einzelheiten ausformuliert von einigen wenigen klugen Köpfen wie Goebbels, doch auch intellektuell eher minderbemittelte Figuren wie Alfred Rosenberg, Julius Streicher, Rudolf Hess und andere versuchten sich als Theoretiker. Ihre Kernbestandteile indes waren eindeutig: Kampf gegen den Kommunismus, das Judentum, die katholische Kirche, die Monarchie und den Adel. In gewisser Hinsicht war sie auch gegen das Militär gerichtet, was aber im Westen viele nicht begriffen.

Hitler vergaß geflissentlich, dass sich sein Vorbild Friedrich der Große maßgeblich auf die Junker, die ostelbischen Großgrundbesitzer gestützt hatte, die seine Armee mit tapferen, verlässlichen, nationalistisch gesinnten und loyalen Offizieren versorgt hatten. Hitler dagegen wollte mit dieser Schicht nichts zu tun haben.

Daraus erwächst ein erstaunlicher Widerspruch. Den Kern der preußischen Armee, dieser exzellenten militärischen Streitmacht, hatten stets die aus der Junkerschicht stammenden Offiziere gebildet, und diese Offiziere hatten sich durch ihren Eid stets zuerst dem König verpflichtet. Bismarck mochte jene, die ihm dienten, verachtet haben, Hindenburg jedoch meinte all die unterwürfigen Schmeicheleien durchaus ernst, mit denen er in seinen Memoiren Wilhelm II. bedachte, obwohl er vom Kaiser als Feldherr nicht allzu viel hielt. Adolf Hitler, der sich in jungen Jahren am wohlsten gefühlt hatte, wenn er in einer Uniform steckte und als Frontsoldat in irgendeinem Schützengraben lag, war ähnlich angetan von allem Militärischen, doch mit einer großen Ausnahme: Er hatte keine Verwendung für das Herzblut der Armee, das adelige Offizierskorps.

Hitlers hegte sogar eine schroffe Abneigung gegen die »oberen Zehntausend«, wie er den Adel abschätzig bezeichnete. »Die Monarchie«, sagte er einmal, »ist eine überlebte Form. Bleiben kann sie nur, wo der Monarch lediglich Symbol ist der Verfassung, während die Führung bei einem Ministerpräsidenten oder sonst jemandem liegt. Die letzte Stütze einer unfähigen Spitze ist die Wehrmacht ...«[263] »Königlicher Idiot«, »Holzkopf«, »sabbernde adelige Schweinehunde« – alle gängigen Beschimpfungen gehörten zu seinem Repertoire. Die alte Offizierskaste indes fühlte sich christlichen Werten verpflichtet (am schlimmsten waren die Katholiken!), der Ehre (schon der Begriff war absurd) und der Ritterlichkeit (das einzige, was Hitler an der »Reiterei« gefiel, waren die Stiefel). Ein charakteristisches Merkmal des Nationalsozialismus, das deutlichste Zeichen dafür, dass er mit der Vergangenheit brach, bestand nach Hitlers Worten darin, dass er »gründlich aufräumte« mit der Vorliebe der Deutschen für gekrönte Häupter und Orden.[264] Die Leute mochten sich weiterhin an Stechschritt, Blut und Eisen delektieren, doch das Militär sollte sich von einer königlichen in eine nationalsozialistische Armee verwandeln. »Die Armee gehört der Partei«, erklärte Hitler, »nicht anders herum. Die Armee gehört nicht einmal sich selbst.«[265]

Dies waren natürlich sehr vollmundige Behauptungen. Als Hitler an die Macht kam, brauchte er die Armee, und die Armee erlag den Verlockungen der Wiederbewaffnung, die Hitler ihr versprochen hatte, ohne dabei jedoch, zu Hitlers großem Bedauern, auf hochtrabende Rangbezeichnungen, Schulterstücke, protzige Orden, Marschallstäbe und all die anderen Insignien einer herkömmlichen Armee verzichten zu wollen. »Ihr Fehler bestand darin«, erklärte mir ein Panzerveteran, »dass die Generäle Hitler nicht allzu ernst nahmen, dass sie ihn unterschätzten, weil er nicht aus ihrer sozialen Schicht stammte. Sie wissen ja, wie Hindenburg ihn nannte: den ›böhmischen Gefreiten‹. Was für ein Irrtum! Es ist schwer zu erklären, aber diese preußischen Feldmarschälle waren durch und durch aristokratisch, sogar in ihrer Körpersprache. Es waren feine Menschen. Ihnen bedeuteten Ehre und soziale Standards sehr viel. Wenn sie ihren selbst gesetzten Ansprüchen nicht gerecht wurden, nahmen sie sich das Leben. Das kam gar nicht selten vor. Auf jeden Fall waren es ganz besondere Menschen. Hitler konnte mit ihnen nicht mithalten. Sie meinten immer ›Wir werden schon zurechtkommen mit ihm‹, aber das erwies sich als tragischer Irrtum. Sie haben ihn völlig falsch eingeschätzt. Hitler war sehr machtbewusst, sehr gefährlich. Er schreckte nicht davor zurück, ihnen notfalls das Leben zu nehmen, und nach einer Weile haben sie das auch begriffen.«

Diese Einschätzung war nie zutreffender als in den 1940er Jahren. Die Zeiten, als das Regime noch der von den Hohenzollern geprägten Vergangenheit Respekt zollte, waren vorbei: keine überlieferten Zeremonien mehr und keine Unterwürfigkeitsgesten mehr gegenüber der Armee und ihren alten Tugenden, wie sie Hitler noch 1933 am Tag seiner Vereidigung in der Potsdamer Garnisonkirche erduldet hatte, als Hindenburg vor dem leeren Platz Kaiser Wilhelms in der Kirchenbank salutiert hatte, eine Demütigung des neuen Reichskanzlers. Hitler war nun schon zehn Jahre an der Macht. Er hatte das Volk hinter sich, soweit er durch Arbeit und Brot dessen Zuneigung gewinnen konnte. Er hatte nationalsozialistische Parallelorganisationen zur Armee und zum Staat aufgebaut, von denen einige (wie die Polizei und der Sicherheitsapparat) eindeutig über den entsprechenden »zivilen« Organen rangierten. Hitler war zwar durch die Wehrmacht gezwungen worden, die SA, seine »Sturmabteilung«, in die Schranken zu weisen, an ihrer Stelle jedoch gewann die SS, die ursprünglich als Leibwache geschaffen worden war, rasch an Bedeutung. Und mittlerweile hatte Hitler auch den letzten Rest an Ehrerbietung verloren, den er früher noch den Generälen und Feldmarschällen entgegengebracht hatte. Die deutschen Offiziere, sagte er, seien »Fossile und Schwachköpfe«, und er werde sie schon zu bändigen wissen.[266]

Die Affären um die Generäle von Blomberg und von Fritsch boten Hitler dazu eine Gelegenheit.[267] Diese beiden Skandale werden zwar in den meisten historischen Darstellungen des Dritten Reiches erwähnt, aber man räumt ihnen nicht immer die Bedeutung ein, die sie verdienen. Mit diesen beiden Fällen bot sich dem deutschen Offizierskorps die letzte praktische Möglichkeit, Hitler zu stürzen und den Krieg zu verhindern, denn Provokationen, die es zum Handeln hätten veranlassen können, gab es zur Genüge, und der Angriff des Diktators auf seine Ehre musste vom Offizierskorps als unerhört empfunden werden.

Werner von Blomberg war für seinen Sturz jedoch zum großen Teil auch selbst verantwortlich. Der Kriegsminister, der verwitwet war, hatte den Fehler begangen, sich in eine Frau zu verlieben, die einen zweifelhaften Ruf genoss. Hitler hatte an der Hochzeit teilgenommen, während Himmler und Göring anschließend Beweise präsentierten, die belegten, dass die neue Frau von Blomberg früher als Prostituierte registriert gewesen und einmal wegen des Verkaufs pornografischer Postkarten inhaftiert worden war. Die Beschuldigungen gegen Freiherr von Fritsch, den Chef des Generalstabs, waren noch ehrenrühriger. Irgendwo hatte man einen homosexuellen Erpresser aufgestöbert, der ihn unzüchtiger Handlungen in der Reichskanzlei beschuldigte, ein ebenso billiger wie durchsichtig in Szene gesetzter Vorwurf. Vor allem v. Fritsch begriff nie ganz, was gegen ihn im Gange war. Als Soldat der alten preußischen Schule hatte er sich früher durch öffentliche Äußerungen auf eine Weise über Hitler lustig gemacht, die selbst William Shirer, der damals Korrespondent in Berlin war, als taktlos empfand.[268] Niemals hätte sich v. Fritsch wohl träumen lassen, dass ihm eine solche Schmach widerfahren könnte und er sich einem Verdacht ausgesetzt sehen würde, der jeden Wahrheitsgehalts entbehrte und absolut würdelos war. Die Anschuldigungen waren zwar offensichtlich falsch (der »Informant« wurde, wie so viele Schachfiguren der Nazis, die dazu benutzt wurden, Krisen oder Skandale anzuzetteln, kurz darauf von einem SS-Kommando erschossen), wurden aber in der Öffentlichkeit verbreitet, holten das Offizierskorps von seinem hohen Ross herunter und ließen es in einem zweifelhaften Licht erscheinen.

Die Generäle und Obristen waren geteilter Meinung. Das rüpelhafte, raubeinige, skrupellose Verhalten der Nazis hielt Einzug in das innerste Heiligtum der Armee und stellte dessen Angehörige vor ein schwer lösbares Problem. Deutschland trieb auf den Krieg zu – und zwar viel zu schnell, wie sie glaubten. Sie freuten sich zwar über die Wiedergewinnung ihrer militärischen Stärke, denn auch sie wollten die Schmach von Versailles tilgen und den Sozialismus eindämmen. Doch deutsche Militärhistoriker haben überzeugend dargelegt, dass die meisten dieser hohen Offiziere keine Wiederholung von 1914/18 wünschten, dass sie keinen neuen europäischen Konflikt wollten, der mit großer Wahrscheinlichkeit wieder in einer verheerenden Niederlage enden würde. Betrieb Hitler nur Säbelrasseln oder war er wahnsinnig?[269] Konnten sie ihre prachtvolle Armee und zugleich auch den Frieden haben? Sollten sie alles aufgeben, was sie bisher erreicht hatten, um zwei eigensinnige Offiziere zu schützen? Zweifellos würden deren Nachfolger ebenfalls aus ihren Reihen stammen und darauf achten, ihre privilegierte Position zu erhalten. Diese zaudernde Haltung brachte das Offizierkorps schließlich dazu, die Demütigung v. Blombergs und v. Fritschs hinzunehmen. Doch statt durch diese lauwarme Solidaritätsbekundung für das Regime ihre Stellung zu stärken, schwächten sie sie nachhaltig. Hitler, der mit dem Widerstand der hohen Offiziere gerechnet hatte, schlug sich feixend auf die Schenkel, als er merkte, dass ihm nur verhaltenes Murren entgegenschlug. Dieses Ereignis bestärkte ihn in seiner Verachtung für »all diese Wichte«, die für ihn von nun an »entweder Narren oder Feiglinge« waren. Im letzten masochistischen Akt dieses Dramas schlug Blomberg Hitler, jenem Mann also, der ihn vernichtet hatte, vor, er solle selbst das Kriegsministerium übernehmen. So war es nur ein folgerichtiger Schritt, dass sich Hitler schließlich die Wehrmacht vollkommen unterordnete, als er sich vier Jahre später zum Oberbefehlshaber erklärte.

Doch die Mitglieder des Generalstabs fühlten sich durch den Fahneneid gebunden, den manche von ihnen gewissermaßen für ein Sakrament hielten. »Der Eid auf den Obersten Kriegsherrn, umkleidet noch mit der Heiligkeit des Eides auf den Souverän im nahe zurückliegenden monarchischen Zeitalter, bildete für die Offiziere ein moralisch bindendes Element« und stürzte viele traditionsbewusste Soldaten in einen »schrecklichen Konflikt zwischen Gehorsam und Gewissen.«[270] Graf Stauffenberg suchte Zuflucht im Glauben, doch selbst sein Beichtvater weigerte sich, ihn von diesem Gelübde zu entbinden. Hitlers Kontrolle über die Wehrmacht verstärkte sich mit jedem Tag, insbesondere als sich die Siege häuften.[271]

Es besteht kein Zweifel, dass Hitlers unglaubliche Glückssträhne in den ersten Kriegsjahren die höheren Ränge des deutschen Offizierskorps beeindruckte, zugleich aber auch demütigte. »Was sollen wir nun noch tun?«, seufzte ein ratloser Halder. »Es gelingt ihm ja alles …«[272] Die unblutigen Triumphe im Rheinland, in Österreich, in der Tschechoslowakei und im Memelland – Operationen, vor denen die Generäle gewarnt hatten – verringerten den Einfluss der Offiziere auf Hitler noch weiter und zerstörten ihre Fähigkeit, sich bei der aufgeputschten Bevölkerung Gehör zu verschaffen, die all diese leichten Siege bejubelte. Der schnelle Vorstoß nach Polen, von dem ebenfalls viele hohe Offiziere abgeraten hatten, dann die Besetzung der Niederlande und eines Teils von Frankreich besiegelten ihr Schicksal. Der Generalstab in seinen wechselnden Besetzungen wurde zu einer technischen Hilfsinstanz, die all die militärischen Unternehmen, von denen Hitler träumte, die er plante, umsetzte und logistisch absicherte. »Er spielt wieder den Kriegsherrn«, notierte Halder in seinem Tagebuch.[273] Dennoch ließ sich dieser General nicht davon abhalten, alles zu tun, was ihm aufgetragen wurde, wenngleich er sich bemühte, im Generalstab die alten preußischen Werte hochzuhalten und die Tradition zu bewahren.[274] Doch die Nationalsozialisten waren überall, und der Führer, der »begnadete Zauderer«[275], dachte nur noch an Krieg.

Es ist nur schwer zu glauben, dass die deutschen Generäle den Krieg nicht wollten. Doch ihre ablehnende Haltung darf man nicht mit moralischen Skrupeln verwechseln. Männer wie Franz Halder, Ludwig Beck, v. Fritsch und Erwin von Witzleben dachten in erster Linie in militärischen Kategorien, fürchteten, die Bewaffnung der Armee, die Panzer, die Soldaten und ihre Ausbildung könnten den Anforderungen nicht genügen. Sie machten sich weniger Gedanken darüber, ob der Krieg gerechtfertigt war oder nicht. Aber sie blieben stets etwas reserviert, denn sie glaubten an das Diktum von Clausewitz‹, dass der Krieg eine Fortsetzung der Politik mit anderen Mitteln sei.[276] Für Hitler jedoch war der Krieg nicht die Fortsetzung von irgendetwas – er war Selbstzweck, die Politik an sich.

Kein politischer Führer in der jüngeren europäischen Geschichte war ein solcher Lügner und ein derart unaufrichtiger Verhandlungspartner wie Adolf Hitler. Stalin mag im Laufe seiner langen und skrupellosen Herrschaft wesentlich mehr Menschen ermordet haben, aber er gab sich in der Öffentlichkeit zurückhaltend und ging keine Versprechen ein, die er nicht hielt.[277] Hitler konnte und wollte auf beides nicht verzichten.

Besonders überraschend in diesen spannungsreichen Jahren war, wie hartnäckig sich kluge Männer weigerten, zur Kenntnis zu nehmen, was sie mit eigenen Augen sahen und eigenen Ohren hörten. »Ich glaube nicht an den Idealismus«, sagte Hitler[278], doch der britische Premierminister Neville Chamberlain und viele andere politische Führer wollten derartige Aussagen nicht ernst nehmen.

Der »Propagandakrieg« und später die Auseinandersetzungen in der heißen Phase des Krieges unterzogen Hitlers Nerven mehrmals einer harten Prüfung, und zahlreiche Augenzeugen schilderten, welch eine schlechte Figur der Führer in solchen Situationen oft abgab, wenn er zwischen schicksalsergebener Verzweiflung und hysterischen Ausbrüchen seines cholerischen Temperaments hin und her gerissen wurde. Von »ungeheurer Nervosität« und Aufgeregtheit in der obersten Führung berichteten Halder und andere häufig in ihren Tagebüchern.[279] Doch Erfolg zieht Selbstvertrauen nach sich, dann Verachtung des Gegners, und Hitlers leicht erregbare Persönlichkeit steigerte sich bald in den Wahn der Unfehlbarkeit. Die deutschen Soldaten – nicht ihre Offiziere – hatten dem Reich große Triumphe beschert, folglich machte es sich der Führer nun zur persönlichen Aufgabe, für die nötige Feldherrnkunst zu sorgen. Der Russland-Feldzug, mehr als jeder andere, war »sein« Krieg, wie Halder bemerkte.[280]

*

Die meisten deutschen Generäle, die nach 1945 ihre Memoiren veröffentlichten, sprachen Hitler eine gewisse militärische Begabung nicht ab. Eher kritisch äußerte sich Guderian, der sich durch Hitlers Schroffheit abgestoßen fühlte. Er bescheinigte ihm militärischen Dilettantismus und eine »blühende Fantasie«, aber auch Kühnheit in der Aufstellung seiner Entwürfe.[281]

Die freundlichsten Worte über den Strategen Hitler fand meines Erachtens Erich von Manstein, der wahrscheinlich klügste strategische Kopf des Krieges, auf jeden Fall aber der deutschen Armee. »Man kann Hitler in der Rolle eines militärischen Führers gewiss nicht mit dem Schlagwort von dem ›Gefreiten des Ersten Weltkrieges‹ abtun«, schrieb er. »Er besaß zweifellos einen gewissen Blick für operative Möglichkeiten. … Einen solchen Blick kann man öfters auch bei militärischen Laien finden. … Darüber hinaus aber verfügte Hitler über ein erstaunliches Wissen und Gedächtnis, wie über schöpferische Fantasie in bezug auf technische Fragen und auf alle Probleme der Rüstung. Er konnte mit einer verblüffenden Kenntnis der Wirkung auch neuer feindlicher Waffen wie mit eigenen und gegnerischen Produktionszahlen aufwarten. … Im ganzen gesehen fehlte ihm (aber) doch das auf Erfahrung beruhende militärische Können, das seine ›Intuition‹ nun einmal nicht ersetzen konnte.«[282]

Als »militärischer Laie« fühlte sich Hitler natürlich angezogen von den modernen Theorien über die Kriegführung, insbesondere wenn neue Methoden vorher bei der schwerfälligen Wehrmacht auf Ablehnung gestoßen waren. Dass Hitler unkonventionelle Militärführer wie Guderian und Erwin Rommel förderte, die beide nicht-aristokratischer Herkunft waren, gereichte ihm zum Vorteil, wie Manstein betonte. Doch was Hitlers Charakter nicht zu kompensieren vermochte, war sein Mangel an »wirklicher Ausbildung in Strategie und Taktik«.

Nach Mansteins und auch Guderians Ansicht glich Hitler seine Unzulänglichkeiten, die es ihm verwehrten, zu einem Befehlshaber napoleonischen Zuschnitts zu werden, durch seine im Übermaß vorhandene Entschlossenheit und Hartnäckigkeit aus. Als entscheidenden Faktor, der Hitlers Führungsstil bestimmte, erkannte Manstein seine »Überschätzung der Macht des Willens. Seines Willens, der sich nur bis zum jüngsten Grenadier in die Gläubigkeit umzusetzen hätte, um die Richtigkeit seiner Entscheidungen zu bestätigen, den Erfolg seiner Befehle herzustellen.«[283]

Hitlers Willensstärke korrespondierte jedoch merkwürdigerweise nicht mit einer entsprechenden »Kühnheit des Entschlusses«. Wie schon in der Vergangenheit zauderte Hitler noch immer lange, lavierte unentschlossen, verzettelte sich an mehreren Fronten und startete unkoordinierte Aktionen, statt sich auf das Hauptkampffeld zu konzentrieren und dort Entscheidungen zu treffen. Zunehmend scheute er die Risiken, die mit einer beweglichen Operationsführung verbunden sein konnten, und weigerte sich, eroberte Gebiete freiwillig, wenn auch nur vorübergehend, preiszugeben. Wenn er sich in die Enge gedrängt fühlte oder unsicher war, was er unternehmen sollte, suchte er Zuflucht in Durchhalteparolen. »Die starre Verteidigung jedes Fußbreit Bodens wurde allmählich zum alleinigen Prinzip seiner Führung.«[284] Unsicherheit kompensierte er häufig auch mit Überheblichkeit. So fuhr er zum Beispiel Guderian an: »Sie brauchen mich nicht zu belehren! Ich führe seit fünf Jahren die deutschen Heere im Felde und habe in dieser Zeit so viel praktische Erfahrung gesammelt, wie die Herren vom Generalstabe sie nie sammeln können. Ich habe Clausewitz und Moltke studiert und alle Aufmarschpläne Schlieffens gelesen. Ich bin besser im Bilde als Sie!«[285]

Als Hitler sein Hauptquartier in die Wolfschanze verlegte, waren die Planungen für das »Unternehmen Barbarossa« schon vollständig abgeschlossen. Viele Mitglieder des Generalstabs hatten sich mittlerweile von Hitlers Optimismus anstecken lassen und träumten von einem Feldzug, der in acht bis zehn Wochen zu Ende geführt werden könnte. Andere, wie Guderian, behaupteten, sie wären entsetzt gewesen, als sie von dem geplanten Angriff erfuhren. »Als sie (meine Mitarbeiter) vor mir die Karte Russlands ausbreiteten, traute ich meinen Augen nicht. Was ich nicht für möglich gehalten hätte, sollte Tatsache werden?«[286] Das anschließende Studium der Russland-Feldzüge Napoleons und des schwedischen Königs Karl XII. verstärkte seine Bedenken noch. Strategen jedoch, die stärker dem traditionellen militärischen Denken verhaftet waren, wie Manstein, waren guter Hoffnung, dass sie auf einem Terrain, das sich ideal eignete für die mobile Kriegführung, nämlich die große asiatische Steppe, einen ruhmreichen Feldzug würden führen können.

Doch die Größe der Aufgabe dämpfte zweifellos allzu hochfliegende Erwartungen. Die russische Landmasse war 40-mal größer als das Deutsche Reich vor dem Krieg und hatte 190 Millionen Einwohner, von denen 16 Millionen im wehrfähigen Alter waren. In einem bestimmten Abschnitt zum Beispiel sollte sich die deutsche Front über eine Länge von 1900 Kilometern erstrecken, was eine gewaltige logistische Herausforderung darstellte. Die Straßen, die Infrastruktur, das Wetter, die Eisenbahnspurweiten sowie die Stärke und die Zusammensetzung der sowjetischen Armee und unterschiedlichste weitere Hindernisse wurden entweder unterschätzt oder waren schlicht nicht bekannt. 145 deutsche Divisionen sollten an dem Angriff teilnehmen, eine Streitmacht von anfänglich drei Millionen Mann oder 70 Prozent der Gesamtstärke der deutschen Wehrmacht. Im Laufe von fünf Monaten sollten 23 Prozent davon entweder verwundet oder getötet werden, wobei der erste Gefallene bereits kurz nach dem Beginn des Angriffs zu verzeichnen war, als ein Leutnant namens Weinrowski im Memelland in das Maschinengewehrfeuer der eigenen Truppen geriet. Ihm sollten 10,8 Millionen Landsleute folgen, die entweder auf dem Schlachtfeld fielen oder in Gefangenschaft gerieten, während die Deutschen ihrerseits insgesamt 27 Millionen Russen umbrachten, sowohl Soldaten als auch Zivilbevölkerung.[287]

Solche statistischen Zahlen springen ins Auge, wurden jedoch von kaum einem westlichen Historiker gebührend gewürdigt. Auch der so genannte D-Day war ein gewaltiges Unterfangen, die größte amphibische Landung in der Kriegsgeschichte, bei der mehr als 175 000 alliierte Soldaten an der Küste der Normandie abgesetzt wurden. Auf den Dünen, die sich über diesem Schlachtfeld erheben, liegen 10 000 amerikanische Soldaten begraben – ein blutiger, aber entscheidender Preis für die Eröffnung einer effizienten zweiten Front. Doch Deutschland verlor den Krieg nicht im Juni 1944 an der Küste Frankreichs. Es hatte ihn bereits in Russland verloren. Achtzig Prozent aller Verluste, die die Wehrmacht auf dem Schlachtfeld erlitt, entfielen auf die Ostfront, wo die deutschen Truppen durch Hilfsdivisionen aus Italien, Ungarn, Rumänien, Spanien und anderen »Satelliten« Deutschlands verstärkt wurden.[288] Stalin lachte höhnisch, als George Marshall die geringen Dimensionen der Westfront beschrieb.[289] Eine einzige russische Offensive hatte dagegen eine Lücke von 40 Kilometern in die deutschen Linien gerissen. Wahrlich eine Meisterleistung![290]

In Verdun bluteten 1916 die Franzosen, die russische Front tat dies im Zweiten Weltkrieg und »riss dadurch dem deutschen Militärungeheuer das Leben aus dem Leib«, wie Churchill es martialisch ausdrückte.[291] Die enorme Ausdehnung dieses Kriegsschauplatzes, die Zahl der eingesetzten Soldaten und die Menge des verwendeten Materials sowie die

Breite vieler Manöver und Vorstöße stellten alles in den Schatten, was man in der bisherigen Kriegsgeschichte gesehen hatte. In der Anfangsphase des Krieges stieg die Serie der deutschen Triumphe natürlich auch Hitler zu Kopf, der ohnehin seit Frühjahr 1939 »von einer Hybris beherrscht wurde«, wie Guderian schrieb.[292] Noch nie hatte es einen solch schnellen Vormarsch gegeben – binnen weniger Wochen lag die Wolfschanze 1400 Kilometer hinter der Front –, noch nie hatte man derartige Einkesselungen erlebt, noch nie waren so viele Feindsoldaten gefangen genommen oder getötet worden: allein in den ersten fünf Monaten fiel eine halbe Million russischer Soldaten, eine weitere halbe Million geriet in Kriegsgefangenschaft, mehr als 7000 Panzer, 6000 Flugzeuge und 12 000 Artilleriegeschütze wurden entweder zerstört oder erobert. Schriftliche Berichte und Tagebücher von deutschen Soldaten ließen an Edward Gibbons *Geschichte des Verfalls und Untergangs des Römischen Reiches* denken, in der von germanischen Kriegern die Rede ist, die ihres blutigen Handwerks überdrüssig wurden, nachdem sie so viele ihrer Feinde getötet hatten.[293] Dies war ein »Präventivkrieg« im wahrsten Sinne.

Nach 1945 und vor allem auch beim Nürnberger Prozess verteidigten deutsche Offiziere immer wieder ihren Angriff auf die Sowjetunion, distanzierten sich aber von der ideologischen Interpretation Hitlers, der ihn als einen Kampf zwischen verschiedenen Rassen betrachtet hatte, der bis zum Tode geführt werden müsse (was auch viele Generäle taten). Telford Taylor, ein angesehener Rechtsgelehrter und einer der Ankläger in Nürnberg, griff Jodl an, als dieser das Unternehmen Barbarossa als »unzweifelhaft defensiv eingestellt« bezeichnete. »Auch klügere Leute als ich halten dies für grotesk«, schrieb er.[294] Doch wer die deutsche Psyche ergründen möchte, sollte nicht das Dilemma unterschätzen, in dem sich so viele nachdenkliche Deutsche gefangen sahen, die ihr Land aufgrund seiner geografischen Lage als das östliche Bollwerk der »christlichen Kultur« betrachteten. Der spanische Staatschef Franco schrieb 1943 an den britischen Botschafter: »Wenn Deutschland nicht bestehen würde, müssten wir es schaffen.«[295]

Viele in geopolitischen Zusammenhängen denkende Deutsche hielten ihre französischen und britischen Gegenspieler für Heuchler. »Das konnte man nach dem Zweiten Weltkrieg sehr schnell erkennen«, sagte mir Graf Otto Grote. »Als Stalin zu dem Schluss kam, dass er noch nicht genug Gebiete in Osteuropa hatte und deshalb Deutschland ins Auge fasste, verhärtete sich seine Haltung gerade in einer Situation, als die USA mit Harry Truman einen Präsidenten bekamen, der nicht bereit war, sich herumschubsen zu lassen. Das war der eigentliche Beginn des Kalten Krieges, und deshalb sagten sich die westlichen Alliierten nur einige Monate später: ›Besser, wir entnazifizieren diese Leute nicht weiter, sondern ziehen sie auf unsere Seite und rüsten sie wieder auf, damit wir einen festen Wall zwischen uns und der Sowjetunion haben.‹ Die Deutschen wurden immer gebraucht.«[296]

»Europa ist heute eine Familie«, schrieb Schlieffen. »Wenn in diesem Hause Zwietracht ausbricht, wird es jedem Familienmitglied schwer fallen, sich abseits zu halten, vor allem wenn es mitten in diesem Hause lebt.«[297] Seit der Zeit der Deutschritter hatte der Daseinszweck der Deutschen darin bestanden, unerschütterlich zu bleiben, einen festen Damm zu bilden, die vordringenden Slawen aufzuhalten und zurückzudrängen. Dieses Bewusstein an einer Grenze zu leben, verband sich, ungeachtet des kulturellen Hintergrunds, stets mit einem gewissen Argwohn: Was führen diese Heiden im Schilde? Was tut sich auf der anderen Seite des Flusses, hinter diesen Wäldern? Was geht in den Köpfen der Feinde vor? Und dann reift allmählich der Entschluss heran, dies herauszufinden, sich in das Niemandsland zu schleichen, um den Gegner auszuspähen und gegebenenfalls präventiv zuzuschlagen, bevor er seinen geplanten Angriff beginnen kann. Im Westen bezeichnet man ein solches Verhalten gern als Kriegstreiberei. Für viele Deutsche entsprach es jedoch dem gesunden Menschenverstand, wenngleich sie aufgrund der damit zwangsläufig verbundenen paranoiden Züge eher zum Zuschlagen bereit waren als andere, friedvollere Charaktere. Die Deutschen ärgerten sich über die Slawen, was der schweizerische Historiker und Politiker Carl J. Burckhardt 1925 folgendermaßen erklärte: »Man reizt sie (die Deutschen) durch Misstrauen und mesquine Behandlung, bis all ihr Hang zum Übertreiben, zum Dreinschlagen, zum harten Ende wieder losbrechen wird. … Der Hang zu extremen Lösungen ist eine deutsche Grundlage …«[298] Friedrich der Große sprach in diesem

Zusammenhang von *le tout pour le tout*, Günter Grass nannte dieses Verhalten das »Alles-oder-Nichts-Prinzip«.[299]

Wer hielt 1941 wen zum Narren? Hitler war eindeutig entschlossen, Krieg zu führen gegen den russischen Riesen, aber wer kann nachweisen, dass sich Stalin nicht ebenfalls mit Angriffsplänen gegen Deutschland trug? Für viele Mitglieder des deutschen Generalstabs war das nur eine Frage der Zeit. Stalins Hunger war genauso groß wie derjenige Hitlers. Er zögerte nicht lange, als sich die Gelegenheit bot, polnisches Territorium zu besetzen, die baltischen Staaten zu annektieren oder nach Finnland vorzustoßen. Wer wollte ausschließen, dass Deutschland, das sich noch im Krieg mit Großbritannien befand, nicht eines Tages Stalin als leichte Beute erscheinen würde? Die Konzentration sowjetischer Truppen an der deutschen Grenze war zweifellos besorgniserregend (und rätselhaft, denn noch heute streiten die Historiker darüber, welchem Zweck sie diente). Viele Mitglieder des Generalstabs, die sich nicht beeinflussen ließen durch die Propagandaparolen der Nazis, wie sie vor allem Goebbels verbreitete, hielten allein aufgrund der militärischen Situation rasches Handeln für geboten. »Ich halte es für wenig sinnvoll«, schrieb 1971 Reinhard Gehlen, der frühere Leiter der »Abteilung Fremde Heere Ost« im deutschen Generalstab, »darüber nachzugrübeln, ob Hitler tatsächlich gezwungen war, 1941 den Waffengang mit der UdSSR zu wagen. Meiner Überzeugung nach, die von vielen Kriegsteilnehmern geteilt und durch den hohen Stand der Kriegsvorbereitungen der Sowjetunion zumindest gestützt wird, beabsichtigte Stalin nach der Selbstzerfleischung der Kapitalisten sozusagen als lachender Dritter zu intervenieren.«[300] Schließlich hatte schon Moltke geschrieben: »Kein Operationsplan reicht … über das erste Zusammentreffen mit der feindlichen Hauptmacht hinaus. Nur der Laie glaubt im Verlauf eines Feldzuges die konsequente Durchführung eines im voraus gefassten, in allen Einzelheiten überlegten und bis ans Ende festgehaltenen Gedankens zu erblicken.«[301]

Bis zum 22. Juni 1941 waren zweifellos alle beteiligten Parteien damit beschäftigt, gegeneinander Bündnisse zu schmieden und sich in eine möglichst vorteilhafte Ausgangsposition zu manövrieren. Alle dachten, oder redeten sich zumindest ein, sie würden den Gegner an der Nase herumführen. Stalin sah, dass die Alliierten, vor allem das desolate Großbritannien, die Sowjetunion für den Kampf gegen Deutschland zu gewinnen versuchten, um ihre eigenen zerschundenen Länder zu retten. Das entsprach natürlich den Tatsachen, und Stalin freute sich (nach Aussage von Nikita Chruschtschow) darüber, dass es ihm gelungen war, Hitlers Aufmerksamkeit völlig auf den Westen zu richten, indem er ihm durch den Nichtangriffspakt die Neutralität der Sowjetunion zugesichert hatte. »Er stellte die Vereinbarung als ein Spiel dar, in dem es darum gegangen war, wer wen austrickste«, schrieb Chruschtschow, aber »Stalin begriff, dass der Krieg unausweichlich war. Hitlers Plan zum Angriff auf die Sowjetunion war in den Grundzügen wohl bekannt. Es hieß sogar, die Spatzen würden ihn an jeder Straßenecke von den Dächern pfeifen.« Dennoch, als der Schlag erfolgte, »lief Stalin herum wie ein aufgescheuchtes Huhn. Er war so niedergeschlagen, dass er einem leid tun konnte.«[302]

In der Wolfschanze war die Atmosphäre zunächst noch recht unbeschwert. In der Anfangsphase des Krieges entspannte sich Hitler noch fast jeden Abend bei Gesprächen und geselligen Zusammenkünften. Obwohl ihm, einem Mann in mittleren Jahren, etwas wie Liebe oder Intimität völlig fremd war, hielt er sich gern in Gesellschaft anderer Menschen auf und klagte sogar gelegentlich darüber, dass er sich zu oft allein oder einsam fühle – ein weiterer widersprüchlicher Zug seines Wesens. Julius Streicher gab in Nürnberg zu Protokoll: »Jeder, der Gelegenheit hatte, Hitler persönlich kennenzulernen, weiß, dass es stimmt, wenn ich behaupte, dass sich all jene gründlich irrten, die glaubten, sie könnten ihn zum Freund gewinnen. Adolf Hitler war in jeder Hinsicht etwas exzentrisch, und ich glaube, ich kann sagen, dass es zwischen ihm und anderen Menschen keine Freundschaft gab – jedenfalls keine Freundschaft, die sich als intime Nähe beschreiben ließe.«[303]

Doch um sich wohl zu fühlen, brauchte Hitler eine große Gefolgschaft aus ergebenen Zuhörern. Vor allem in den glorreichen Tagen von 1941 fanden sich sehr viele solcher Gäste in dieser abgelegenen, deprimierenden Ecke Ostpreußens ein, in einem Hauptquartier, in dem man absichtlich auf jeglichen Prunk und Protz verzichtet hatte. (Albert

Speer, Hitlers Architekt, wusste schon seit langem, dass Hitler Schlösser, Herrenhäuser und große Burgen hasste und als Ausdruck des dekadenten Geschmacks des Adels betrachtete.) Nachdem er tagsüber Berichte studiert, Lagebesprechungen geleitet, Einschätzungen entgegengenommen, auf Landkarten Feldzüge geplant und Direktiven an seine Frontgeneräle abgeschickt hatte, verbrachte Hitler die Abende bei Tee und Kuchen und plauderte dabei mit seinen Gästen und Hofschranzen. Diese Gespräche, die Hitlers Privatsekretär Bormann schriftlich festhalten ließ und die später als Hitlers *Tischgespräche* bzw. als *Monologe im Führerhauptquartier* veröffentlicht wurden, bieten uns wahrscheinlich die intimsten Einblicke in die Persönlichkeit dieses eigenartigen, todessüchtigen und sehr einsamen Menschen.[304]

Die Aufzeichnungen beliefen sich auf rund 1045 Schreibmaschinenseiten und wurden von Bormann gewissermaßen als eine Sammlung von Predigten betrachtet, die die menschliche Seite des Führers zeigen sollten, im Gegensatz zu den eher formellen Reden und Papieren, die sein offizielles Auftreten begleiteten und bestimmten. Diese »Monologe« spiegeln auf entlarvende Weise das geistige Niveau der Menschen in Hitlers engster Umgebung wider, denn es fehlt ihnen jegliche intellektuelle Finesse. Es sind ungehobelte, primitive, inkonsistente Äußerungen zu unterschiedlichsten Themen (darunter auch über vegetarische Ernährung), die auch die Wahrnehmungs- und Urteilsfähigkeit der Deutschen in keinem allzu schmeichelhaften Licht erscheinen lassen. Wie konnte ein Volk einem solchen Mann auf den Leim gehen? Befremdlich wirkt nicht nur die pöbelhafte Ausdrucksweise – ständig ist die Rede von »Drecksjuden«, »Deppen«, »Sauhunden« und so weiter –, sondern mehr noch die nervtötende Monotonie, mit der Hitler seine abstrusen Ansichten zum Besten gab: »Der Bolschewismus ist der uneheliche Sohn des Christentums; beide sind eine Ausgeburt des Juden«; »Ich werde noch einmal sehr religiös werden, halten Sie fest, Bormann! … Ich werde kirchlich. Ich werde das Oberhaupt der Tataren!«; »Nie hat Nero Rom angezündet, das haben die Christen-Bolschewiken gemacht«; »Die Sprache ist deshalb auch nicht das unveränderliche Erkennungsmal des Volkstums. Viel stärker haften die Essgewohnheiten den Völkern an … Wie ich die Suppe der Schleswig-Holsteiner verkostet habe, wusste ich, dass die der Spartaner nichts anderes war« und dergleichen.[305] Auffällig ist ferner, dass die Aussagen und Urteile des Diktators jegliche Mäßigung vermissen lassen; es gibt keinerlei Grau- oder Zwischentöne. Kunst, die er nicht mag, ist »wertlos«, Brahms ist nur deshalb berühmt, weil die Juden ihn hochjubelten, das Christentum ist eine »Farce«, für die Russen ist die höchste Kulturschöpfung der Wodka. Immer wieder mischen sich Versatzstücke aus dem Denken von Nietzsche und Schopenhauer in seine Äußerungen: »Erfolg rechtfertigt alles«; »Terror ist etwas Heilsames«; »Für alles Leben ist mit Blut zu zahlen«; »Fanatismus ist eine Frage des Klimas«; »Wer ein richtiger Führer ist, dem laufen sie nach.«[306] Wäre Leni Riefenstahls Film *Triumph des Willens* hier in der Wolfschanze gedreht worden statt auf dem Reichsparteitag in Nürnberg, hätte man Hitler mit Hohn und Spott übergossen und als Spinner ausgelacht.

Unter geschichtswissenschaftlichen Gesichtspunkten sind diese Niederschriften natürlich faszinierend und liefern wichtige Informationen über Hitlers Ansichten und Grundsätze. Aber auch diese zeichnen sich durch einen Mangel an Reflexion aus. Hitler bewunderte Stalin, weil er während der großen Säuberungswellen in den 1930er Jahren seine Generäle hatte hinrichten lassen, brachte jedoch dieses Fehlen eines erfahrenen Offizierskorps in der Sowjetarmee nicht in Zusammenhang mit deren militärischer Schwäche im Sommer und Herbst 1941. Das Lob für Churchill und Roosevelt ist ähnlich undurchdacht, und bei der Beurteilung der Stärke und des Charakters von Amerika legt er eine völlige Naivität an den Tag. Als Hitler im Dezember 1941 beiläufig den Vereinigten Staaten den Krieg erklärte, meinte Guderian verzweifelt: »Der Krieg war nun wahrlich ›total‹ genug.«[307]

Eine menschliche Note findet sich allein in Hitlers Gedanken über die Vergangenheit, vor allem in jenen Passagen, in denen er sich auf die Frühzeit des Nationalsozialismus bezieht, als die Partei noch ein Straßenkämpferbund aus SA-Männern und desillusionierten Kriegsveteranen war. Hitler schwelgt in der Erinnerung an Schlägereien, Massenveranstaltungen und politische Unruhen, die während der »Kampfzeit« seinen Weg zur Macht ebneten. Dieses »nationalsozialistische Gebräu«, frotzelt er, »war ein bisschen zu stark für empfindliche Mägen.« Und wenn einige Rote im Weg standen? »Dann haben wir sie verprügelt und hofften, dadurch noch mehr Krach zu schlagen.« Was für ein Kontrast zu der gepflegten Konversation im Berliner Offiziersklub!

Hitler enthüllt in diesem geistigen Skizzenbuch, wie beschränkt seine Bewegung in ihren Ursprüngen gewesen war und wie wenig sich seine Perspektive seither verändert hatte. Die wilden Keilereien, an denen er als junger Mann seinen Spaß gehabt hatte, waren nun einfach auf eine mehrere hundert Kilometer lange Front übertragen worden. Die Juden und Bolschewiken, die er einst durch die Straßen von München, Frankfurt oder Berlin gehetzt hatte, deren Nasen er gebrochen und auf deren Köpfe er eingeprügelt hatte, verfolgte er nun in größerer Zahl und mit größerer Vernichtungskraft. Stets ging es darum, die anderen umzubringen.

Doch trotz des enormen Aufgebots kam sein Vormarsch in Russland zum Stehen, als die Sowjets Anfang Dezember 1941 eine massive Gegenoffensive starteten. Was Himmler als eine »freie Straße nach Osten« bezeichnet hatte[308], versank nun unter den Schneewehen eines russischen Winters, in dem die Temperaturen auf minus 50 Grad fielen und den Männern die Hinterteile erfroren, wenn sie ihre Notdurft verrichteten.[309] Das Drama nahm seinen Lauf.

Historiker haben zahlreiche Mutmaßungen angestellt, um zu erklären, weshalb die Wehrmacht in Russland scheiterte. Meist wird dabei auf Hitlers Unentschlossenheit in den ersten, stürmischen Tagen der deutschen Offensive verwiesen. Gegen den Rat seiner Generäle befahl der Diktator, die überrannten und eingekesselten russischen Truppen in die Gefangenschaft zu führen, was sich als eine Vergeudung von Zeit und Mühe erwies, während der Weg nach Moskau frei war. Aber Hitler hielt sich an Napoleon, für den sich Moskau als eine Beute von geringem Wert erwiesen hatte. Das galt jedoch 1941 nicht mehr. Die meisten Historiker sind davon überzeugt, dass der Fall Moskaus Stalins, ja auch Russlands Durchhaltewillen einen schweren Schlag versetzt hätte. Moskau war das politische, wirtschaftliche, militärische und psychologische Nervenzentrum des Landes. Diese Stadt nicht einzunehmen, erwies sich für die Wehrmacht, anders als das Scheitern vor Leningrad, als schweres Versäumnis, und die meisten Generäle erkannten das auch. Die Sowjetunion sammelte sich daraufhin wieder und schlug zurück, und die deutschen Truppen begannen nun langsam auszubluten.

In den *Tischgesprächen* spiegelt sich diese Wendung des Kriegsverlaufs wider. Hitler verflucht den russischen Winter, während er zugleich den Angriff auf die Sowjetunion rechtfertigt, da der Widerstand nun stärker geworden war: Seht ihr nicht, dass die Russen immer besser werden? Was wäre wohl passiert, wenn wir noch länger gewartet hätten? Die Generäle finden bei Hitler kein Gehör mit ihren Forderungen nach taktischen Rückzügen, die er barsch und pauschal als Defätismus verwirft. »Mir ist unerträglich, dass eine Gruppe von Intellektuellen sich anmaßt, ihre Ansichten ihren Vorgesetzten aufzuzwingen. Das ist aber das System des Generalstabes, und mit diesem System will ich aufräumen!« schleudert er Guderian entgegen, den er nach dem Attentat vom 20. Juli 1944 zum Chef des Generalstabes ernannt hatte.[310] Mit dieser Einstellung opferte er auch die 6. Armee vor Stalingrad.

*

»Ich sehe Stalingrad noch immer vor mir«, fährt der Panzerveteran fort. »Das war ein harter Kampf. Ein Kampf bis zum bitteren Ende, denn zu überleben und in Gefangenschaft zu kommen, wäre schlimmer gewesen, als zu sterben. Mein Bruder, der schon in Berlin gegen die Spartakisten gekämpft hatte, wurde 1941 abermals eingezogen und geriet im Ural in russische Kriegsgefangenschaft. Sieben Jahre lang wussten wir nicht, ob er noch lebte oder schon tot war. Weil er Offizier war, machte er eine ganz schlimme Zeit durch und bestand nur noch aus Haut und Knochen, als er schließlich wieder nach Hause kam. Aber immerhin überlebte er und lebt auch jetzt noch, 87 Jahre alt. Er hatte Glück. Er ist ein zäher Mann, aber er hatte auch Glück. Mein Bestreben war es daher, unter gar keinen Umständen in russische Kriegsgefangenschaft zu kommen.

Ich war in einer bekannten Traktorenfabrik. Der Rauch, die Kälte und das Sterben der Kameraden – ich kann Ihnen sagen, aufgrund all dieser Erlebnisse wurde unsere Kameradschaft zu etwas besonders Kostbarem, zu etwas, das ein Zivilist vielleicht nie verstehen wird. Sie half einem, durchzuhalten.

Wir setzten vor Stalingrad alle unsere schweren Geschütze ein. Ich gehörte zu einem Spähtrupp. Eines Tages beschossen die Russen unser Gebäude mit Artillerie, und damit war für mich Schluss. Ich wurde nach einem Treffer bewusstlos und bekam einen Granatsplitter in den Rücken, meine fünfte Verwundung. Später bekam ich noch zwei weitere, aber die waren weniger schlimm. Mein Arzt, ich kenne ihn schon seit 25 Jahren, sagt, dass dieses Schrapnell noch immer in meinem Rücken steckt, noch immer an derselben Stelle.

Als ich damals aufwachte, war ich fest von einem Pelz umwickelt, wie von einem Persianermantel, und alle meine Habseligkeiten waren an meinem Körper festgezurrt. Ich weiß bis heute nicht, wer das getan hat. Mit einem der letzten Flugzeuge bin ich dann von dort weggekommen.«

Ich frage den alten Soldaten: »Hätte General Paulus, der Befehlshaber der 6. Armee, Hitler den Gehorsam verweigern und eigenmächtig aus dem Kessel auszubrechen versuchen sollen?[311] Schließlich haben viele Kommentatoren, wie zum Beispiel auch Manstein in seinen Memoiren, darauf hingewiesen, dass Stalingrad Selbstmord war.«[312]

»Ich weiß nicht, was in Ihrem Kopf vorgeht, wenn Sie solche Fragen stellen. Wir waren keine Roboter, aber ich habe im Laufe meiner militärischen Laufbahn, vor allem als Offizier im Kampfeinsatz, häufig erfahren, dass es zu großen Verlusten an Menschen und Material geführt hätte, wenn man die Befehle des Kommandeurs missachtet hätte. In manchen Fällen haben wir natürlich die Befehle geistig in Frage gestellt, aber es war unsere Pflicht, sie zu befolgen. Diese amerikanischen Filme zum Beispiel, wo ein Offizier in Vietnam einem Untergebenen einen Befehl erteilt, und der Mann erwidert ›Nein, dahin gehe ich nicht‹, oder auch einiges, was ich im Buch von Schwartzkopf gelesen habe – das stößt mich wirklich ab. So etwas hätten wir nie getan. Vielleicht hätte man Gelegenheit gehabt, später noch einmal darüber zu sprechen. Natürlich hätte man dann die Vorgesetzten damit konfrontiert. Wir waren keine Waschlappen. Es gab durchaus Fälle, da habe ich nachher mit einem Vorgesetzten gestritten, habe ihm gesagt ›Das war dumm‹ oder etwas dergleichen, und er hat es sich angehört. Es war nicht so, wie es manche dieser dämlichen Filme oder Kriegsbücher glauben machen wollen. Wir waren Menschen, wir hatten unterschiedlichste Biografien und machten uns eigene Gedanken. Aber im Krieg, glaube ich, ist es sehr wichtig, dass man sich darauf verlassen kann, dass Befehle, die man erteilt hat, auch ausgeführt werden. Andernfalls könnte es viele Menschenleben kosten, wenn man nicht sicher sein kann, dass einem Befehl auch Folge geleistet wird.

General Paulus begab sich zum Führerhauptquartier. Er sagte zu Hitler: ›Wir sind noch in der Lage, einen Ausbruch zu versuchen.‹ Hitler war zu diesem Zeitpunkt schon wahnsinnig, davon bin ich überzeugt. Er wollte Paulus absetzen, das Kommando einem anderen übertragen, aber Paulus entschloss sich, dem Befehl Folge zu leisten, und sagte: ›Nein, ich kehre zu meinen Soldaten zurück.‹ Ich bin sicher, dass es so war.

Manchmal muss ich mich wirklich beherrschen. Die Leute haben so wenig Ahnung. Die Schriftsteller und die Professoren, sie verbreiten so viel dummes Zeug: Alle Deutschen seien Roboter, alle Deutschen hätten die Juden umgebracht, alle SS-Angehörigen seien Verbrecher gewesen. Ich möchte Ihnen eines sagen: Ich komme aus einer Familie, bei der man nicht vermuten würde, dass sie etwas mit Juden zu tun hatte, aber mein Bruder, Offizier wie ich, heiratete 1931 eine Jüdin. Und ich habe mich in ihre Schwester verliebt, ein Mädchen namens Ulla. Eine gläubige, orthodoxe jüdische Familie, ganz wunderbare Leute. Die Nazis haben die Mutter vergast, und kurz darauf fanden sie heraus, dass mein Bruder mit der Tochter verheiratet war. Sie sagten: Gut, das ist kein Problem, wenn du dich von ihr scheiden lässt, vergessen wir das Ganze. Andernfalls schicken wir dich in ein Arbeitslager. Nun, ob Sie's glauben oder nicht, mein Bruder weigerte sich, die Scheidung einzureichen. Da haben sie ihn verhaftet und in ein Lager gesteckt, ausgerechnet zu einer Zeit, als Deutschland gute Offiziere dringend brauchte! Sein Frau haben sie nie verhaftet, aber ihn brachten sie in ein Arbeitslager. Am Ende des Krieges haben ihn die Amerikaner befreit. Da meine übrigen Brüder ein bisschen Einfluss hatten, wurde seine Ehefrau nicht deportiert. Sie hat Mut bewiesen. Sie wollten, dass sie nach Stockholm flieht, aber sie sagte Nein. Sie meinte ›Ich will hier sein. Hier ist meine Familie.‹ Und ihre Schwester lebte während des ganzen Krieges auf einer kleinen Insel in der Havel. Deutsche Bauern, die sie kannten, haben ihre Familie mit Lebensmitteln versorgt und dadurch am Leben erhalten.

Und dann all diese Holocaust-Geschichten … Ich hatte nie etwas gegen die Juden. Wir haben nicht gewusst, dass diese Menschen in Gefahr schwebten, aber ich weiß, Sie als Amerikaner werden mir das nicht glauben. Wir wussten, dass Leute in Arbeitslagern waren, aber niemand in meiner Familie hat mitbekommen, dass die Dinge außer Kontrolle geraten waren. Ich glaube, erst im letzten Kriegsjahr wurde allgemein bekannt, wie schrecklich sie mit den Leuten umsprangen. Ich habe nie erfahren, dass mein eigener Bruder im Arbeitslager war![313]

Ob ich mich schuldig fühle? Ich wäre kein Christ, täte ich es nicht. Aber sollten wir Menschen uns nicht alle schuldig fühlen? Es ist eine Krankheit, die wir in uns haben. Ein menschlicher Fehler. Schauen Sie sich in der Geschichte der Menschheit um. Was haben die Juden wirklich aus all dem gelernt? Sie bombardieren noch immer Dörfer, sie führen alle möglichen Entschuldigungen an, aber dennoch fallen Bomben auf Gebiete, in denen unschuldige Menschen leben – Frauen, Kinder, mein Gott, was für hässliche Bilder. Gibt es eine Rechtfertigung dafür, ein Baby umzubringen?

Auch über die Waffen-SS kann man geteilter Meinung sein. Was hätten denn diese bedauernswerten Soldaten tun sollen, wenn sie gut gebaute, kräftige junge Burschen waren? Sie wurden einfach eingezogen und SS-Divisionen zugeteilt, und dieses verrückte politische System bediente sich ihrer in dieser Eliteorganisation, dieser Armee der nordischen Herrenrasse. Es gab nicht viel Ruhm zu ernten für sie auf dem Schlachtfeld, vor allem nicht in Russland. Wenn etwas schief lief, fielen sie als erste, und von den SS-Regimentern kam nur ein Bruchteil zurück.[314] Es war verrückt. Sie waren größtenteils Soldaten wie alle anderen. Und wie in früheren Kriegen suchten alle, wenn man verlor, nach den Schurken, und dafür boten sich die SS-Einheiten an. Wie oft bin ich 1945 in den Gefangenenlagern nach Tätowierungen und anderen Markierungen überprüft worden! Ständig suchten sie nach SS-Leuten. Verstehen Sie mich nicht falsch: Ich spreche hier von der Waffen-SS, den Kampfeinheiten, nicht von den KZ-Wächtern. Ich hatte immer das Gefühl, dass Himmler ein Werkzeug des Teufels war. Das galt für viele SS-Leute, für viele aber auch nicht.«[315]

Am 2. Februar 1943 ging die 6. Armee in Stalingrad unter. Als Hitler diese Nachricht erhielt, soll er in Tränen ausgebrochen sein. Im staatlichen Rundfunk wurde Beethoven gespielt. Göring indes ging auf die Jagd und erlegte 300 Hasen.

*

In der Wolfschanze schliefen die »Tischgespräche« allmählich ein, Hitler speiste allein, meistens vegetarische Gerichte, die er mit seinem Hund teilte. Dr. Morell, den manche spöttisch auch als »Reichsspritzenmeister« bezeichneten, und andere Ärzte versorgten den Führer mit den nötigen Medikamenten: mit Beruhigungsmitteln, damit er einschlafen konnte, mit Stimulanzien, die ihn wieder munter machten – darunter Strychnin, Belladonna, Cardaziol, Pervitin, Koffein, Eudokal, Percodan und viele weitere. 1944 begannen sie damit, Hitlers Nasenflügel zehnmal am Tag mit einer Kokainlösung zu spülen, zusätzlich schnupfte er diese Droge zweimal am Tag. Seine Wutausbrüche und seine schon immer sehr ausgeprägte Sprunghaftigkeit verschlimmerten sich weiter, wie Beobachter feststellten. Rückblickend haben sich Ärzte die Frage gestellt, ob der Diktator nicht einen oder zwei leichte Schlaganfälle erlitten hat. Die Vielzahl der Medikamente, die ihm verabreicht wurden, und der willkürliche, fast unbekümmerte Wechsel von einem Narkotikum zum anderen führten dazu, dass er sich immer mehr zurückzog, immer misstrauischer wurde, und beeinträchtigten seine Fähigkeit zu rationalem Denken weiter.

Von der Ostfront wurden nun natürlich nur noch niederschmetternde Nachrichten vermeldet. Romanautoren, die aus Ostdeutschland stammten, wie zum Beispiel Günter Grass, Theodor Plievier oder Willi Heinrich, entwarfen Charaktere, bei denen sich ein aus Erkenntnis geborener Gesinnungswandel vollzieht, als die erbarmungslose russische Front sie verschlingt. Der katholisch geprägten Schule, die von Heinrich

Böll repräsentiert wurde, erschien der düstere Osten dagegen als Synonym für Agonie, unaussprechliche Angst und Zerstörung. »Ich will nicht sterben, aber das Schreckliche ist, dass ich sterben werde ... bald! ... Ich werde sterben ... bald ...« Mit diesem Gedanken besteigt in Bölls Erzählung *Der Zug war pünktlich* ein Soldat den Fronturlauberzug, der ihn an die Ostfront zurückbringen wird.[316]

Obwohl sich in die Erinnerungen jener Offiziere, die zur Wolfschanze fuhren und dort über die sich ständig verschlimmernde Situation an der Ostfront berichteten, auch makabere und surreale Elemente einschlichen, erscheinen mir ihre Aussagen verlässlicher als die jener Personen, die nie aus Deutschland herauskamen. Guderian und Manstein zum Beispiel waren beide maßgeblich beteiligt an den militärischen Operationen im Osten und können daher als glaubwürdigere Zeugen gelten als Jodl und Keitel, die nie von der Seite des Führers wichen.[317]

Manstein, der im März 1944 seines Postens entbunden wurde, hatte anfangs noch geglaubt, dass Hitler zu rationalem Handeln imstande sei, auch wenn ihm menschliche Gefühle fremd waren[318], doch diese Zeit war nun längst vorbei. Durch seine »unmöglichen Eingriffe« in die Kompetenzen der einzelnen Heeresführer trug Hitler zum Scheitern eines militärischen Unternehmens bei, das zum erfolgreichsten Feldzug der Geschichte hätte werden können. Doch nun war Moskau verloren. Darauf folgte die Katastrophe von Stalingrad, wo die einst mächtige 6. Armee sang- und klanglos unterging. Nur neun Monate später büßten die Deutschen bei Kursk 1300 Panzer ein. Die einzige Hoffnung ruhte nun auf einem Waffenstillstand, doch die Obsession Hitlers, man dürfe keinen einzigen Quadratzentimeter Boden aufgeben, verhinderte jede vernünftige militärische Vorgehensweise und stand in direktem Widerspruch zur Maxime Friedrichs des Großen, die besagte: »Wer alles verteidigt, dem bleibt am Ende nichts mehr zu verteidigen.«[319] Unendliche Diskussionen, weitschweifige Debatten über angebliche Geheimwaffen, unzutreffende Analysen der geplanten Landung in Sardinien, während die Ostfront immer rascher zusammenbrach – all dies bestimmte den Tagesablauf in der Wolfschanze, wo nach wie vor die altbekannten, dem Führer blind ergebenen Lakaien aufmarschierten, angeführt von Göring (der meistens angezogen war, als gehe er zu einem

Maskenball). Wie Ian Buruma zutreffend feststellte, wollte Hitler alles erfahren, nur nicht die Wahrheit.[320]

Guderian, der zweimal seines Amtes enthoben wurde (an Weihnachten 1941 und im März 1945), berichtet von einer unwirklich scheinenden Atmosphäre, auch wenn man von ihm als einem Soldaten, der den Fahneneid auf Hitler geleistet hatte, erwarten durfte, dass er sich loyal verhielt. Goebbels (»einer der klügsten Männer im engeren Kreise um Hitler«), Himmler (»unnahbar, undurchsichtig, wie ein Wesen von einem anderen Planeten«), Bormann (»muffig, verschlossen und finster«) und Göring, der geschminkt und parfümiert umherstolzierte (»unfähig und eitel«)[321] – all diese Speichellecker gaben sich einem Optimismus hin, der nahezu halluzinatorischen Charakter besaß und der Einschätzung der Lage durch die Militärs vollkommen widersprach. Daher kam es immer wieder zu heftigen Auseinandersetzungen mit Hitler, bei denen Göring einmal Guderian am Ärmel nahm und ins Nebenzimmer zog.[322] Viele Generäle ließen nun beim Salutieren die Formel »Heil Hitler« weg. Guderian warnte Hitler immer wieder vor dem drohenden Zusammenbruch: »Die Ostfront ist ein Kartenhaus. Wird die Front nur an einer einzigen Stelle durchstoßen, so fällt sie zusammen.«[323]

*

Nachdem ich mir wasserdichte Gummistiefel angezogen habe, stapfe ich durch den Wald zu einer ausgedehnten Lichtung, die sich über die einst von Stacheldraht umzäunte Anlage erstreckt. Irgendwo hier lag die Landebahn der Wolfschanze. Ich erwarte auf einen langen, verfallenen Betonstreifen zu treffen, eine fremdartig anmutende Hinterlassenschaft inmitten grüner Felder, die keine Funktion mehr hat, keine Rolle mehr spielt, ein übrig gebliebener Fremdkörper aus einer früheren Zeit, der dem Polen heute nichts mehr bedeutet, der auf seinem Traktor vorüberfährt oder als Jäger unterwegs ist zu seinem Hochsitz. Anachronistisch wäre heute auch ein Aufmarsch von Offizieren, die zur Ostfront fliegen oder von ihr zurückkommen, obwohl der Gedanke an das Attentat an dieser Stelle noch immer lebendig ist.

Claus Schenk Graf von Stauffenberg landete hier am 20. Juli 1944 und legte seine Bombe in der Wolfschanze zu Füßen Hitlers ab. Nachdem er die Explosion gehört hatte, flog er von diesem Flugfeld wieder zurück nach Berlin, um die frohe Kunde zu verbreiten: Das »Schwein« war tot![324]

Stauffenbergs großer Tag ist in allen Einzelheiten von Heerscharen von Historikern und Schriftstellern ausgiebig dargestellt worden. Viele Pläne, Versuche und Attentatsvarianten waren vor diesem heißen, windstillen Julitag des Jahres 1944 durchexerziert worden, aber immer hatte eine Funktionsstörung, eine kleine Umstellung des Zeitplans oder irgendein anderer ungünstiger Umstand den Verschwörern einen Strich durch die Rechnung gemacht. Im März 1943 hatten sie in Hitlers Flugzeug eine Bombe deponiert, aber aufgrund eines Zünderdefekts detonierte der Sprengkörper nicht. Es folgten angstvolle Momente, als die Verschwörer nach dem Scheitern des Anschlags die Bombe entfernten. Aber dann nahm Oberst von Stauffenberg die Angelegenheit in die Hände und entschloss sich, das Attentat selbst auszuführen. »Wenn die Generäle es nicht tun«, soll er gesagt haben, »dann müssen es eben die Obristen machen.«[325]

Stauffenberg, ein körperversehrter Kriegsveteran – ihm fehlten ein Auge, die rechte Hand und drei Finger an der linken Hand –, war zum Stabschef des Befehlshabers des Ersatzheeres ernannt worden, das gewissermaßen als Kanonenfutter für dezimierte Einheiten an der Ostfront diente. In seiner Funktion durfte er gelegentlich an Lagebesprechungen in der Wolfschanze teilnehmen und besaß einen Schreibtisch im Kriegsministerium in Berlin, an dem er Pläne zur Übernahme der wichtigsten Einrichtungen in der Hauptstadt durch Wehrmachtseinheiten und die Verhaftung von Goebbels und anderer hoher Repräsentanten des Nazi-Regimes ausarbeitete. Letzteres konnte aber nur erfolgreich durchgeführt werden, wenn der Anschlag gelang.

Doch die Verschwörer, so stellte sich im Nachhinein heraus, waren viel zu locker organisiert und standen in der militärischen Hierarchie zu weit unten, um das Unternehmen auch dann noch zum Erfolg führen zu können, wenn irgendetwas schief lief. In der Gedächtnisstätte für den deutschen Widerstand, die im früheren Kriegsministerium untergebracht ist, dem so genannten Bendlerblock im Berliner Bezirk Tiergarten, sind in langen Reihen Fotos dieser jungen Männer ausgestellt. Besonders traurig stimmen die Bilder, die sie mit ihren Ehefrauen und Kindern zeigen, bei der Hochzeit, bei Taufen oder anderen festlichen Anlässen. Stauffenberg ist in einem ergreifenden, aber leicht komischen Schnappschuss festgehalten: Er schreitet den Gang der alten Kirche St. Jakob in Bamberg hinab, seine Braut an der einen Seite, ein Schwert an der anderen, und auf dem Kopf trägt er einen Stahlhelm.

In der Ausstellung werden sorgfältig alle Offiziere aufgeführt, die auf den Ausgang des Anschlags warteten: Rommel, Günther von Kluge, Gerd von Rundstedt, Friedrich Fromm und viele andere. Nur einer von ihnen, General Karl Heinrich von Stülpnagel, hatte die Nerven, frühzeitig zuzuschlagen, so wie der Umsturzplan es vorsah. Er ließ am 20. Juli in Paris 1200 SS-Leute verhaften und war sogar entschlossen, sie erschießen zu lassen, was ihm schreckliche Torturen und einen grausamen Tod eingebracht hätte. Die übrigen Mitverschwörer jedoch unternahmen nichts, vor allem, nachdem sie erfahren hatten, dass Hitler überlebt hatte.

»Die Nazis sprachen von einem Wunder«, sagte mir ein deutscher Veteran, »aber für uns war es unfassbar und eine große Katastrophe, dass es nicht geklappt hatte. Unsere obersten Vorgesetzten in Russland redeten ganz offen über Hitler; sie sagten, wir müssen ihn so schnell wie möglich loswerden. Dieser blöde Eichentisch, der hat ihm das Leben gerettet! Ich glaube, da hatte der Teufel seine Hand im Spiel.«

Der Eichentisch ... Stauffenberg hatte seine Aktentasche mit der Bombe nur 1,80 Meter neben dem am Tisch sitzenden Hitler abgestellt. Er hatte den Säurezünder aktiviert, der die Bombe sechs Minuten später zur Detonation bringen sollte (während er, wie er vorgab, in Keitels Bunker das Hemd wechselte). Man hatte für ihn eine Spezialzange angefertigt, damit er mit seinen verkrüppelten Händen die Bombe scharf machen konnte. Vier Minuten vor der Detonation verließ er den Besprechungsraum. Zusammen mit Fellgiebel, dem Chef der Nachrichtentruppe, der ebenfalls maßgeblich an der Verschwörung beteiligt war, lief er nervös hin und her und wartete.

Um 12 Uhr 42 explodierte die Aktentasche. Alle zehn Fenster des barackenartigen Gebäudes barsten. Einige Zeugen sahen, wie menschliche Körper inmitten von Holzteilen und Splittern durch die Luft geschleudert wurden. Stauffenberg und Fellgiebel konnten sich nicht vorstellen, dass in dem Gebäude jemand überlebt hatte. Fellgiebel meldete nach Berlin, dass der Putschplan anlaufen könne, dann zerstörte er die Funkanlagen, so dass die Wolfschanze von der Außenwelt abgeschnitten war. Stauffenberg passierte ruhig drei Kontrollpunkte, fuhr zum Flugfeld und flog ab nach Berlin. Doch in den drei schicksalsträchtigen Stunden, die er bis zum Flugplatz Rangsdorf brauchte, zeichnete sich bereits deutlich das Scheitern des Umsturzversuchs ab. Hitler hatte, wie sich herausstellte, lebend den Bunker verlassen.

Durch eine dieser grotesken Wendungen des Schicksals, die so viele entscheidende historische Ereignisse beeinflusst zu haben scheinen, war bei der Besprechung ein Offizier mit dem Fuß an Stauffenbergs Aktentasche gestoßen und hatte sie auf die andere Seite des schweren Eichenpfeilers geschoben, auf dem der Konferenztisch ruhte. Dadurch wurde Hitler vor der Gewalt der Explosion abgeschirmt, vier andere Anwesende dagegen riss die Detonation in Stücke oder verletzte sie tödlich. Feldmarschall Keitel, der Hitler treu ergeben war, hatte sich als einer der ersten wieder hochgerappelt. Als er Hitler erblickte, wie dieser zwischen den rauchenden Trümmern hervorkam, benommen, geradeaus starrend und mit zerfetzter Hose[326], soll Keitel gerufen haben: »Mein Führer, Sie leben! Sie leben!«[327] Allein diese Tatsache besiegelte Stauffenbergs Schicksal.

Ein Verwandter der Familie von Richthofen, eines bedeutenden deutschen Familiengeschlechts, das sowohl den »Roten Baron« hervorbrachte als auch Frieda Weekley, die temperamentvolle Gemahlin von D. H. Lawrence, berichtete mir von einer Bemerkung, die ihre Mutter damals gemacht hatte. »Sie nannte Stauffenberg einen Feigling. Warum war er nicht geblieben und hatte sich vergewissert, ob der Anschlag geglückt war? Warum hatte er sich die Bombe nicht an den Körper gebunden und sich unmittelbar neben Hitler gestellt? Statt dessen ist er davongelaufen, bevor die Bombe hochgegangen war.«[328] Ich weiß noch genau, was ich erwiderte. Mangel an Mut konnte man Stauffenberg gewiss nicht vorwerfen. Allenfalls konnte man kritisieren, dass Gelingen oder Scheitern des Anschlags viel zu stark von seiner Person abhingen. Dass er sowohl in der Wolfschanze als auch in Berlin präsent sein musste, maß diesem einen Menschen eine viel zu große Bedeutung bei.

Stauffenberg war das Herz und die Seele dieses wiederholten Versuchs, Hitler zu beseitigen. Offiziere wie Zivilisten murrten seit Jahren über Hitler, und immer wieder bildeten sich lockere Widerstandszirkel, die ihn auszuschalten versuchten. Zwischen 1934 und 1945 wurden 42 Attentatsversuche auf Hitler unternommen, davon einige, die kaum durchdacht waren und recht hilflos wirkten, aber auch andere, die, wie das Unternehmen Stauffenbergs, das Ergebnis schier endloser Gedankenspiele und ausgefeilter Planungen waren.[329] Aber die Deutschen taugen nicht als Verschwörer. Schon Lenin hatte gesagt, als er in einem verplombten Eisenbahnwaggon auf seine Rückkehr nach Russland wartete: »Wenn die Deutschen eine Revolution machen wollen, lösen sie zuerst eine Bahnsteigkarte.«

In Stauffenbergs Fall hatte man diesem ehrgeizigen jungen Oberst zu viel Verantwortung aufgebürdet. Er hatte Zugang zu Hitler, und er arbeitete als Stabschef für General Fromm, der die Truppen in und um Berlin befehligte. Doch Fromm gehörte ebenfalls zu den zaudernden Generälen und traute sich nicht zu handeln. Deshalb gab Stauffenberg unter Fromms Namen Befehle und Direktiven heraus. Dies hatte zur Folge, dass der Staatsstreich während seines dreistündigen Fluges zurück nach Berlin kaum vorankam.

Zwei bekannte, aber inzwischen pensionierte Generäle, Beck und von Witzleben, hatten sich bereit erklärt, die Kontrolle über die Streitkräfte zu übernehmen, sobald der Umsturzplan anlief, aber da beide nicht mehr im aktiven Dienst waren, standen ihnen keine Soldaten zur Verfügung. Sie waren vielmehr darauf angewiesen, dass die Armee sich freiwillig ihrem Kommando unterstellte, und Stauffenberg vermochte nicht viel mehr als ein paar niedere Offiziere aufzubieten, vor allem als aus Ostpreußen die Nachricht durchsickerte, dass Hitler zwar verletzt war, aber noch lebte.

Nachdem Fromm diese Information erhalten hatte, händigte er Beck eine Pistole aus. Doch dem alten, krebskranken General gelang es nicht, sich zu erschießen. Ein Unteroffizier erledigte es für ihn. Witzleben, der sich abgestoßen fühlte von dem heillosen Durcheinander, das dem gescheiterten Anschlag folgte, stürmte aus dem Bendlerblock und begab sich in seine Wohnung, um auf die Gestapo zu warten, die, wie er wusste, bald erscheinen würde. Stauffenberg wurde zusammen mit drei Mitverschwörern in den Hof geführt und im Scheinwerferlicht exekutiert – Fromms Versuch, dem Regime seine Loyalität zu demonstrieren und jene zum Schweigen zu bringen, die ihn hätten belasten können. Dennoch verhaftete die Gestapo auch ihn und ließ ihn einige Wochen vor Kriegsende schließlich hinrichten.

An diesem frühen Abend wurde Benito Mussolini in der Wolfschanze Zeuge einer der bizarrsten Auseinandersetzungen, die man im Führerhauptquartier jemals erlebt hatte. Hitlers Freude darüber, abermals dem Tod entronnen zu sein, war schnell wieder einer lethargischen Stimmung gewichen. Er saß mürrisch in einem Schaukelstuhl und lutschte Pastillen, die Dr. Morell ihm verschrieben hatte und über deren Inhaltsstoffe leider nichts bekannt ist. Hohe Repräsentanten der Partei und der Regierung kamen und gingen, um den Führer zu beglückwünschen, dass er überlebt hatte, doch die niederschmetternden Nachrichten von den verschiedenen Fronten hatten mittlerweile auch den Glauben der Anwesenden an den »Endsieg« erschüttert. Sie begannen sich gegenseitig Vorwürfe zu machen und verloren allmählich die Fassung. Admiral Karl Dönitz beschimpfte den dicken, juwelenbehängten Göring und beschuldigte ihn, durch seine Unfähigkeit den Zerfall der Luftwaffe verursacht zu haben. Da er sich gegen einen Berufssoldaten nicht zur Wehr zu setzen wusste, wandte sich Göring an den Außenminister Ribbentrop und brüllte ihn an: »Sie lausiger kleiner Champagnerhändler!« Dann machte er Anstalten, ihm mit seinem Marschallstab ins Gesicht zu schlagen. Ribbentrop schleuderte ihm eine Erwiderung entgegen, die Göring zu verstehen geben sollte, er, Ribbentrop, sei nicht irgendein kleiner Schurke aus einem miesen Stadtviertel: »Ich bin *von* Ribbentrop!« – eine Bemerkung, die wohl kaum dazu angetan war, den Führer für ihn einzunehmen.[330] Hitler, der gedankenversunken vor sich hindämmerte, kam für einen kurzen Augenblick wieder zu sich, als jemand die Worte »Röhm«, »Aufstand«, »Verschwörung« fallen ließ, die in ihm Erinnerungen an längst vergangene Zeiten wachriefen. Er sprang wie elektrisiert auf und brüllte, er werde alle vernichten, die auch nur im Entferntesten mit den Verschwörern zu tun gehabt hätten, ein Versprechen, das er auch einhielt, wenngleich mit einigen Ausnahmen. Insgesamt wurden 7000 Personen verhaftet, 200 davon wurden nach Schnellverfahren vor Standgerichten exekutiert. Unzählige militärische Laufbahnen fanden ihr Ende, denn viele Offiziere, die mit den Umstürzlern in Verbindung gestanden oder mit ihnen sympathisiert hatten, nahmen Giftpillen, erhängten oder erschossen sich. Die Offiziere, die in der militärischen Hierarchie ganz oben standen, wie Rommel, von Kluge, von Stülpnagel und von Manstein, zahlten einen hohen Preis. In den unteren Rängen dagegen gelang es einigen zu entkommen. Stauffenbergs Frau und Kinder wurden inhaftiert, voneinander getrennt und in Konzentrationslager gebracht. Kaum jemand erwartete, sie lebend wiederzusehen, doch keiner von ihnen wurde ermordet. Das war ähnlich verwunderlich wie die Tatsache, dass Hitler den Anschlag überlebt hatte.

Es hieß, Mussolini sei ziemlich erschüttert gewesen über das, was er an diesem frühen Abend in der Wolfschanze gesehen und gehört hatte. Vielleicht drängte sich auch ihm die Frage auf, ob hier nun alle verrückt geworden waren.

*

Auf dem Weg zurück durch die Wälder der Wolfschanze habe ich Zeit zum Nachdenken. Zu den schauerlichsten Aspekten des Lebens im Führerhauptquartier – vor allem für die Sekretärinnen, die Stenografen und die Telefonisten – gehörten die plötzlichen Explosionen, die sich zu jeder Tages- und Nachtzeit ereigneten. Das Rotwild hatte anscheinend die Angewohnheit, durch die Minenfelder zu streifen, und löste dabei eine Sprengvorrichtung nach der anderen aus.[331] Ich hoffe, die Polen haben all diese schrecklichen Dinge inzwischen weggeräumt. Es macht mich nervös.

Am 20. November 1944 verließ Hitler die Wolfschanze. Er hatte den Großteil der vergangenen drei Jahre an diesem eintönigen Ort verbracht, doch der Wechsel der Umgebung trug nur wenig zur Aufhellung seiner Stimmung bei. Er ersetzte einfach nur einen Bunker durch einen anderen. Fünf Monate später tötete er sich in seinem unterirdischen Bunker in Berlin. Sein politisches Testament endet mit der Anweisung an seine Nachfolger: »Vor allem verpflichte ich die Führung der Nation und die Gefolgschaft zur peinlichen Einhaltung der Rassegesetze und zum unbarmherzigen Widerstand gegen den Weltvergifter aller Völker, das internationale Judentum.«[332]

Am 20. April 1994, Hitlers 105. Geburtstag, wandere ich über den Schutt, der von seiner letzten Adresse auf Erden, dem Berliner Führerbunker, übrig geblieben ist. Die Zeitungen sind voll mit Berichten darüber, dass die englische Fußball-Nationalmannschaft ein für diesen Nachmittag angesetztes »Freundschaftsspiel« gegen die deutsche Elf kurzfristig abgesagt hat, weil eine Demonstration von Neonazis befürchtet wird. Die Berliner Presse, die vielleicht froh darüber ist, dass der Stadt Krawalle mit britischen Fußball-Rowdys erspart bleiben, wünscht den Engländern, die umgehend in die Vereinigten Arabischen Emirate weiterfliegen, viel Glück. Wie sich später herausstellt, bestand kein Grund zur Sorge; der Tag verläuft genauso wie jeder andere. In manchen Teilen der Bevölkerung gibt es eine gewisse nostalgische Sehnsucht nach der alten Zeit, die zum Beispiel durch einen Unterhaltungskünstler zum Ausdruck gebracht wurde, der die Schaffung eines Themenparks vorschlug, in dem die Atmosphäre des Polizeistaats in Deutschland wieder belebt werden sollte, mit langen Warteschlangen vor Lebensmittelgeschäften, Militärparaden und Fahrzeugen ohne Kennzeichen, aus denen Zivilpolizisten herausspringen, die unverdächtige Bürger festnehmen und abführen.[333]

Hier, im früheren Ostberlin, ist die Lage zu diesem Zeitpunkt, Mitte der 1990er Jahre, kaum besser als 1945. Pläne zum Wiederaufbau des alten Stadtzentrums werden in Auseinandersetzungen um Architektur-Konzepte zerrieben, und allgemein herrscht eine ziemlich gereizte Stimmung. Auf der östlichen Seite der einstigen Mauer scheint die Stadt noch immer tot zu sein, während sie auf der anderen pulsiert und voller Leben ist.[334] Auch im Hof des früheren Bendlerblocks ist nicht viel los. Eine Gruppe von ungefähr 20 französischen Teenagern spaziert durch das Museum des Widerstands, in dessen Räumen auch eine staatliche AIDS-Beratungsstelle untergebracht ist. Ein paar deutsche Jugendliche sitzen auf der Gedächtnismauer, die zum Gedenken an Stauffenberg errichtet wurde und über der die Skulptur eines nackten Mannes aufragt. Seine Arme liegen zwischen gesprengten Ketten. Dieser Symbolismus, so will es mir scheinen, ist vielleicht ebenso vergeblich wie der Umsturzplan vom 20. Juli, doch schon allein der Versuch rettete die Ehre Deutschlands. Mit diesem Gedanken traten wahrscheinlich auch viele Offiziere zum Galgen oder vor das Erschießungskommando. Sie hatten begriffen, oder hätten es zumindest wissen können, dass die Beseitigung Hitlers in dieser späten Kriegsphase wohl nur geringe Auswirkungen auf die Alliierten und deren Pläne gehabt hätte.[335] Dennoch muss man anerkennen: Einige wagemutige, tapfere Einzelne haben es versucht und für ihr Scheitern einen hohen Preis bezahlt.

An jener Stelle, an der Stauffenberg und die anderen hingerichtet wurden, ist eine Tafel angebracht. Darunter liegen Blumenkränze und zwischen ihnen einige Zigarettenkippen, die hineingetreten sind in die geheiligte Erde Deutschlands.

16. Kapitel

Ostpreußen

1945

Über die Landstraßen

Tötet! Tötet! In der deutschen Rasse gibt es nur Böses. Zertretet das faschistische Ungeheuer für immer und ewig in seiner Brutstätte. Übt Gewalt, und brecht den Rassenstolz der deutschen Frauen. Nehmt sie euch als rechtmäßige Kriegsbeute. Tötet! Wenn ihr vorrückt, tötet! Ihr ruhmreichen Soldaten der Roten Armee.

Ilja Ehrenburg, Propagandist der Roten Armee, in einem Flugblatt, das an russische Soldaten verteilt wurde[336]

Auf der Fahrt durch Ostpreußen passiert man gelegentlich Soldatenfriedhöfe – freilich keine deutschen, denn diese wurden aus politischen Gründen eingeebnet und ausgelöscht, und die Steine nutzte man häufig für die Fundamente von Wohn- oder Geschäftshäusern. Nein, meist sind es russische Soldatenfriedhöfe, entweder anonyme Massengräber von Kriegsgefangenen, seltener auch individuelle Gräber von Offizieren, die beim Vormarsch nach Westen zu tausenden ihr Leben ließen. Diese Grabstätten wirken in der Regel ziemlich vernachlässigt und unterscheiden sich deutlich von den gepflegten Gräbern der alliierten Soldaten auf den aufwändig gestalteten Militärfriedhöfen in Frankreich, Belgien, den Niederlanden und Luxemburg. Aber hier im Osten ist es auf jeden Fall ruhig. Der Wind spielt eine traurige Melodie, und der prasselnde Regen verbreitet Melancholie. Doch die verfallenden Gräber sind heute nur noch Haufen aus billigem Beton. Fahnenstangen sind abgebrochen oder stehen schief; viele Grabsteine sind zur Seite gesunken oder umgekippt; der Rasen ist seit Jahren nicht mehr gepflegt worden, und überall liegen leere Wodkaflaschen herum. Die Angewohnheit der Amerikaner, gewissenhaft nach jedem einzelnen vermissten Soldaten zu suchen, erscheint einigermaßen grotesk angesichts der frappierenden Gleichgültigkeit, die hier an den Tag gelegt wird. Auf einem dieser verfallenen Friedhöfe notiere ich mir den Grabspruch für einen gewissen Mikolaj Semjonowitsch Juain, der am 20. Februar 1945 starb: »Die strahlende Erinnerung an dich wird weiterleben in unseren Herzen.« In einigen Jahren wird wohl auch diese kleine Einfriedung aufgelöst und in eine Viehweide umgewandelt worden sein.

Der russische Vorstoß nach Ostpreußen vollzog sich mit großer Wucht. Eine überwältigende zahlenmäßige Überlegenheit, enorme Feuerkraft, Luftherrschaft und unzählige Panzer setzten der geschwächten Wehrmacht zu. Der mittlerweile wahnsinnig gewordene Führer gab vergebliche Durchhalteparolen aus und erklärte Städte zu »Festungen«, die bis zum letzten Mann verteidigt werden sollten, während ihre Aufgabe militärtaktisch sinnvoller gewesen wäre. Dadurch wurden die Sowjets in die Lage versetzt, große Teile der deutschen Truppen zu umzingeln und abzuschneiden, meist in Kesseln, die auf der einen Seite von der Ostsee, auf der anderen von der Roten Armee umschlossen waren. Im litauischen Kurland wurden auf diese Weise 26 deutsche Divisionen abgeschnitten und konnten deshalb nicht mehr zur Verteidigung des restlichen Reichsgebiets eingesetzt werden. Durch die Blockade der Festung Königsberg wurden weitere 25 Divisionen matt gesetzt. Ende Februar 1945 wurde auch Danzig eingeschlossen. Der deutsche Befehlshaber verweigerte den Gehorsam und schaffte es mit Hilfe der Marine, fast eine Million Soldaten und Flüchtlinge zu evakuieren – eine Operation, die wesentlich gefährlicher war als die Ausschiffung der britischen und französischen Truppen aus Dünkirchen 1940. Der Kommandeur weigerte sich auch, eine Schutztruppe in der Stadt zurückzulassen, und ergab sich am 9. Mai mit seinen Soldaten.

Die Kämpfe waren erwartungsgemäß grausam und unerbittlich, eine winterliche Neuauflage der schrecklichen Ereignisse von Stalingrad, die sich allerdings auf einem hundertfach größeren Schlachtfeld, in den Städten und Dörfern Ostpreußens abspielte. Pardon wurde nicht erwartet und auch nur selten gegeben, außer nach einer formellen Kapitulation. Die sowjetischen Soldaten, die durch ihre grauenhaften Erlebnisse und eine militante Propaganda aufgestachelt waren, gaben jede Zurückhaltung auf, als sie nach Deutschland vorrückten. »Ja«, schrieb Alexander Solschenizyn in seinem *Archipel Gulag*, »wir wussten alle, dass Mädchen, die Deutsche waren, vergewaltigt und anschließend erschossen werden durften. Sie besaßen schon fast Kombattantenstatus.«[337] Die deutschen Verteidiger hatten sich jedoch nicht nur gegen den Feind zu wehren, ihnen drohte auch Gefahr aus den eigenen Reihen. Exekutionskommandos aus fanatischen Nazis hängten Simulanten an Laternenpfählen auf oder stellten Soldaten, die ihre Stellungen verlassen hatten, an die Wand. Die Zivilbevölkerung, starr vor Angst, war auf der Flucht.

Marion Gräfin Dönhoff, eine erfahrene Journalistin und Autorin, lieferte die wohl literarischste und bewegendste Darstellung jener mit entsetzlichen Leiden verbundenen Massenflucht aus Ostpreußen, von der die meisten Einwohner Westdeutschlands jedoch erstaunlich wenig wissen. Die Gräfin, damals eine junge Frau in den Zwanzigern, verließ in den Januartagen 1945 auf dem Pferd ihr elterliches Gut Friedrichstein. Der besonders kalte Winter in diesem Jahr verschlimmerte zusätzlich die Lage der Flüchtlinge, die bereits unter dem Chaos des militärischen Zusammenbruchs und dem Rachehunger der Sowjets zu leiden hatten. Schätzungen zufolge sollen rund 1,75 Millionen Deutsche zwischen Januar und März dieses Jahres ihre Heimat verlassen haben. Sie machten sich auf zur Elbe, wo sie auf die britischen und amerikanischen Soldaten zu treffen hofften, die sie mit offenen Armen aufnehmen würden, wie sie glaubten. Ungefähr die Hälfte der Flüchtlinge starb auf den Straßen.[338] Da die Flüchtlingstrecks von jenen Menschen organisiert und geführt wurden, die überlebt hatten, nämlich den Frauen und Mädchen, bezeichnete man diese Monate später auch als die »Zeit der Frauen«.[339]

Ironischerweise waren zur selben Zeit auch andere Frauen auf den Straßen unterwegs, überwiegend jüdische Insassen von Todeslagern, die von ihren Bewachern unerbittlich nach Westen getrieben wurden, ohne Winterkleidung und ohne Verpflegung. Es gehörte zu den seltsamsten Widersprüchen dieses Krieges, dass sich diese beiden unterschiedlichen Gruppen häufig auf denselben trostlosen Landstraßen vermischten. Die Juden hatten meist all ihre Hoffnung aufgegeben, abgestumpft durch Jahre der Not und der Demütigung. »Herr Wachmann, ich lebe noch«, rief eine Jüdin, nachdem die Marschkolonne, in der sie sich befunden hatte, von den SS-Wachen mit Maschinengewehren niedergemäht worden war. Der Wachmann gab ihr daraufhin einen Kopfschuss.[340] Für die deutschen Flüchtlinge dagegen waren die Entbehrungen der Flucht und die Panik, die aufgrund der Kriegswirren ausbrach, oft eine neue Erfahrung.

Fast jeder Deutsche, dessen Vorfahren aus dem Osten stammen, dürfte Berichte darüber besitzen, was seinem Vater, seiner Mutter oder seinen Geschwistern in dieser schrecklichen Zeit widerfahren ist. Auch wenn diese Aufzeichnungen nicht so brillant sind wie die Darstellung der Gräfin Dönhoff, sind diese Tagebücher und Erinnerungen dennoch außerordentlich ergreifend, weil sie jenes plötzliche und unerwartete Chaos wieder heraufbeschwören, das die Menschen damals heimsuchte und häufig tragische Auswirkungen hatte. Man kann natürlich die Frage stellen, wie es ein Pole mir gegenüber tat: »Was haben die Deutschen eigentlich erwartet? Wer hat denn den Krieg angefangen?« Doch es lässt sich nicht leugnen, dass auch diese Menschen zu den Opfern gehörten und dass sie alles verloren, was sie besaßen. Zu behaupten, ihr individuelles Leid sei gerechtfertigt, weil die Deutschen als Volk insgesamt nichts anderes verdient hätten, geht an der Sache vorbei.

Katharina von Negenborn war 1945 20 Jahre alt und ist heute eine außergewöhnlich elegante Dame von Mitte siebzig. Wir haben gerade unser vorzügliches Mahl mit Schweinebraten und Riesling beendet und lassen den Blick über ihren makellosen Garten und eine niedrige, grüne Hügelkette, die sich dahinter erhebt, schweifen. Diese deutsche Landschaft ist rund 1000 Kilometer entfernt vom früheren Gut ihrer Familie in Ostpreußen, das in der Nähe des Schlachtfeldes von Tannenberg lag. Sie greift nach einem in Leder gebundenen Tagebuch.

»Wir hatten die meisten unserer Wertsachen vergraben – das Silbergeschirr, das Porzellan, alte Waffen und dergleichen – und machten uns auf mit unseren Arbeitern und 32 Wagen sowie unseren beiden Traktoren, die noch Eisenräder, keine Gummireifen hatten. Die brachen sofort zusammen. Ein Teil unserer Sachen befanden sich auf Schlitten, denn es gab sehr viel Schnee. Nach nur 18 Kilometern wurde es auf unserer kleinen Landstraße so voll, dass einige unserer Leute aufgaben und umkehrten. Aber wir konnten das nicht tun. Wir wussten, die Russen waren gewalttätig und grausam. Wir wussten auch, dass sie sich als Erstes die Kapitalisten, die Junker vorknöpfen würden. Später erfuhren wir, dass man ihnen seine Hände zeigen musste. Wenn sie weich waren oder nicht wie Arbeiterhände aussahen, wurde der Betreffende von den anderen getrennt.

Weil die Russen so schnell vorrückten, mussten wir ständig ausweichen, aber über viele Flüsse gab es nur eine einzige Brücke, sodass bald alles verstopft war. Bei Saalfeld besaßen wir nur noch zwei Pferde und einen Wagen und waren nur noch zu fünft – Vater, Mutter, unsere Köchin, ich und ein französischer Kriegsgefangener, der auf unserem Gut gearbeitet hatte. Überall schwirrten Gerüchte umher. An der Weichsel hörten wir, die Wehrmacht werde die Brücke sprengen. Sie können sich vorstellen, dass wir in Panik gerieten.

Den alten Polnischen Korridor zu passieren, war sehr gefährlich. Überall streiften Partisanen umher. Einmal kamen Polen und zwangen meine Mutter, ihre große Tasche zu öffnen. Wir hatten alle schreckliche Angst. Aber sie hatte zusammen mit ihren Kleidern ein Kruzifix eingepackt, das ganz oben lag. Als der Pole das sah, machte er die Tasche wieder zu, ohne etwas angerührt zu haben, und ließ uns ziehen.

Im Februar erreichten wir einen Hof unserer Familie in Pommern, aber wir hielten uns zu lange dort auf, und die Russen holten uns ein. Wir befanden uns im Haus, als sie kamen. Sie steckten es in Brand und schossen auf uns, als wir durch die Hintertür flohen. Der Kriegsgefangene war zu diesem Zeitpunkt nicht mehr bei uns. Als er die Russen gesehen hatte, war er zu ihnen übergelaufen. Er erzählte ihnen, wo wir zu Hause unsere Wertsachen vergraben hatten.

In den Wäldern spürte uns ein russischer Trupp auf und nahm uns fest. Ich wurde auf die eine Seite der Straße gestellt, die anderen auf die gegenüberliegende. Dann schlugen sie meinen Vater und brachten mich alleine weg. Ich hatte furchtbare Angst, Todesangst. Ich dachte, das ist das Ende. Es war alles so schrecklich, wirklich schrecklich.

Aber trotzdem hatten wir Glück. Sie haben meinen Vater nicht erschossen, wie wir befürchtet hatten, sondern zwangen uns, für sie zu arbeiten. Wir zerhackten geschlachtete Tiere. Tagsüber arbeiteten wir, und nachts verschwanden wir im Wald, beschmierten unsere Gesichter mit Schmutz und versteckten uns, bis der Morgen graute. In dieser Zeit ließ Goebbels Flugblätter über uns abwerfen, auf denen es hieß: ›Haltet durch. Wir kommen zurück!‹ Ist das nicht wunderbar?

Nach der Kapitulation am 8. Mai zogen wir weiter nach Westen. Wie ich schon sagte, wir hatten Glück. Wir sind mit dem Leben davongekommen.«

Ein älterer Herr, ein ehemaliger Nachbar Katharinas in Ostpreußen, nickt zustimmend. »Von unseren 13 Freunden starben zehn, nur drei überlebten. Einer versuchte seine Tochter vor den Russen zu retten. Sie zertrümmerten ihm den Schädel. Als sie mit der Tochter fertig waren, töteten sie auch sie. Sie war 25 Jahre alt.«

Viele Flüchtlingstrecks zerfielen, kaum dass sie sich in Bewegung gesetzt hatten. Gut ausgearbeitete Pläne mit klaren Zielpunkten und zeitlichen Festlegungen wurden hinfällig, als auf den Straßen die Ordnung zusammenbrach. Familien wurden getrennt, als Wägen zusammenkrachten; Angriffe aus der Luft versprengten die Leute; Krankheiten oder Verwundungen sorgten für Verzögerungen und dafür, dass Mitglieder der Gruppe zurückgelassen werden mussten. Viele Familien stellten fest, dass sie sich im Kreis bewegten, es ging bald nicht mehr in erster Linie darum, nach Westen zu kommen, sondern die zahlreichen russischen Angriffsspitzen und Einkreisungen zu umgehen, die verschiedene Fluchtrouten blockierten. Hans Ulrich von Klitzing zeigt mir das Tagebuch seiner 1982 verstorbenen Mutter Dorothee, die in bestürzender Detailliertheit die unsägliche Hoffnungslosigkeit beschreibt, die so viele der Flüchtenden erfasste. »Am 19. Januar beschlossen wir, auch ohne Genehmigung aufzubrechen. [341] Wir sahen den Feuerschein der russischen Panzer immer näher aufleuchten, packten fieberhaft bei Kerzenschein. Das war der Anfang vom Ende. Am

20.01. um drei Uhr früh fuhren wir los. Alles Vieh war losgebunden. Es war dunkel und stürmisch, unser Herz zerrissen.«[342]

Im Lauf der folgenden Woche legten die Klitzings mit ihren Arbeitern und deren Familien rund 70 Kilometer zurück. Dieser Flüchtlingstreck wurde von der Tagebuchschreiberin als »Weg des Grauens« beschrieben. Versprengte und demoralisierte deutsche Soldaten irrten ziellos auf den Straßen umher, die zu beiden Seiten von hohen Schneewehen eingefasst waren. Russische Flugzeuge flogen Angriffe auf die Flüchtlinge und töteten dabei ein Kind und mehrere Nachzügler. Aus allen Richtungen hörte man Artilleriefeuer, doch allen war die Aussichtslosigkeit der militärischen Situation bewusst; die Befehlsstrukturen waren zusammengebrochen. Dies hinderte jedoch fanatische SS-Männer nicht daran, Straßensperren aufzubauen und zwangsweise Männer und Jungen zu rekrutieren zur Aushebung von Gräben und zur Verteidigung dessen, was beschönigend als »Heimatfront« bezeichnet wurde. »Eine Handvoll Männer mit wenigen Panzerfäusten sollten die russischen Panzer aufhalten. Dort ist unser Nachbar Cecil Kramer umgekommen. Hans Lebrecht und unser Grünfelder Schlepperfahrer Preuss mussten bleiben, stießen aber bald wieder zu uns, die wir warteten.«

Die Straßen waren von Menschen überfüllt, vor allem an den Flussübergängen. Häufig überrollten schwere Militärfahrzeuge die Wagen von Zivilisten. »Ein deutscher Panzer fuhr auf der Brücke in unseren Wagen, der schwer beschädigt wurde, und unsere junge Grünfelder Köchin, die daneben zu Fuß ging, wurde fast zerquetscht. Sie blieb, ein Jammerbild, an der Straße liegen. Hans wartete die ganze Nacht am Ausgang der Stadt auf den zersprengten Treck, der sich dort treffen sollte, und ich irrte in der Stadt umher, um Hilfe für die verletzte junge Frau zu bekommen – umsonst! Auflösung, Verwirrung überall! Das quälende Bewusstsein, ihr nicht geholfen zu haben, begleitete mich, bis ich sie im Sommer gesund wiedersah.«

Auch der Abend des folgenden Tages brachte keine Besserung der Situation. Die Familie erreichte nur mit Mühe das angepeilte Zwischenziel, ein nahe gelegenes Gut. Die Pferde waren am Ende ihrer Kräfte. Das Pächter-Ehepaar, Freunde der Familie Klitzing, warnten sie: »Um neun Uhr ist der Russe da, Sie müssen weiter! Wir sind allein hier und entschlossen, das Haus in Brand zu stecken und aus dem Leben zu gehen. Nehmen Sie, tun Sie, was Sie wollen! Wenn Sie das Gleiche tun wollen wie wir, helfen wir Ihnen dabei!«

»Es war eine sehr dunkle, eine sehr verzweifelte Stunde«, schreibt Dorothee von Klitzing. »Man sah nur ein Ende mit Schrecken, nichts darüber hinaus, keinen Ausweg, keine Hoffnung.

Und dann spielte sich alles in rasender Geschwindigkeit ab. Anta, unsere Tochter, wollte zu Neumann, unserem Kutscher, um ihm beim Ausspannen zu helfen. Als wir durch das Fenster sahen, erkannten wir einen langen Zug von Russen im Anmarsch, Panzer und viele Infanteristen dazwischen. Sie waren im Begriff, den Hof zu überfluten. Schon war das Haus voller Rauch und Flammen, das Ehepaar endete sein Leben vor unseren Augen...

Für uns gab es nur einen Weg, rückwärts aus einem hohen Fenster hinaus zu einem uns zuvor beschriebenen Versteck, einem tiefen Graben im Schnee. Anta fand den Weg für uns, wie sie überhaupt in jeder Lage einen klaren Kopf behielt.

Wir wagten bis zum Abend nicht, den Graben zu verlassen. Aber dann musste es sein. Wir waren ja ganz unzureichend bekleidet, Hans sogar ohne Mantel, hatten nichts zu essen und zeitweilig Halluzinationen. Es herrschten mindestens 20 Grad Kälte, dazu tiefer Schnee. Aber in der Erregung spürte man das alles nicht.« Die kleine Gruppe floh hinaus in die Nacht und fand schließlich Unterschlupf in einer Scheune. Russische Panzersoldaten spürten sie dort am nächsten Morgen auf, und wahrscheinlich wegen der frühen Stunde wurde die junge Anta nicht von ihnen belästigt. »Als Anta nach dem Abmarsch der Russen aus ihrem Versteck hervorkam, hatte sie sich als schwangere junge Frau getarnt, das hat sie in der schwersten Zeit geschützt.«

Um sie herum erlebten die Klitzings nichts als Elend. »Es war die Hölle. Umgekippte Flüchtlingswagen, durchwühlt, menschliche Leichen, tote Pferde säumten den Weg. In Warweiden war eine große Ansammlung von tobenden betrunkenen Panzertruppen und vielen Flüchtlingen. Waren Wagen im Wege, wurden sie von der glatten Chaussee die hohe Böschung herabgekippt – mit Menschen und Pferden. Russen und immer wieder Russen kamen uns entgegen, unvorstellbare Mengen. Sie verlangten Gold und schlugen uns ins Gesicht. Sie schenkten uns aber auch eine Wurst und ein Rebhuhn. Unsere Herzen waren schwer, wir sahen keinen Ausweg.«

Dreizehn Tage, nachdem sie ihr Haus verlassen hatte, fand sich die Familie Klitzing in vertrauter Umgebung wieder, zusammengepfercht mit anderen Flüchtlingen im oberen Stockwerk eines Gutshauses. Dann begannen die Sowjets Grundbesitzer und Immobilienhändler zusammenzutreiben. Auch Hans wurde weggebracht. »Mitkommen, dokumenty, bald zurück, Mantel anziehen«, befahl ein Offizier. Dorothee begleitete ihn durch den Schnee zu einem Dorf namens Osterode, das einem Trümmerhaufen glich, nachdem sich dort mehrere Nächte lang betrunkene Soldaten ausgetobt hatten. »Wir mussten in einer überfüllten Wachstube warten. Als Hans aufgerufen wurde, um von der sowjetischen Geheimpolizei verhört zu werden, ging ich mit, musste aber vor der Tür warten. Man wollte ihn, der auf einer schwarzen Liste stand, zum Leuteschinder und Nazi stempeln. Man schlug ihn. Ich ertrug es nicht, stürzte ins Zimmer. Ein rothaariger, fanatischer Teufel – die Dolmetscherin –, ein schwarzer Kerl mit der Peitsche... Man entließ uns in die Wachstube.

Diese Nacht in allertiefster Not war ein Vermächtnis, das alle weiteren schweren Wege mit mir ging. Der Morgen kam, Hans und viele andere wurden herausgerufen. Ich sah ihn noch einen Augenblick draußen. Er rief mir zu, heiter, wie es schien: ›Wir bekommen jetzt Essen – Grüß die Anta!‹«

Das war das Ende von Hans von Klitzing. Vier Jahre später entdeckte man, dass er verhungert war.

Dorothee und Anta lebten zusammen mit anderen Nachzüglern in einer Dachkammer. Tiere gab es keine mehr. Sie ernährten sich von Kartoffeln und Brot, das aus Getreide gebacken wurde, das man mit der Kaffeemühle mahlte. Nachts waren sie den Nachstellungen der Soldaten ausgesetzt. »Russen kamen und gingen, immer andere, bis neun Mal am Tag. Alle Türen blieben unverschlossen. Man spähte auf die Straße, bei Dunkelheit nach flackerndem Licht in den anderen Häusern, lauschte auf die Schritte, auf Schießen und Schreien der Mädchen in den unteren Räumen. Mit brennendem Zeitungspapier leuchteten sie über die Betten, und man durfte sich nicht rühren. Sie suchten Mädchen, suchten alles, was mitzunehmen war. Am schlimmsten waren die einzelnen Offiziere, die nur mit einem Burschen unterwegs waren. Die Mädchen versteckten sich in einem Strohberg.«

Ein altes Gebetbuch gab ihnen geistigen Halt. »Wenn wir abends gelesen hatten: ›Schicke Deinen Engel um uns her, dass der Feind uns nichts anhaben kann‹, schliefen wir ruhig ein, denn ›wer bist du, der du dich vor Menschen fürchtest, die doch sterben?‹ Niemals habe ich Gottes Nähe so erleben dürfen, das Erhören der Gebete, das Wegnehmen aller Furcht …«

Nun wurden polnische Flüchtlinge, die im Osten entwurzelt worden waren, nach Ostpreußen getrieben. Auf Dorothee wirkten sie »ebenso unglücklich wie wir«. Mangels einer Alternative entschlossen sich Mutter und Tochter, nach Hause zurückzukehren, was einen Weg von ungefähr 30 Kilometern bedeutete. Die Hoffnung, Hans werde sie dort erwarten, trieb sie voran. »Unsere wenigen Habseligkeiten führten wir in einem alten Reisekorb auf Rädern mit uns. Er wollte immer wieder umkippen. Würden wir endlich Verbindung mit der Außenwelt haben? Wen würden wir vorfinden?«

Auf dem alten Gestüt empfing sie ihr früherer Buchhalter. Der Krieg und die Zerstörungen hatten Klassenunterschiede in den Hintergrund treten lassen. Dieser Mann war von den Sowjets zum Verwalter des Hofes bestimmt worden und meldete pflichtschuldig das Erscheinen seiner Herrschaft. »Das war natürlich unerwünscht«, notierte Dorothee von Klitzing trocken, dennoch schützte der Mann sie zunächst vor ungerechtfertigten Beschuldigungen – »Sie bleiben bei mir«. Auch die Arbeiter des Gutes hießen die Klitzings willkommen. »Nun sind wir alle gleich«, sagten sie. »Jetzt sind wir alle Flüchtlinge auf Erden.« Dorothee verzieh ihren früheren Beschäftigten, die sich Dinge aus dem Besitz des Gutes angeeignet hatten.

»Alle Ställe waren wüst und leer. Auf dem Hof und im Garten standen Möbel umher. Bald nach unserer Ankunft war das Gutshaus von den Russen geräumt worden. Der polnische ›Wojd‹ sollte einziehen. Frauen wurden bestellt, um das Haus zu säubern und aufzuräumen. Ich ging mit Anta und Elise Thal freiwillig mit. Wir fanden ein Durcheinander von eigenen und fremden Möbeln vor, Hans' Zimmer leidlich aufgeräumt, ein Teil unserer Möbel zum Fenster hinausgeworfen, knietief auf dem Boden Briefe, Bilder, und … ich kann hier nicht alles beschreiben; auf dem Boden unser großer Messingkessel, bis an den Rand voll, als Klo benutzt … ein Chaos, das sich niemand vorstellen kann, der so etwas nicht mit eigenen Augen gesehen hat. Wie uns zumute war, brauche ich nicht zu schildern.«

Zunächst blieb das Haus leer. Mutter und Tochter kämpften sich durch den Müll und brachten so gut es ging Fotos und andere Erinnerungsstücke der Familie in Sicherheit. Doch dann fiel ihr Beschützer in Ungnade. Die Russen hatten die Brennerei des Gutes wieder in Betrieb genommen und zwangen den alten Mann zum Spaß, becherweise reinen Holzalkohol zu trinken. Bald versagte seine Leber, und er starb. Anschließend herrschten abwechselnd Russen und Polen im Herrenhaus, in dem sie ausschweifende Trinkgelage abhielten, die in der Regel mit Vergewaltigungen und Wandalismus einhergingen. Auch bei der Arbeit auf den Feldern hatten die Frauen keine Gnade zu erwarten. »Der elegante, offensichtlich zynische Offizier stellte sich in seiner nagelneuen Uniform zu uns mit einer Peitsche und drohte uns Schläge an, falls wir nicht schnell genug arbeiten würden. Dann musterte er uns und flüsterte mit seinem Fahrer. Es waren nur zwei junge Mädchen bei uns, Anta und ein anderes Mädchen. Ich hörte, wie der Fahrer fragte: ›Beide?‹ Der Offizier: ›Nein, eine genügt.‹ Ich flüsterte Anta zu: ›Sieh dich vor‹. Sie verschwand hinter einer Vertiefung, und als sie mit dem nächsten Korb Kartoffeln kam, war sie, völlig verschmutzt, mit hängenden Haaren und verstelltem Gesicht, nicht mehr wiederzuerkennen. Mein Herz zitterte und flehte, und der schreckliche Mensch sagte plötzlich: ›Geht alle nach Hause.‹ Das war einer jener Augenblicke, in denen wir erlebten, dass es eine höhere Kraft gibt – über allem Verstand.«

Bald jedoch sickerte die Anweisung durch: »Ihr müsst gehen.« Die Klitzings waren jetzt nur noch gewöhnliche Feldarbeiter, aber als Deutsche standen sie ständig unter Verdacht. Nachdem sie etwas Geld und Reisepapiere besorgt hatten, gelang es ihnen, auf einen Zug nach Westen zu gelangen. Ihr einziges Gepäck war ein Rucksack, in dem sich ein Laib Brot befand. Der Zug bestand aus einer langen Aneinanderreihung leerer Kohlenwaggons. In der Nacht wurden sie von polnischen Partisanen ausgeplündert, die die Waggons durchkämmten. Im November 1945 schließlich gelangten die Klitzings in Sicherheit.[343]

*

Aronek Kierszkowski hatte zwar auch etwas von Kohlenwaggons gehört, in denen Flüchtlinge über deutsche Eisenbahnschienen oder was davon noch übrig geblieben war, gekarrt wurden, doch sein Schicksal in diesen bitterkalten Wintertagen war wesentlich härter. Wie insgesamt schätzungsweise 250 000 Juden wurde auch er zu den berüchtigten Todesmärschen verurteilt, mit denen die SS ihre Lager vor der vorrückenden Roten Armee zu räumen versuchte.[344] Während anfangs die Häftlinge in Stutthof noch an Überarbeitung starben, kamen später viele bei diesen sinnlosen Märschen um, die sie ohne Verpflegung antreten mussten. Es ist nicht bekannt, wie viele Gefangene in den Wintermonaten Anfang 1945 starben. Doch für die abertausende von Betroffenen war dies ein doppelt schlimmes Schicksal, denn die Rettung war nahe. Viele Häftlinge mussten von Stutthof und seinen Nebenlagern zum Frischen Haff marschieren, als die Front nur noch ein paar Kilometer entfernt war, und wurden dort am Strand durch Maschinengewehrsalven niedergemäht oder ins Wasser getrieben, wo sie erfroren. Andere, wie Aronek Kierszkowski, wurden mit unbestimmtem Ziel Richtung Westen in Marsch gesetzt.

»Es schneite, und es war kalt. Es war einfach fürchterlich, ein Todesmarsch. Wir hatten keine Decken und trugen nur unsere zerlumpten gestreiften Schlafanzüge. Sie scheuchten uns hin und her. Aber zwei Ereignisse haben mir das Leben gerettet. In Stutthof hatte ich ein Paar Militärstiefel ergattert. Einige Mithäftlinge hatten dort als Schuster gearbeitet und Soldatenstiefel ausgebessert. Einem von ihnen bot ich zwei Brotlaibe, die ich aufgehoben hatte, für ein Paar Stiefel. Natürlich hatten wir auch keine Socken. Ich musste mir die Füße mit Lumpen umwickeln. Das zweite Ereignis fand im Januar 1945 statt, bevor wir nach Westen getrieben wurden. Eines Tages kam die SS und sagte, ein Zug sei entgleist und wir müssten ihn wieder zurück auf die Gleise stellen. Wir wurden häufig für derartige Arbeiten eingesetzt. Als wir zu der Stelle kamen, sahen wir, dass die entgleisten und umgekippten Waggons voll mit Sachen waren, die Flüchtlinge aus Ostpreußen nach Westen hatten schicken wollen. Wir fanden Säcke mit Zucker und Würsten und Kleidern. Mit den Kleidern wussten wir nicht viel anzufangen, denn wir trugen Sträflingskleidung, aber der Zucker und die Würste! Ich schüttete mir eine Menge Zucker in die Stiefel, es müssen wohl an die zwei Pfund gewesen sein. Wenn die SS mich dabei erwischt hätte, wäre ich wahrscheinlich auf der Stelle erschossen worden. Im Lager haben mir dann Mithäftlinge den Zucker zu stehlen versucht – wie Hunde, die sich gegenseitig zerfleischen –, aber es gelang mir, meine Beute zu schützen. Während des Marsches habe ich morgens immer einen Löffel voll Zucker genommen, abends einen weiteren. Später, als mein Vorrat zur Neige ging, nahm ich nur noch einen Löffel am Tag. Als wir befreit wurden, hatte ich noch immer etwas davon übrig. Ich wünschte, ich hätte den Rest aufgehoben, denn dieser Zucker hat mir das Leben gerettet. Er und die Stiefel, denn mit ihnen konnte ich gut durch den Schnee gehen, das machte einen großen Unterschied.

Sie trieben uns drei Tage lang durch den Polnischen Korridor nach Pommern, in diesem sehr harten Winter. Wir bekamen nichts zu essen. Nachts schliefen wir auf den Fußböden von Kirchen. Unsere Bewacher waren Ukrainer. Sie trugen schwarze Uniformen, schossen gern umher und waren einfach schrecklich. Schließlich gelangten wir an einen Ort namens Rieben in Westpreußen, offensichtlich ein Arbeitslager für Polen. Auch dort bekamen wir nur wenig zu essen. Nach sechs Wochen lebte von ursprünglich 600 Leuten nur noch knapp die Hälfte. Der Kommandant Meisel sagte nur: ›Sind noch immer so viele Juden da?‹

Doch wir spürten, dass etwas bevorstand. Es war Anfang März 1945. Die Ukrainer fühlten sich stark, heldenhaft, so lange sie die deutsche Uniform anhatten, die ihnen Sicherheit gab, aber als sie auf sich allein gestellt waren, wussten sie nicht, was sie tun sollten. Wir saßen nur herum, und hin und wieder schickten sie uns hinaus zum Arbeiten. Aber einige Häftlinge sahen, dass die Ukrainer unter ihren Uniformen Zivilkleidung trugen, und deshalb wussten wir, dass das Ende nahe war.

Doch unsere Lage, darauf muss ich hinweisen, verschlechterte sich immer mehr. Später wurde ich manchmal gefragt: ›Ab wann ist es besser geworden?‹ Es wurde überhaupt nicht besser. Das Elend wurde sogar immer schlimmer, und die Befreiung kam dann wie ein Blitz aus heiterem Himmel. Überall lagen Leichen herum, die Leute aßen Baumrinde, Gras, einfach alles. Eine Gruppe von Häftlingen sollte die Toten zu einem Hügel auf der anderen Seite des Stacheldrahts tragen, aber im Lauf der Zeit wurden die Häftlinge immer schwächer, und die Zahl der Toten stieg. Sie konnten am Tag zehn, vielleicht zwanzig Leichen hinüberbringen, aber obwohl die Toten sehr leicht waren – buchstäblich nur noch Haut und Knochen –, schafften sie am Ende nicht mehr alle. Deshalb wurden die Toten an einer Mauer in unserer Baracke aufgestapelt.

Unser Essen bestand normalerweise aus einem Teller wässriger Suppe am Tag, und daher war der Jubel groß, als einige Mithäftlinge eines Tages außerhalb des Lagers ein totes Pferd entdeckten. Sie zerrten es ins Lager und begannen Suppe daraus zu machen. Aber die Köche waren Polen. Sie gaben das Fleisch den polnischen Häftlingen in den übrigen Baracken, wir bekamen nur Wasser und Knochen. Manchmal warfen sie einen Knochen in unseren Raum, und dann begannen die jüdischen Häftlinge darum zu raufen wie die Tiere. Ach, die Polen! Sie schauten kurz zu uns herein und freuten sich über das Schauspiel.

Zu diesem Zeitpunkt hätte jemand die Sache in die Hand nehmen sollen, ein Jude. Rein rational betrachtet, muss ich feststellen, jemand hätte den Leuten sagen sollen: ›Unsere Befreiung wird nicht mehr lange auf sich warten lassen. Wir können also durchaus zu Kannibalen werden. Warum denn nicht? Diese Leute sind ohnehin tot. Warum sollen auch noch die anderen sterben? Die Toten sind Fleisch. Sie verfaulen sowieso in ein paar Wochen.‹ Ich habe gehört, dass einige Häftlinge auch das Fleisch von Toten gegessen haben. Ich nicht, aber ich muss Ihnen sagen, es hätte mir nichts ausgemacht. Ich glaube, wenn es organisiert worden wäre, wenn jemand den ersten Schritt getan und sich zum Anführer aufgeschwungen hätte, dann hätten wir in diesen letzten Wochen bis zu 50 Leute aus unserer Gruppe retten können. Gewiss, es ist keine sehr schöne Vorstellung, aber man muss ja nicht unbedingt wissen, was man isst. Wir haben ein totes Pferd gegessen, das wir am

Straßenrand fanden, und haben uns nicht darum gekümmert, dass es ein Pferd war. Es war einfach ein Nahrungsmittel. Aber es gab keine Anführer, nur Chaos.

Wie auch immer, am 8. März 1945, einen Tag vor meinem 17. Geburtstag, begriffen wir, dass sich die Situation zugespitzt hatte. Der Kommandant Meisel, ein ziemlich dicker Mann, kam in unsere Baracke und hielt eine Ansprache. Er sagte uns, dass die Russen wütend werden würden, wenn sie erführen, dass wir, die Juden, für die SS gearbeitet hatten, und schlug uns deshalb vor, ihm nach Westen zu folgen. Am nächsten Morgen kam er auf einem Pferd angeritten, und ungefähr 100 Häftlinge schlossen sich ihm an. Sie taten es gewissermaßen freiwillig. Sie konnten sich zwar kaum mehr auf den Beinen halten, hatten sich aber entschlossen, mit Meisel und den Ukrainern zu gehen. Stellen Sie sich vor, in welchem Tempo sie vorankamen. Diese Leute konnten kaum gehen, aber nur auf diese Weise konnte Meisel seine Haut retten! Er war dermaßen verwirrt, dass er nicht mehr wusste, was er tun sollte.

Erst Jahre später begriff ich, was ihm durch den Kopf gegangen sein musste, denn auch viele andere SS-Einsatzkommandos handelten so. Im Grunde waren sie feige. Sie glaubten, solange sie Juden unter sich hatten, würden sie eine Mission, einen Auftrag erfüllen. In Rieben besaß Meisel noch ein Pferd. Damit hätte er am Tag 150 Kilometer zurücklegen und dadurch die Russen auf Distanz halten können. Aber als deutscher Offizier wäre er natürlich von Militärposten aufgehalten worden, die ihn aufgefordert hätten: ›Komm, schließ dich uns an, kämpfen wir für unser Vaterland.‹ Aber solange er Juden bei sich hatte, brauchte er das nicht zu tun – er hatte seine ›Befehle‹, seine ›Mission‹. Die SS-Leute zerrten immer die paar Juden mit sich, die ihnen noch verblieben waren. Meisel brauchte die Juden, um sicheres Geleit durch die eigenen Linien zu bekommen. Er wollte nicht kämpfen!

Nach dem Krieg haben mir Leute erzählt, dass die Russen diese Gruppe ein oder zwei Tage später einholten. Die Häftlinge sagten den Sowjets, wer Meisel war, und die hängten ihn an einem Baum auf.

Ich und meine Freunde haben unsere Chance genutzt und sind nicht mit Meisel gegangen. Es war durchaus ein Risiko. Sie hätten alle, die bleiben wollten, erschießen können, aber das haben sie zum Glück nicht getan. Nach einer Weile begriffen wir, dass wir nicht mehr bewacht wurden: Alle waren weg – die SS-Leute und ihre ukrainischen Wächter, sie alle waren verschwunden. Am nächsten Morgen hörten wir aufgeregte Rufe. ›Die Russen kommen!‹ Und dann erschienen diese fünf Kundschafter, zwei Frauen und drei Männer. Sie standen da, betrachteten die Leichen, die an der Wand aufgestapelt waren, und dann die Überlebenden. Der Geruch muss entsetzlich gewesen sein für sie. Wir hatten uns daran gewöhnt. Doch die beiden russischen Frauen begannen zu schreien. Sie konnten den Gestank nicht ertragen. Sie sagten etwas wie: ›Schnell raus hier! Es stinkt! Es ist fürchterlich! Ihr seid alle frei – geht!‹

Das war für uns die Erlösung. Stellen Sie sich vor, Sie schmoren in der Hölle, da kommen ein paar Engel und sagen: ›Du gehörst nicht hierher. Du darfst gehen.‹

Einige Mithäftlinge machten bald das Lagerhaus ausfindig, das die SS und die ukrainischen Wachen zurückgelassen hatten, und brachten uns Nahrungsmittel. Einige der älteren Häftlinge, die um die dreißig waren, sagten: ›Esst nur kleine Bissen. Schlingt das Essen nicht hinunter, denn eure Mägen können keine großen Mengen verdauen.‹ Das war der beste Ratschlag, den wir unter diesen Umständen erhalten konnten. Einige Mithäftlinge, die zu viel hinuntergeschlungen hatten, starben dann auch. Wir aber teilten uns das Essen ein.

Die Russen waren natürlich nicht so gut organisiert wie die Amerikaner. Sie forderten uns einfach nur auf ›Los, raus hier, schnell!‹. Und dann begannen alle, die noch laufen konnten, das Lager zu verlassen. Aber wohin konnten wir gehen? In die unterschiedlichsten Richtungen! Ich und meine Freunde blieben zusammen und gelangten schließlich zu einem deutschen Bauernhof. Auf einem Hügel stand ein Haus, daneben lag eine Scheune, daran schlossen sich üppige Wiesen an. Und es war ein sehr interessantes Gefühl, denn die Deutschen hatten Angst vor uns. Da kamen wir in unseren gestreiften Sträflingskleidern, wir waren so schwach, dass wir kaum gehen konnten, und sie fürchteten sich vor uns. Sie fragten, was wir brauchten. Wir verlangten nach warmem Wasser, um uns zu waschen. Können Sie sich vorstellen, dass dieses deutsche Kind hinausging, um für uns Wasser zu holen, es dann warm machte und uns etwas zu essen brachte? Wir schauten uns an und konnten kaum glauben, wie radikal sich unser Leben verändert hatte.

Als wir am nächsten Morgen aufwachten und aus dem Haus traten, war überall russisches Militär: Panzer, Artilleriegeschütze und Lastwagen. Nach einer Weile erschienen ein paar deutsche Flugzeuge und versuchten die Russen zu bombardieren, deshalb versteckten wir uns wieder. Ich dachte: Haben wir das alles überlebt, um jetzt durch Bomben zu sterben? Als wir vor dem Haus standen, steckte ein junger Mann den Kopf aus der Scheune und sagte zu uns: ›He, bringt mich hier raus! Ich gebe euch viel Geld!‹ Wissen Sie, wer das war? Der stellvertretende Kommandant unseres Lagers, ein SS-Mann, der vielleicht 19 Jahre alt war und jetzt Zivilkleidung trug. Noch einige Tage zuvor hatte er uns zu einem nahe gelegenen Badehaus geführt, weil er gerade nichts zu tun hatte. Wir hatten seit vielen Monaten nicht mehr gebadet. Wir waren ungefähr 50 bis 100 Leute, alles Jugendliche. Und auf dem Rückweg hat ihm missfallen, wie sich einer von uns beim Gehen bewegte, und hat ihn kurzerhand erschossen. Stellen Sie sich das vor! Und jetzt verspricht er uns viel Geld! Wir sagten zu ihm: ›Warten Sie einen Moment.‹ Dann erzählten wir einem sowjetischen Offizier, der gerade vorbeikam: ›Hier ist ein SS-Mann. Er hat erst vor ein paar Tagen einen Jungen erschossen.‹ Der Russe ging zur Scheune und forderte den Mann auf, herauszukommen. Er fragte ihn nach seinen Papieren, und nachdem er diese überprüft hatte, warf er sie auf den Boden und erschoss den SS-Mann an Ort und Stelle. So muss man solche Leute behandeln! Ein amerikanischer Offizier hätte ein Riesentheater veranstaltet, hätte ihn einsperren lassen, ihn wie ein menschliches Wesen behandelt, ihm zu essen gegeben und am Ende vielleicht laufen lassen.

Interessant dabei war, dass wir, obwohl wir nichts besaßen, hernach nicht zu ihm liefen, um uns seinen Anzug oder seine Schuhe zu schnappen oder nachzusehen, ob er Geld bei sich hatte. Wir schauten nicht einmal hinter das Scheunentor, um nach seinem Koffer zu sehen. Wir hatten genug von Toten. Wir ließen ihn einfach liegen und gingen weg.

Wir zogen also über die Straße, und die Deutschen, auf die wir trafen, waren starr vor Schreck. So etwas hatte ich noch nie erlebt. Sie sagten: ›Bitte, bringt uns nicht um. Bringt uns nicht um.‹ Einige sprangen von ihren Karren herab, sobald sie uns in unseren Sträflingsanzügen sahen, und liefen weg. Wahrscheinlich hielten sie uns für Gespenster. Wir übernahmen dann ihre Wagen. Nach einiger Zeit besaßen wir vier davon und zogen weiter in dieselbe Richtung, in die auch die Wagen unterwegs gewesen waren. Und immer wieder hielten wir an, um Nahrungsmittel aufzusammeln. Das war die Hauptsorge, die uns beschäftigte.«

Kierszkowski und seine Gruppe richteten sich in einem leeren Haus an der Hauptstraße von Lauenburg ein. Einige Tage später stießen jüdische Mädchen zu ihnen, die aus anderen Lagern befreit worden waren. Nachdem sie sich einige Monate erholt hatten, machten sie sich auf den Rückweg nach Polen. Da man sie irrtümlich für befreite russische Kriegsgefangene hielt – ein Status, der in der paranoiden stalinistischen Vorstellungswelt leicht dazu führen konnte, dass die Betreffenden erschossen oder nach Sibirien deportiert wurden –, nahm sie der sowjetische NKWD in Gewahrsam.[345] Inmitten der Wirren in diesem Frühherbst gelang Kierszkowski die Flucht, und er ging nach Berlin.

*

An den Ufern des Frischen Haffs, zwischen Königsberg und Elbing, sahen die Menschen ihre einzige Fluchtmöglichkeit darin, sich über die halb zugefrorene Bucht zur Frischen Nehrung, der schmalen, langgestreckten Sandbank vor der Küste durchzuschlagen und von dort nach Danzig weiterzuziehen. In deutschen Quellen finden sich nur ungenaue Angaben über die Zahl der Menschen, die sich auf diesem gefährlichen Weg in Sicherheit zu bringen versuchten, doch realistische Schätzungen gehen von mehr als einer Million aus. Ferner vermutet man, dass rund die Hälfte der Flüchtlinge, die sich zu Fuß auf den Weg machten, nicht auf die andere Seite durchkam. Treibende Eisberge, die durch sowjetisches Artilleriefeuer in Stücke geschossen worden waren, die dünne Eisdecke mit trügerischen, nicht tragfähigen Stellen sowie kleine Flutwellen, die aufgepeitscht wurden durch die heftigen Winterwinde, wurden vielen Flüchtenden und Schlittengespannen mit Kindern oder Verletzten zum Verhängnis. Berichte von Überlebenden sind erfüllt von Bildern des Schreckens. Brüder, Schwestern oder Tanten verschwanden plötzlich durch das Eis und fanden einen grauenhaften Tod in der Tiefe, Leichen von Tieren und Menschen waren über die zerklüftete Eisdecke verstreut, Mütter schrieen vor Schmerzen, als sie im Freien ihre Kinder zur Welt brachten. Die Überlebenden warfen hier einen Blick in die Hölle, den sie nie mehr vergessen sollten. Die Toten blieben drei Monate lang offen liegen, denn erst als im Frühling Tauwetter einsetzte, konnten die aufgedunsenen Leichen unter den Wasserspiegel sinken. Einige tauchten nie wieder auf, andere wurden haufenweise an Land gespült.

In Danzig verstopften mehr als eineinhalb Millionen Flüchtlinge und verwundete Soldaten die Stadt. Viele von ihnen waren unwillkommen. »Als sie erfuhren, dass wir aus den alten deutschen Gebieten stammten, beschimpften sie uns als Nazis und gaben uns an allem die Schuld«, erinnert sich einer davon.[346] Ein anderer Flüchtling schrieb später:

»Kurz bevor ich Danzig verließ, stellte ich mich vor einem Metzgerladen an, um meine Ration Fleisch abzuholen. Dort sah ich einen Reichsdeutschen, der sich von einer Verkäuferin Wurst geben ließ. Er schaute ihr eine Weile dabei zu, wie sie sorgfältig Scheibe für Scheibe abschnitt und genau zählte, dann verlor er die Geduld. ›Komm, sei nicht so knauserig. Vergiss nicht, wir Reichsdeutsche haben euch Danziger 1939 aus dem Dreck gezogen.‹ Die Frau deutete mit dem Messer auf die Wurst und erwiderte: ›Reichsdeutscher, ich hätte dir drei ganze Würste gegeben, wenn ihr uns damals in unserem Dreck stecken gelassen hättet.‹«

Tausende dieser Flüchtlinge starben, als russische U-Boote, die vor Danzig patroullierten, Schiffe des Roten Kreuzes torpedierten, die sie nach Westen bringen wollten. Auch die britische Luftwaffe griff ein und bombardierte willkürlich Schiffe. »Im Westen sieht man häufig Ausschnitte aus Wochenschauen, in denen Stukas Zivilisten zusammenschießen, die 1939 vor der Front flohen«, erzählte mir ein älterer Deutscher. »Aber man kriegt kein Filmmaterial aus dem Danzig von 1945 zu sehen, obwohl dort damals fast dasselbe geschah. Ich weiß, Sie glauben, wir hätten das verdient, aber Elend ist immer Elend, und ich wünschte, der Westen würde mehr darüber wissen, was wir in dieser Zeit zu erleiden hatten.«

*

Die letzte und zweifellos tapferste militärische Tat der deutschen Wehrmacht im Zweiten Weltkrieg war die Aufrechterhaltung eines Korridors in Norddeutschland, durch den die Flüchtlingsscharen aus Ostpreußen über die Elbe nach Westen geschleust wurden. Hitler war mittlerweile tot, die Strukturen des Oberkommandos waren weitgehend zusammengebrochen, und die britischen und amerikanischen Truppen, die in Richtung Berlin vorrückten, trafen auf keinen nennenswerten Widerstand mehr. Lediglich einige fanatische Offiziere, meist Angehörige niedriger Dienstgrade, kämpften in einigen Orten mit ihren Männern noch weiter gegen die Russen. Auf dem großen Gut Warchentin, zwei Autostunden von der Elbe entfernt, beobachtete der 14-jährige Otto Grote fasziniert die Flüchtlingstrecks.

»Die Russen rückten schneller näher, als die Leute vorankamen, aber schon im Januar 1945 sahen wir diese Planwägen durch unser Dorf ziehen, Leute, die schon sehr früh in Ostpreußen aufgebrochen waren. Es schneite wie verrückt, und es war ein unbeschreiblicher Anblick, diese erste Welle von Karren, jeder von zwei Pferden gezogen, die meist in ziemlich schlechtem Zustand waren. Diese Leute besaßen wirklich nichts mehr außer den Kleidern, die sie am Leibe trugen.

Am besten sahen merkwürdigerweise die politischen Häftlinge aus, die die Deutschen mit sich führten. Auf den Gutshöfen gab es viele große Scheunen, die alle requiriert worden waren. Darin brachten sie diese Gefangenen unter, bei denen es sich überwiegend um englische oder amerikanische Flieger handelte, die abgeschossen worden waren. Sie hatten diese Rot-Kreuz-Pakete aus der Schweiz, deshalb ging es ihnen relativ gut. Meine Mutter, die nicht mit ihnen gesehen werden durfte, schickte mich in der Dunkelheit hinaus, um mit ihnen Tauschgeschäfte abzuwickeln, denn sie hatten kein frisches Brot, wir aber schon. Dieses Brot schmeckte zwar nicht besonders gut, denn es bestand zu 25 Prozent aus Kartoffelmehl, aber ich tauschte es gegen Kaffee oder Zigaretten.«

»Wurden diese Männer bewacht?«, frage ich.

»Kaum. Sie wussten selbst, dass sie wegkommen mussten. Alle bewegten sich in dieselbe Richtung, nach Westen, und wie die Geschichte gezeigt hat, haben die Russen viele dieser gefangenen Piloten für immer behalten. Sie wurden daher nur wenig bewacht, angespannter war die Situation dagegen für uns und für die Flüchtlinge. In den Dörfern hatten noch immer die örtlichen Nazis das Sagen, und es herrschte Standgerichtsbarkeit. Wenn man auch nur den Mund aufmachte, konnte man kurz darauf tot sein. Eines Abends versteckte ich mich vor unserem Haus in einem Gebüsch, weil meine Mutter mich wieder hinausgeschickt hatte. Damals hatten wir noch keinen elektrischen Strom, deshalb war es zappenduster. In meinem Versteck hörte ich, wie der Ortsgruppenleiter, der bei uns auf dem Gut arbeitete, zu seinen Leuten sagte: ›Wir gehen jetzt mit gezogenen Pistolen hinein und schauen nach, ob die Gräfin etwas weggebracht hat, und wenn ja, dann hat sie gegen die Vorschriften verstoßen, und wir erschießen sie auf der Stelle.‹ So waren damals die Verhältnisse! Wenn man dabei erwischt wurde, wie man Sachen zusammenpackte, konnte man hingerichtet werden. Das nannten sie ›Treckverbot‹ – der Begriff ›Treck‹ stammt von den Buren in Südafrika.

Am seltsamsten war es, dass wir Kinder so viel Macht besaßen. Wir waren gefährlich. Man sagte uns, der Sieg sei nur noch eine Frage der Zeit. Es war die Rede von Geheimwaffen und anderen Wunderdingen. Aber zunächst hatten wir es mit dieser Flut von Flüchtlingen zu tun. Keiner sagte einem etwas, man war völlig auf sich allein gestellt und musste selbst herausfinden, was vor sich ging. Und die Erwachsenen nahmen sich kaum die Zeit, uns Kindern die Situation zu erklären. Wir waren alle im Jungvolk – dem musste jeder bis zum 14. Lebensjahr angehören – und konnten Leute ans Messer liefern, wenn wir wollten. Wenn wir zum Beispiel unserem Scharführer sagten ›He, dieser Alte da oben hat gesagt, der Krieg ist verloren‹, dann wurde der Betreffende abgeholt. Wir waren schließlich die einzigen Männer, die noch übrig geblieben waren. Man kann sich gar nicht vorstellen, welche Macht uns das verlieh.

Ab Februar oder Anfang März konnte man abends am Horizont einen kleinen roten Schimmer sehen. Mann, das war wirklich beängstigend. Und es war deprimierend. Dieser rote Schimmer wurde von Tag zu Tag größer, und schließlich reichte er bis zu uns und war riesengroß, wie eine Käseglocke, die man über einen Teller mit Käse stülpt. Es musste einem einfach Angst machen, wie der rote Schein immer näher kam und am Himmel immer höher stieg. Nun sah man auch gelbe und weiße Lichter dazwischen aufblitzen, konnte aber noch immer nichts hören. Nie habe ich etwas Furchterregenderes erlebt als diesen langsamen Tod, der auf uns zukroch, und wir wussten alle verdammt genau, was es war.

Ab der zweiten Märzhälfte hörte man auch den Geschützlärm von der Front, im April war er schon ziemlich laut. Das war das letzte Gefecht der Wehrmacht, die den Fluchtkorridor nach Westen noch immer offen zu halten versuchte. Die nächste größere Stadt östlich von uns, zwischen uns und der Oder, war ein Ort namens Neubrandenburg. Eine wunderschöne alte gotische Stadt, die noch viele Kirchen besaß und eine alte Stadtmauer, die Heinrich der Löwe im 12. Jahrhundert hatte errichten lassen. Dort hatten die Überreste der Leibstandarte Adolf Hitler eine Verteidigungsstellung aufgebaut. Die Leibstandarte war wahrscheinlich die letzte Eliteeinheit der deutschen Armee. Sie hielt sich dort noch längere Zeit, denn Neubrandenburg besaß eine Schlüsselstellung auf dem Weg zur Elbe. Es gab nur zwei Straßen nach Westen, die man beide von dieser Stadt aus kontrollieren konnte. Daher waren diese Straßen vollkommen mit Armee-Einheiten verstopft, zu denen sich später noch zurückflutende Flüchtlingstrecks gesellten. Es herrschte ein absolutes Chaos, aber die Soldaten der Leibstandarte hielten, glaube ich, drei Wochen lang dort aus, bis alles vorbei war.

Dann erhielt ich einen Telefonanruf, was einfach unglaublich war. Schließlich war ich nur ein Junge aus dem Jungvolk, aber ich wurde wirklich ans Telefon gerufen! Das war das erste Mal, wie ich mich erinnere, dass ich ein Telefon benutzte. Heute ist das absolut nichts Ungewöhnliches mehr, aber damals war das für mich eine große Sache. Es war das örtliche Parteibüro, und man teilte mir folgendes mit: Wir möchten, dass du in den Aktenschränken alle Papiere des Jungvolks verbrennst, und zwar sofort, verbrenn sie sofort, und zweitens möchten wir, dass jeder, der gehen kann und gesund ist, nach Malchin kommt. Malchin war der Sitz des Grafen und sollte von den Resten der Leibstandarte und von uns, den Jungen, verteidigt werden. Darüber hat das kommunistische Regime nie ein Wort verloren, aber es waren hunderte, wenn nicht tausende von Jugendlichen, die in Malchin starben, das, wie ich glaube, noch drei Tage lang gehalten wurde. Die Verteidiger wurden entweder im Kampf von den Russen getötet oder gefangen genommen und anschließend erschossen. Niemand weiß, wo sie alle verscharrt sind.

Aber im Laufe der Zeit gelang es Abertausenden von Flüchtlingen, zu entkommen, weil sich die Soldaten der Leibstandarte und der Waffen-SS in ein Selbstmordunternehmen verrannt hatten. Sie wussten ja, dass sie entweder in einem russischen Gefangenenlager oder im Gefecht sterben würden, und ich vermute, sie zogen es vor, im Kampf zu fallen: heldenhafter Untergang, Götterdämmerung und all dieser Kram. Ich habe das damals ähnlich empfunden und wäre, ehrlich gesagt, auch gern mit ihnen gegangen.

Das gehört zu jenen Dingen, die ein Ausländer, der über Deutschland schreibt, nur schwer verstehen wird. Als Kinder, als Mitglieder des Jungvolks hatte man uns von klein auf beigebracht, dass wir einmal für Deutschland sterben würden. Heute würde man dazu sagen: Mein Gott, diese Kinder haben ja die reinste Gehirnwäsche durchgemacht! Und das stimmt auch, die Gehirnwäsche war so erfolgreich, dass wir das Sterben als etwas Normales akzeptierten. Oft habe ich mir gedacht, dass nicht nur die Juden in Konzentrationslagern waren; rückblickend kommt es mir vor, als habe ganz Deutschland in einem Konzentrationslager gesteckt. Wir wurden genauso abgeschlachtet wie die Juden. Nur wenige Männer aus unserem kleinen Dorf kehrten von der Ostfront zurück. Die Ghettos der Juden verschwanden, und auch unser Dorf. Das Sterben war allgegenwärtig. Nehmen Sie die Einstellung Hitlers. Er sagte: ›Ich bin der größte Führer, den Deutschland jemals hervorgebracht hat, und wenn ich scheitere, dann werde ich zur Strafe ganz Deutschland mit in den Abgrund reißen.‹ Die allgemeine Haltung der Bevölkerung erinnert mich an jene amerikanische Sekte, die sich in Jonestown in Guyana gemeinschaftlich vergiftet hat. Hitler hat in Deutschland etwas vollbracht, was noch in keiner anderen Gesellschaft gelungen war, nämlich dass die Leute bereit waren, kollektiv Selbstmord zu begehen. Das ist im Rückblick schwer zu verstehen, aber fragen Sie sich selbst: War Hitler verrückt? Hat er kraft seiner Persönlichkeit Deutschland in den Wahnsinn getrieben? In dieser Vermutung steckt zweifellos ein Körnchen Wahrheit.

Nun, meine Mutter war eine sehr energische Persönlichkeit, und sie wusste, was ich dachte. Ich bin sicher, sie hat mir irgendein Mittel gegeben, denn ich war anschließend ein paar Tage krank. Ich konnte nicht aufstehen und bin deshalb nicht nach Malchin gekommen, Gott sei Dank. Sie wollte mich daran hindern, etwas Törichtes zu tun, wollte mich weiter unter Kontrolle halten.

Meine Mutter, müssen Sie wissen, war Amerikanerin, sie stammte aus Boston. Sie sah außerordentlich gut aus und hatte immer viele Verehrer, auch noch nach ihrer Heirat. Meinen Vater lernte sie 1929 kennen. Damals reiste sie gerade mit einem reichen Börsenmakler rund um die Welt. Er muss wesentlich älter gewesen sein als sie – den »Freund unserer Mutter« nannten wir ihn. Im Oktober dieses Jahres hatte er noch Geld, im November war es weg. Und Geld bedeutete meiner Mutter sehr viel. Nun, auf einer Cocktail-Party begegnete sie dann meinem Vater, und er begann sich für sie zu interessieren. Sein Reichtum und seine gesellschaftliche Position reizten sie, und sie heiratete ihn. Aber die Landschaft und das unglaublich schreckliche Wetter hier dürften sie häufig zu dem Stoßseufzer getrieben haben: ›Mein Gott, wie konnte ich mich nur darauf einlassen!‹ Aber Gut Warchentin war sehr groß, hatte ungefähr 70 Zimmer und umfasste 3000 Hektar Grund. Auch vier Dörfer gehörten dazu. 1945 aber dachte meine Mutter nur noch an eines. Nachdem mein Vater in Russland gefallen war, wurde sie die Erbin dieses riesigen Gutes, und sie sagte: ›Diese verdammten Amerikaner sind jetzt an der Elbe, aber sie können nicht an einem Tag hier sein. Wir dürfen deshalb nichts überstürzen, denn in dem Augenblick, in dem ich weg bin, ist alles verloren.‹ Das wiederholte sie wochenlang und harrte einfach aus. Und schließlich gab es ja auch noch das ›Treckverbot‹.

Aber dann kam eines Tages ein großer Wagen in den Gutshof gefahren, sehr schnell. Die Hühner konnten kaum noch rechtzeitig zur Seite springen. Man hörte den Kies knirschen, als er um die Kurve bog, dann kam er mit quietschenden Reifen zum Stehen, fast wie im Film. Aus dem Wagen stieg ein hochrangiger SS-Offizier aus, er hieß Mazuw, und sagte zu meiner Mutter: ›Frau Gräfin, wenn Sie nicht innerhalb der nächsten zwölf Stunden mit Ihren Kindern von hier verschwinden, werden Sie alle sterben. Warum sind Sie denn immer noch da?‹ Meine Mutter erwiderte: ›Ich habe keinen Anlass, mir Sorgen zu machen. Ich werde die Schweizer Fahne auf dem einen Turm hissen und die amerikanische auf dem anderen. Außerdem habe ich alle möglichen schweizerischen und amerikanischen Ausweispapiere. Deshalb werden sie mir nichts tun.‹ Der Offizier erwiderte darauf wahrscheinlich: ›Machen Sie Witze? Russische Frontsoldaten sind im Anmarsch. Die können weder lesen noch schreiben. Auch diese Flaggen kennen sie nicht. Wenn Sie eine Flagge schwenken, die nicht die ihre ist, werden sie Sie in Stücke reißen, aber erst, wenn sie mit Ihnen fertig sind.‹ Darauf erwiderte meine Mutter entsetzt: ›Um Gottes willen, wir müssen sehen, dass wir so schnell wie möglich wegkommen.‹

Die schreckliche Vorstellung, dass wild gewordene Russen über sie herfallen würden, diesen Anstoß hatte sie noch gebraucht. Wissen Sie, Goebbels hätte einen sehr guten Werbetexter abgegeben. Niemand konnte ein Bild besser umsetzen als er. Als ich zwölf Jahre alt war – damals war gerade die deutsche Armee in Stalingrad untergegangen –, ließ er diese Plakate herausbringen, die über und über rot waren: Der Feuersturm kommt, die mongolische Flutwelle ist im Anrollen. Man musste dieses Plakat nur ansehen, und schon bekam man Angst. Dadurch sollte unser Widerstandswille gestärkt werden. Die Nazis wollten uns mitteilen: Wenn ihr euch den Russen ergebt, werden sie euch alle kastrieren. Und das funktionierte auch. Das Gefühl der Bedrohung war von der deutschen Propaganda jahrelang sorgfältig gepflegt worden, und ich kann Ihnen versichern, dass die Leute in unserem kleinen Dorf das auch wirklich glaubten. Man hatte große Angst davor, was nach dem Einmarsch der Russen passieren würde.

Später habe ich übrigens herausgefunden, weshalb dieser Mazuw bei uns auftauchte. Nach dem Krieg heiratete meine Mutter einen Offizier, der in Eisenhowers Stab nach Deutschland gekommen war und den sie in Berlin als Diplomaten kennen gelernt hatte. Während der Entnazifizierungsverfahren erhielt sie eine Menge Briefe mit Bitten um Hilfe oder eine entlastende Aussage, aber Mazuw war der einzige, auf dessen Schreiben sie antwortete. Wahrscheinlich hatte er sich gesagt: ›Es kann nicht schaden, eine amerikanische Freundin zu haben. Vielleicht könnte mir das später einmal helfen.‹ Und das tat es ja schließlich auch.

Nun, bei uns in Warchentin waren Reste der berühmten 6. Panzerdivision stationiert. Das waren jene Truppen – sie standen entweder unter dem Befehl von Rommel oder von Guderian –, die 1940 in Frankreich den Durchbruch zur Maas anführten, eine Elitedivision. Sie waren nach Königsberg verlegt worden, um Ostpreußen zu verteidigen, und da nur so wenige von ihnen überlebt hatten, durften sie sich nicht mehr die Schwarze Division nennen. Ihnen waren nur noch ein paar Kübelwagen, einige Lastwagen und Gewehre geblieben. Unter ihnen gab es zwei Leutnants, die meine Mutter mochten oder die sie mochte – mit Männern konnte meine Mutter alles machen, was sie wollte, sie brauchte nur mit den Fingern zu schnippen –, und diese beiden überredete sie, uns wegzubringen. Einer von ihnen fuhr einen Lastwagen, der andere beförderte uns beide in einem Auto. Wir waren die Letzten, die aufbrachen. Es war Sonntag, der 29. April, nur wenige Tage vor dem Waffenstillstand am 8. Mai. Die Straßen waren völlig verstopft, alle Leute waren unterwegs. Die Partei konnte nicht mehr für Recht und Ordnung sorgen, allenfalls noch die SS auf den Straßen. Und die hatte auf der einzigen Straße, die über den Fluss führte, eine Sperre errichtet.

Ich kann Ihnen sagen, das war das einzige Mal in meinem Leben, dass ich wirklich Angst hatte. Vorn saßen dieser junge Leutnant und auf dem Beifahrersitz meine Mutter, ich saß hinten, und der ganze Wagen war voll gepackt mit unterschiedlichsten Dingen. Ich war so eingezwängt, dass ich mich fast nicht bewegen konnte, und plötzlich spürte ich, dass mein linkes Bein eiskalt war. ›Was ist denn mit meinem Bein los?‹, fragte ich mich besorgt. ›Dieses verdammte Bein ist gelähmt.‹ Ich wusste nicht, was mit dem Bein geschehen war. Wie sich dann herausstellte, hatte ich es unabsichtlich in einen dieser Tontöpfe mit Schweineschmalz gesteckt, die wir bei unserer Flucht mitgenommen hatten, und es war eingeschlafen.

Wir kamen nun zu der Straßensperre, und da standen die SS-Leute mit ihren Maschinengewehren. Einige gepanzerte Fahrzeuge hatten sie quer über die Straße gestellt und darauf die MGs aufgepflanzt. Sie schauten uns an, sahen meine Mutter und sagten: ›Da rüber!‹ Ich dachte zuerst, sie würden den Wagen beschlagnahmen, aber nein, sie wollten nur unsere Papiere sehen. Nun war meine Mutter immer sehr gelassen – sie hatte immer alles unter Kontrolle. Sie war sehr dominant. Aber als ich ihren Gesichtsausdruck sah, wie sie dem Wachposten hektisch die Papiere reichte und erklärte, woher sie sie hatte, da merkte ich, dass das überhaupt keinen Eindruck auf diesen Mann machte. Und ich dachte: ›Oh, verdammt, das ist schlecht für uns.‹ Plötzlich wurde mir klar, dass es hier um Leben oder Tod ging. Da fiel mir ein: ›Ich habe ja noch meinen Jungvolk-Ausweis. Vielleicht kann ich mithelfen, die Stadt zusammen mit den anderen zu verteidigen, und sie erschießen meine Mutter und mich vielleicht nicht.‹ Meine Mutter dachte nur: ›Wenn ich nur über diesen Fluss komme, auf die andere Seite.‹ Und dann geschah das Wunder.

Hinter uns entstand ein großer Aufruhr. Eine Gruppe deutscher Soldaten, die aus Russland kamen und mit einem riesigen Halbkettenfahrzeug unterwegs waren, mit dem normalerweise Geschütze gezogen wurden, stürmten auf die Straßensperre zu und walzten die SS-Leute nieder. Überall lagen Leichen auf der Straße. In dem Durcheinander liefen alle, die angehalten worden waren, zu ihren Fahrzeugen und machten sich aus dem Staub, und wir taten das natürlich auch.

Das Seltsamste, an das ich mich erinnere, ereignete sich am Schluss. Die Deutschen hatten ihre letzten großen Kriegsschiffe mit den schweren Geschützen in die Flussmündungen verlegt, um die Straßen zu beschießen, auf denen die Russen vorrückten. Auf dem Weg nach Westen konnte man diese heftigen Detonationen hören, das Feuer der Artillerie, die von der Küste ins Landesinnere schoss. Ich habe die Schiffe nicht gesehen, sie müssen 25 bis 30 Kilometer entfernt gewesen sein, aber man hörte die ganze Zeit diese gewaltigen Explosionen. Das war schon ziemlich unheimlich.«

17. Kapitel

Im Westen: Die Überlebenden

> Mir fällt es schwer zu sagen, was Deutschland heute ist. Es ist ein Land ohne Regierung, ohne feste Grenzen. Deutschland hat kein Militär, es ist in Besatzungszonen aufgeteilt. Betrachten wir dies, und definieren wir, was Deutschland ist. Es ist ein zerbrochenes Land.
>
> Josef Stalin, Potsdam, 18. Juli 1945[347]

Katharina von Negenborn zeigt mir eine Obstschale aus Porzellan. »Meine Eltern haben dieses Porzellan 1945 im Garten unseres Hauses in Ostpreußen vergraben. Die Polen, die jetzt dort wohnen, haben es wieder ausgegraben, sie sagen, das war 1976. Als ich 1980 den Ort besuchte, haben sie mir angeboten, es ihnen abzukaufen, und das habe ich natürlich getan. Es ist ein sehr eigenartiges Gefühl, es wieder zu besitzen, aber es ist auch wunderschön.«

Aronek Kierszkowski hätte mir auch gern etwas gezeigt, was er gerettet hat, doch er verpasste seine Chance, scheint sich aber auch nicht sonderlich darüber zu grämen. »1945 war ich 17 Jahre alt und musste sehen, wie ich durchkam.«

Kierszkowski setzte 1946 und 1947 mit Hilfe von Privatlehrern seine Gymnasialausbildung fort. Diese Lehrer bezahlte er mit Beuteln von Hafermehl, die er aus seinem Lager mitgenommen hatte. »Wenn man beweisen konnte, dass man KZ-Überlebender war, hatte man Anspruch auf kostenlosen Unterricht zuzüglich 200 Mark Taschengeld im Monat. Nachdem ich eine Prüfung abgelegt hatte, durch die mein Schulabschluss anerkannt wurde, schrieb ich mich im November 1947 an der Technischen Universität München ein. Ich konnte mir damals nur sehr wenig leisten, aß dreimal am Tag Nudeln. Ein Päckchen Zigaretten kostete 110 Mark, also können Sie sich ausrechnen, wie weit man mit 200 Mark im Monat kam. Ich wohnte in einem kleinen Zimmerchen, das ich bei einer deutschen Familie gemietet hatte. Einige Fensterscheiben waren kaputt. Es war ziemlich kalt.

Nun, nach drei Monaten sprach ich mit meiner Vermieterin. Sie war ungefähr 40 Jahre alt, würde ich sagen, und ziemlich unattraktiv, auch ihr Mann sah nicht gut aus. Aber sie hatten eine schöne blonde Tochter, die vielleicht vier Jahre alt war. Also fragte ich sie: ›Wie sind Sie zu diesem Kind gekommen?‹ Sie erzählte mir, dass sie Wärterin im Konzentrationslager Dachau gewesen war. Dort war eine Russin schwanger geworden und hatte ihr Kind nach der Geburt abgeben müssen. Meine Vermieterin hatte es angenommen und es wie ihr eigenes aufgezogen. So erzählte sie es jedenfalls. Komischerweise wusste meine Vermieterin, dass ich Jude war. Das war wirklich eine merkwürdige Verhaltensweise vieler Deutscher. Sie wollte mir zeigen, dass sie eine ›gute‹ Wärterin gewesen war.«

Otto Grote verbrachte die ersten Monate im Westen in Verschlägen und Scheunen. »Nachdem wir die Elbe überquert hatten, kamen wir bei Verwandten unter. Wir sahen die britischen Truppen vorüberziehen. Meine Mutter hatte kein Geld, keine Schweizer Franken oder Dollars, das Geld, das sie noch besaß, war wertlos, damit konnte man nichts mehr kaufen. Ihre Bankkonten in Berlin waren aufgelöst worden. Sie besaß nur noch die wenigen Habseligkeiten, die sie schon vorher in den Westen geschickt hatte, und dafür tauschte sie nun Nahrungsmittel ein.

Wir hatten Pferde und einen Wagen, und im Juni machten wir uns auf den Weg von Norddeutschland zu unseren Verwandten in Schwaben. Wir waren fast fünf oder sechs Monate unterwegs, aber es gefiel mir. Im Freien oder in Scheunen zu schlafen, die Pferde zu versorgen – das war für mich ein wunderbares Abenteuer. Aber meine Mutter hatte die meiste Zeit große Angst. Wie sollte sie auf der Straße fünf Kinder durchbringen?

Ich erinnere mich, dass ich eines Tages meine Mutter mit dem Pferdefuhrwerk zu einem Bauern am Neckar in der Nähe von Stuttgart fuhr. Dort tauschte sie ein schönes Silbertablett gegen Leberwurst ein. Ich liebte Leberwurst, aber können Sie sich das vorstellen? Sie organisierte alles. Zusätzliche Rationen, Kohlen im Winter, einfach alles. Organisieren bedeutete kaufen, stehlen, eintauschen, Nahrungsmittel oder Kleidung beschaffen, wann immer einem etwas davon in die Finger kam. Alles wurde ›organisiert‹ – das war ein klassischer Ausdruck in dieser Zeit.«

Der Panzerveteran landete in französischen und britischen Internierungslagern. »Ich wurde am Rhein von General Pattons Truppen gefangen genommen. Zum Glück verfügten wir über keine schweren Waffen mehr, denn dann hätten wir zum Ende kämpfen müssen. Wir besaßen aber nichts mehr, uns blieb gar nichts anderes übrig, als uns zu ergeben. Zu diesem Zeitpunkt hasste ich bereits den Krieg. Sie rissen mir die Schulterstücke ab, nahmen mir die Armbanduhr weg, meine Medaillen, einfach alles. Normalerweise waren sie auch scharf auf Ledermäntel, aber aus irgendeinem Grund ließen sie mir meinen Mantel, was sich für mich als großer Glücksfall erwies. In einer der Taschen fand ich einen zusammenknüllten Zettel von einem Mädchen aus dem Rheinland, das ich einmal irgendwo kennen gelernt hatte. Darauf stand auch ihre Adresse. Nach dem Krieg besuchte ich sie, und wir heirateten schließlich.

Die ersten Monate verbrachte ich in einem französischen Lager. Darin waren fast 30 000 deutsche Offiziere untergebracht. Die Franzosen behandelten uns schrecklich, fast genauso schlimm wie die Russen. Die Nahrungsmittel, die für uns bestimmt waren, verkauften sie auf dem Schwarzmarkt. Dann kamen englische Offiziere, verteilten Fragebögen an uns und verhörten uns. Der Geheimdienstoffizier, der mit mir sprach, war Jude, soweit ich mich erinnere. Ich überzeugte ihn, dass ich nie ein Nazi gewesen war, dass meine Familie gegen die Nazis eingestellt und dass ich in Stalingrad beim Kampf gegen die Russen verwundet worden war. Er war ein sehr netter Mann, und er glaubte mir.

Dann nahmen sie 90 Mann aus dem Lager heraus, auch ich gehörte dazu, und brachten uns nach Oxford, wo sie uns sehr gut behandelten, das muss ich sagen. Die meisten von uns waren Regiments- oder Bataillonskommandeure gewesen, alle noch ziemlich jung. Sie wollten uns zu Leitern von Kriegsgefangenenlagern ausbilden. Ich wurde in ein Lager nach Bristol geschickt. Ich muss ungefähr ein Jahr dort gewesen sein, und das war eine sehr harte Zeit. Es gab viele Offiziere in diesem Lager, die gegen mich arbeiteten. Ein deutscher Arzt – er stammte aus Ostpreußen, und seine Eltern hatten sich umgebracht, als die Russen kamen – warnte mich: ›Nehmen Sie sich in Acht. Vielleicht bringen sie Sie um. Sie halten Sie für einen Verräter.‹ Die meisten Gefangenen kamen aus der Marine. Auch einige U-Boot-Kommandanten waren darunter, aber die waren der Haft nicht gewachsen. Eine sehr traurige Geschichte.

Als ich entlassen wurde, schlug ich mich nach Osten durch, um meine Eltern in Erfurt zu besuchen. Das Geschäft meines Vaters existierte natürlich nicht mehr, und Leute wie wir … Nun, in Erfurt waren wir nicht willkommen, wie Sie sich wohl denken können. Die Kommunisten hatten meinen Vater zu körperlicher Arbeit gezwungen, aber er war ein Mann, der sich nicht so leicht unterkriegen ließ. Er war zäh. Ich war erst zwei Tage zu Hause, als ein Nachbar kam und sagte: ›Du musst so schnell wie möglich verschwinden. Sie werden dich holen.‹ Wie die Nazis hatten sie in jedem Wohnviertel jemanden, der für sie Spitzeldienste leistete. Meine Eltern brachten mich daraufhin mit meinem Koffer zum Bahnhof. Das war das letzte Mal, dass ich sie sah. Sie haben alles verloren.

So, jetzt sind wir hier, fünfzig Jahre später, und ich habe noch immer Albträume. Meinem Bruder geht es ähnlich, er ist jetzt 86 Jahre alt. Vor ein paar Monaten habe ich bei ihm übernachtet, aber ich musste in der Nacht das Bett verlassen, weil er wild um sich schlug. Ich habe ihn eine Weile beobachtet, dann habe ich ihn aufgeweckt und ihn gefragt: ›Was machst du denn da?‹ Er brauchte ein paar Minuten, bis er zu sich kam, dann haben wir uns über den Krieg und unsere Erlebnisse unterhalten. Sie suchen ihn nachts noch immer heim, in seinen Albträumen, genau wie mich.«

*

In einer Neubausiedlung auf einem Felsen über dem Rhein in der Nähe von Koblenz schreite ich wieder durch einen makellosen Garten, der nicht durch ein einziges Büschel Unkraut verunziert wird und in dem sogar die einzelnen Grashalme in perfekter Harmonie aufgestellt zu sein scheinen. Hinter dem säuberlich gepflegten rechteckigen Blumen- und Gemüsebeet erstreckt sich ein üppiger grüner Rasen, der auf die Sense wartet. »Ich mähe den Rasen noch immer mit der Hand, um ein bisschen Bewegung zu haben«, sagt eine Dame in den Achtzigern, während wir über einen Kiesweg schlendern, der parallel zum Gartenzaun verläuft. »Der Boden hier ist fruchtbarer als auf dem Gut meiner Eltern, das ungefähr vierzig Kilometer westlich von Königsberg lag. Ich bin viermal dort gewesen in den letzten fünf Jahren.« Wir gelangen zu einigen kleinen Fichten. »Diese Bäumchen habe ich auf dem alten Gut ausgegraben, immer eines bei jedem Besuch, und hierher gebracht. Ein Baum wäre mir fast eingegangen, aber ich habe ihn wieder aufgepäppelt. Auch heuer fahre ich wieder hin und werde mir ein Bäumchen holen. Der Russe, der auf dem Gut lebt, ist sehr anständig und hilft mir beim Ausgraben. Die Russen sind ein sehr sentimentales Volk.«

»Und wie ist das mit Ihnen? Sind Sie auch sentimental?«

»Ja, in meinem Herzen bin ich es, obwohl ich Gefühle für mich behalte. Die Deutschen haben die Wiedervereinigung gründlich missverstanden. Sie sagen, jetzt ist Deutschland wieder vereinigt. Das stimmt nicht. Es kann kein historisches Deutschland geben ohne Ostpreußen. Wir haben jetzt ein großes Land, während wir fünfzig Jahre lang zwei kleinere Länder hatten. Das mag das Deutschland der Zukunft sein, aber es ist nicht das Deutschland, in dem ich aufgewachsen bin und an das ich mich noch sehr gut erinnere. Was die Deutschen heute fröhlich stimmt, das macht mich sehr traurig.«

Doch das Deutschland der Vergangenheit wird heute täglich im ganzen Land neu definiert. Jedes Ereignis, jede Persönlichkeit wird unter dem Blickwinkel einer schrecklichen Geschichte beurteilt, einer Geschichte, die viele dazu benutzen, ihrer Botschaft mehr Nachdruck zu verleihen. »Warum soll man jemanden ein ›Arschloch‹ nennen, wenn es wesentlich wirkungsvoller ist, ihn als ›jüdisches Arschloch‹ zu bezeichnen«, sagte mir ein Anwalt in mittleren Jahren. »Einen jüdischen

Friedhof zu schänden ist viel interessanter, als einen katholischen zu entehren – wen kümmert denn das?«

»Wollen Sie damit sagen, dass der Antisemitismus eine geheilte Krankheit ist?«, fragte ich ihn.

»Ja, das glaube ich schon. Wir sind jetzt 80 Millionen Deutsche; nur noch 20 000 Juden leben heute hier.[348] Das ist nicht genug, um sich als eigene Volksgruppe abzuheben. Ich bin der Meinung, dass der Judenhass der Skinheads größtenteils nur Rhetorik ist. Wir können unsere Jugend nicht kontrollieren. Es ist sehr einfach, dumpfe Ängste oder Widerstand gegen irgendwelche Entwicklungen, zum Beispiel gegen die Arbeitslosigkeit, dadurch zum Ausdruck zu bringen, dass man Parolen wie ›Juden raus!‹ brüllt. Das ist etwas anderes als der tief verwurzelte Antisemitismus der 1920er Jahre. Ich glaube nicht einen Augenblick daran, dass wir eine Neigung dazu haben.«

»Nun, auch in Polen gibt es keine Juden mehr, aber ich habe das Gefühl, dass die Juden dort noch immer gehasst werden.«

»Die Polen sind anders. Sie sind ein Volk aus dem 19. Jahrhundert, das sich noch immer mit seinem Opfer-Status beschäftigt. Wenn wir erst einmal ihre Wirtschaft wieder auf die Beine gebracht haben, was im ersten Viertel des 21. Jahrhunderts der Fall sein wird, dann werden sie diese Einstellung ablegen. Sie ist einfach zu primitiv, und kluge Polen wissen das auch.«

Und was ist mit den »klugen« Deutschen? Werden sie die alte Vorstellung von Preußen zusammen mit ihren antisemitischen Vorurteilen begraben? »Ja, das glaube ich«, antwortete der Anwalt. »Nach dem Krieg bestand die Bevölkerung Westdeutschlands zeitweilig zu zwanzig Prozent aus Flüchtlingen aus dem Osten, und wir als deren Kinder sind natürlich daran interessiert, zu unseren Wurzeln zurückzukehren, mit eigenen Augen zu sehen, wovon unsere Eltern gesprochen haben. Das ist etwas ganz anderes, als zu sagen: Ich habe ein ›Recht‹ auf diesen Ort, ein ›Recht‹, mir das alles wieder zurückzuholen. Es gibt einem das ›Recht‹, zurückzukehren und zu investieren – wir zum Beispiel haben versucht, unseren ehemaligen Besitz im Osten zurückzukaufen –, aber ich glaube nicht, dass das von vornherein eine aggressive Geisteshaltung ist.«

Spricht man jedoch mit einem Geschäftsmann wie Graf von Schulenburg, entdeckt man, dass unter der Oberfläche durchaus ein stahlharter Kern liegt. Der Graf, ein kosmopolitisch denkender Mann (und auch ein sehr schlauer, der zugleich mit Schokolade und mit Zahnärztebedarf handelt – eine geniale und geschäftlich gewiss sehr ergiebige Verbindung von Ursache und Wirkung), gibt die üblichen Gemeinplätze von »Kooperation« und »Kommunikation« zum Besten, gesteht jedoch auch bereitwillig ein, dass »Deutschland nach Osten schauen und durch den Osten seinen Aufschwung nehmen wird. Das ist natürlich keine Frage von ein oder zwei Jahren, aber ich glaube, innerhalb von fünf Jahren wird man auf eine neue, gewinnbringende Weise an den Osten herangehen. Diese Herangehensweise würde ich durchaus als ›preußisch‹ bezeichnen; sie beinhaltet eine gewisse Gründlichkeit und Detailbezogenheit, die vielen unserer Konkurrenten fehlt. Ich glaube nicht, dass dies von vielen Leuten als Aggression aufgefasst werden wird. Schlicht um zu überleben, um den Erfordernissen unseres Sozialsystems gerecht zu werden, brauchen wir dieses Geschäft.«

Zweifellos rechnete Schulenburg damit, dass die Wiedervereinigung mehr unmittelbaren Gewinn abwerfen würde, sowohl für ihn persönlich als auch für das Land. »Der Eiserne Vorhang wurde am 23. Dezember 1989 geöffnet. Ich habe die Grenze drei Tage später überquert und war sehr glücklich damals. Als ich herumfuhr, sagte ich mir: ›Das ist mein Besitz. Ich will ihn zurückhaben.‹ Daraus ist bekanntlich nichts geworden. Der Staat hat sich entschlossen, sich wie ein Verbrecher zu verhalten, nämlich einzubehalten, was die Kommunisten uns nach dem Krieg genommen hatten, und es zu verkaufen, um damit die Kosten der Wiedervereinigung zu decken.[349] Und dann die DDR! Nun, 40 Jahre lang reden wir über eine Wiedervereinigung, und dann kommt sie, und wir sind entsetzt. Vier Jahre lang sind jährlich 100 Milliarden Mark investiert worden. Wir haben einem unentwickelten Land Entwicklungshilfe geleistet. Wir dachten, wir würden eine leidlich funktionierende Wirtschaft übernehmen, aber statt dessen haben wir uns einen Patienten aufgehalst, der auf dem Sterbebett lag.[350]

Das andere Problem, das uns zu schaffen macht, ist das Gefühl, dass wir noch nicht fertig sind. Das Territorium, das wir durch die Wiedervereinigung zurückerlangt haben, nennen wir in unseren Kreisen ›Mitteldeutschland‹. Das echte Ostpreußen befindet sich nach wie vor unter polnischer und russischer Herrschaft. Die Wiedervereinigung war ein Schritt in die richtige Richtung, ist aber noch nicht abgeschlossen.«

Viele ausländische Beobachter sind der Ansicht, dass der Zunder trocken genug ist und es nur eines bestimmten Führers und einer bestimmten Botschaft bedürfte, um ihn in Brand zu setzen. Otto Grote sagte mir: »Ostpreußen ist eine stark gefühlsbefrachtete Angelegenheit. Wirtschaftlich gesehen ist die Region unbedeutend, und viele Deutsche, die gesehen haben, in welchem Zustand die DDR war, möchten nichts anrühren, was östlich der Oder liegt. Das sind die ›bequemen‹ Deutschen. Aber es gibt auch sehr einflussreiche Leute – wie die Gräfin Dönhoff zum Beispiel –, die, ohne es unbedingt zu wollen, ansonsten eher nüchterne Menschen traurig und melancholisch zu stimmen vermögen, wenn sie von der ›verlorenen Provinz‹ reden.

Ich muss Ihnen sagen, die Deutschen haben sich nicht geändert, und auch ihre Einstellung zu Preußen hat sich nicht geändert.[351] Nehmen Sie zum Beispiel die Musik. Meine beiden Brüder sind Musikprofessoren, meine Großmutter war Opernsängerin, und es hat sich herausgestellt, dass auch ich eine musikalische Ader habe. Im Jungvolk bestand meine Aufgabe darin, meinen Kameraden Lieder beizubringen – als Junge muss ich wohl mehr als hundert Lieder gekannt haben. Auch die Melodien konnte ich auswendig. Auch heute noch, 50 Jahre später, kann ich, wenn ich ein paar Takte höre, das gesamte Lied vortragen.

Und in diesen Liedern wurden diese elementaren, völkisch klingenden Begriffe verwendet, die Hitler und seine Sprache prägten. Ich wusste nicht, was all diese Worte bedeuteten. Ich erinnerte mich nur an die Musik. Aber sobald die Melodie erklingt, fallen mir auch die Worte wieder ein. Das ist wirklich eine sehr machtvolle Form des Erinnerns und der Identifizierung mit der Nation.

Nun, diesen Sommer war ich zu einer Hochzeit eingeladen, fuhr durch die Gegend, und habe miterlebt, wie die Feuerwehr in diesem kleinen Dorf ein Grillfest veranstaltete. Na, und dabei tritt natürlich eine Kapelle auf, und was spielt die? Genau die gleichen Lieder wie vor

50 Jahren. Nichts hat sich verändert. Diese Lieder wurden in der Kaiserzeit gespielt. Sie wurden unter Hitler gespielt. Auch unter den Kommunisten wurden sie gespielt. Und auch heute noch werden sie gespielt. Die Leute mögen gegen die Vergangenheit sein, sich von den Dingen distanzieren, die sie in der Geschichte angestellt haben, aber sie tun noch immer dasselbe wie damals.[352]

Nichts ist vergleichbar mit dem, was sie den vielen tausend Menschen angetan haben, die Gehirnwäsche und alles, was damit zusammenhängt. Ich weiß noch genau, was Hitler gesagt hat: Gebt mir eure Kinder, wenn sie zwischen sechs und zehn Jahren alt sind, und wir bringen sie auf den richtigen Weg. Dann überlasst sie mir wieder, wenn sie zehn sind, und sie werden weiter geformt, und wenn sie 21 sind (er klatscht in die Hände), kriegt ihr sie nicht mehr zurück. Das war vielleicht keine leere Drohung.[353]

Wenn in einem neuen Deutschland – einem neuen, mächtigen Deutschland – ein Demagoge von Ostpreußen zu schwadronieren beginnt, wird er Leute aufputschen, die nie dort gewesen sind, die überhaupt keine Bindungen haben zu diesem Land.«

Diese Hypothese ist, wie mir scheint, nicht ganz von der Hand zu weisen. Wie Edmond Wilson in seinem Werk *Patriotic Gore* schrieb, verhalten sich die Leute für gewöhnlich irrational und legen Verhaltensweisen an den Tag, die in der Wahrnehmung objektiver, unparteilicher Beobachter unlogisch erscheinen und dem gesunden Menschenverstand widersprechen.[354] In Deutschland gibt es keine weit zurückreichende demokratische Tradition. Grote drückte es folgendermaßen aus: »Sie verstehen nicht, worum es Jefferson in erster Linie ging.« Die Deutschen gehen pflichtbewusst zur Wahl, stimmen pflichtbewusst für die demokratischen Parteien und erteilen politischen Extremisten pflichtbewusst eine Abfuhr. Das bedeutet nach Ansicht mancher Beobachter jedoch nur, dass noch nicht stark genug an ihre Urinstinkte, ihre Ängste und Sorgen appelliert wurde, um sie zu veranlassen, massenhaft den demokratischen Konsens aufzukündigen. »Deutschland ist eine sozialistische Gesellschaft«, sagte mir ein amerikanischer Unternehmer, der intensive Geschäftsbeziehungen zum Osten unterhält. »Die Leute irren, die meinen, die Nazis seien rechtsgerichtet gewesen. Wenn die

Deutschen sagen, die Nazis seien rechts gewesen, meinen sie damit nur, dass die NSDAP-Abgeordneten im Reichstag auf der rechten Seite saßen. Das ist etwas anderes als die politische Rechte in den Vereinigten Staaten, wo man Leute wie Patrick Buchanan oder John Birch als Rechte, das heißt als Konservative bezeichnen kann. Nein! Nein! Die Unterschiede zwischen den Nazis und den Kommunisten waren hauchdünn, und der Krieg zwischen Nazi-Deutschland und der Sowjetunion war ein Krieg zwischen zwei rivalisierenden sozialistischen Systemen. Heute ist die allgemeine Situation ganz ähnlich. Die Deutschen arbeiten entweder in großen Konzernen, die sehr dogmatisch geführt werden, oder sie sind beim Staat beschäftigt, der auch auf dogmatische Art geführt wird. Sehen Sie sich die frühere DDR an: Das war eine reine Staatswirtschaft! Ich glaube nicht, dass sich die Deutschen strukturell oder psychologisch nennenswert verändert haben.«

»Und was ist mit dem Militär?«, fragte ich. »Im Militär kann ich keine Parallelen zur Situation während der Weimarer Republik erkennen. Ich habe keine Armee gesehen, die sich danach gedrängt hätte, uns im Golfkrieg zu unterstützen oder Truppen nach Jugoslawien zu schicken.«

»Das stimmt schon – sie wollen nicht in Versuchung geführt werden! Und in Weimar war es anders: Die alte Militärkaste der 1920er und 1930er Jahre war noch sehr stark und darauf bedacht, den Mythos zu verbreiten, die Deutschen seien militärisch nicht besiegt worden, was sie nach 1945 nicht mehr tun konnten, als das ganze Land in Trümmern lag. Sie hatten ihre Glaubwürdigkeit verloren. Ich will hier nicht unbedingt eine militärische Bedrohung unterstellen. Die deutsche Armee wird nicht ihre Kasernen verlassen und Ostpreußen besetzen, aber die Deutsche Mark wird es tun. Nehmen Sie zum Beispiel einen Werbespot der Lufthansa: ›Wir bringen Sie nach Vilnius. Wir bringen Sie nach Minsk. Wir bringen Sie nach Riga und Tallinn‹ – Städte, von denen die meisten Leute noch nie etwas gehört haben. Und wie lautet das Schlussmotto: ›Wir sind die einzigen, die dorthin fliegen.‹ Die deutsche Wirtschaft wird sich diese Gebiete einverleiben. Das ist sowohl ein Versprechen als auch eine Drohung. Das Versprechen ist ökonomisch. Die Kaliningrader ›Oblast‹! Wenn man irgendwo Hilfe braucht, dann dort:

800 Prozent Inflation, eine Mafia, die außer Rand und Band ist, Schutzgelderpressungen, massenhafte Kleinkriminalität, überschäumende Korruption. Dort braucht und will man deutsche Hilfe. Aber es ist auch eine Drohung, und zwar mit rassistischem Unterton. Osteuropa ist kein Schmelztiegel wie die Vereinigten Staaten von Amerika. In Amerika leben vielleicht 100 Millionen Menschen deutscher Herkunft, aber die verstehen sich als Amerikaner, nicht als Deutsche. Im Osten ist es anders. Sehen Sie sich nur den Balkan an. Möchte dort irgendjemand als Jugoslawe gelten? Das birgt gewaltigen Sprengstoff.«

»Und wenn Russland zerfällt, explodiert oder sich selbst zerstört?«

»Das wäre eine Katastrophe.«

*

Der imposante Hamburger Hafen mit seinen zahllosen Schiffen, Frachtterminals und Ladekränen erstreckt sich vor und neben mir, als ich über die Autobahn in Richtung Stadtzentrum fahre. Danzig, Königsberg, Warschau – das sind lahme Enten im Vergleich zu dieser boomenden Metropole. Im Westen Europas entfaltet die freie Marktwirtschaft, wenngleich sie auch hart und ungerecht sein kann, noch immer eine Vitalität und Frische, die man in den meisten alten Städten im Osten schmerzhaft vermisst. Doch in den Redaktionsräumen der *Zeit*, von denen aus man über eine elegante Einkaufspassage blickt, werde ich wieder nach Preußen zurückgeholt.

Marion Gräfin Dönhoff nippt an ihrem Kaffee, während wir uns unterhalten. Die neue Ausgabe der Wochenzeitung wird gerade fertig gestellt. Wir sprechen über *Schindlers Liste* und die Wirkung dieses Films auf Deutschland. Sie informiert mich, dass ungefähr vier Millionen deutsche Schulkinder, eine unvorstellbare Zahl, den Film gesehen haben. »Alle reden darüber.« Ich blättere in meinen Notizen, insbesondere in den Aufzeichnungen über ein Gespräch, das ich am Vortag mit einer Lehrerin geführt habe, die mit ihrer gesamten Klasse den Film angeschaut hat. »Die Kinder waren nicht beeindruckt«, sagte sie. »Sie begreifen nicht, was hinter den schrecklichen Bildern steht. Der Film zeigte Grausamkeiten, aber die sehen die Kinder jeden Abend im Fernsehen, live aus Jugoslawien. Der Film ist kontraproduktiv; es wäre besser, etwas über diese schrecklichen Ereignisse zu lesen – man muss den Schrecken nicht sehen, sonst wird er gewöhnlich. Es gab in dem Film keine einzige Person, mit der ich (die Lehrerin) mich als Frau und Ehefrau identifizieren hätte können. Keine differenzierten deutschen Charaktere: Sie sind alle gleich, schreien und brüllen ständig. Für die Kinder wäre es besser, die Duschen in Auschwitz mit eigenen Augen zu sehen, statt in einem Film.«

»Dieser Einschätzung stimme ich vollkommen zu«, sagt die Gräfin, »doch wenn man es in einem größeren Rahmen betrachtet, lässt sich die erzieherische Bedeutung dieses Films nicht leugnen, vor allem, wenn man bedenkt, wer ihn gedreht hat. Das ist keine Propaganda. Es ist kein Schulbuch. Es ist ›Entertainment‹, wenn man diesen Ausdruck hier gebrauchen darf, aber ›Entertainment‹ mit einer starken und wichtigen Botschaft, wie jedes gute Buch oder Theaterstück sie besitzt. Ich bin sehr froh, dass so viele junge Menschen den Film sehen konnten. Auch mich hat er sehr bewegt.«

Ich frage die Gräfin, ob Leute wie der russische Nationalist Shirinowskij oder rechtsgerichtete Kreise in Deutschland Ostpreußen ins Spiel bringen könnten, falls Russland seine innere Krise nicht überwindet. »Nein, nein. Hysterie von rechts hat nichts mit Preußen zu tun, sondern eher mit Arbeitslosigkeit und der Angst vor Ausländern, was man in allen industrialisierten Ländern Europas beobachten kann. Wir haben jetzt mehr als vier Millionen Arbeitslose, und es leben ungefähr sechs Millionen Ausländer in Deutschland, und jedes Jahr kommen mehr. Kein Wunder, dass manche Leute Angst bekommen. Aber das hat nichts zu tun mit einer bestimmten Spielart von Nationalismus.«

»Es gibt Autoren, die der Meinung sind, die heutige Situation in Deutschland ähnele jener in Weimar«, sage ich. »Ähnliche Vorurteile und Einstellungen, die in allen sozialen Schichten anzutreffen sind und die Gesellschaft untergraben könnten. An die Stelle der ›Dolchstoßlegende‹ zum Beispiel ist heute die ›Auschwitz-Lüge‹ getreten; anstelle der Inflation gibt es Massenarbeitslosigkeit und Rezession, anstelle der Juden Gastarbeiter und so weiter.«[355]

»Nein, nein, das kann ich nicht ernst nehmen. So etwas habe ich bis jetzt nie gehört. Ich weiß, es gibt solche Gruppen. Ich weiß, es gibt einige vollkommen Verrückte, die den Holocaust leugnen und hier auch nicht mehr auftreten dürfen, und es spricht für unseren Rechtsstaat, dass so etwas nicht geduldet wird. Aber meines Erachtens ist es völlig verfehlt, die Weimarer Zeit mit der heutigen zu vergleichen. Es gibt viele Leute, die sagen: ›Aha, so hat Weimar in den 1920er Jahren angefangen: die Monarchie war untergegangen, der Krieg verloren, die Inflation außer Kontrolle.‹ Ist es ein Wunder, dass unter diesen Umständen alle gegen die Demokratie waren? Die Deutschen waren nicht darauf vorbereitet, genauso wenig wie heute einige Länder in Osteuropa. Wenn Sie die Verhältnisse von Weimar mit denen anderer Länder vergleichen wollen, dann bietet sich dafür vielleicht Russland oder Polen an, aber nicht Deutschland.

Als Hitler an die Macht kam, hatten wir sieben Millionen Arbeitslose. Es gab keine rauchenden Fabrikschlote mehr – alles war zusammengebrochen. Die Mittelschicht hatte ihre Sparguthaben verloren. Die Franzosen hatten das Ruhrgebiet übernommen und dort alle Fabriken geschlossen, die ihren eigenen Konkurrenz machten – kein Wunder, dass die Leute nach einem starken Mann riefen. Aber heute will das Volk keinen starken Mann; ein Hitler könnte heute nicht hochkommen. Die Deutschen wollen eine gewisse Ordnung, sie wollen, dass nicht jedes Jahr eine Million Fremde ins Land kommen und ihnen die Arbeitsplätze streitig machen.

Ich kämpfe schon immer gegen diese völlig falsche Vorstellung, dass der Geist Preußens immer durch das Militär geprägt worden sei, durch den ›starken Mann‹. Nehmen wir den Zweiten Weltkrieg und Adolf Hitler. Wir alle wissen, dass Hitler Österreicher war, kein Preuße. Wir wissen, dass Königsberg nicht Berlin war. Hitler hatte keine Vorstellung von Preußen, wusste damit nichts anzufangen. In gewisser Hinsicht war Preußen immer das Rückgrat und Königsberg die liberalste Stadt im Norden Deutschlands.«

»Bedeutet Ihnen das Bild von Preußen heute noch etwas?

»Es verändert sich gerade. Zum einen sind die jungen Leute ziemlich angewidert darüber, was hier alles geschieht, nicht nur in Westdeutschland, auch in Italien, Frankreich und England: von all dieser Kriminalität und der Korruption. Also suchen sie nach etwas Höherem. Gibt es da nicht etwas, das mehr bedeutet als Geld? Sie sehen sich die Gesellschaft an und stellen fest, dass alle dem Geld nachlaufen. Und dadurch gelangen sie fast automatisch zu etwas, was wir als deutsch bezeichnen würden, zum *Geist.*[356] Aber sie erfahren, dass sich das Leben der Nation nur um das Bruttosozialprodukt, das Wirtschaftswachstum und Gott weiß was noch alles dreht. Niemand spricht über kulturelle, geistige Dinge, über Literatur, Kunst. Die Welt wird immer langweiliger, uninteressanter. Und deshalb wenden sich die Menschen wieder der Vergangenheit zu, das ist schon faszinierend. Preußen steht für Integrität, eine besondere Form von Integrität, eine gewisse Selbstlosigkeit. Das scheinen die Leute heute zu suchen, das ist das Modell.«

»Haben Sie seit dem Verschwinden des Eisernen Vorhangs schon einmal Ihr früheres Elternhaus besucht?«

»Ja, letztes Jahr. Ich wollte eigentlich nicht hinfahren, aber die Russen hatten mich zu einer Tagung eingeladen. Sie waren sehr nett. Sie stellten mir einen Wagen und einen Dolmetscher zur Verfügung. Aber Friedrichstein ist heute nichts mehr. Alles ist zerstört worden. Keine Landwirtschaft mehr, keine Verwaltung, nichts. Das Gut sieht nach überhaupt nichts mehr aus. Früher gab es einen großen Garten, heute ist davon nur noch ein kümmerlicher Rest übrig, keine Bäume mehr, alles überwuchert, heruntergekommen.«

»Was haben Sie dabei empfunden, wenn ich fragen darf?«

Ein abweisende Handbewegung und ein Stirnrunzeln: Ich habe die Grenzen des Anstands überschritten. »Das können Sie sich ja wohl denken.«

Redakteure kommen ins Zimmer und wollen letzte Änderungen für die Ausgabe diskutieren. Die Gräfin muss gehen, bietet mir aber noch Schokolade an. An der Wand sehe ich ein Gemälde, das einen Garten mit einer Statue zeigt. »Ja, das ist Friedrichstein. Touristen, also Leute, die ich überhaupt nicht kenne, senden mir Fotos, Skizzen und sogar Gemälde von dem Ort, wenn sie ihn besucht haben. Das ist sehr bewegend.« Während sie wehmütig aus dem Fenster blickt, sagt sie: »Ich wünsche mir nur eines für Preußen. Ich wünsche, dass dieses Land, dieses alte Land meiner Kindheit, wieder aufblüht.« Dann begleitet sie mich zum Aufzug.

*

Niemand vermag zu sagen, was die Zukunft bringen wird. Auf der Autobahn nach Frankfurt und zum Flughafen, von dem aus ich nach Hause zurückfliegen werde, achte ich mit einem Auge auf die Burgen, die Kirchtürme und die säuberlich gepflegten Felder, die in einer fast mittelalterlichen Landschaft liegen, und mit dem anderen auf die Mercedes- und BMW-Limousinen, die hinter mir auftauchen, die Lichthupe betätigen und dann vorbeirauschen. Ostpreußen scheint der Vergangenheit anzugehören, doch der dunkle Schmelzofen der Gefühle vermittelt eine Ahnung von der Hitze und der Unbezwingbarkeit einer machtvollen deutschen Maschinerie, die im Augenblick noch gedrosselt ist. In welche Richtung sie sich eines Tages in Bewegung setzen wird, bleibt eine offene Frage.

Die Menschen und die Orte, die ich auf meiner Reise besuchte, haben mich in vielfacher Hinsicht erschöpft. Besonders beeindruckend waren die Melancholie und das Gefühl des Verlustes, welche die Erinnerungen jener Generation prägen, die nun allmählich ausstirbt. Wird ihr letzter Gedanke auf Erden darin bestehen, Hand in Hand mit dem Vater oder der Mutter über die Felder einer längst verlorenen Heimat zu wandeln? Unsere Welt, sowohl die vergangene als auch die gegenwärtige, scheint für jeden genügend Leid bereit zu halten.

Otto Grote kehrte im Juni 1989 nach Warchentin zurück.[357] »Als ich es zum ersten Mal gesehen habe, dachte ich: ›Mein Gott!‹ Mir war, als wäre ich wieder 14. Ich musste mich kneifen. Alles war noch da. Doch meine folgenden Empfindungen waren differenzierter. Es war alles noch da, aber zugleich auch nicht. Können Sie sich noch erinnern, dass die Franzosen, als sie die *Titanic* entdeckt hatten, Kameras zu dem Wrack hinunterließen, um es unter Wasser zu fotografieren? Man sah auf den Bildern, dass alles organische Leben verschwunden war, aber die Stahlhülle war erhalten geblieben. Mit Warchentin verhielt es sich ähnlich. Unser früheres Elternhaus war zu einem Steinbruch geworden, ausgezehrt wie die *Titanic.* Es war nackt. Die schmiedeeisernen Zäune, die Gebäude – das Eishaus, das Bootshaus – die Ziegel in den Treppen, die Ziegel in den Wänden, das Gitterwerk … alles war verschwunden, nur die Natur war geblieben, die Natur und dieses riesige, ausgeschlachtete Haus.

Ich wollte es zurückhaben. Ich dachte, die Eigentumsrechte sind heilig. Fast meine gesamten Ersparnisse habe ich für Anwälte und Prozesse ausgegeben, um das Haus zurückzubekommen. Aber sie hatten mich schon von weitem kommen sehen, die kommunistischen Politiker und künftigen Besitzer. Sie hatten sich schon lange vorher auf uns vorbereitet. Wir wurden überall abgeblockt, und es kam nichts heraus.

Dass sie uns die Rückkehr verweigerten, ist eine Katastrophe. Sie hatten Angst, ich wäre ein Junker, einer dieser arroganten Aristokraten! Sie dachten, ich würde in schwarzen Stiefeln umhermarschieren. So leicht kann man alles verlieren. Lassen Sie sich das gesagt sein.«

Ungefähr zur selben Zeit, als der Zug mit dem passenden Namen Nostalgie-Express den Frankfurter Bahnhof verlässt und aufbricht zu seiner Fahrt nach Osten, startet mein Flieger vom internationalen Flughafen in Frankfurt mit dem Ziel New York. Ich nehme eine Zeitung zur Hand und stoße dort auf ein Interview mit Elie Wiesel, dem Literatur-Nobelpreisträger von 1986. Darin beklagt er, dass für die Deutschen »das Vergessen eine Nationalphilosophie« sei. Das mag zutreffen für die hässlichen Dinge, die ihre Vergangenheit entstellt haben, doch als sich das Flugzeug in eine scharfe Kurve legt und ich die aufgehende Sonne sehe, die im selben Augenblick auch über Wien, Warschau, Königsberg, dem Frischen Haff, Stutthof und Danzig scheint, wird mir klar, dass das Gedächtnis ein selektiver Mechanismus ist. Geografisch lässt sich die Existenz Preußens aufheben. Das haben die Polen mit großer Energie und Entschlossenheit bewiesen, auch die Russen, die Litauer, die Esten und die Letten. Aber können sie auch die Erinnerung daran tilgen? Können sie auch die Sehnsucht auslöschen?

Anmerkungen

[1] Arnold J. Toynbee, *Der Gang der Weltgeschichte*, München 1970, Bd. 1, S. 141.
[2] Johann Gottlieb Fichte, zitiert nach Erich Ludendorff, *Meine Kriegserinnerungen 1914–1918*, Berlin 1919, S. 622. Zu Fichte vgl. Eugene N. Anderson, *Nationalism and the Cultural Crisis in Prussia, 1806–1815*, New York 1966, S. 16–63.
[3] Günter Grass, »Viel Gefühl, wenig Bewußtsein«, in: Ders., *Gegen die verstreichende Zeit. Reden, Aufsätze und Gespräche 1989–1991*, Hamburg 1991, S. 24.
[4] Werner Jochmann (Hrsg.), *Adolf Hitler, Monologe im Führerhauptquartier 1941–1944*, Hamburg 1980, S. 357.
[5] Heinrich Heine, *Werke in zwei Bänden*, Salzburg 1984, Bd. 1, S. 158f.
[6] Heinz Guderian, *Erinnerungen eines Soldaten,* Heidelberg 1951, S. 28.
[7] Generalfeldmarschall von Hindenburg, *Aus meinem Leben*, Leipzig 1934, S. 16.
[8] Gespräch mit Julie Roy Jeffrey, Historisches Institut, Goucher College. »Deutschland? Aber wo ist das? Ich kann dieses Land nicht finden. Wo es als Land der Gelehrten beginnt, endet es als politische Einheit.«
[9] Jonathan Riley-Smith, *The Crusades: A Short History*, New Haven, Conn. 1987, S. 163; Heinrich von Treitschke, *Ausgewählte Schriften*; A. P. Vlasto, *The Entry of the Slavs into Christendom,* Cambridge 1970, S. 152.
[10] Craig R. Whitney, »Russischer Nationalist entfacht Sturm in Deutschland«, in: *New York Times*, 23. Dezember 1993, S. A8. Siehe auch Vladimir Solovyov und Elena Klepikova, *Zhirinovsky: Russian Fascism and the Making of a Dictator*, übers. von C. Fitzpatrick, Reading, Mass. 1995, und Vladimir Kartsev, *!Zhirinovsky!*, New York 1995.
[11] Adamik Michnik, »More Humility, Fewer Illusions«, in: *New York Review of Books*, 24. März 1994, S. 24.
[12] Jürgen Habermas, zitiert ebd., S. 27.
[13] Margaret Thatcher, *The Downing Street Years,* New York 1993, S. 748. Siehe auch S. 783f., 790–796, 812–815.
[14] »Back to the Future«, übers. von R. Livingstone, neu abgedruckt in: *New York Review of Books*, 17. November 1994, S. 42.
[15] Habermas, zitiert in Michnik, »More Humility, Fewer Illusions«, S. 26. Umberto Eco sagte folgendes zu diesem Thema: »Obwohl mich die verschiedenen faschistischen Bewegungen beunruhigen, die hier und da in Europa, einschließlich Russland, entstanden sind, glaube ich nicht, dass der Faschismus in seiner ursprünglichen Form als eine landesweite Bewegung wiederkehren wird. Aber

obwohl politische Systeme gestürzt und Ideologien kritisiert und geleugnet werden können, stehen hinter einem Regime und seiner Ideologie immer eine Art zu denken und zu fühlen, kulturelle Gewohnheiten, dunkle Instinkte und unergründliche Triebe. Geht nicht ein weiteres Gespenst in Europa (ganz zu schweigen von anderen Teilen der Welt) um?« – »UrFascism«, in: *New York Review of Books*, 22. Juni 1995, S. 12.

[16] Zitiert in: »The Fourth Reich: The Menace of the New Germany«, in: *Argonaut*, Neue Reihe 2, Bd. 138, Nr. 4213, 1993, S. 44.

[17] Edward Crankshaw, *Bismarck*, New York 1981, S. 414.

[18] Timothy Garton Ash, »Kohl's Germany: The Beginning of the End?«, in: *New York Review of Books*, 1. Dezember 1994, S. 24; Amity Shlaes, »Annals of Money: Loving the Mark«, in: *New Yorker*, 18. April und 5. Mai 1997, S. 188–193.

[19] Christabel Bielenberg, *The Road Ahead*, New York 1992, S. 104.

[20] Grass, »Kurze Rede eines vaterlandslosen Gesellen«, in: *Gegen die verstreichende Zeit*, S. 36.

[21] *Livländische Reimchronik*, hrsg. von Leo Meyer, Hildesheim 1963, S. 44, Zeilen 1902–1903.

[22] Hermann Schreiber, *Unvergessener Deutscher Osten*, München 1980, S. 21.

[23] Zitiert bei Robert Bartlett, *The Making of Europe: Conquest, Colonization and Cultural Change, 950–1350*, Princeton, N.J. 1993, S. 260. Vgl. auch *Lukas 14:23*: »Dann geh auf die Landstraßen und vor die Stadt hinaus und nötige die Leute zu kommen.« Zitiert bei Vlasto, *The Entry of the Slavs*, S. 152.

[24] Eric Christiansen, *The Northern Crusades: The Baltic and the Catholic Frontier, 1100–1525*, London 1980, S. 51. Ein für Clairvaux typischer Aufruf zum Kreuzzug findet sich in seinem Brief »To the English People«, in: *St. Bernhard of Clairvaux Seen Through His Selected Letters*, übers. von B. S. James, Chicago 1953, S. 265–269. Siehe auch Jonathan Riley-Smith, *What Were the Crusades?*, London 1977, S. 18–21. Theologen und Bischöfe waren sich des moralischen Widerspruchs, zu Kreuzzügen aufzurufen, bewusst, und zitierten häufig den Ausspruch Gregors des Großen: »Viel Schlimmes muß zuvor geschehen, um das Nahen der Unendlichkeit anzukündigen.« Vgl. Schreiber, *Unvergessener Deutscher Osten*, S. 60.

[25] Riley-Smith, *What Were the Crusades?*, S. 31.

[26] Joinville und Villehardouin, *Chronicles of the Crusades*, übers. von M.R.B. Shaw, Harmondsworth, UK 1982, S. 175.

[27] Vgl. Wilson King, *Chronicles of Three Free Cities: Hamburg, Bremen, Lübeck*, London 1914.

[28] Bartlett, *The Making of Europe*, S. 136.

[29] Ebd., S. 224.

[30] Carl Tighe, *Gdańsk: National Identity in the Polish-German Borderlands*, London 1990, S. 15.

[31] Ebd., S. 307.

[32] Christiansen, *The Northern Crusades*, S. 118.

[33] Bartlett, *The Making of Europe*, S. 98.

[34] Riley-Smith, *What Were the Crusades?*, S. 25. Diese Ansicht äußerten und rechtfertigten im Laufe der Jahre deutsche Generäle und Politiker: *Si vis pacem, para bellum.* Siehe Walter Görlitz, *Der deutsche Generalstab, Geschichte und Gestalt 1657–1945*, Frankfurt a. M. 1950, S. 131.

[35] George Bailey, *Germans: The Biography of an Obsession*, New York 1972, S. 430.

[36] Bernstein ist fossiles Harz, das von Nadelbäumen abgesondert wird. Nachdem es von Ästen oder Stämmen zu Boden getropft ist, härtet es dort aus. In der Urzeit war Bernstein oft unter Schichten verrotteten Waldes begraben und später bei der Entstehung der Ostsee von Meerwasser bedeckt. Ursprünglich wurde er an der Küste einfach durch Auflesen, das Ziehen von Netzen oder durch Schaufeln in Nehrungen geerntet. Die Gewinnung wurde im 19. Jahrhundert industriell betrieben, als man zu diesem Zwecke Minen und Schächte bohrte. In Ostpreußen hatten zunächst die Ritter das Monopol auf Bernstein und später die Hohenzollern, ein wertvolles Recht, das bis zum Ende des Ersten Weltkriegs erhalten blieb. Ein Baedeker aus dem Jahre 1914 warnte zum Beispiel Touristen, am Strand des Frischen Haffs Souvenirs aufzulesen: »Das Sammeln von Fundstücken ist verboten.« Je nach Qualität – es gibt viele verschiedene Abstufungen – war Bernstein unter ästhetischen und funktionalen Gesichtspunkten hoch geschätzt. Juweliere von Kopenhagen bis St. Petersburg verarbeiteten das Material zu wunderschönem Schmuck von immensem Wert, doch Tausende Kilo wurden zur Herstellung solch banaler Gegenstände wie Pfeifenhälse gebraucht. Der weitaus kostspieligste Kunstschatz, der je aus Bernstein geschaffen wurde, war die äußerst komplizierte Wandvertäfelung, die von Kurfürst (später König) Friedrich I. aus dem Hause Hohenzollern in Auftrag gegeben wurde. Vgl. Patty C. Rice, *Amber: The Golden Gem of the Ages*, New York 1980; Lynn H. Nicholas, *The Rape of Europa: The Fate of Europe's Treasures in the Third Reich and the Second World War*, New York 1994, S. 190–192, 361; Michael Glenny »*The Amber Room*«, in: *Art and Antiquities*, März 1989, S. 108–111, 143–149; John F. Ross, »Treasured in Its Own Right, Amber is a Golden Window on the Long Ago«, in: *Smithsonian*, Januar 1993, S. 30–42.

[37] *Der Letzte Kaiser*, Berlin 1991, S. 314, zitiert nach Amos Elon, »The Nowhere City«, in: *New York Review of Books*, 13. Mai 1993, S. 29.

[38] Wilhelm verkleidete sich gelegentlich auch als Friedrich der Große. Zu Fotos des Kaisers in seinen Verkleidungen siehe John C. G. Röhl und Nicolaus Sombart (Hrsg.), *Kaiser Wilhelm II, New Interpretations: The Corfu Pa-*

pers, Cambridge 1982, S. 49; Alan Palmer, *Frederick the Great*, London 1974, S. 218.

39 Obwohl der ziemlich scharfe anti-deutsche Ton dieses Films 1939, als die beiden Staaten einen Nichtangriffspakt unterzeichneten, peinlich war, trug *Alexander Newskij* dennoch in hohem Maße dazu bei, Eisenstein, der während der gefährlichen dreißiger Jahre des 20. Jahrhunderts wegen seiner politischen Einstellung in Misskredit geraten war, zu rehabilitieren. Nach der erfolgreichen Premiere des Films legte der schwer zufrieden zu stellende Kunstmäzen Joseph Stalin einem erleichterten Eisenstein den Arm um die Schulter und soll gesagt haben: »Sergej Michajlowitsch, Sie sind wohl doch ein guter Bolschewik.« Vgl. Marie Seton, *Sergei M. Eisenstein: A Biography*, London 1978, S. 386.

40 Eine für die damalige Zeit typische Strafe war die, den Hodensack eines Mannes an ein Holzbrett zu nageln und dem Opfer dann ein scharfes Messer dazulassen, mit dem es sich selbst befreien konnte. Vgl. Schreiber, *Unvergessener Deutscher Osten*, S. 56.

41 Ebd., S. 90f.

42 Bartlett, *The Making of Europe*, S. 100.

43 Vgl. Mary Ellen Goenner, *Mary-Verse of the Teutonic Knights*, New York 1970.

44 Zitiert nach Wilfried Ward, »Prussianism, Pacifism and Chivlary«, in: *Dublin Review*, Bd. 157, Nr. 314, Juli 1915, S. 212.

45 Vgl. Christiansen, *The Northern Crusades*, S. 4; Seton, *Sergei M. Eisenstein*, S. 387–398.

46 William James, *The Varieties of Religious Experience*, Cambridge 1985, S. 255.

47 Zitiert nach Christiansen, *The Northern Crusades*, S. 99.

48 Vgl. Malcolm Barber, *The Trial of the Templars*, Cambridge 1978.

49 John Milton, *Das verlorene Paradies*, München 1966, Buch 6, 78–86, S. 139. Sergej Eisenstein wurde von den Kriegsszenen dieses englischen Dichters ungeheuer beeinflusst. Milton »beschrieb die himmlischen Schlachten gern in einer so deftigen Sprache, dass er oft Zielscheibe heftiger Angriffe und Vorwürfe war.« Dieses Gedicht hatte einen direkten Einfluss auf Eisensteins Darstellung der Deutschritter in dem sich zuspitzenden Konflikt im Film *Alexander Newskij*. Siehe Sergej Eisenstein, *The Film Sense*, New York 1957, S. 57–65.

50 *Die Blechtrommel* wurde erst 1983 auf Polnisch veröffentlicht, vgl. Tighe, *Gdańsk*, S. 278.

51 Die Werft, ein Opfer der freien Marktwirtschaft, wurde im April 1997 geschlossen. Vgl. Jane Perlez, »Polnisches Schiff der Träume geht unter«, in: *New York Times*, 29. März 1997, S. 4.

52 William Shakespeare, *Richard II*, in: *Shakespeares Dramatische Werke*, Leipzig und Wien o.J., Bd. 1, S. 120.

[53] Geoffrey Chaucer, »Prolog«, *Canterbury-Geschichten*, Teil I: 47–55, Frankfurt a. M. 1961, S. 8.
[54] Caesar, *Der Gallische Krieg*, München 1960, S. 119.
[55] Geoffrey Chaucer, »Die Geschichte des Ritters«, *Canterbury-Geschichten*, Teil I: 2160, S. 61.
[56] Christiansen, *The Northern Crusades*, S. 167.
[57] Ebd., S. 150.
[58] Geoffrey Chaucer, *Troilus and Criseyde*, Teil V: 65, Stuttgart 1974.
[59] Smith, *Expeditions to Prussia*, S. xxiv.
[60] Vgl. Thomas Walsingham, *Historia Anglicana*, wie zitiert bei A.S. Cook, »The Historical Background of Chaucer's Knight«, S. 198f.
[61] Shakespeare, *Richard II.*, S. 163.
[62] Barbara Tuchman, *A Distant Mirror: The Calamitous 14th Century*, New York 1978, S. 69.
[63] Christiansen, *The Northern Crusades*, S. 151.
[64] Joinville und Villehardouin, *Chronicles of the Crusades*, S. 277.
[65] Geoffrey Chaucer, »Die Geschichte des Ritters«, *Canterbury-Geschichten*, Teil I: 2169, S. 61.
[66] Vgl. Tighe, *Gdańsk*, S. 111–128.
[67] Nikita Chruschtschow nannte Polens Vorkriegspolitik »eine Farce«. Vgl. *Khrushchev Remembers*: *The Glasnost Tapes*, übers. von J. L. Checter und von V. Luchkov, Boston 1990, S. 49.
[68] Richard M. Watt, *Bitter Glory: Poland and its Fate, 1918 to 1939*, New York 1982, S. 422.
[69] Schreiber, *Unvergessener Deutscher Osten*, S. 108.
[70] Michael Burleigh, *Prussian Society and the German Order: An Aristocratic Corporation in Crisis 1410–1466*, Cambridge 1984, S. 73.
[71] Ebd., S. 140.
[72] Ernest Barker, »The Teutonic Order«, in: *Encyclopaedia Britannica*, 13. Aufl., 1926, Bd. 25, S. 678.
[73] Burleigh, *Prussian Society and the German Order*, S. 41.
[74] Vgl. Treitschke, *Ausgewählte Schriften*, S. 75f.
[75] Burleigh, *Prussian Society and the German Order*, S. 2.
[76] Ebd., S. 168.
[77] Ebd., S. 163.
[78] Marion Gräfin Dönhoff, *Bilder, die langsam verblassen. Ostpreußische Erinnerungen*, Berlin 2000, S. 110f.
[79] Zitiert nach: Charles Seife, *Zwilling der Unendlichkeit – Eine Biografie der Zahl Null*, Berlin 2000, S. 95.
[80] *George Kennan* im Vorwort zur amerikanischen Ausgabe von Marion Gräfin

Dönhoffs *Bilder, die langsam verblassen*, unter dem Titel *Before the Storm: Memories of My Youth in Old Prussia,* übers. von J. Steinberg, New York 1990, S. VIII.

81 Treitschke, *Ausgewählte Schriften*, S. 129. Vgl. auch Hermann Kesten, *Copernicus and His World*, New York 1945, S. 11: »Auch viele Deutsche beanspruchen ihn für ihr Vaterland. Es ist nicht der unehrenhafteste Imperialismus, große Männer anderer Länder als die seinigen zu verehren. Wie viele Länder haben doch einen Juden zu ihrem Retter erkoren?« Siehe auch Andreas Dorpalen, *Heinrich von Treitschke,* New Haven, Conn. 1957.

82 Juliusz Starzyński, *Jan Matejko,* Warschau 1962, Tafel 43.

83 Nicolaus Coppernicus aus Thorn, *Über die Kreisbewegungen der Weltkörper,* übers. von C.L. Menzzer, Thorn 1879.

84 *On the Revolutions of the Heavenly Spheres*, übers. von R.M. Hutchins, in: *Great Books of the Western World,* hrsg. von Robert Maynard Hutchins, London 1955, Bd. 16, S. 505. Zu Osianders Einleitung zu *De revolutionibus,* siehe Bruce Wrightsman, »Andreas Osiander's Contribution to the Copernican Achievement«, in: *The Copernican Achievement,* hrsg. von R.S. Westman, Berkeley 1975, S. 213–243.

85 Protestantische Theologen standen den Kopernikanischen Theorien zuweilen ebenso skeptisch gegenüber. Aber Luther merkte an: »Wenn die Astrologie auch in Verwirrung geraten ist, ich glaube meinerseits an die Heilige Schrift: denn Josua befahl der Sonne stillzustehen, nicht der Erde.« Calvin nannte – von einigen Historikern vehement bestritten – Kopernikus einen »Narren«. Vgl. B. A. Gerrish, »The Reformation and the Rise of Modern Science: Luther, Calvin and Copernicus«, in: *Calvin and Science,* hrsg. von R. C. Gamble, New York 1992, Bd. 12, S. 6 und S. 168; Bertrand Russell, *Philosophie des Abendlandes. Ihr Zusammenhang mit der politischen und sozialen Entwicklung,* Frankfurt a. M. 1950, S. 439.

86 Vgl. Heinrich Bornkamm, *Martin Luther in der Mitte seines Lebens,* Göttingen 1979, S. 282–298.

87 C. V. Wedgwood, *The Thirty Years War*, New York 1995, S. 40.

88 *Letters Relating to the Mission of Sir Thomas Roe to Gustavus Adolphus, 1629–1630,* hrsg. von S. R. Gardiner, London 1856, S. 38.

89 Wedgwood, *The Thirty Years War*, S. 281.

90 Vgl. Heinrich von Treitschke, *The Life of Frederick the Great*, New York 1915.

91 Ebd.

92 Der Feldmarschall gelangte erst 1927 in den Besitz von Neudeck, als eine »dankbare Nation« ihm dieses Gut anlässlich seines achtzigsten Geburtstags zum Geschenk machte. Mit Neudeck war es aufgrund von Misswirtschaft und zahlreichen Missernten seit Jahren finanziell bergab gegangen. Hindenburgs

Schwägerin war hoch verschuldet und bereit, das Gut zu verkaufen. Als man erkannte, wie sehr die Auflösung seines Familienerbes den Marschall mitnehmen würde, rief man zu Spenden auf und erhöhte den Kaufpreis. Die Neudeck-Affäre sollte sich für Hindenburg später als peinlich erweisen, vor allem aufgrund von Gerüchten über einen Finanzskandal, in den sein Sohn verwickelt war. Vgl. Andreas Dorpalen, *Hindenburg and the Weimar Republic*, Princeton, N.J. 1964, S. 135–137; John W. Wheeler-Bennett, *The Nemesis of Power: The German Army in Politics, 1918–1945*, New York 1954, S. 27; Harry Graf Kessler, *Tagebücher 1918–1937*, Frankfurt a. M. 1961, S. 739; William Shirer, *The Rise and Fall of the Third Reich*, London 1960, S. 179–181.

93 Sein Vater, der wenig von Gelehrsamkeit hielt, hatte verfügt, dass sich der Unterricht seines Sohnes auf die Geschichte ab dem 16. Jahrhundert beschränken solle. Vgl. Nancy Mitford, *Frederick the Great*, London 1970, S. 23; vgl. auch Treitschke, *The Life of Frederick the Great.*

94 Hindenburg, *Aus meinem Leben*, S. 119.

95 Hajo Holborn, *A History of Modern Germany*, New York 1964, Bd. 2, S. 65.

96 James W. Whitthall, *Frederick the Great on Kingcraft*, London 1901, S. 46.

97 Vgl. Treitschke, *The Life of Frederick the Great.*

98 Arthur W. Holland, »Prussia«, in: *Encyclopaedia Britannica*, 13. Aufl., 1926, Bd. 27, S. 523; Mitford, *Frederick the Great*, S. 83f.

99 Das führte dazu, dass Friedrichs neuer Titel »König in Preußen« im Gegensatz zu »König von Preußen« lautete, eine Unterscheidung, auf der der Kaiser meinte, bestehen zu müssen. Viele von Friedrichs Territorien, vor allem Westpreußen, gehörten noch zum halb-feudalen Hoheitsgebiet des Kaisers, der keinen König innerhalb der Grenzen der von ihm beanspruchten Besitztümer duldete. Ostpreußen lag außerhalb dieses formalen Herrschaftsgebiets, und so konnte Friedrich, wenn er das wünschte, König »in« Preußen sein. Für seine Zustimmung zu diesem haarspalterischen Arrangement verlangte der Kaiser die Bereitstellung von 8000 Soldaten im Spanischen Erbfolgekrieg von 1701.

100 Das pompöseste Projekt Friedrichs I. war das Bernsteinzimmer. Dafür wurden Hunderte fossiler Harzklumpen einzeln zu Darstellungen von Wappenbestandteilen, Kränzen, Reliefs, Kerzenhaltern usw. verarbeitet und auf eine Reihe von Holzpaneelen geklebt. Zehn Jahre brauchte man, um die für diesen Auftrag benötigte Menge an Bernstein, ein Bruttogewicht von schätzungsweise sechs Tonnen, zu sammeln oder aus Minen zu fördern. Eine ganze Armee von Handwerkern und Bildhauern arbeitete jahrelang an den Entwürfen, der Ausführung und der Anbringung der fertig gestellten Friese. Friedrichs Sohn, der düstere Friedrich Wilhelm I., verabscheute diesen frankophilen Luxus und schenkte Zar Peter dem Großen 1717 das ganze Zimmer, das später im Katharinenpalast, nahe St. Petersburg, wieder zusammengesetzt wurde.

[101] Siehe Genealogie, Kapitel 6.

[102] Whitthall, *Frederick the Great on Kingcraft*, S. 58.

[103] Holborn, *A History of Modern Germany*, S. 192.

[104] Ebd., S. 191; siehe auch Görlitz, *Der deutsche Generalstab*, S. 14.

[105] Zu seinen Kritikern gehörte Voltaire, den der König 1751 zu einem längeren Aufenthalt einlud, der letztlich für beide Seiten unerfreulich war. So schrieb Macaulay: »Kaum je waren zwei Personen so dazu geschaffen, sich gegenseitig zu ärgern.« Friedrich verstand es hervorragend, aus anderen das herauszuholen, was er brauchte, gleichgültig ob es sich um Untertanen oder glanzvolle Besucher handelte. Über Voltaire soll er gesagt haben: »Ich habe die Frucht ausgepresst und werde jetzt die Schale wegwerfen.« Voltaire verließ Potsdam im März 1753 und erreichte Frankreich vier Monate später nach einer Reihe fast komisch anmutender Abenteuer. Vgl. Thomas Babington Macaulay, *Politik und Moral*, Ulm 1947, S 79; Francis Kugler, *Life of Frederick the Great: Comprehending a Complete History of the Silesian Campaigns and the Seven Years' War*, London 1877, S. 275.

[106] *Passim:* Carl von Clausewitz, *Vom Kriege*, Bonn 1972, S. 382, 366–368, 990.

[107] Mitford, *Frederick the Great*, S. 211; Shirer, *The Rise and Fall of the Third Reich*, S. 1108f.

[108] »The Napoleonic School«, in: *The Great Masters in the Louvre Gallery*, New York 1907, S. 32. Seinen Biografen zufolge stürmte Napoleon nie über die fragliche Brücke wie in Gros' Gemälde dargestellt. Die französischen Truppen wurden an jenem Tag von General André Masséna angeführt, denn Napoleon war während des Angriffs in einen Sumpf abseits der Straße gefallen. Vgl. Alan Schom, *Napoleon Bonapart*, New York 1997, S. 55.

[109] Zitiert nach Walter Görlitz, *Der deutsche Generalstab*, S. 151; Mitford, *Frederick the Great*, S. 221. Zorndorf, 2. Oktober 1758 – Friedrich erringt einen seiner blutigsten Siege und schreibt an Voltaire: »Ich bin dem Einsiedler vom Vergnügen sehr für den Antheil verbunden, den er an den Abentheuern des Donquixotte's im Norden nimmt. Dieser Donquixotte führt ein Leben wie ein herumziehender Komödiant, spielt bald auf diesem, bald auf jenem Theater, und wird bisweilen ausgepfiffen, bisweilen applaudirt. Das letzte Stück, das er aufführte, war die Thebaide; kaum blieb der Lichterputzer übrig.« *Friedrich des Einzigen authentische Charakteristik nach seinen eigenen Geständnissen. Ein Handbuch für Fürsten, Officiere und alle höhere Stände*, Berlin 1790, S. 260.

[110] Allein 1759 schrumpfte Friedrichs Armee um 60 000 Mann. Vgl. Paul Kennedy, *The Rise and Fall of the Great Powers: Economic Change and Military Conflict from 1500 to 2000*, New York 1987, S. 272.

[111] Nietzsche hielt, wenn auch aus anderen Gründen, ebenfalls nicht viel von Kant,

dessen Philosophie er als leidenschaftslos und weibisch empfand. »Kant ist eine Vogelscheuche«, notierte er in sein Tagebuch. Vgl. Karl Schlechta, *Friedrich Nietzsche, Werke in drei Bänden*, München 1960, Bd. 3, S. 435.

[112] Vgl. Treitschke, *The Life of Frederick the Great.*

[113] Mitford, *Frederick the Great*, S. 71.

[114] Ebd., S. 287.

[115] Whitthall, *Frederick the Great on Kingcraft*, S. 45.

[116] Kugler, *Life of Frederick the Great*, S. 543; Chester V. Easum, *Prince Henry of Prussia: Brother of Frederick the Great,* Madison 1942, S. 269; siehe auch S. Fischer-Fabian, *Preußens Gloria*, Locarno 1979, S. 337f.

[117] Die Gegenspielerin des Königs, die Kaiserin Maria Theresia, war zutiefst bestürzt, als ihre Minister die Erste Teilung vorschlugen. »Sie weinte«, sagte Friedrich, »aber sie nahm …«. Zitiert nach S. Fischer-Fabian, *Preußens Gloria*, S. 338.

[118] Mitford, *Frederick the Great*, S. 273.

[119] Leutnant Krettly, in: Jean Savant, *Napoleon in His Time*, übers. von K. John, London 1958, S. 189.

[120] Immanuel Kant, *Kritik der praktischen Vernunft*, Hamburg 1959, S. 186. Dieser Satz, der mit den Worten »Der bestirnte Himmel« beginnt, ist vielleicht der bekannteste aller kantischen Aussagen. Siehe auch Ernst Cassirer, *Kants Leben und Lehre*, in: *Gesammelte Werke*, Hamburger Ausgabe 1999, Bd. 8; Frederick C. Beiser, »Kant's Intellectual Development: 1746–1781«, in: *The Cambridge Companion to Kant*, hrsg. von Paul Guyer, Cambridge 1992, S. 26–57. Isaiah Berlin schrieb über Kant: »Er legte Kategorien der allgemeinsten, elementarsten Art frei – Raum, Zeit, Zahl, Dinglichkeit, Freiheit, Sittlichkeit –, und deshalb wurde er, der ein systematischer und mitunter pedantischer Philosoph, ein schwieriger Autor, ein schwerverständlicher Logiker, ein schablonenhafter, professoraler Metaphysiker und Moralist war, zu seinen Lebzeiten als das anerkannt, was er war: nicht bloß als ein Genie in vielerlei Hinsicht, sondern als einer der wenigen wirklich profunden und daher revolutionären Denker in der Geschichte der Menschheit.« *Wirklichkeitssinn. Ideengeschichtliche Untersuchungen*, Berlin 1996, S. 56f.

[121] Guyer, *The Cambridge Companion to Kant*, S. 3.

[122] Vgl. N. M. Karamzin, *Letters of a Russian Traveler, 1789–1790,* übers. von F. Jonas, New York 1957, S. 39.

[123] Hilaire Belloc, *Napoleon*, Philadelphia 1932, S. 260. Victor Hugo tat dies jedoch. Siehe sein Gedicht von 1874 »Le Cimetière d'Eylau«, in: *La Légende des Siècles*, Paris 1962, S. 654–661.

[124] Holborn, *A History of Modern Germany*, S. 372.

[125] Savant, *Napoleon in His Time*, S. 171.

[126] David G. Chandler, »How Wars Are Decided: Napoleon – The Fall of a Giant?«, in: Ders., *On the Napoleonic Wars*, London 1994, S. 238.

[127] L. A. Pichon, *De l'état de la France sous la domination de Napoléon Bonapart*, Paris 1814, in: Savant, *Napoleon in His Time*, S. 105.

[128] Vgl. Fischer-Fabian, *Preußens Gloria*, S. 106–109.

[129] Chandler, »Napoleonic: Classical Military Theory and the Jominian Legacy«, in: Ders., *On the Napoleonic Wars*, S. 245.

[130] Emil Ludwig, *Napoleon*, Berlin 1925, S. 257.

[131] William O. Shanahan, *Prussian Military Reforms: 1786–1813*, New York 1966, S. 86–126; Francis Petre, *Napoleon's Conquest of Prussia-1906*, New York 1907, S. 121–164; Colmar Frh. von der Goltz, *Von Jena bis Pr. Eylau: Des alten preußischen Heeres Schmach und Ehrenrettung, Eine kriegsgeschichtliche Studie*, Berlin 1907.

[132] Von der Goltz, *Von Jena bis Pr. Eylau*, S. 8.

[133] »Gebhard Lebebrecht von Blücher«, in: *Encyclopaedia Britannica*, 13. Aufl., 1926, Bd. 3, S. 90.

[134] Für diese Ansicht ist Alfred von Schlieffens berühmter Ausspruch beispielhaft: »Generalstabsoffiziere haben keinen Namen.« Vgl. Reinhard Gehlen, *Der Dienst, Erinnerungen 1942–1971*, Mainz und Wiesbaden 1971, S. 15; siehe auch Hindenburg, *Aus meinem Leben*, S. 49. Nietzsche äußerte sich bewundernd, das preußische Offizierskorps sei »ein Kunstwerk, wenn es auch nicht von einem Künstler geschaffen scheint«. Vgl. Nietzsche, *Werke in drei Bänden*, Bd. 3, S. 419.

[135] Von den 82 000 Polen, die das V. Armeekorps der Grande Armée bildeten, die 1812 in Russland einmarschierte, kehrten nur 2300 lebend zurück. Vgl. Tighe, *Gdańsk*, S. 43.

[136] Constant, Erster Kammerdiener des Kaisers: *Memoirs: The Private Life of Napoleon, His Family and His Court*, übers. von E. G. Martin, New York 1895, Bd. 2, S. 189.

[137] Siehe Otto Springer (Hrsg. und Übers.), *A German Conscript with Napoelon: Jakob Walter's Recollections of the Campaigns of 1806 and 1807*, Lawrence 1938, S. 137–165.

[138] Henry la Chouque, *The Anatomy of Glory, Napoleon and His Guard: A Study in Leadership*, übers. von A. Brown, Providence, R.I. 1961, S. 95.

[139] J. de Norvins, *Souvenirs d'un historian de Napoléon. Mémorial de J. de Norvins*, Paris 1897, S. 397.

[140] General Saint-Chamans, *Mémoires du général comte de Saint-Chamans, ancien aide de camp du maréchal Soult*, Paris 1896, in: Savant, *Napoleon in His Time*, S. 191.

[141] David G. Chandler, *The Campaigns of Napoleon*, New York 1966, S. 549.

[142] General Baron Paulin, *Les Souvenirs du général Paulin 1782–1876*, Paris 1895, in: Savant, *Napoleon in His Time*, S. 193.

[143] Saint-Chamans, *Mémoires*, S. 192.

[144] Belloc, *Napoleon*, S. 259.

[145] Alfred Vagts, *A History of Militarism: Romance and Reality of a Profession*, New York 1937, S. 25; Ludwig, *Napoleon*, S. 269.

[146] La Chouque, *The Anatomy of Glory*, S. 89; Constant, *Memoirs*, S. 189; Saint-Chamans, *Mémoires*, S. 192.

[147] Carl E. L. von Lorck, *Landschlösser und Gutshäuser in Ost- und Westpreußen*, Frankfurt a. M. 1965, Bildteil, S. 191–193.

[148] Constant, *Memoirs*, Bd. 2, S. 165. Zu heimlichen Liebesverhältnissen des Kaisers im Allgemeinen, siehe Bd. 2, S. 149–161.

[149] Zu Porträts von Walewska und zeitgenössischen Berichten, siehe Proctor Patterson Jones, *Napoleon: An Intimate Account of the Years of Supremacy, 1800–1814*, New York 1992, S. 213–224, 429–431; Constant, *Memoirs*, Bd. 2, S. 177–184.

[150] Constant, *Memoirs*, Bd. 2, S. 192.

[151] Alexandre Walewski, ein Sprößling aus dieser Liaison, hatte sich als Jugendlicher erfolgreich um den Wehrdienst bei der russischen Armee gedrückt. Er trat später in den diplomatischen Dienst Frankreichs ein und seine Karriere, die bis zu diesem Zeitpunkt unbedeutend gewesen war, kam erst mit der Machtübernahme Napoleons III. im Jahre 1852 so richtig in Schwung. Maria heiratete schließlich wieder, und zwar einen französischen Adeligen. Napoleon erfuhr davon auf Elba. »Sie hat sicherlich viel beiseite geschafft«, sagte er. 1817 starb sie im Kindbett. Vgl. Ludwig, *Napoleon*, S. 626.

[152] 1938 war Finckenstein Drehort für den Metro-Goldwyn-Mayer Film *Maria Walewska* mit Charles Boyer in der Rolle Napoleons und mit Greta Garbo als Maria. Der Film war ein Fiasko und bedeutete das Ende von Garbos Karriere als Hauptdarstellerin. Vgl. Barry Paris, *Garbo: A Biography*, New York 1995, S. 337–341.

[153] Norvins, *Souvenirs d'un historian de Napoléon*, S. 409.

[154] Nigel Nicolson, *Napoleon 1812*, New York 1985, S. 22.

[155] Johann Peter Eckermann, *Gespräche mit Goethe in den letzten Jahren seines Lebens, 1823–1832*, Frankfurt a. M. 1999, S. 333.

[156] Die anderen waren Marengo, Austerlitz und Jena.

[157] David Irving, *The Destruction of Dresden*, New York 1963.

[158] Vgl. Nathaniel Davis, *A Long Walk to Church: A Contemporary History of Russian Orthodoxy*, Boulder, Col. 1995.

[159] Alan Palmer, *The Kaiser: Warlord of the Second Reich*, New York 1978, S. 121.

[160] Owen Gingerich, »Copernicus: A Modern Reappraisal«, *Man's Place in the Universe: Changing Concepts,* hrsg. von D. W. Corson, Tucson 1977, S. 34.
[161] Vgl. Winston Churchill, *Gedanken und Abenteuer*, Zürich 1945, S. 84.
[162] Ebd., S. 87. Eine Fotografie von Churchill bei deutschen Feldmanövern bei Röhl und Sombart, *Kaiser Wilhelm II.*, S. 128.
[163] Churchill, *Gedanken und Abenteuer*, S. 171.
[164] Görlitz, *Der deutsche Generalstab*, S. 14.
[165] Vgl. E. J. Feuchtwanger, *Preußen. Mythos und Realität,* Frankfurt a. M. 1972, S. 212.
[166] Das »Heroen«bild von 1885, auf dem das Ereignis von Anton von Werner abgebildet wurde – *Die Kaiserproklamation* –, hängt im Bismarck-Museum auf seinem ehemaligen Gut Friedrichsruh, nahe Hamburg. Siehe Ingeborg Köpke, *Bismarck-Museum Friedrichsruh*, Neumünster 1992, S. 13.
[167] Vgl. Görlitz, *Der deutsche Generalstab*, S. 133.
[168] Ebd., S. 102.
[169] Roger Parkinson, *Tormented Warrior: Ludendorff and the Supreme Command*, New York 1979, S. 13.
[170] Palmer, *The Kaiser*, S. 14.
[171] Ebd.; Daphne Bennett, *Vicky: Princess Royal of England and German Empress,* New York 1971, S. 230.
[172] Palmer, *The Kaiser*, S. 14, 56, 39.
[173] Hitler, *Monologe im Führerhauptquartier*, S. 355.
[174] G. L. Sulzberger, *The Fall of Eagles,* New York 1977, S. 391.
[175] Sidney B. Fay, *The Origins of the World War,* 2 Bde., New York 1966.
[176] Churchill, *Gedanken und Abenteuer*, S. 167.
[177] Barbara Tuchman, *The Guns of August*, New York 1962, S. 270; Winston Churchill, *The Unknown War: The Eastern Front*, New York 1932, S. 175.
[178] Hitler, *Monologe im Führerhauptquartier*, S. 56.
[179] Gerard E. Ritter, *The Schlieffen Plan, Critique of a Myth*, London 1958, S. 33.
[180] General Max Hoffmann, *Der Krieg der versäumten Gelegenheiten*, München 1923, S. 34.
[181] Erich Ludendorff, *Meine Kriegserinnerungen 1914–1918,* Berlin 1919, S. 32.
[182] Ebd., S. 7.
[183] Hindenburg, *Aus meinem Leben*, S. 159.
[184] John W. Wheeler-Bennett, »Hindenburg«, in: *Great Contemporaries*, London 1935, S. 164.
[185] A. G. Gardiner, *Portraits and Portents*, New York 1926, S. 165.
[186] Hindenburg, *Aus meinem Leben*, S. 67.
[187] B. H. Liddell Hart, *Reputations Ten Years After*, Boston 1928, S. 181.

[188] Margarete Ludendorff, *Als ich Ludendorffs Frau war*, München 1929, S. 95, 12, 96.

[189] Alfred Knox, *With the Russian Army 1914–1917, Being Chiefly Extracts from the Diary of a Military Attaché*, London 1921, Bd. 1, S. 59, 39, 45, 50, 60, 70, 71, 73, 78f., 86, 90.

[190] Alexander Solschenizyn, *August 14*, Darmstadt 1972, S. 277.

[191] Hoffmann, *Der Krieg der versäumten Gelegenheiten*, S. 35.

[192] Solschenizyn, *August 14*, S. 271.

[193] D. J. Goodspeed, *Ludendorff, Genius of World War I*, Boston 1966, S. 80. Siehe auch Hindenburg, *Aus meinem Leben*, S. 72.

[194] Tuchman, *Guns of August*, S. 295; S. L. A. Marshall, *World War I*, New York 1964, S. 61.

[195] Hindenburg, *Aus meinem Leben*, S. 79.

[196] B. H. Liddell Hart, *The Real War*, London 1930, S. 74–78; Tuchman, *Guns of August*, S. 436.

[197] Ludendorff, *Meine Kriegserinnerungen*, S. 44f.

[198] Ebd., S. 91.

[199] Ebd., S. 37.

[200] Arnold Zweig, *Einsetzung eines Königs*, Berlin, Weimar 1970, S. 162.

[201] Zweig, *Einsetzung eines Königs*, S. 165. An gleicher Stelle gibt Zweig eine weitere sarkastische Äußerung Hoffmanns wieder: »Seit ich höre, dass Hindenburg die Schlacht bei Tannenberg gewonnen hat, glaube ich weder mehr an Hannibal noch an Caesar.« Die Hoffmann-Figur, Wilhelm Clauß, spiegelt die Feindseligkeit wider, die die Befehlshaber der Ostfront gegenüber ihren Gegenpolen an der Westfront empfanden, vor allem gegenüber Erich von Falk und später gegenüber Ludendorff (dargestellt als Schieffenzahn, dem General mit dem »bösen Geist«). Die beste Zusammenfassung ist vielleicht Buch 4, Kapitel 1, »General Clauß kondoliert«, S. 155–176.

[202] Görlitz, *Der deutsche Generalstab*, S. 258. Vgl. auch Admiral Georg von Müllers Bemerkung, dass Ludendorff seit Tannenberg »an einer Kriegsneurose litt«. *The Kaiser and His Court: The Diaries, Note Books and Letters of Admiral Georg Alexander von Müller, Chief of the Naval Cabinet, 1914–1918*, hrsg. von Walter Görlitz, übers. von M. Savill, New York 1959, S. 413.

[203] Ebd., S. 167.

[204] Goodspeed, *Ludendorff*, S. 188.

[205] John Toland, *No Man's Land: 1918, The Last Year of the Great War*, New York 1980, S. 482.

[206] Hindenburg, *Aus meinem Leben*, S. 308.

[207] Feuchtwanger, *Preußen*, S. 243.

[208] General Wilhelm Groener. Siehe Toland, *No Man's Land*, S. 531; Kuno Graf von

Westarp, *Das Ende der Monarchie am 9. November 1918*, Berlin 1952, S. 42–48.

209 Golo Mann, *Erinnerungen und Gedanken. Eine Jugend in Deutschland*, Frankfurt a. M. 1986, S. 492.

210 *The Peasant War in Germany*, hrsg. von Leonard Krieger, Chicago 1967, S. 3–18; siehe auch Tighe, *Gdańsk*, S. 67.

211 Peter Gay, *Weimar Culture: The Outsider as Insider*, New York 1968, S. xiii.

212 Klaus Epstein, »Shirer's History of Nazi Germany«, in: *Review of Politics*, Bd. 23, Nr. 2, April 1961, S. 230–245.

213 Bert Edward Park, *The Impact of Illness on World Leaders*, Philadelphia 1986, S. 85.

214 Kessler, *Tagebücher*, S. 739.

215 Park, *The Impact of Illness*, S. 88.

216 M. Ludendorff, *Als ich Ludendorffs Frau war*, S. 236.

217 Ebd., S. 213.

218 Kessler, *Tagebücher*, S. 214–221, 53.

219 Der Kaiser hielt seinen Hofstaat in den Niederlanden mit allen Regeln und aller höfischen Etikette des Hofes aufrecht. Doch der britische Autor John Wheeler-Bennett war von Wilhelms Entourage nicht sonderlich beeindruckt: »Obwohl das blaueste ostelbische Blut in ihren Adern floss, hatten sie die Manieren von Warzenschweinen und die politische Intelligenz von Schwachköpfen der Unterschicht.« Sigurd von Ilsemann, *Der Kaiser in Holland*, München 1967, Bd. 1, S. 149; John Wheeler-Bennett, *Knaves, Fools and Heroes in Europe Between the Wars*, London 1974, S. 181.

220 Wilhelm verachtete Hitler und die Nazis. Das Dritte Reich war eine »Senfrepublik«, wie er sagte. »Braun und scharf.« Christian Zentner und Friedemann Bedürftig (Hrsg.), *Encyclopaedia of the Third Reich*, New York 1991, Bd. 2, S. 1048.

221 Der englische Historiker Hugh Trevor-Roper bemerkte 1955 in einem Artikel, dass Hitler »sicherlich eine außergewöhnliche Macht besaß. Wenn er jemanden fesseln wollte, hatte er diese Wirkung. Es funktionierte nicht bei jedem. Es funktionierte grob gesagt nicht bei Aristokraten oder Leuten, die empfindlich auf sein ordinäres Benehmen reagierten.« Ron Rosenbaum, »Explaining Hitler«, in: *New Yorker*, 7. Mai 1995, S. 60.

222 Siehe dazu: Shmuel Abramsky, »Study of Suwalk Jewry«, in: S. Abramsky, Ariel Y. Berelson, B. Kahan, S. Savitt-Zavozhnitzky und L. Sherer, *Jewish Community Block: Suwalk and Vicinity*, o.O., S. 9.

223 Zur Bevölkerungsstatistik von Suwałki vgl. Sherer, ebd., S. 12f.

224 Der Bürgermeister der Stadt Olszytn (früher Allenstein) wurde 1994 mit dem Satz zitiert: »Es macht keinen Sinn, sich der eigenen Geschichte zu schämen.«

Józef Grzegorczyk, interviewt von Miasto Otwarte, »Open City«, in: *Kaleidoscope*, Bd. 4, Nr. 77, 1994, S. 10.

225 Der Schweizer Theologe Hans Küng meinte in Bezug auf Deutschland: »Der Antisemitismus der Nazis wäre nicht möglich gewesen ohne den zweitausendjährigen christlichen Antisemitismus. Dieser war nicht rassistisch motiviert, sondern religiös.« Zitiert nach James Carroll, »The Silence«, in: *New Yorker*, 7. April 1997, S. 60.

226 Im August 1940 stellte der japanische Generalkonsul in Kowno, Litauen, im Laufe von drei Wochen mehr als 2000 Transitvisa für polnische und litauische Juden aus. Sempo Sugihara, der 1986 starb, gab aus eigener Initiative Reisedokumente aus, die es Flüchtlingen ermöglichten, mit dem Zug durch Russland zu fahren und sich nach Japan einzuschiffen und von dort in die USA oder nach Palästina weiter zu reisen, vermutlich über die niederländische Insel Curaçao, weltweit einer der wenigen Häfen, für den keine Landeerlaubnis erforderlich war. Siehe dazu: Hillel Levine, *In Search of Sugihara*, New York 1996; Zorach Warhaftig, *Refugee and Survivor: Rescue Efforts During the Holocaust*, New York 1990, S. 1423f.

227 Nur vier Prozent der litauischen Juden überlebten den Krieg. 220 000 kamen um. Siehe dazu Israel Gutman, *Encyclopedia of the Holocaust*, New York 1990, S. 895–899.

228 In Suwałki wurde 1907 auch Avraham Stern geboren, dessen Mutter, die örtliche Hebamme, alle Kinder der Kierszkowkis entband. Stern gründete zu Beginn des Zweiten Weltkriegs in Palästina die Terrorgruppe Lehi. In Anlehnung an das Beispiel der irischen Revolutionäre von 1916 betrachtete er den Kampf Großbritanniens gegen Hitler als eine Gelegenheit, eine Heimstatt der Juden zu erringen. Er knüpfte nicht nur Kontakte mit deutschen Diplomaten, um das militärische Vorgehen gegen die britischen Truppen im Nahen Osten zu koordinieren, sondern demonstrierte seine Bereitschaft zur Ausübung von Gewalt auch daduch, dass er Mordanschläge gegen hochgestellte Persönlichkeiten in Auftrag gab, die er als die »Besatzungsverwaltung« der britischen Krone bezeichnete.

In jüdischen Untergrundkreisen wurde Sterns Radikalismus nicht gutgeheißen. Mit ihm zu diskutieren war, wie ein Zeitgenosse es ausdrückte, »als würde man mit einer Wand reden«. Für seine Anhänger jedoch, zu denen Männer wie der frühere israelische Ministerpräsident Yitzhak Shamir gehörten, war Stern eine gottähnliche Gestalt, »der erste wirklich freie Jude der Welt«.

Da auf ihn ein Kopfgeld ausgesetzt war, wurde Sterns Aufenthaltsort in Tel Aviv dem Militär verraten, das am 12. Februar 1942 seine Unterkunft stürmte. Während des darauf folgenden Kampfes wurde Stern von drei Kugeln getroffen, verletzt in ein Laken eingewickelt und eine Treppe hinab geworfen. Eine Stunde später starb er im Polizeigewahrsam. Er wurde 34 Jahre alt. Auf einem Foto, das bei der Autopsie seines Leichnams gemacht wurde und auf dem deutlich ein Einschussloch in seiner Brust zu sehen ist, scheinen Sterns Augen förmlich an die Kameralinse geheftet zu sein. Er blieb ein Fanatiker bis zum Schluss. Zu Avraham Stern siehe auch: Kati Marton, *A Death in Jerusalem*, New York 1994, vor allem S. 16, 45–59; Joseph Heller, *The Stern Gang. Politics and Terror, 1940–1949*, London 1995; Gutman, *Encyclopedia of the Holocaust*, S. 910f.

229 Erich von Manstein, *Verlorene Siege*, Bonn 1998, S. 313.

230 Heinz Guderian, *Erinnerungen eines Soldaten*, Stuttgart 1998, S. 128.

231 Die Schätzungen über die Zahl der russischen Soldaten, die von der deutschen Wehrmacht gefangen genommen wurden, differieren sehr stark und bewegen sich zwischen vier und sechs Millionen. Ein deutscher Historiker schrieb, »dass vier von fünf russischen Kriegsgefangenen an Hunger oder wegen schlechter Behandlung starben oder hingerichtet wurden«. Zur russischen Kriegsgefangenenstatistik vgl. John und Carol Garrard, »Bitter Victory«, in: *World War II and the Soviet People: Selected Papers from the Fourth World Congress for Soviet and East European Studies, Harrogate 1990*, hrsg. von John und Carol Garrard, New York 1993, S. 6, 24.

232 Vgl. dazu Konnilyn G. Feig, *Hitlers Death Camps: The Sanity of Madness*, New York 1981, S. 192.

233 Günter Grass, *Die Blechtrommel*, Neuwied am Rhein 1959, S. 234.

234 Feig, *Hitlers Death Camps*, S. 197.

235 Gutman, *Encyclopedia of the Holocaust*, S. 1421.

236 Vgl. Daniel Goldhagen, *Hitlers willige Vollstrecker. Ganz gewöhnliche Deutsche und der Nationalsozialismus*, München 1998.

237 Andrzej Zakrzewski, Berater von Präsident Walesa, zitiert in der Reuters-Meldung »John Paul Warns of Hatred That Led to Death Camps«, in: *Boston Globe*, 30. Januar 1995, S. 7.

238 Siehe zu dieser Thematik: Lawrence L. Langer, *Admitting the Holocaust: Collected Essays*, New York 1995, S. 182; Ralph Melnick, *The Stolen Legay of Anne Frank: Meyer Levin, Lillian Hellman, and the Staging of the Diary*, New Haven 1997; Lawrence Graver, *An Obsession with Anne Frank: Meyer Levin and the Diary*, Berkeley 1995; Cynthia Ozick, »Who Owes Anne Frank?«, in: *New Yorker*, 6. Oktober 1997, S. 76–87.

239 Martin Gilbert, *The Holocaust: A History of the Jews of Europe During the Second World War*, New York 1985, S. 115.

240 Lucy S. Dawidowicz, *The Holocaust and the Historians*, Cambridge 1981, S. 14.

241 Die Meinungen zu diesem Thema gehen weit auseinander, auch unter den Juden. Hannah Arendt kritisierte 1963 in ihrer Schrift über den Eichmann-

Prozess die »jüdische Perspektive«. Beim Nürnberger Prozess waren die Verbrechen der Nazis »gegen Angehörige verschiedener Nationen« oder die Menschheit im Allgemeinen behandelt worden, während das Verfahren gegen Eichmann die »Tragödie der Juden« in den Vordergrund rückte. Arendt lehnte trotz heftiger Kritik diese ihrer Ansicht nach verengte Sichtweise des Holocaust ab, wie sie in Jerusalem vertreten wurde, obwohl die große Mehrzahl der Opfer in den Konzentrationslagern Juden waren. Hannah Arendt, *Eichmann in Jerusalem: Ein Bericht über die Banalität des Bösen*, München 1986. Zu Kontroversen innerhalb des Judentums vgl. Irving Howe, *A Margin of Hope: An Intellectual Autobiography*, New York 1982, S. 247–282; Amos Elon, »The Case of Hannah Arendt«, in: *New York Review of Books*, 7. November 1997, S. 25–29.

242 Das Kloster der Karmeliterinnen ist dem Gedenken an Edith Stein gewidmet, einer Jüdin, die zum katholischen Glauben konvertierte und im Orden den Namen Teresia Benedicta a Cruce annahm. Als Philosophin ist sie heute vor allem durch ihr postum erschienenes Werk *Endliches und ewiges Sein* bekannt. Am 9. August 1942 wurde sie in Auschwitz ermordet. 1998 sprach der Papst sie heilig.

243 Primo Levi, *Survival in Auschwitz*, New York 1993, S. 90.

244 Pierre Galante, *Operation Valkyrie: The German Generals' Plot Against Hitler*, New York 1981, S. 13.

245 Siehe dazu: James P. O'Donnell, *The Bunker: The History of the Reich Chancellery Group*, Boston 1978, S. 2; Robert Payne, *The Life and Death of Adolf Hitler*, New York 1973, S. 433.

246 Adolf Hitler, *Monologe im Führerhauptquartier 1941–1944*, München 2000, S. 294; William A. Jenks, *Vienna and the Young Hitler*, New York 1960.

247 Nicht zu verwechseln mit dem inzwischen zerstörten Bürgerbräukeller, in dem Hitler 1923 seinen Putschversuch startete.

248 Philip Hamburger, »Letter from Berchtesgaden«, in: *New Yorker*, 1. Mai 1995, S. 70–73.

249 Marion Gräfin Dönhoff, *Bilder, die langsam verblassen*, Berlin 1988.

250 Galante, *Operation Valkyrie*, S. 145.

251 Otti Strasser und Michael Stern, *Flight from Terror*, New York 1943, S. 111; Walter C. Langer, *The Mind of Adolf Hitler*, New York 1972, S. 94; Charles Bracelen Flood, *Hitler: The Path to Power*, Boston 1989, S. 192.

252 Manstein, *Verlorene Siege*, S. 15.

253 Hitler, *Monologe im Führerhauptquartier*, S. 283.

254 Galante, *Operation Valkyrie*, S. 92.

255 H.R. Trevor-Roper, »The Mind of Adolf Hitler«, Einleitung zu *Hitlers Secret Conversations 1941–1944*, New York 1971, S. XI (englische Ausgabe der *Monologe im Führerhauptquartier 1941–1944*).

[256] Bert Edward Park, *The Impact of Illness on World Leaders*, Philadelphia 1986, S. 177–189; Guderian, *Erinnerungen*, S. 402; Galante, *Operation Valkyrie*, S. 133.

[257] Reichsfinanzminister Graf Schwerin von Krosigk, in: Bailey, *Germans*, S. 64; siehe dazu ferner: B. H. Liddell Hart, *Strategy*, New York 1960, S. 223f.

[258] Adolf Hitler, *Mein Kampf*, München 1938. Vgl. dazu Andreas Hillgruber, *Deutschlands Rolle in der Vorgeschichte der beiden Weltkriege*, Göttingen 1979, S. 67–76.

[259] Trevor-Roper, »The Mind of Adolf Hitler«, S. XVI.; Guderian, *Erinnerungen*, S. 400.

[260] Hitler, *Monologe im Führerhauptquartier*, S. 55, 300.

[261] William Shirer, *Aufstieg und Fall des Dritten Reiches*, S. 403ff.

[262] Vgl. dazu etwa Guderian, *Erinnerungen*, S. 106f., 376f. Hitler aber war ganz anderer Ansicht: »Ich habe es wieder gesehen, wenn alle die Nerven verlieren, bin schließlich allein wieder ich der, welcher standhält!« *Monologe im Führerhauptquartier*, S. 300.

[263] Ebd., S. 133; Paul West, *The Very Rich Hours of Count von Stauffenberg*, New York 1980, S. 287.

[264] Galante, *Operation Valkyrie*, S. 133.

[265] Die Verluste in den beiden Weltkriegen haben den blaublütigen Anteil am deutschen Offizierskorps stark verringert. 1860 waren noch zwei Drittel aller Offiziere Adelige. 1932 war ihr Anteil auf 24 Prozent gesunken, in der Nazizeit ging er weiter zurück. Siehe dazu: Omer Bartov, *The Eastern Front, 1941. German Troops and the Barbarization of Warfare*, New York 1985, S. 43. Die Herzen und die Köpfe der alten Aristokratie vermochten die Nationalsozialisten nie ganz zu überzeugen, wie Himmler bedauernd feststellte: »Man muss zugeben, dass die Partei dieses gute Blut nicht für sich gewinnen konnte. Dies ist eine schlichte Tatsache.« Jeremy Noakes, »Nazism and High Society«, in: *Confronting the Nazi Past: New Debates on Modern German History*, New York 1996, S. 58.

[266] Galante, *Operation Valkyrie*, S. 97.

[267] Telford Taylor, *Sword and Swastika: Generals and Nazis in the Third Reich*, Chicago 1969; Robert J. O'Neill, *The German Army and the Nazi Party, 1933–1939*, New York 1966, S. 139–150; Wheeler-Bennett, *The Nemesis of Power*, S. 363 bis 374; Nicholas Reynolds, *Treason Was No Crime: Ludwig Beck, Chief of the German General Staff*, London 1976, S. 121–147.

[268] William L. Shirer, *Berlin Diary: The Journal of a Foreign Correspondent, 1934–1941*, New York 1941, S. 27.

[269] General Franz Halder hielt ihn für verrückt und betrachtete Hitlers Eroberungsstreben als Ausdruck seiner »pathologischen sexuellen Regungen«. Ähnlich dachte Feldmarschall Walther von Brauchitsch, der sich, als einer seiner

Mitarbeiter das Wort »Krieg« in den Mund nahm, »mit dem Zeigefinger an die Schläfe tippte«. Galante, *Operation Valkyrie*, S. 55, 69.

270 Görlitz, *Kleine Geschichte des deutschen Generalstabs*, S. 357, 337; vgl. auch Guderian, *Erinnerungen*, S. 28.

271 Den Offizierseid ließen die Ankläger beim Nürnberger Prozess, den die Sieger nach dem Krieg veranstalteten, nicht als Entschuldigung gelten. Doch die deutschen Landsleute setzten sich durchaus damit auseinander, wie zum Beispiel der existenzialistische Philosoph Karl Jaspers, der die soldatische Pflichtauffassung als »das gute Gewissen im bösen Tun« bezeichnete und kritisch auf die »wunderliche Heiligkeit des Befehls« verwies. Jaspers hatte freilich persönlich keinen Bezug zum Militär. Karl Jaspers, *Die Schuldfrage*, München 1987, S. 43f.

272 Görlitz, *Kleine Geschichte des deutschen Generalstabs*, S. 343.

273 Zitiert in: John Keegan, *Guderian*, New York 1973, S. 193.

274 General Hermann Reinecke, zitiert in: Telford Taylor, *The Anatomy of the Nuremberg Trials*, Boston 1992, S. 189.

275 Galante, *Operation Valkyrie*, S. 219.

276 *Hinterlassene Werke des Generals Carl von Clausewitz über Krieg und Kriegführung*, Berlin 1832.

277 »Stalin ist eine der eigenartigsten Gestalten der Weltgeschichte«, stellte Hitler fest. »Er hat angefangen als kleiner Sekretär und hat nie das Büro verlassen, nie eine Rede gehalten« (*Monologe im Führerhauptquartier*, S. 42).

278 Ebd., S. 269.

279 Görlitz, *Kleine Geschichte des deutschen Generalstabs*, S. 374.

280 Keegan, *Guderian*, S. 193.

281 Guderian, *Erinnerungen*, S. 274, 399.

282 Manstein, *Verlorene Siege*, S. 305.

283 Ebd., S. 307.

284 Ebd., S. 309.

285 Guderian, *Erinnerungen*, S. 343.

286 Ebd., S. 128.

287 Vgl. Paul Carell, *Unternehmen Barbarossa. Der Marsch nach Russland*, Berlin 1963; Garrard, »Bitter Victory«, S. 1f.

288 John Erickson, *The Road to Berlin*, Boulder 1983, S. IX, zitiert in: Garrard, »Bitter Victory«, S. 2.

289 Erickson, *The Road to Berlin*, S. 481.

290 Die Verluste der US-amerikanischen, britischen und kanadischen Truppen am so genannten D-Day beliefen sich auf 4900 Mann; 12 000 weitere Amerikaner wurden in den folgenden Monaten getötet, als die Invasionsstreitmacht von der Küste ins Landesinnere vorrückte. Um die Größenordnungen zu verdeutlichen, sei erwähnt, dass die Wehrmacht an der Ostfront ungefähr dieselbe Zahl

eigener Soldaten aus den unterschiedlichsten Gründen hinrichten ließ: wegen Befehlsverweigerung, Selbstverstümmelung, Desertion, Feigheit vor dem Feind und dergleichen. Siehe dazu: Stephen D. Ambrose, *D-Day, June 6, 1944: The Climactic Battle of World War II*, New York 1994; Garrard, »Bitter Victory«, S. 5.

[291] Martin Gilbert, »Winston Churchill and the Soviet Union, 1939–45«, Garrard, »Bitter Victory«, S. 250.

[292] Guderian, *Erinnerungen*, S. 396f.

[293] Edward Gibbon, *The History of the Decline and Fall of the Roman Empire*, hrsg. von J.B. Bury, New York 1974, Bd. 3, S. 129.

[294] Taylor, *The Anatomy of the Nuremberg Trials*, S. 437.

[295] Guderian, *Erinnerungen*, S. 260. Siehe dazu auch: Clive Pointing, *Armageddon: The Reality behind the Distortions. Myths, Lies, and Illusions of World War II*, New York 1995, S. 325–343.

[296] Zu den Entnazifierungsverfahren vgl. Pointing, *Armageddon*.

[297] Ebd., S. 461.

[298] Zitiert in: Gehlen, *Der Dienst*, S. 12.

[299] Ernest F. Henderson, *Germany's Fighting Machine*, Indianapolis 1914, S. 16; Churchill, *Thoughts and Adventures*, S. 149.

[300] Gehlen, *Der Dienst*, S. 112.

[301] Zitiert in: Manstein, *Verlorene Siege*, S. 97.

[302] N. Chruschtschow, *Khrushchev Remembers: The Glasnost Tapes*, Boston 1990, S. 48, 50, 54, 67.

[303] Taylor, *The Anatomy of the Nuremberg Trials*, S. 378.

[304] Hitler, *Monologe im Führerhauptquartier*; Henry Picker (Hrsg)., *Hitlers Tischgespräche im Führerhauptquartier 1941–1944*, Stuttgart 1965.

[305] Hitler, *Monologe im Führerhauptquartier*, S. 41f., 107, 196.

[306] Ebd., S. 324; Galante, *Operation Valkyrie*, S. 120.

[307] Guderian, *Erinnerungen*, S. 236. Er spielte damit auf Goebbels' Parole vom »totalen Krieg« an.

[308] Taylor, *The Anatomy of the Nuremberg Trials*, S. 203.

[309] Galante, *Operation Valkyrie*, S. 123.

[310] Guderian, *Erinnerungen*, S. 360f.

[311] Walter Görlitz, *Paulus und Stalingrad. Lebensweg des Generalfeldmarschalls Friedrich Paulus. Mit Aufzeichnungen aus dem Nachlass, Briefen und Dokumenten*, Frankfurt a. M. 1960.

[312] Manstein, *Verlorene Siege*, S. 319–396.

[313] Manstein, der eingestand, dass es im Osten Kriegsverbrechen gegeben hatte, ist vielleicht nicht unbedingt der zuverlässigste Zeuge, aber er behauptete, »dass Gerüchte, wie sie in der Heimat umliefen, kaum an die Front durchdrangen«.

Ebd., S. 603. Christabel Bielenberg indes zitiert in ihren Lebenserinnerungen eine Bemerkung eines amerikanischen Soldaten, der sagte, er wolle gern »jenen Deutschen treffen, der überhaupt etwas wusste«. Zum Prozess gegen den Feldmarschall siehe: R.T. Paget, *Manstein: His Campaigns and His Trial*, London 1951; John Wheeler-Bennett, *Friends, Enemies and Sovereigns*, New York 1976, S. 114–118. Laut Wheeler-Bennett gab sich Manstein auf der Anklagebank »kalt, unnahbar und hochmütig«.

314 In den ersten Monaten des Russland-Feldzugs entfielen auf die Waffen-SS fast 20 Prozent aller deutschen Verluste. »Der hohe Blutzoll, den sie entrichtete, stand im allgemeinen nicht im richtigen Verhältnis zu dem, was erreicht wurde«, wie Manstein schrieb. Manstein, *Verlorene Siege*, S. 188.

315 Dass deutsche Historiker die Waffen-SS organisatorisch von der SS unterscheiden, stößt im Ausland oft auf Unverständnis und führte schon bei verschiedenen Gelegenheiten zu Problemen. Dazu gehörte zum Beispiel die Kranzniederlegung des früheren US-Präsidenten Ronald Reagan auf dem Soldatenfriedhof Bitburg (wo sechs Angehörige der Waffen-SS bestattet sind). Im Mai 1997 sorgten Diskussionen über Pensionen für SS-Veteranen, die von Überlebenden des Holocausts vehement kritisiert wurden, ebenfalls für beträchtliche Verstimmung.

Die Waffen-SS wurde nach dem Beginn des Krieges enorm ausgebaut und wuchs zwischen 1939 und 1945 von 22 000 auf 600 000 Mitglieder. Aus der ursprünglichen »Prätorianergarde«, die ausschließlich Adolf Hitler verpflichtet war, wurde bis zum Kriegsende eine Kampftruppe, die größtenteils aus gewöhnlichen Soldaten bestand, die sich weder durch ihren Kampfgeist noch ihre Ausbildung von der Wehrmacht unterschieden. Doch es muss auch festgestellt werden, dass einige Teile der Waffen-SS den ursprünglichen ideologischen Zielen der Organisation verhaftet blieben und für einige der schlimmsten Verbrechen dieses Krieges verantwortlich zu machen sind. Somit stellen also auch die hier wiedergegebenen Ausführungen des alten Soldaten eine Mischung aus Rechtfertigung und Überzeugung dar. Siehe dazu auch: Manstein, *Verlorene Siege*, S. 187f.; Bernd Wegner, *Die Waffen-SS: Hitlers politische Soldaten*, Paderborn 1982.

316 Heinrich Böll, *Der Zug war pünktlich*, München 1972, S. 5ff.

317 Siehe dazu: Wilhelm Keitel, *Mein Leben. Pflichterfüllung bis zum Untergang*, Berlin 1998. Jodls Tagebuch wurde lediglich in Auszügen veröffentlicht.

318 Manstein, *Verlorene Siege*, S. 311.

319 Keegan, *Guderian*, S. 155; Manstein, *Verlorene Siege*, S. 440ff.

320 Ian Buruma, »Chinese Whispers«, in: *New Yorker*, 13. Februar 1995.

321 Guderian, *Erinnerungen*, S. 405–408.

322 Ebd., S. 375.

[323] Ebd., S. 352.
[324] Galante, *Operation Valkyrie*, S. 31.
[325] Ebd., S. 187.
[326] Historiker streiten darüber, ob die zerfetzte Hose wirklich von Hitler stammte. Die meisten Forscher halten diese Angabe für glaubwürdig, und Galante berichtet davon, dass Hitler diese Überreste Eva Braun schickte, zur Erinnerung an seine glückliche Rettung. Eine Minderheit der Forscher schreibt diese Hosenreste jedoch Hauptmann Hermann Fegelein zu, einem SS-Verbindungsoffizier, der ebenfalls die Explosion überlebte. Fegelein heiratete 1944 Eva Brauns Schwester, was ihm jedoch ein Jahr später nicht mehr half, als Hitler ihn am 28. April exekutieren ließ, weil er vor den anrückenden Russen den Führerbunker verlassen hatte. Eva Braun unternahm keinen Versuch, ihn zu retten. Am folgenden Tag heiratete Hitler seine Geliebte und nahm sich am 30. April zusammen mit ihr das Leben.
[327] Albert Speer, *Erinnerungen*, Berlin 1969, S. 399.
[328] Michael von Richthofen Jeffrey, aus persönlicher Unterredung mit dem Autor. Wheeler-Bennett, *Friends, Enemies and Sovereigns*, S. 103, vertritt folgende These: »Das Scheitern der Verschwörung … war ganz einfach zu erklären. Den Verschwörern fehlte ein entschlossener Attentäter. Dies war nicht Feigheit geschuldet, sondern der Tatsache, dass viele Männer, die an der Verschwörung beteiligt waren, beim Aufbau eines neuen Deutschlands eine Rolle spielen wollten … Graf Stauffenberg war zwar ein mutiger Mann, aber nicht aus dem Holz geschnitzt, aus dem Attentäter sein müssen.«
[329] Vgl. John Weitz, *Hitler's Diplomat: The Life and Times of Joachim von Ribbentrop*, New York 1992, S. 278.
[330] Ebd., S. 312.
[331] Galante, *Operation Valkyrie*, S. 15.
[332] Shirer, *Aufstieg und Fall des Dritten Reiches*, S. 1029.
[333] Thomas Spurgeon, »The Romance of Simulation: W.B. Yeats and the Theme-Parking of Ireland«, in: *Eire-Ireland*, Bd. 30, Frühjahr 1995, S. 18.
[334] Zum Wiederaufbau Berlins vgl. Paul Goldberger, »Reimagining Berlin«, in: *New York Times Magazine*, 5. Februar 1995, S. 45–53; Raymond Sokolow, »After the Fall of the Wall, Berlin Puts Itself Together«, in: *Wall Street Journal*, 1. Februar 1996, S. A16; Peter Conrad, »Rebuilding Berlin«, in: *New Yorker*, 28. April – 5. Mai 1997, S. 221–226.
[335] Ein Berater General Eisenhowers berichtete von unterschiedlichen Einschätzungen dieses Attentatsversuchs: »Ich bin davon begeistert, Ike jedoch nicht.« Harry C. Butcher, *My Three Years with Eisenhower*, New York 1946, S. 620.
[336] Vgl. Theodor Schieder, *Die Vertreibung der deutschen Bevölkerung aus den Gebieten östlich der Oder-Neisse*, Bde. 1–3, München 1984; Albert Seaton, *Russo-*

German War, New York 1971, S. 544; Erickson, *The Road to Berlin*, S. 508, 746; Gehlen, *Der Dienst*, S. 117–128; Garrard, »Bitter Victory«, S. XVI; Ilja Ehrenburg und Konstantin Simonow, *In One Newspaper: A Chronicle of Unforgettable Years*, New York 1985.

337 Alexander Solschenizyn, *Der Archipel Gulag*, Bern-München 1986.

338 Statistische Angaben zu den Flüchtlingstrecks finden sich bei George Kennan, im Vorwort zu Dönhoff, *Bilder, die langsam verblassen*; vgl. ferner Tighe, *Gdańsk*, S. 216.

339 Vgl. Hans Graf von Lehndorff, *Ein Bericht aus Ost- und Westpreußen 1945–1947. Aufzeichnungen*, Düsseldorf 1960.

340 Gilbert, *The Holocaust*, S. 780.

341 Erich Koch, der Gauleiter von Ostpreußen, hatte den Familien verboten, ihre Häuser zu verlassen und ihnen angedroht, sie bei Zuwiderhandlung auf der Straße erschießen zu lassen. Doch dies hinderte ihn nicht daran, später Großadmiral Dönitz um ein U-Boot zu bitten, das ihn nach Südamerika bringen sollte. Koch starb erst vor kurzem in einem polnischen Gefängnis.
Der frühere Gauleiter hatte Glück, dass er nach seiner Gefangennahme durch britische Militärpolizisten 1949 nicht von den Polen wegen Kriegsverbrechen hingerichtet wurde, eine Gnade, die ihm angeblich wegen seines »Insiderwissens« über den Verbleib des berühmten Bernsteinzimmers Friedrichs I. zuteil wurde (vgl. auch Anmerkungen 36, 100).
Die deutschen Truppen waren 1941 so schnell nach Westrussland vorgestoßen, dass die Museumswärter nur noch Zeit fanden, das Bernsteinzimmer in Packpapier zu verpacken, bevor sie aus den Vororten Leningrads in den Katharinenpalast flohen – eine List, die einige Wochen lang funktionierte, von den Deutschen schließlich aber doch durchschaut wurde. 1943 wies Hitler Koch an, die Bernsteintafeln auszupacken und im Schloß von Königsberg zusammenzustellen. Zwei Jahre später, im Frühjahr 1945, wurde Königsberg von den Russen eingenommen, doch zuvor soll Koch diesen Schatz, dessen Wert 1985 auf 100 Millionen Dollar geschätzt wurde, in 72 Holzkisten verpackt und in Sicherheit gebracht haben. Man fragte sich natürlich: Wohin? Doch das Bernsteinzimmer blieb verschwunden und ist bis heute nicht wieder aufgetaucht.
Die Sowjets unternahmen große Anstrengungen, um den Schatz zu finden, und schickten sogar Taucher zu den Wracks von Flüchtlingsschiffen, die beim Auslaufen aus dem Hafen von Königsberg durch Torpedos oder Bomben versenkt worden waren. Die Taucher fanden zwar hunderte von Toten, aber kein Bernstein. Als Koch an Polen ausgeliefert wurde, avancierte er zur Schlüsselfigur für die Lösung dieses Rätsels. Obwohl wegen der Ermordung von 400 000 Polen zum Tode verurteilt, wurde er auf Druck Moskaus begnadigt, weil die Sowjets hofften, von ihm Hinweise auf den Verbleib des Schatzes zu erhalten. Koch, der

begriffen hatte, dass sein Leben an einem seidenen Faden hing, schwieg bis 1965, als sein Todesurteil gegen die Zusage, Informationen zu liefern, formell aufgehoben wurde. Seine Aussage jedoch erwies sich als enttäuschend und blieb ungenau. Experten sind heute der Ansicht, dass die Tafeln entweder in Österreich oder der Tschechoslowakei in Bergwerksstollen versteckt wurden, von denen viele von den abziehenden deutschen Truppen gesprengt wurden. Da Bernstein widrigen klimatischen Verhältnissen nicht lange standhält, dürfte sich diese historische Sammlung, falls sie jemals entdeckt wird, heute in einem beklagenswerten Zustand befinden.

342 Dorothee von Klitzing, *Das Ende in Grünfelde und was darauf folgte*, Typoskript, hier zitiert nach *Menschen und Schicksale – von Klitzing'sche Häuser im 19. und 20. Jahrhundert*, hrsg. von Hans-Ulrich von Klitzing, S. 569–582.

343 1946 lebten noch knapp 5 Millionen Deutsche im früheren Ostpreußen, im Baltikum, in Polen und Russland. Die Polen vertrieben davon 1,6 Millionen in den zwölf Monaten nach dem Waffenstillstand. Bis 1950 wurden weitere 2,75 Millionen aus den, wie die Polen sie nannten, »wiedergewonnenen Gebieten« in den Westen vertrieben. George Orwell bezeichnete diese Vertreibungen, über die wenig bekannt wurde, als ein »großes Verbrechen.« Zur Statistik der Vertreibungen siehe auch Tighe, *Gdańsk*, S. xx, 205, 216.

344 Vgl. auch Goldhagen, *Hitlers willige Vollstrecker.*

345 Stalins Befehl Nr. 270 besagte, dass alle russischen Soldaten, die vom Feind gefangen genommen worden waren, als »Verräter des Vaterlandes« behandelt werden sollten. Streng genommen handelte es sich dabei um zwei Befehle, Nr. 270 und Nr. 227. Vgl. Garrard, »Bitter Victory«, S. 10; Solschenizyn, *Archipel Gulag.*

346 Carl Tighe, »1945: The Last Days of Danzig«, in: Ders., *Gdańsk*, S. 187f.

347 Charles L. Mee, *Meeting at Potsdam*, New York 1975, S. 111.

348 *Der Fischer Weltalmanach 2000* nennt 47 000 jüdische Mitbürger in Deutschland (Anm. d. Lekt.).

349 Einen unerwarteten Mitstreiter (wenngleich aus anderen Motiven) fand der Graf in Günter Grass, der die Regierung in Bonn ebenfalls wegen der Handhabung der Wiedervereinigung heftig kritisierte. Sein Roman *Ein weites Feld* sorgte in der deutschen Öffentlichkeit für tief gehende Kontroversen.

350 Zu den alteingesessenen deutschen Familien, die sich vergeblich um die Rückgabe ihres früheren Eigentums bemühten, gehört auch die Familie Mendelssohn, deren ehemaliges Gut rund 30 Kilometer östlich von Berlin liegt. Obwohl sie bekannte Juden waren – berühmt wurden vor allem Felix, der Komponist, und Moses, der Philosoph –, gelang es ihnen, ihren Besitz unter den Nazis zu bewahren; sie verloren ihn aber schließlich in der DDR. Die Nachkommen führten mit einem ehemals führenden Mitglied des SED-Regimes einen Pro-

zess, den sie verloren. Vgl. Peter Gumbel, »Famed German Family Faces Battle to Regain Historic Estate«, in: *Wall Street Journal*, 5. Dezember 1995, S. 1.

[351] Siehe dazu auch: Barbara Marshall, »German Reactions to Military Defeat, 1945–1947: The British View«, in: *Germany in the Age of Total War*, hrsg. von V. Berghahn und M. Kitchen, London 1981, S. 228–239.

[352] Ein deutscher Literaturkritiker zählte einmal folgende »vier Bestandteile der zerrissenen deutschen Seele auf: Mord, Bürokratie, Theologie und Musik«. Michael Hofmann, Vorwort zur englischen Übersetzung von Wolfgang Koeppen, *Der Tod in Rom*, London 1994.

[353] Vgl. Alfons Heck, *The Burden of Hitler's Legacy*, Frederick 1988; Gerhard Rempel, *Hitler's Children: The Hitler Youth and the SS*, Chapel Hill 1989; H.W. Koch, *The Hitler Youth: Origins and Development 1922-45*, London 1975.

[354] Edmund Wilson, *Patriotic Gore*, New York 1962, S. IX–XXXII.

[355] Friedbert Pflüger, *Deutschland driftet*, Düsseldorf 1994.

[356] Vgl. auch Friedrich Meinecke, »The Year 1848 in German History: Reflections on a Centenary«, in: *1848: A Turning Point*, hrsg. von M. Kranzstein, Boston 1959, S. 54.

[357] Vgl. Terence Roth, »Costly Quest: Attempts to Reclaim an East German Estate«, in: *Wall Street Journal*, 8. Oktober 1991, S. 1.

Auswahlbibliografie

Die Zahl der Bücher, Zeitschriftenartikel und Monografien über die Geschichte Deutschlands, insbesondere jener, die sich mit dem 20. Jahrhundert befassen, geht ins schier Unermessliche. Wie der Autor Martin Gilbert in seinem Werk über den Ersten Weltkrieg bemerkte, übersteigt die Literatur, der er sich dabei konfrontiert sah, das »Lesevermögen eines jeden Menschen«. Die nachfolgend aufgeführten Titel sind daher einigermaßen willkürlich ausgewählt. Sie können weder einen vollständigen Überblick bieten noch eine ausgewogene Darstellung dieses höchst komplizierten Themas liefern. Doch die Bibliografie umfasst all die Autoritäten, auf die ich mich bei der Recherche und beim Schreiben dieses Buches stützte. (Werke, die ich besonders häufig herangezogen habe, sind mit einem Sternchen gekennzeichnet.) Sachkundige Leser werden zweifellos die eine oder andere Auslassung bemerken.

Für diese Ausgabe wurden deutschsprachige Fassungen, soweit möglich, ergänzt.

Allgemeine Darstellungen

Bailey, George, *Germans: The Biography of an Obsession*, New York 1972

–, *Auf der Suche nach dem Deutschen*, Wien, München 1973

Barraclough, Geoffrey, *The Origins of Modern Germany*, New York 1963

–, *Die mittelalterlichen Grundlagen des modernen Deutschland*, Weimar 1955

*Carsten, Francis L., *Geschichte der preußischen Junker*, Frankfurt a. M. 1988

–, *A History of the Prussian Junkers*, Brookfield, Vt. 1989

Davies, Norman, *God's Playground: A History of Poland*, 2 vols., New York 1982

–, *Im Herzen Europas. Geschichte Polens*, München 2000

–, *Europe: A History*, New York 1996

Dvornik, Francis, *The Slavs in European History and Civilization*, New Brunswick, N.J. 1962

Halecki, Oscar, *Borderlands of Western Civilization: A History of East Central Europe*, New York 1952

–, *A History of Poland*, London 1983

–, *Geschichte Polens*, Frankfurt a. M. 1963

Holborn, Hajo, *A History of Modern Germany*, 3 vols., New York 1967

–, *Deutsche Geschichte in der Neuzeit*, 3 Bde., Stuttgart 1970–1971

Kennedy, Paul, *The Rise and Fall of the Great Powers: Economic Change and Military Conflict from 1500 to 2000,* New York 1987
– , *Aufstieg und Fall der großen Mächte. Ökonomischer Wandel und militärischer Konflikt von 1500 bis 2000,* Frankfurt a. M. 1992
Koch, Hannsjoachim W., *A History of Prussia,* London 1978
–, *Geschichte Preußens,* Munchen 1980
Pinson, Koppel S., *Modern Germany: Its History and Civilization,* New York 1966
Reddaway, W. F.; Person, J. H.; Halecki, O.; Dyboski, R., *The Cambridge History of Poland,* 2 vols., Cambridge 1941, 1950
Tuttle, Herbert, *History of Prussia,* Boston 1884–1896
Vagts, Alfred, *A History of Militarism: Civilian and Military,* New York 1959

Erster Teil: Die Anfänge

Über die Kreuzzüge, Preußen und den Deutschen Orden

Barnes, A. S., *The Teutonic Knights and the Kingdom of Prussia,* Dublin 1915
Bartlett, Robert, *The Making of Europe: Conquest, Colonization and Cultural Change*, Princeton, N. J. 1993
–, *Die Geburt Europas aus dem Geist der Gewalt. Eroberung, Kolonisierung und kultureller Wandel von 950 bis 1350*, München 1996
*Benninghoven, Friedrick, *Unter Kreuz und Adler: Der deutsche Orden im Mittelalter*, Berlin 1990
Benvenisti, Meron, *The Crusaders in the Holy Land*, New York 1970
Browne, Charles, *The Knights of the Teutonic Order*, in: Transactions of the St. Paul's Ecclesiological Society, vol. 3, 1895, S. 1–15
Brundage, James A., *The Crusades, Holy War, and Canon Law,* Broodfield 1991
–, (Übers.) *The Chronicle of Henry of Livonia,* Madison, 1961
*Burleigh, Michael, *Prussian Society and the German Order: An Aristocratic Corporation in Crisis, 1410–1466,* Cambridge 1984
*Carsten, F. L., *The Origins of Prussia,* Oxford 1954
–, *Die Entstehung Preußens*, Frankfurt a. M. 1981
*Christiansen, Eric, *The Northern Crusades, the Baltic and the Catholic Frontier, 1100–1525*, London 1980
*Cook, Albert S., *The Historical Background of Chaucer's Knight*, in: Transactions, Connecticut Academy of Arts and Sciences, vol. 20, Febr. 1916, S.161–240
Dichter, Bernard, *The Order and Churches of Crusader Acre*, Acre, Israel 1979
Dollinger, Philippe, *The German Hansa,* Stanford, Calif. 1970
–, *Die Hanse*, Stuttgart 1998

Erdmann, Carl, *The Origin of the Idea of Crusade*, Princeton 1977
–, *Die Entstehung des Kreuzzugsgedankens*, Stuttgart 1935, Darmstadt 1980
*Evans, Geoffrey, *Tannenberg, 1410–1914*, Harrisburg, Penn. 1971
Giles, Frances, *The Knight in History*, New York 1984
Groenner, Mary Ellen, *Mary-Verse of the Teutonic Knights*, New York 1970
Jurgela, Constantine, *Tannenberg*, New York 1961
Kirby, John L., *Henry IV of England*, London 1970
Krollmann, Christian, *The Teutonic Order in Prussia*, Elbing 1938
–, *Politische Geschichte des Deutschen Ordens in Preußen*, Königsberg i.Pr. 1932
Lotter, Friedrich, *The Crusading Idea and the Conquest of the Region East of the Elbe: The Tenth- and Eleventh-Century Background*, in: *Medieval Frontier Societies*, eds. R. Bartlett and A. MacKay, Oxford 1989, S. 267–306
–, *Die Konzeption des Wendenkreuzzugs. Ideengeschichtliche, kirchenrechtliche und historisch-politische Voraussetzungen der Missionierung von Elb- und Ostseeslawen um die Mitte des 12. Jahrhunderts*, Sigmaringen 1977
Malowist, Marian, *The Trade of Eastern Europe in the Later Middle Ages*, in: *Trade and Industry in the Middle Ages, vol. 2 of The Cambridge Economic History of Europe*, eds. M. M. Postan and E. Miller, Cambridge 1987
Nash, E. Gee, *The Hansa: Its History and Romance*, London 1929
Olins, Peter Z., *The Teutonic Knights in Latvia*, Riga 1928
Postan, Michael, *The Trade of Medieval Europe: The North*. In: *Trade and Industry in the Middle Ages, vol. 2 of The Cambridge Economic History of Europe*, eds. M. M. Postan and E. Miller, Cambridge 1987
Schildhauer, Johannes, *The Hansa: History and Culture*, Leipzig 1985
–, *Die Hanse. Geschichte und Kultur*, Frankfurt a. M. 1988
Schreiber, Hermann, *Teuton and Slav: The Struggle for Central Europe*, New York, 1965
Setton, Kenneth M., ed., *A History of the Crusades*, Madison 1969
*Smith, Lucy Toulmin, ed., *Expeditions to Prussia and the Holy Land Made by Henry Earl of Derby (Afterwards Henry IV), in the Years 1390-1 and 1392-3. Being the Accounts Kept by His Treasurer During Two Years*, London 1894
Stretton, Grace, *Some Aspects of Medieval Thought: Notably Transport and Accommodation, with Special Reference to the Wardrobe Accounts of Henry, Earl of Derby, 1390–1393*, in: Transactions of the Royal Historical Society, vol. 7, fourth series 1924, S. 77–97
Thompson, James Westfall, *Feudal Germany*, Chicago 1966
Treitschke, Heinrich von, *Origins of Prussianism: The Teutonic Knights*, London 1942
–, *Das deutsche Ordensland Preußen*, Göttingen 1958
*Urban, William, *The Baltic Crusade*, De Kalb 1975

–, *The Organization of Defense of the Livonian Frontier in the Thirteenth Century*, in: Speculum, vol. 48, no. 1, Juli 1973, S. 525–532
Vlasto, A. P., *The Entry of the Slavs into Christendom*, Cambridge 1970
Wojciechowski, Zygmunt, *The Territorial Development of Prussia in Relation to the Polish Homelands*, Toruń, Poland 1936
Zajaczkowski, Stanislaw, *Rise and Fall of the Teutonic Order in Prussia*, London 1935
Zimmern, Helen, *The Hansa Towns*, New York 1900

Über Kopernikus

Armitage, Angus, *Copernicus: The Founder of Modern Astronomy*, New York 1962
–, *Sun, Stand Thou Still*, New York 1947
*Bieńkowska, Barbara, ed., *The Scientific World of Copernicus on the Occasion of the 500th Anniversary of His Birth, 1473–1973*, Dordrecht 1973
*Bogucka, Maria, *Nicholas Copernicus: The Country and Times*, Warsaw 1973
Corson, D. W., ed., *Man's Place in the Universe: Changing Concepts*, Tucson 1977
Gingerich, Owen, ed., *The Nature of Scientific Discovery: A Symposium Commemorating the 500th Anniversary of the Birth of Nicholas Copernicus*, Washington, D.C. 1975
Gerrish, B. A., *The Reformation and the Rise of Modern Seience: Luther, Calvin and Science.* In: *Calvin and Science*, ed. Richard C. Gamble, New York 1992, vol. 12, S. 1–16
Hoyle, Frederick. *Astronomy*, London 1962
–, Nicholas Copernicus, *An Essay on His Life and Work*, New York 1973
Knoll, Paul W., *The Arts Faculty at the University of Cracow at the End of the Fifteenth Century*. In: *The Copernican Achievement*, ed. R. S. Westman, Berkeley 1975, S. 137–156
*Kuhn, Thomas S., *The Copernican Revolution: Planetary Astronomy in the Development of Western Thought*, New York 1959
–, *Die kopernikanische Revolution*, Braunschweig 1981
Neyman, Jerzy, *Nicholas Copernicus (Mikolaj Kopernik): An Intellectual Revolutionary.* In: Ders., ed., *The Heritage of Copernicus: Theories More Pleasing to the Mind*, Cambridge 1974
Stimson, Dorothy, *The Gradual Acceptance of the Copernican Theory of the Universe*, Gloucester, Mass. 1972

Zweiter Teil: Konsolidierung

Allgemeines

Beiser, Frederick C., *Enlightenment, Revolution, and Romanticism: The Genesis of Modern Germanic Political Thought 1790–1800*, Cambridge 1992

Berdahl, Robert M., *The Polities of the Prussian Nobility: The Development of a Conservative Ideology, 1770–1848*, Princeton, N. J. 1988

Brose, Eric Dorn, *The Politics of Technological Change in Prussia: Out of the Shadow of Antiquity, 1809–1848*, Princeton, N. J. 1993

*Carsten, F. L., *The Origins of Prussia*, Oxford 1954

–, *Die Entstehung Preußens*, Frankfurt a. M. 1981

*Craig, Gordon A., *The Politics of the Prussian Army: 1640–1945*, Oxford 1978

–, *Die preußisch-deutsche Armee 1640–1945. Staat im Staate*, Düsseldorf 1960

Demeter, Karl, *The German Officer-Corps in Society and State: 1650–1945*, New York 1965

–, *Das deutsche Offizierkorps in Gesellschaft und Staat 1650–1945*, Frankfurt a. M. 1965

Dupuy, Trevor M. A., *Genius for War: The German Army and General Staff, 1807–1945*, Englewood Cliffs, N. J. 1977

Fay, Sidney B., *The Rise of Brandenburg-Prussia to 1786*, New York 1937

Feuchtwanger, Edgar J., *Prussia: Myth and Reality – The Role of Prussian German History*, London 1970

–, *Preußen. Mythos und Realität*, Frankfurt a. M. 1972

Kehr, Eckart, *Economic Interest, Militarism, and Foreign Policy: Essays on German History*, Berkeley 1977

Kitchen, Martin A., *Military History of Germany from the Eighteenth Century to the Present Day*, Bloomington 1975

Krieger, Leonard, *The German Idea of Freedom: History of a Political Tradition*, Chicago 1972

Langer, Herbert, *The Thirty Years' War*, New York 1980

–, *Der dreißigjährige Krieg – Hortus bellicus. Eine Kulturgeschichte*, Gütersloh 1982

Moltke, Helmuth Karl Bernhard von, *Poland: An Historical Sketch*, London 1885

–, *Darstellung der innern Verhältnisse und des gesellschaftlichen Zustandes in Polen*, Berlin 1832

*Ogg, David, *Europe in the Seventeenth Century*, New York 1965

Ramm, Agatha, *Germany, 1789–1919: A Political History*, London 1967

Ritter, Gerhard, *The Sword and Scepter: The Prussian Tradition, 1740–1890*, Coral Gables, Fla. 1969

–, *Staatskunst und Kriegshandwerk. Das Problem des »Militarismus« in Deutschland.* Bd. 1: *Die altpreußische Tradition (1740–1890)*, München 1954
Rosenberg, Hans, *Bureaucracy, Aristocracy and Autocracy: The Prussian Experience, 1660–1815*, Boston 1966
Sheehan, James J., *German History, 1770–1866*, Oxford 1989
*Wedgwood, Cicely V., *The Thirty Years War*, New York 1995
–, *Der 30-jährige Krieg*, München 1990

Über den Großen Kurfürsten und Friedrich den Großen

Abbot, John, *History of Frederick the Second, Called Frederick the Great*, New York 1871
*Asprey, Robert B., *Frederick the Great: The Magnificent Enigma*, New York 1986
Duffy, Christopher, *The Military Life of Frederick the Great*, New York 1986
–, *Friedrich der Große. Ein Soldatenleben*, Augsburg 1995
Dupuy, Trevor, *The Military Life of Frederick the Great of Prussia*, New York 1969
Ergang, Robert, *The Potsdam Führer: Frederick William I, Father of Prussian Militarism*, New York 1972
Frey, Linda und Masha, *Frederick I: The Man and His Times*, Boulder, Col. 1984
–, *Friedrich I. Preußens erster König*, Graz 1984
Gawthrop, Richard L., *Pietism and the Making of Eighteenth-Century Prussia*, Cambridge 1993
Gaxotte, Pierre, *Frederick the Great*, New Haven, Conn. 1942
–, *Friedrich der Große*, Frankfurt a. M. 1977
Gooch, G. P., *Frederick the Great: The Ruler, the Writer, the Man*, New York 1947
–, *Friedrich der Große. Herrscher, Schriftsteller, Mensch*, München 1986
Hubatsch, Walther, *Frederick the Great of Prussia: Absolutism and Administration*, London 1975
–, *Friedrich der Große und die preußische Verwaltung*, Köln 1982
Johnson, Hubert C., *Frederick the Great and His Officials*, New Haven, Conn. 1975
Jomini, Antoine Henri de, *Treatise on Grand Military Operations: Or a Critical and Military History of the Wars of Frederick the Great*, 2 vols., New York 1965
–, *Abhandlung über große militärische Operationen oder kritische und militärische Geschichte der Feldzüge Friedrich II. verglichen mit Napoleon*, Tübingen 1811–1812
Kugler, Francis (Franz), *Life of Frederick the Great: Comprehending a Complete History of the Silesian Campaigns and the Seven Years' War*, London 1877
–, *Friedrich der Große und seine Zeit in Bild und Wort*, Hamburg um 1908

Macaulay, Lord, *Selections from the Writings of Lord Macaulay*, ed. G. O. Trevelyan, New York 1877
Mitford, Nancy, *Frederick the Great*, London 1970
–, *Friedrich der Große*, Frankfurt a. M. 1976
Palmer, Alan, *Frederick the Great*, London 1974
Palmer, R. R., *Frederick the Great, Guilbert, Bülow: From Dynastic to National War.* In: *Makers of Modern Strategy from Machiavelli to the Nuclear Age*, ed. F. Paret, Princeton, N. J. 1986
Reddaway, W. F., *Frederick the Great and the Rise of Prussia*, New York 1969
Reiners, Ludwig, *Frederick the Great: A Biography*, New York 1960
–, *Friedrich – das Leben des Preußenkönigs*, München 1986
Ritter, Gerhard, *Frederick the Great: A Historical Profile*, Berkeley 1968
–, *Friedrich der Große. Ein historisches Profil*, Königstein/Ts. 1978
Schevill, Ferdinand, *The Great Elector*, Chicago 1947
Simon, Edith, *The Making of Frederick the Great*, Boston 1963
Snyder, Louis L., ed., *Frederick the Great*, Englewood Cliffs, N. J. 1971
Treitschke, Heinrich von, *The Confessions of Frederick the Great and the Life of Frederick the Great*, New York 1915
Whitthall, James William, *Frederick the Great on Kingcraft*, London 1901
Young, Norwood, *The Life of Frederick the Great*, New York 1919

Über die Feldzüge Napoleons und das Finckenstein-Intermezzo

Aubrey, Octave, *The Empress Might-Have-Been: The Love Story of Marie Valevska and Napoleon*, New York 1927
Barnett, Correlli, *Bonaparte*, New York 1978
Belloc, Hilaire, *Napoleon*, Philadelphia 1932
*Chandler, David G., *The Campaigns of Napoleon*, New York 1966
Constant, First Valet de Chambre of the Emperor, *Memoirs: The Private Life of Napoleon, His Family and His Court*, New York 1894
Cronin, Vincent, *Napoleon*, London 1994
–, *Napoleon – Stratege und Staatsmann*, München 1995
Delderfield, R. F., *Napoleon in Love*, New York 1959
–, *Napoleon und das zarte Geschlecht*, Stuttgart 1960
Goltz, Colmar von der, *Jena to Eylau: The Disgrace and the Redemption of the Old-Prussian Army, a Study in Military History*, New York 1913
–, *Von Jena bis Pr. Eylau: des alten preußischen Heeres Schmach und Ehrenrettung. Eine kriegsgeschichtliche Studie*, Berlin 1907
*Görlitz, Walter, *The German General Staff, 1657–1945*, New York 1953

–, *Der Deutsche Generalstab: Geschichte und Gestalt 1657–1945*, Frankfurt a. M. 1950
Joachim, Erich, *Napoleon in Finckenstein*, Berlin 1906
Jomini, Antoine Henri de, *Life of Napoleon,* New York 1864.
–, *Vie politique et militaire de Napoléon, racontée par lui-même an tribunal de César, d'Alexandre et de Frédéric*, 3 Bde., Bruxelles 1837
La Chouque, Henry, *The Anatomy of Glory-Napoleon and His Guard: A Study in Leadership,* Providence 1961
MacDonell, Archibald G., *Napoleon and His Marshals*, New York 1934
–, *Napoleon und seine Marschälle*, Leipzig 1936
Meinecke, Friedrich, *The Age of German Liberation: 1795–1815*, Berkeley 1977
–, *Das Zeitalter der deutschen Erhebung 1795–1815*, Bielefeld 1906
Paret, Peter, *Napoleon and the Revolution in War.* In: *Makers of Modern Strategy from Machiavelli to the Nuclear Age*, ed. P. Paret, Princeton, N. J. 1986, S. 123–142
Parker, Harold T., *Three Napoleonic Battles*, Durham, N. C. 1944
Petre, Francis, *Napoleon's Campaign in Poland, 1806–1807: A Military History of Napoleon's First War with Russia*, London 1907
–, *Napoleon's Conquest of Prussia 1806*, London 1907
Savant, Jean, *Napoleon in His Time*, London 1958
–, *Napoleon –wie er wirklich war*, Bern 1955
Simms, Brendan, *The Impact of Napoleon: Prussian High Politics, Foreign Policy and the Crisis of the Executive, 1797–1806*, Cambridge 1997
Sutherland, Christine, *Marie Walewska*, New York 1979
–, *Maria Walewska – Geliebte Napoleons, Gräfin Ornano*, München 1983
Thompson, J. M., *Napoleon Bonapart*, New York 1952
Yorck von Wartenburg, Max, *Napoleon as a General*, 2 vols., London 1902
–, *Napoleon als Feldherr,* 2 Bde., Berlin 1885–1886

Über Clausewitz, Scharnhorst und Militärtheoretiker

Anderson, Eugene, *Nationalism and the Cultural Crisis in Prussia,1806–1815,* New York 1939
Aron, Raymond, *Clausewitz: Philosopher of War,* New York 1976
–, *Clausewitz – Den Krieg denken*, Frankfurt a. M. 1980
Howard, Michael, *Clausewitz*, New York 1983
Paret, Peter, *Clausewitz and the State: The Man, His Theories, and His Times,* New York 1976

–, *Clausewitz.* In: *Makers of Modern Strategy from Machiavelli to the Nuclear Age,* ed. P. Paret, Princeton, N. J. 1986, S. 186–213
–, *Yorck and the Era of Prussian Reform, 1807–1815,* N. J. 1966
Parkinson, Alan, *Clausewitz: A Biography,* New York 1971
Simon, Walter M., *The Failure of the Prussian Reform Movement, 1807–1819,* New York 1971
Sky, John, *Jomini.* In: *Makers of Modern Strategy from Machiavelli to the Nuclear Age,* ed. F. Paret, Princeton, N. J. 1986, S. 143–185

Dritter Teil: Blut und Eisen

Allgemeines

Baack, Lawrence J., *Christian Bernstorff and Prussia: Diplomacy and Reform Conservatism, 1818–1832,* New Brunswick, N. J. 1980
Craig, Gordon A., *The End of Prussia,* Madison 1984
*–, *Germany: 1866–1945,* New York 1978
–, *Das Ende Preußens. 8 Porträts,* München 1989
–, *Geschichte Europas 1815–1980. Vom Wiener Kongreß bis zur Gegenwart,* München 1983
–, *Deutsche Geschichte 1866–1945. Vom Norddeutschen Bund bis zum Ende des Dritten Reiches,* München 1981
Gillis, John R., *The Prussian Bureaucracy in Crisis, 1840–1860: Origins of an Administrative Ethos,* Stanford, Calif. 1971
Hamerow, Theodore S., *Restoration, Revolution, Reaction: Economics and Politics in Germany, 1815–1871,* Princeton, N. J. 1958
*MacDonough, Giles, *Prussia: The Perversion of an Idea,* London 1994
Ritter, Gerhard, *The Sword and Scepter: The European Powers and the Wilhelminian Empire, 1890–1914,* Coral Gables, Fla. 1969
–, *Staatskunst und Kriegshandwerk. Das Problem des »Militarismus« in Deutschland.* Bd. 2: *Die Hauptmächte Europas und das wilhelminische Reich (1890–1914),* München 1960
Röhl, J. C. G., ed., *From Bismarck to Hitler: The Problem of Continuity in German History,* New York 1970
Taylor, A. J. P., *The Struggle for Mastery in Europe, 1848–1918,* Oxford 1977
Treitschke, Heinrich von, *History of Germany in the Nineteenth Century.* 7 vols. New York 1915
–, *Deutsche Geschichte im 19. Jahrhundert,* Essen 1997

Über die Bismarck-Ära

Blanke, Richard, *Prussian Poland in the German Empire (1871–1900)*, Boulder, Col. 1981

Bucholz, Arden, *Moltke, Schlieffen, and Prussian War Planning*, New York 1991

Craig, Gordon A., *The Battle of Königgratz, Prussia's Victory over Austria, 1866*, Philadelphia 1964

–, *Königgrätz 1866 – Eine Schlacht macht Weltgeschichte*, Wien 1997

Crankshaw, Edward, *Bismarck*, Harmondsworth 1983

Dawson, William H., *The German Empire 1867–1914 and the Unity Movement*, 2 vols., Hamden, Conn. 1966

Eyck, Erich, *Bismarck and the German Empire*, New York 1964

–, *Bismarck und das deutsche Reich*, München 1983

Friedjung, Heinrich, *The Struggle for Supremacy in Germany, 1859–1866*, New York 1966

–, *Der Kampf um die Vorherrschaft in Deutschland 1859 bis 1866*, 2 Bde., Stuttgart 1997–1998

Friedrich, Otto, *Blood and Iron: From Bismarck to Hitler, the von Moltke Family's Impact on German History*, New York 1995

Holborn, Hajo, *The Prusso-German School: Moltke and the Rise of the General Staff*. In: *Makers of Modern Strategy from Machiavelli to the Nuclear Age*, ed. F. Paret, Princeton, N. J. 1986, S. 281–295

Howard, Michael, *The Franco-Prussian War: The German Invasion of France, 1870–1871*, New York 1961

Hughes, Daniel J., ed., *Moltke on the Art of War, Selected Writings*, Novato 1993

Kitchen, Martin, *The German Officer Corps: 1890–1914*, Oxford 1968

Lowe, Charles, *Bismarcks Table Talk*, Philadelphia 1895

Moltke, Helmuth Karl Bernhard, *The Franco-German War of 1870-71*, New York 1892

–, *Geschichte des deutsch-französischen Krieges von 1870–71*, Berlin 1891

Muncy, Lysbeth W., *The Junker in the Prussian Administration Under William II, 1888–1914*, New York 1970

Palmer, Alan, *Bismarck*, London 1976

–, *Bismarck*, Düsseldorf 1976

Pflanze, Otto, *Bismarck and the Development of Germany*, Princeton, N. J. 1990

–, *Bismarck*, 2 Bde., München 1997–1998

Poschinger, Heinrich von, *Conversations with Bismarck*, New York 1900

–, *Stunden bei Bismarck*, Wien 1910

–, (Hrsg.), *Otto Fürst von Bismarck, Neue Tischgespräche und Interviews*, Stuttgart 1895

–, *Also sprach Bismarck*, 3 Bde., Wien 1910–1911
Ridley, Jasper, *Napoleon III and Eugenie*, New York 1980
Robertson, Priscilla, *Revolutions of 1848: A Social History*, Princeton, N. J. 1971
Rothenberg, Gunther E., *Moltke, Schlieffen, and the Doctrine of Strategic Envelopment.* In: *Makers of Modern Strategy from Machiavelli to the Nuclear Age*, ed. P. Paret, Princeton, N. J. 1986, S. 296–325
Showalter, Dennis E., *Railroads and Rifles: Soldiers, Technology, and the Unification of Germany*, Hamden, Conn. 1975
Snyder, Louis L., *The Blood and Iron Chancellor: A Documentary-Biography of Otto von Bismarck*, Princeton, N. Y. 1967
Taylor, A. J. P., *Bismarek, the Man and the Statesman*, New York 1967
–, *Bismarck – Mensch und Staatsmann*, München 1981
Tims, Richard W., *Germanizing Prussian Poland: The H-K-T Society and the Struggle for the Eastern Marches in the German Empire, 1894–1914*, New York 1966
Wawro, Geoffrey, *The Austro-Prussian War: Austrias War with Prussia and Italy in 1866*, Cambridge 1996
Whitman, Sidney, *Personal Reminiscences of Prince Bismarck*, London 1902
Whitton, Frederick E., *Moltke*, Freeport, N. H. 1972

Über Kaiser Wilhelm II.

Balfour, Michael, *The Kaiser and His Times*, New York 1972
–, *Kaiser Wilhelm der Zweite und seine Zeit*, Frankfurt a. M. 1979
Bennett, Daphne, *Vicky: Princess Royal of England and German Princess*, New York 1971
Bigelow, Pourtney, *Prussian Memories, 1864–1914*, New York 1915
Cecil, Lamar, *Wilhelm II, Emperor and Exile, 1900–1941*, Chapel Hill 1996
–, *Wilhelm II, Prince and Emperor, 1859–1900*, Chapel Hill 1989
Cowles, Virginia, *The Kaiser*, New York 1963
–, *Wilhelm II. – der letzte deutsche Kaiser*, München 1976
Davis, Arthur N., *The Kaiser as I Knew Him*, New York 1918
–, *Ein Günstling des Kaisers*, Berlin 1919
Dorpalen, Andreas, *Empress Auguste Victoria and the Fall of the German Empire*, in: American Historical Review, vol. 58, no. 1, Oktober 1952, pp. 17–38
Görlitz, Walter, ed., *The Kaiser and His Court: The Diaries, Note Books and Letters of Admiral Georg Alexander von Müller, Chief of the Naval Cabinet, 1914–1918*, New York 1964
–, *Regierte der Kaiser? Kriegstagebücher, Aufzeichnungen und Briefe des Chefs des*

Marine-Kabinetts Admiral Georg Alexander von Müller 1914–1918, Göttingen 1959
Hill, David J., *Impressions of the Kaiser*, New York 1918
Hull, Isabel, *The Entourage of Kaiser Wilhelm II, 1888–1918*, Cambridge 1982
Kohut, Thomas A., *Wilhelm II and the Germans: A Study in Leadership*, New York 1991
Kürenberg, Joachim von, *The Kaiser: A Life of Wilhelm II, Last Emperor of Germany*, New York 1955
–, *War alles falsch? Das Leben Kaiser Wilhelm II.*, Bonn 1951
Louise Sophie, *H.R.H. Princess Friedrich Leopold of Prussia: Behind the Scenes at the Prussian Court*, ed. Desmond Chapman Huston, London 1939
Ludwig, Emil, *Wilhelm Hohenzollern*, New York 1926
–, *Wilhelm der Zweite*, München 1976
Pakula, Hannah, *An Uncommon Woman: The Empress Frederick, Daughter of Queen Victoria, Wife of the Crown Prince of Prussia, Mother of Kaiser Wilhelm*, New York 1995
–, *Victoria – Tochter Queen Victorias, Gemahlin des preußischen Kronprinzen, Mutter Wilhelms II.*, München 1999
Palmer, Alan, *The Kaiser: Warlord of the Second Reich*, New York 1978
–, *Kaiser Wilhelm II. Glanz und Ende der preußischen Dynastie*, Wien, München 1982
Röhl, John C. G., *The Kaiser and His Court: Wilhelm II and the Government of Germany*, Cambridge 1994
–, *Kaiser, Hof und Staat. Wilhelm II. und die deutsche Politik*, München 1995
*Röhl, John C. G.; Sombart, Nicolaus, eds., *Kaiser Wilhelm II, New Interpretations: The Corfu Papers*, Cambridge 1982
Topham, Anne, *Memories of the Kaiser's Court*, New York 1914
Tuchman, Barbara W., *The Proud Tower: A Portrait of the World Before the War, 1890–1914*, New York 1966
–, *Der stolze Turm. Ein Porträt der Welt vor dem Ersten Weltkrieg 1890–1914*, München 1981
Wheeler-Bennett, John, *Knaves, Fools and Heroes: In Europe Between the Wars*, New York 1974
Whittle, Tyler, *The Last Kaiser: A Biography of Wilhelm II, German Emperor and King of Prussia*, New York 1977
–, *Kaiser Wilhelm II.*, München 1979
Wilhelm II., *The Kaiser's Memoirs*, New York 1922
–, *Ereignisse und Gestalten*, Leipzig, Berlin 1922
–, *Aus meinem Leben*, Leipzig, Berlin 1927
–, *My Early Life*, New York 1926

Zedlitz-Trutzschler, Robert von, *Twelve Years at the Imperial Court*, New York 1924
–, *Zwölf Jahre am Deutschen Kaiserhof*, Stuttgart, Berlin 1924

Über die Feldzüge in den Osten und wichtige Persönlichkeiten

Asprey, Robert B., *The German High Command at War: Hindenburg and Ludendorff Conduct World War I*, New York 1991
Barnett, Correlli, *The Swordbearers: Supreme Command in the First World War*, New York 1964
Cameron, James, *1914*, Westport, Conn. 1975
Churchill, Winston, *The Unknown War: The Eastern Front*, New York 1931
Dallin, Alexander, *Russian Diplomacy and Eastern Europe: 1914-17*, New York 1963
Dreher, William C., *Von Hindenburg, General and Man*, in: Atlantic Monthly August 1915, S. 254–265
*Evans, Geoffrey, *Tannenberg, 1410–1914*, Harrisburg, Penn. 1971
Eyck, Erich, *The Generals and the Downfall of the German Monarchy: 1917–1918*, in: Transactions of the Royal Historical Society, vol. 2, fifth series 1952, S. 47–68
Falkenhayn, Erich von, *General Headquarters and Its Critical Decisions 1914–1916*, London 1920
–, *Die oberste Heeresleitung 1914–1916 in ihren wichtigsten Entschließungen*, Berlin 1920
Führungsakademie der Bundeswehr, *Die Tannenberg-Feldzeichen in der Führungsakademie*, Hamburg
Gardiner, A. G., *Portraits and Portents*, New York 1926
Gies, Joseph, *Crisis 1918: The Leading Actors, Strategies, and Events in the German Gamble for Total Victory on the Western Front*, New York 1974
Goldsmith, Margaret; Voigt, Frederick, *Hindenburg: The Man and the Legend*, New York 1930
–, *Hindenburg – Sein Leben, sein Wirken*, Gießen 1930
Golovin, Nicholai N., *The Russian Army in the World War*, New Haven, Conn. 1931
–, *The Russian Campaign of 1914: The Beginning of the War and Operations in East Prussia*, Fort Leavenworth, Kans. 1933
Goodspeed, D. J., *The German Wars: 1914–1945*, Boston 1977
–, *Ludendorff, Genius of World War I*, Boston 1966
–, *Ludendorff: Soldat, Diktator, Revolutionär*, Gütersloh 1966
Harden, Maximilian, *I Meet My Contemporaries*, New York 1925
–, *Porträts und Aufsätze*, Leipzig 1990
Henderson, Ernest F., *Germanys Fighting Machine*, Indianapolis 1914

Hillgruber, Andreas, *Germany and the Two World Wars*, Cambridge 1981
–, *Deutschlands Rolle in der Vorgeschichte der beiden Weltkriege*, Göttingen 1986
Hindenburg, Helene Nostitz von, *Hindenburg at Home: An Intimate Biography*, New York 1931
Hindenburg, Paul von, *Out of My Life*, London 1920
–, *Aus meinem Leben*, Leipzig 1920
Hoffmann, Max, *The War of Lost Opportunities*, New York 1925
–, *The Truth About Tannenberg*. In: *War Diaries and Other Papers*, vol. 2, London 1929
–, *Der Krieg der versäumten Gelegenheiten*, München 1923
–, *Die Aufzeichnungen des Generalmajors Max Hoffmann*, 2 Bde., Berlin 1929
Ironside, Edmund, *Tannenberg: The First Thirty Days in East Prussia*, London 1925
Keegan, John, *The Mask of Command*, New York 1987
–, *Die Maske des Feldherrn: Alexander der Große, Wellington, Grant, Hitler*, Reinbek bei Hamburg 2000
Kitchen, Martin, *The Silent Dictatorship: The Politics of the German High Command Under Hindenburg and Ludendorff, 1916–1918*, London 1976
Kluck, Alexander von, *The March on Paris and Battle of the Marne*, London 1920
–, *Der Marsch auf Paris und die Marneschlacht 1914*, Berlin 1920
Knox, Alfred, *With the Russian Army, 1914–1917: Being Chiefly Extracts from the Diary of a Military Attaché*, 2 vols., London 1921
Liddell Hart, Basil Henry, *The Real War*, London 1930
–, *Reputations Ten Years After*, Boston 1928
–, *Strategy*, New York 1960
–, *Through the Fog of War*, New York 1938
–, *Strategie*, Wiesbaden 1955
Lincoln, W. B., *Passage Through Armageddon: The Russians in War and Revolution, 1914–1918*, New York 1986
Ludendorff, Erich, *The General Staff and Its Problems*, London 1920
–, *Ludendorffs Own Story, August 1914 – November 1918*, 2 vols., New York 1920
–, *Meine Kriegserinnerungen 1914–1918*, Berlin 1919
Ludendorff, Margarete, *My Married Life with Ludendorff*, London 1930
–, *Als ich Ludendorff's Frau war*, München 1929
Ludwig, Emil, *Hindenburg*, Philadelphia 1935
–, *Hindenburg – Legende und Wirklichkeit*, München 1965
Maurice, Frederick, *The Last Four Months: How the War Was Won*, Boston 1919
Menken, H. L., *Ludendorff*. In: Atlantic Monthly, Juni 1917, S. 823–832
Parkinson, Roger, *Tormented Warrior: Ludendorff and the Supreme Command*, New York 1979

Pitt, Barrie, *1918: The Last Act,* New York 1963
Ritter, Gerard, *The Schlieffen Plan: Critique of a Myth,* London1958
Schultze-Pfaelzer, Gerhard, *Hindenburg: Peace-War-Aftermath,* New York 1932
–, *Hindenburg – Drei Zeitalter deutscher Nation,* Leipzig 1930
Silberstein, Gerard E., *The Troubled Alliance: German-Austrian Relations: 1914–1917,* Lexington 1970
Snyder, Jack L., *The Ideology of the Offensive: Military Decision Making and the Disasters of 1914,* Ithaca, N. Y. 1984
Stone, Norman, *The Eastern Front: 1914–1917,* New York 1975
–, *Hindenburg and Ludendorff. In The War Lords: Military Commanders of the Twentieth Century,* ed. Michael Carver, London 1976
Sulzberger, G. L., *The Fall of Eagles,* New York 1977
Taylor, Edmond, *The Fall of the Dynasties: The Collapse of the Old Order, 1905–1922,* New York 1963
–, *Der Untergang der Dynastien – Habsburg, Hohenzollern, Osmanen, Romanow,* München 1964
Toland, John, *No Man's Land: 1918, The Last Year of the Great War,* New York 1980
Tschuppik, Karl, *Ludendorff: The Tragedy of a Military Mind,* Boston 1932
–, *Ludendorff: Die Tragödie des Fachmanns,* Wien 1931
Tuchman, Barbara, *The Guns of August,* New York 1962
–, *August 1914 – Ausbruch des Ersten Weltkriegs, der eigentliche Beginn unseres Jahrhunderts,* Bern 1979
Turner, L. C. F., *The Significance of the Schlieffen Plan.* In: *The War Plans of the Great Powers: 1880–1914,* ed. Paul Kennedy, London 1979
Wheeler-Bennett, John, *Brest-Litovsk: The Forgotten Peace, March 1918,* London 1938
–, *Hindenburg.* In: *Great Contemporaries,* London 1935
–, *Hindenburg: The Wooden Titan,* New York 1936
–, *Ludendorff, the Soldier and the Politician.* In: Virginia Quarterly, vol. 14, no. 2 (Frühjahr 1938), S. 187–202
Wilson, Edmund, *To the Finland Station,* New York 1940
–, *Auf dem Weg zum Finnischen Bahnhof. Über Geschichte und Geschichtsschreibung,* Frankfurt a. M. 1974

Über die Zeit zwischen den Kriegen

Bessel, Richard, *Germany After the First World War,* Oxford 1993
Burleigh, Michael, *Germany Turns Eastwards: A Study of »Ostforschung« in the Third Reich,* Cambridge 1988

Carsten, Francis L., *The Reichswehr and Politics, 1918–1933,* Berkeley 1973
–, *Reichswehr und Politik 1918–1933*, Köln 1964
*Dorpalen, Andreas, *Hindenburg and the Weimar Republic*, Princeton, N. J. 1964
Feuchtwanger, E. J., *From Weimar to Hitler: Germany, 1918-33*, New York 1995
Flood, Charles Bracelen, *Hitler: The Path to Power*, Boston 1989
Friedrich, Otto, *Before the Deluge: A Portrait of Berlin in the 1920s*, New York 1972
–, *Weltstadt Berlin. Größe und Untergang 1918–1933*, München 1973
Gay, Peter, *Weimar Culture*, New York 1970
–, *Die Republik der Außenseiter. Geist und Kultur der Weimarer Zeit in 1918–1933*, Frankfurt a. M. 1989
Gilbert, Martin, *Britain and Germany Between the Wars*, London 1966
Gordon, Harold J., *Hitler and the Beer Hall Putsch*, Princeton, N. J. 1972
–, *Hitlerputsch 1923. Machtkampf in Bayern 1923–1924*, München 1978
Hiden, John W., *The »Baltic Problem« in Weimar's Ostpolitik, 1923–1932.* In: *Germany in the Age of Total War*, eds. V. Berghahn and M. Kitchen, London 1981, S. 147–169
Mayer, Milton, *They Thought They Were Free*, Chicago 1955
Mee, Charles L., *The End of Order: Versailles 1919*, New York 1980
Morrow, Ian F. D., *The Peace Settlement in the German Polish Borderlands: A Study of Conditions To-day in the Pre-war Prussian Provinces of East and West Prussia*, London 1936
Mosley, Leonard, *On Borrowed Time: How World War II Began*, New York 1969
–, *Der gespenstische Friede. Europäische Politik 1938/39*, Bergisch-Gladbach 1970
Müller, Klaus-Jürgen, *The Army, Politics and Society in Germany, 1933–1945*, New York 1987
–, *Armee, Politik und Gesellschaft in Deutschland 1933–1945. Studien zum Verhältnis von Armee und NS-System*, Paderborn 1986
*O'Neill, Robert J., *The German Army and the Nazi Party, 1933–1939*, London 1966
Orlow, Dietrich, *Weimar Prussia, 1918–1925*, Pittsburgh 1986
Park, Bert Edward, *Hindenburg, MacDonald, and Pilsudski: The Interwar Years.* In: The Impact of Illness on World Leaders, Philadelphia 1986
Rauch, Georg von, *The Baltic States, the Years of Independence: Estonia, Latvia, Lithuania, 1917–1940*, Berkeley 1974
–, *Geschichte der baltischen Staaten*, München 1990
Reddaway, W. F., *Problems of the Baltic*, Cambridge 1940
Shirer, William, *Berlin Diary: The Journal of a Foreign Correspondent, 1934–1941*, New York 1941
–, *The Rise and Fall of the Third Reich: A History of Nazi Germany*, New York 1960
–, *20th Century Journey, a Memoir of a Life and the Times: The Nightmare Years, 1930–1940*, Boston 1984

–, *Berliner Tagebuch. Aufzeichnungen 1934–1941,* Leipzig 1991
–, *Aufstieg und Fall des Dritten Reiches,* Köln 1961
Taylor, Telford, *Sword and Swastika: Generals and Nazis in the Third Reich,* Chicago 1969
Tucker, Robert C., *Stalin in Power: The Revolution from Above, 1928–1941,* New York 1990
–, ed., *The Great Purge Trial,* New York 1965
Watt, Richard M., *Bitter Glory: Poland and Its Fate, 1918 to 1939,* New York 1979
–, *The Kings Depart; the Tragedy of Germany: Versailles and the German Revolution,* New York 1968
–, *Der Kaiser geht. Deutschland zwischen Revolution und Versailles,* Frankfurt a. M. 1971
Wheeler-Bennett, John, *The Nemesis of Power: The German Army in Politics, 1918–1945,* New York 1954
–, *Die Nemesis der Macht. Die deutsche Armee in der Politik 1918–1945,* Königstein/Ts. 1981
Wiles, Timothy, ed., *Poland Between the Wars: 1918–1939,* Bloomington 1989
Winter, Jay, *Sites of Memory, Sites of Mourning: The Great War in European Cultural History,* Cambridge 1995

Vierter Teil: Auslöschung

Allgemeines

Fischer, Klaus, *Nazi Germany: A New History,* New York 1995
Keegan, John, *The Second World War,* New York 1990
Weinberg, Gerhard L., *A World at Arms: A Global History of World War II,* Cambridge 1994
–, *Eine Welt in Waffen. Die globale Geschichte des Zweiten Weltkriegs,* Stuttgart 1995

Über Adolf Hitler

Binion, Rudolph, *Hitler Among the Germans,* New York 1976
–, *»Daß ihr mich gefunden habt« – Hitler und die Deutschen. Eine Psychohistorie,* Stuttgart 1978
Bullock, Alan, *Hitler: A Study in Tyranny,* New York 1962
–, *Hitler. Eine Studie über Tyrannei,* Düsseldorf 1989
–, *Hitler and Stalin: Parallel Lives,* New York 1992

–, *Hitler und Stalin – parallele Leben*, Berlin 1991
Craig, Gordon A., *The Political Leader as Strategist.* In: Makers of Modern Strategy from Machiavelli to the Nuclear Age, ed. P. Paret, Princeton, N. J. 1986
Fest, Joachim C., *The Face of the Third Reich*, New York 1970
–, *Das Gesicht des Dritten Reiches. Profile einer totalitären Gesellschaft*, München 1993
Heston, Leonard L. und Renate, *The Medical Casebook of Adolf Hitler: His Illnesses, Doctors and Drugs*, New York 1979
Payne, Robert, *The Life and Death of Adolf Hitler*, New York 1973
Rauschning, Hermann, *The Voice of Destruction*, New York 1940
–, *Die Revolution des Nihilismus*, Zürich 1964
Schramm, Percy E., *Hitler: The Man and the Military Leader*, Chicago 1971
–, *Hitler als militärischer Führer. Erkenntnisse und Erfahrungen aus dem Kriegstagebuch des Oberkommandos der Wehrmacht*, Frankfurt a. M. 1962
Speer, Albert, *Inside the Third Reich: Memoirs*, New York 1970
–, *Erinnerungen*, Frankfurt a. M. 1969
–, *Spandau: The Secret Diaries*, New York 1976
–, *Spandauer Tagebücher*, Frankfurt a. M. 1978
Trevor-Roper, H. R., ed., *Hitler's Secret Conversations: 1941–1944*, New York 1953

Über die Feldzüge in den Osten und wichtige Persönlichkeiten

Bartov, Omer, *The Eastern Front, 1941-45: German Troops and the Barbarization of Warfare*, New York 1985
–, *Hitler's Army: Soldiers, Nazis, and War in the Third Reich*, New York 1991
–, *Savage War.* In: Confronting the Nazi Past: New Debates on Modern German History, ed. M. Burleigh, New York 1996
–, *Hitlers Wehrmacht. Soldaten, Fanatismus und die Brutalisierung des Krieges*, Reinbek bei Hamburg 1999
Bialer, Seweryn, ed., *Stalin and His Generals: Soviet Military Memoirs of World War Two*, New York 1969
Carell, Paul, *Hitler Moves East: 1941–1943*, Boston 1963
–, *Unternehmen Barbarossa. Der Marsch nach Rußland*, Berlin 1963
Chuikov, Vasili I., *The Battle for Stalingrad*, New York 1964
–, *Stalingrad – Anfang des Weges*, Berlin/Ost 1961
–, *(Tschuikov) The Fall of Berlin*, Trans. R. Kisch, New York 1967
–, *Gardisten auf dem Weg nach Berlin*, Berlin/Ost 1980
Clark, Alan, *Barbarossa: The Russian-German Conflict, 1941-45*, New York 1965
Craig, William E., *Enemy at the Gates: The Battle for Stalingrad*, E. P. Dutton 1973

–, *Die Schlacht um Stalingrad. Ein Tatsachenbericht*, München 1980
Dupuy, Trevor N., *Great Battles on the Eastern Front: The Soviet-German War, 1941–1945*, Indianapolis 1982
*Erickson, John, *The Road to Berlin*, Boulder 1983
*–, *The Road to Stalingrad*, New York 1975
Fritz, Stephen G., *Frontsoldaten: The German Soldier in World War II*, Lexington 1995
–, *Hitlers Frontsoldaten. Der erzählte Krieg*, Berlin 1998
*Garrard, John und Carol, eds., *World War II and the Soviet People: Selected Papers from the Fourth World Congress for Soviet and East European Studies, Harrogate, 1990*, New York 1993
Gehlen, Reinhard, *The Service: Memoirs*, New York 1972
–, *Der Dienst, Erinnerungen 1942–1971*, Mainz, Wiesbaden 1971
Gilbert, Felix, ed., *Hitler Directs His War*, Oxford 1950
Glantz, David M.; House, Jonathan M., *When Titans Clashed: How the Red Army Stopped Hitler*, Lawrence 1995
Goodspeed, D. J., *The German Wars: 1914–1945*, Boston 1977
Graml, Hermann (Hrsg.), *Widerstand im Dritten Reich: Probleme, Ereignisse, Gestalten*, Frankfurt a. M. 1984
*Guderian, Heinz, *Panzer Leader*, New York 1952
–, *Erinnerungen eines Soldaten*, Heidelberg 1951, Stuttgart 1998
*Halder, Franz, *The War Diary 1939–1942*, eds. Charles Burdick and Hans Adolf Jacobsen, Novato, Calif. 1988
–, *Kriegstagebuch*, Bde. 1–3, Stuttgart 1962–1964
Higgins, Trumbull, *Hitler and Russia: The Third Reich in a Two-Front War, 1937–1943*, New York 1966
Keegan, John, *Guderian*, New York 1973
Leonhardt, Hans L., *Nazi Conquest of Danzig*, Chicago 1942
Liddell Hart, Basil Henry, *The German Generals Talk*, New York 1948
–, *Strategy*, New York 1960
–, *Jetzt dürfen sie reden: Hitlers Generale berichten*, Stuttgart 1950
Lucas, James, *Last Days of the Third Reich: The Collapse of Nazi Germany, May 1945*, New York 1986
–, *The Last Year of the German Army*, London 1996
–, *War on the Eastern Front, 1941–1945*, New York 1980
Lukacs, John, *The Last European War, September 1939 – December 1941*, Garden City, N. Y. 1976
–, *Die Entmachtung Europas – der letzte europäische Krieg 1939–1941*, Stuttgart 1978
*Manstein, Erich von, *Lost Victories*, Chicago 1958

–, *Verlorene Siege*, Bonn 1998

O'Dormell, James P., *The Bunker: The History of the Reich Chancellery Group*, Boston 1978

Payne, Robert, *The Rise and Fall of Stalin*, New York 1965

–, *Stalin – Macht und Tyrannei*, München 1989

Ryan, Cornelius, *The Last Battle*, New York 1966

–, *Der letzte Kampf*, München 1977

Seaton, Albert, *Field-Marshal Erich von Manstein*. In: *The War Lords: Military Commanders of the Twentieth Century*, ed. Michael Carver, London 1976

Shukman, Harold, ed., *Stalin's Generals*, New York 1993

Steinhoff, Johannes, Pechel, Peter und Showalter, Dennis, *Voices from the Third Reich: An Oral History*, Washington, D. C. 1989

Strawson, John, *Guderian*. In: *The War Lords: Military Commanders of the Twentieth Century*, ed. Michael Carver, London 1976

–, *Hitler as Military Commander*, London 1971

*Tighe, Carl, *Gdańsk, National Identity in the Polish-German Borderlands*, London 1990

Trevor-Roper, H. R., *Blitzkrieg to Defeat: Hitler War Directives, 1939–1945*, New York 1971

–, *The Last Days of Hitler*, New York 1947

–, *Hitlers letzte Tage*, Frankfurt a. M., Berlin 1995

Tschuikow siehe Chuikov

Tully, Andrew, *Berlin: Story of a Battle*, New York 1963

Warlimont, Walter, *Inside Hitler's Headquarters, 1939-45*, New York 1964

–, *Im Hauptquartier der deutschen Wehrmacht 1939 bis 1945. Grundlagen, Formen, Gestalten*, 2 Bde., Augsburg 1990

Werth, Alexander, *Russia at War: 1941–1945*, New York 1964

–, *Rußland im Krieg 1941–1945*, München 1967

Whiting, Charles, *The End of the War, Europe: April 15 – May 23, 1945*, New York 1972

Zhukov, Georgi K., *Marshal Zhukovs Greatest Battles*, New York 1969

Ziemke, Earl F., *Stalingrad to Berlin: The German Defeat in the East*, New York 1985

Über die Attentatsversuche auf Hitler

Balfour, Michael, *Withstanding Hitler in Germany 1933-45*, London 1988

Deutsch, Harold C., *The Conspiracy Against Hitler in the Twilight War*, Minneapolis 1968

–, *Verschwörung gegen den Krieg: Der Widerstand in den Jahren 1939–1940*, München 1969

Duffy, James F. und Ricci, Vincent L., *Target Hitler: The Plots to Kill Adolf Hitler*, New York 1992

Fest, Joachim, *Plotting Hitler's Death: The Story of the German Resistance*, New York 1996

–, *Staatsstreich: der lange Weg zum 20. Juli*, Berlin 1994

Fitzgibbon, Constantine, *20 July*, New York 1956

Galante, Pierre, *Operation Valkyrie: The German Generals' Plot Against Hitler*, New York 1981

Hoffmann, Peter, *German Resistance to Hitler*, Cambridge 1988

–, *Widerstand gegen Hitler. Probleme des Umsturzes*, München 1984

–, *Stauffenberg: A Family History, 1905–1944*, Cambridge 1995

–, *Claus Schenk Graf von Stauffenberg und seine Brüder*, Stuttgart 1992

Noakes, Jeremy, *Nazism and High Society*. In: *Confronting the Nazi Past: New Debates on Modern German History*, ed. M. Burleigh, New York 1996

Reynolds, Nicholas, *Treason Was No Crime: Ludwig Beck, Chief of the German General Staff*, London 1976

–, *Beck – Gehorsam und Widerstand. Das Leben des deutschen Generalstabschefs 1935–1938*, München 1983

Royce, Hans; Zimmermann, Erich; Jacobsen, Hans-Adolf, *Germans Against Hitler, July 20, 1944*, Bonn 1964

–, *20. Juli 1944*, Bonn 1961

Schlabrendorff, Fabian von, *The Secret War Against Hitler*, New York 1965

–, *Offiziere gegen Hitler*, München 1994

Vassiltchikov, Marie, *Berlin Diaries, 1940–1945*, New York 1987

–, (Wassiltschikow), *Die Berliner Tagebücher der »Missie« Wassiltschikow, 1940–1945*, Berlin 1987

Wolf, Ernst, *Political and Moral Motives Behind the Resistance*. In: Hermann Graml, Hans Mommsen, Hans-Joachim Reichhardt, and Ernst Wolf (Hrsg.), *The German Resistance to Hitler*, Berkeley 1970

Über das KZ Stutthof und den Holocaust

*Abramsky, S.; Ariel, Y.; Berelson, B.; Kahan, S.; Savitt-Zavozhnitzky und Sherer, L., *Jewish Community Book: Suwalk and Vicinity*, o. O., o. J.

Bauer, Yehuda, *The Death Marches, January–May, 1945*. In: The Nazi Holocaust: Historical Articles on the Destruction of European Jews, ed. Michael R. Marrus, Westport, Conn. 1989

Central Commission for Investigation of German Crimes in Poland, *German Crimes in Poland*, New York 1982

Dimsdale, Joel E., ed., *Survivors, Victims, and Perpetrators: Essays on the Nazi Holocaust*, New York 1980

Feig, Konnilyn, *Hitler's Death Camps: The Sanity of Madness*, New York 1981

Gilbert, Martin, *The Holocaust: A Story of the Jews of Europe During the Second World War*, New York 1985

Goldhagen, Daniel Jonah, *Hitler's Willing Executioners: Ordinary Germans and the Holocaust*, New York 1996

–, *Hitlers willige Vollstrecker. Ganz gewöhnliche Deutsche und der Nationalsozialismus*, München 1998

Gutman, Israel, ed., *Encyclopedia of the Holocaust*, New York 1990

–, *Enzyklopädie des Holocaust. Die Verfolgung und Ermordung der europäischen Juden*, 4. Bde., München 1995–1998

Gutman, Israel; Krakowski, Shmuel, *Unequal Victims: Pols and Jews During World War Two,* New York 1986

Gutman, Israel; Mendelsohn, Ezra; Reinharz, Jehuda; Shmeruk, Chone, eds., *The Jews of Poland Between Two World Wars*, Hanover, N.H. 1989

Heller, Celia S., *On the Edge of Destruction: Jews of Poland Between the Two World Wars*, New York 1977

Hertz, Aleksander, *The Jews in Polish Culture*, Evanston, Ill. 1988

Hoffman, Eva, *Shtetl: The Life and Death of a Small Town and the World of Polish Jews*, Boston 1997

–, *Im Schtetl. Die Welt der polnischen Juden*, Wien 2000

Klee, Ernst; Dressen, W.; Riess, V., eds., *The Holocaust as Seen by Its Perpetrators and Bystanders,* New York 1988

Krakowski, Shmuel, *The Death Marches in the Period of the Evacuation of the Camps.* In: *The Nazi Concentration Camps: Structure and Aims, the Image of the Prisoner, the Jews in the Camps* – Proceedings of the Fourth Yad Vashem International Historical Conference, eds. Yisrael Gutman and Avital Saf, Jerusalem 1984, S. 475–489

Mendelsohn, Ezra, *Interwar Poland: Good for the Jews or Bad for the Jews?* In: The Jews in Poland, eds. Chimen Abramsky, Maciej Jachirnczyk, and Antony Polosky, London 1986

Rothkirchen, Livia, *The Final Solution in Its Last Stages,* in: Yad Vashem Studies, vol. 8, 1970, S. 729

Segev, Torn, *Soldiers of Evil: The Commandants of the Nazi Concentration Camps,* New York 1987

–, *Die Soldaten des Bösen. Zur Geschichte der KZ-Kommandanten,* Reinbek bei Hamburg 1992

Sofsky, Wolfgang, *The Order of Terror: The Concentration Camp,* Princeton, N. J. 1997

–, *Die Ordnung des Terrors – das Konzentrationslager*, Frankfurt a. M. 1997

Steinlauf, Michael C., *Bondage to the Dead: Poland and the Memory of the Holocaust*, Syracuse, N. Y. 1997

Warhaftig, Zorach, *Uprooted: Jewish Refugees and Displaced Persons After Liberation*, New York 1946

Spezielle Literatur zu Ostpreußen und den Flüchtlingstrecks

*Dönhoff, Marion, *Before the Storm: Memories of My Youth in Old Prussia*, New York 1990

–, *Bilder, die langsam verblassen. Ostpreußische Erinnerungen*, Berlin 1988, 2000

Kabus, Ronny, *Ruinen von Königsberg: Bilder eines Kaliningrader Architekten*, Husum 1992

*Lehndorff, Hans, *Token of a Covenant: Diary of an East Prussian Surgeon, 1945-47*, Chicago 1964

–, *Ostpreußisches Tagebuch. Aufzeichnungen eines Arztes aus den Jahren 1945–1947*, München 1960, 1990

*Schieder, Theodor, ed., *The Expulsion of the German Population from the Territories East of the Oder-Neisse-Line*, Bonn 1958

–, (Hrsg.), *Die Vertreibung der deutschen Bevölkerung aus den Gebieten östlich der Oder-Neisse. Dokumentation*, 3 Bde., München 1984

Tighe, Carl, *1945: The Last Days of Danzig*. In: *Gdańsk, National Identity in the Polish-German Borderlands*, London 1990

Über Nachkriegsdeutschland und Polen

Alter, Reinhard, and Peter Monteath, eds., *Reuniting the German Past: History and Identity in the New Germany*, Atlantic Highlands, N. J. 1997

Annan, Noel, *Changing Enemies: The Defeat and Regeneration of Germany*, New York 1996

Baldwin, Peter, ed., *Reworking the Past: Hitler, the Holocaust, and the Historians' Debate*, Boston 1990

Buruma, Ian, *The Wages of Guilt: Memories of War in Germany and Japan*, New York 1994

–, *Erbschaft der Schuld. Vergangenheitsbewältigung in Deutschland und Japan*, München 1994

Evans, Richard J., *In Hitler's Shadow – West German Historians and the Attempt to Escape from the Nazi Past*, New York 1989

–, *Im Schatten Hitlers? Historikerstreit und Vergangenheitsbewältigung in der Bundesrepublik*, Frankfurt a. M. 1991

Garton Ash, Timothy, *In Europe's Name: Germany and the Divided Continent*, New York 1993

–, *Im Namen Europas. Deutschland und der geteilte Kontinent*, München 1993

Habermas, Jürgen, *The Past as Future*, Lincoln 1994

–, *Vergangenheit als Zukunft: Das alte Deutschland im neuen Europa?*, München 1993

Heurlin, Bertel, ed., *Germany in Europe in the Nineties*, London 1996

Jarausch, Konrad H., *The Rush to German Unity*, New York 1994

–, *Die unverhoffte Einheit 1989–1990*, Frankfurt a. M. 1995

Kramer, Jane, *The Politics of Memory*, New York 1996

Lieven, Anatol, *The Baltic Revolution: Estonia, Latvia, Lithuania and the Path to Independence*, New Haven, Conn. 1993

Machray, Robert, *East Prussia: Menace to Poland and Peace*, Chicago 1944

Maier, Charles S., *The Unmasterable Past: History, Holocaust, and German National Identity*, Cambridge 1988

–, *Die Gegenwart der Vergangenheit. Geschichte und die nationale Identität der Deutschen*, Frankfurt a. M. 1992

Mee, Charles L., *Meeting at Potsdam*, New York 1975

–, *Das Ende des Zweiten Weltkrieges: Die Potsdamer Konferenz 1945*, München 1995

Newhouse, John, *Europe Adrift*, New York 1997

–, *Sackgasse Europa: Der Euro kommt, die EU zerbricht*, München 1998

Rice, Condoleezza; Zelikow, Philip, *Germany Unified and Europe Transformed: A Study in Statecraft*, Cambridge 1995

–, *Sternstunde der Diplomatie. Die deutsche Einheit und das Ende der Spaltung Europas*, Berlin 1997

Szabo, Stephen F., *The Diplomacy of German Unification*, New York 1992

Vachon, John, *Poland, 1946: The Photographs and Letters of John Vachon*, Washington, D.C. 1995

Zur Geografie Ostpreußens

In ihrer langen Geschichte war die Region, die von den Deutschen als Ostpreußen bezeichnet wird, zahlreichen Veränderungen unterworfen, sowohl physischer als auch ideologischer Art. Der Besucher wird damit vor allem anhand solch profaner, aber entscheidender Dinge wie Straßenschilder, Landkarten oder Wegbeschreibungen konfrontiert. Dies sorgt naturgemäß für Schwierigkeiten, da unterschiedliche Völker, oft durchaus erfolgreich, versucht haben, jegliche Hinweise auf die Existenz ihrer Vorgänger, die in früheren Zeiten dieses Land beherrschten, zu tilgen. Ich muss allerdings hinzufügen, dass dies nicht das Vorrecht der gegenwärtigen Bewohner Ostpreußens ist, der Polen und der Russen. Sie haben in vielfacher Hinsicht schlicht nur wiederholt, was auch die Deutschen im Laufe von Jahrhunderten zu erreichen versuchten. Daraus resultiert zwangsläufig eine gewisse Verwirrung. So wird der wichtigste Fluss dieser Region im englischen Sprachraum als Vistula bezeichnet, die Deutschen nennen ihn Weichsel, die Polen Wisla.

Der Einfachheit halber habe ich daher ein einheitliches Bezeichnungssystem verwendet. Da dies ein Buch über deutsche Geschichte ist, habe ich mich entschlossen, die deutschen Namen für Dörfer, Städte und Gebiete zu benutzen. Das mag vielleicht polnische Leser irritieren, was ich zu entschuldigen bitte. Um Lesern, die sich dafür interessieren, einige der hier behandelten Orte zu besuchen, die Zuordnung zu erleichtern, nachfolgend eine kleine Liste von Orten mit ihren deutschen und polnischen bzw. russischen Bezeichnungen:

Allenstein	=	Olsztyn
Cadinen	=	Kadyny
Danzig	=	Gdańsk
Elbing	=	Elbląg
Finckenstein	=	Kamieniec
Frauenburg	=	Frombork
Frisches Haff	=	Zalew Wiślany
Gnewin	=	Gniew
Graudenz	=	Grudziądz
Heilsberg	=	Ldzbark Warmiński
Königsberg	=	Kaliningrad
Kulm	=	Chełmno
Marienburg	=	Malbork
Marienwerder	=	Kwidzyn
Pilla	=	Baltijsk
Rastenburg	=	Kętrzyn
Stutthof	=	Sztutowo
Thorn	=	Toruń

Danksagung

Angeregt zu diesem Buch wurde ich durch die Lektüre von *The Nowhere City* von Amos Elon. Ihm gilt mein Dank für seinen Rat und seine Ermutigung.

Aus vielfältigen Gründen bestanden zahlreiche Menschen, die für dieses Buch interviewt wurden, darauf, dass ihr Name ungenannt bleibe. Auch viele andere, die mir bei den Vorbereitungen und der Erkundung der verschiedenen Orte halfen, wollten anonym bleiben, insbesondere in Kaliningrad. Da ich so sehr auf das Fachwissen und die Großzügigkeit all dieser Menschen angewiesen war, schmerzt es mich, diese Hilfe an dieser Stelle nicht stärker würdigen zu können. Ich kann nur sagen – und ich hoffe, sie wissen es auch –, dass dieses Buch ohne sie nicht hätte geschrieben werden können. Besonderer Dank gebührt jenen Menschen, die sich zu Interviews bereit erklärten und auch für spätere klärende Nachfragen zur Verfügung standen. Vor allem Klaus von Holleben und Aronek Kierszkowksi (Arnold Kerr) verdienen meinen Dank für ihre Geduld.

In Deutschland unterstützten mich folgende Personen, viele von ihnen dank der Vermittlung von John Toland: Hein Ruck, der verstorbene Michel von Clemm, Oberstleutnant Norbert Richter von der Führungsakademie der Bundeswehr in Hamburg, Dorothee Bauer, Jeffrey Scott, Karola Gillich und Dr. Ernst Aichner vom Bayerischen Armeemuseum. Bei Fragen der Übersetzung deutscher Bezeichnungen und Begriffe war Valeska Nygren sehr hilfreich.

In Polen und Kaliningrad gilt mein Dank Wladimir Bayer, dem Polizeichef von Kaliningrad-Stadt; Leutnant Sergej Romanow; Wladimir Rakow; Wladimir Beregowoje; Professor Vera Zabotkina von der Kaliningrader Staatsuniversität; dem Archivar Anatolij Bachtin vom Ostpreußenclub; Helena Penkina, der Direktorin des Museums für Geschichte und Kunst in Kaliningrad, und Pawel Zajdler von der Regionalen Emtwicklungsagentur für Suwałki.

Für die Übersetzung polnischen Materials danke ich Marek Lesniewski-Laas und Eduard Stapinski, für die Übersetzung russischer Texte Ned Quigley, Wladimir Sarykow und Michael Lurye.

Dr. Nechama Tec von der Universität von Connecticut in Stamford und Autor von vier Büchern über den Holocaust verschaffte mir einige entscheidende Kontakte. Ferner gebührt mein Dank dem Halena Wind Preston Holocaust Education Committee.

Freunde in Irland erwiesen sich hilfreich bei der Herstellung von Kontakten zu deutschen Auswanderern, die jetzt in diesem Land leben. Besonders rührig waren der verstorbene Godfrey Skrine und seine Frau Billie sowie Madeleine Jay.

In den Vereinigten Staaten war die Hilfe folgender Menschen für mich unverzichtbar: Susan Bailey, Ralph Brown, Kay Cassidy, Jeannie und Sheldon Cooperman, Christopher Jeffrey, Julie Roy Jeffrey, Sophie Jeffrey, Sana Morrow, Marcia Penrod-Hitch, Ned Quigley, Peter und Margret Quigley, der verstorbene Marian Rudy, John Ryan und Dr. John Strang.

Laura Henderson und Elizabeth Welch haben an diesem Projekt in vielfältiger Weise mitgewirkt. Sie tilgten unzählige formale und inhaltliche Unstimmigkeiten im Manuskript. Ihnen danke ich aus ganzem Herzen. Zu einer stillen Heldin entwickelte sich meine Redakteurin Alice Cowell, die zahlreiche Fehler beseitigte, wofür ich tief in ihrer Schuld stehe.

Von unschätzbarem Wert erwies sich die Tatsache, dass im Raum Boston unzählige Bibliotheken angesiedelt sind. Mein besonderer Dank gebührt den Mitarbeitern der Boston Public Library, des Boston Athenaeum und der Bibliotheken von Brandeis, Boston College, Tufts, MIT und Harvard sowie des Merrimack Valley Library Consortium.

Und schließlich gibt es, wie jeder Autor weiß, drei Quellen der Ruhe, an die man sich als Autor in der stürmischen und unsicheren Welt des Publizierens zurückziehen kann. Die erste sind die Agenturen. Fergal Tobin, mein langjähriger Freund und Lektor in Dublin, war so freundlich, mich an den äußerst sachkundigen Agenten Jonathan Williams zu empfehlen. Mein aufrichtiger Dank ihnen beiden. Wertvoller noch war Rob Williams, mein Lektor bei Westview Press. Es geschieht nicht häufig, dass Lektoren einem Autor alle Hindernisse aus dem Weg räumen – ihre berufliche Position hat oft eher das Gegenteil zur Folge –, doch ihm danke ich sehr für seine Hilfsbereitschaft. Die größte Bedeutung kommt natürlich dem eigenen Heim zu, jenen Menschen, die das Auf und Ab eines schöpferischen Lebens teilen, das bisweilen dramatische Züge annehmen kann, wie künstlich eine momentane Krise auch erscheinen mag (zum Glück sieht es am nächsten Tag meist schon nicht mehr so schlimm aus). Bei meinen Kindern Alix und Dana entschuldige ich mich dafür, dass das Essen manchmal nicht glatt über die Bühne ging oder das abendliche Vorlesen am Bett nicht sonderlich überzeugend war. Und meine Frau Jan bitte ich um Verzeihung, wenn ich oft geistesabwesend oder niedergeschlagen war. Manchmal konnte ich dafür mit Recht das Thema verantwortlich machen, doch der Katholik in mir bekennt sich zu einem größeren Ausmaß an Selbstsüchtigkeit als der Schuldige. Leider jedoch weiß meine Frau dies sehr genau auseinander zu halten. Mein herzlichster Dank an sie.

JCR
November 1998
Newburyport, Massachusetts

Personenregister

Ortsregister

GERMANY
1918
0 50
KM
0 50
MILES
Elbe R.
BRAN
Magdeburg
G E R M A
N
W
E
S